全国高等师范院校中文专业联盟组编

江苏省高等学校重点教材

2021-2-171

U0743470

语言学史

王建军 主编

中国教育出版传媒集团

高等教育出版社·北京

内容提要

　　本教材在总体观照中西方语言研究进程的前提下,充分挖掘历史事实,分析梳理中国语言学的发展脉络和基本观念,系统比较中西方语言学的共性与个性,探索中西方语言学的发展路径,归结中西方语言学的发展规律;从中国视角看待中西方语言学的差异,揭示影响中西方语言学的内外因素,彰显具有中国特色的学术话语体系,弘扬富有中国风格的学术语言,在培养学生正确的学术史观的同时,让学生充分体认中国语言学的文化内蕴与精神内核。本教材结合教学内容中的教学重点与难点以二维码链接形式增设相关拓展资源,具有针对性、可读性、实用性,进一步帮助读者强化对教学知识要点深度与广度的理解。

　　本教材可供普通高等院校汉语言文学、语言学及应用语言学、国际中文教育专业的本科生和研究生使用,也可供普通高等院校其他语种语言学专业的本科生、研究生和高等职业教育院校相关专业学生使用。

图书在版编目（C I P）数据

　　语言学史 / 王建军编 . -- 北京:高等教育出版社,2023.9

　　ISBN 978-7-04-059556-7

　　Ⅰ. ①语… Ⅱ. ①王… Ⅲ. ①语言学史-教材 Ⅳ. ①H0-09

　　中国版本图书馆 CIP 数据核字(2022)第 220630 号

语言学史

Yuyanxue Shi

| 策划编辑 | 吴　军 | 责任编辑 | 吴　军 | 封面设计 | 王　鹏 | 版式设计 | 张　杰 |
| 责任校对 | 刘丽娴 | 责任印制 | 刁　毅 | | | | |

出版发行	高等教育出版社	网　　址	http://www.hep.edu.cn
社　　址	北京市西城区德外大街 4 号		http://www.hep.com.cn
邮政编码	100120	网上订购	http://www.hepmall.com.cn
印　　刷	北京玥实印刷有限公司		http://www.hepmall.com
开　　本	787 mm×960 mm　1/16		http://www.hepmall.cn
印　　张	22.25		
字　　数	340 千字	版　　次	2023 年 9 月第 1 版
购书热线	010-58581118	印　　次	2023 年 9 月第 1 次印刷
咨询电话	400-810-0598	定　　价	52.00 元

物 料 号　59556-00

参编人员（按姓氏笔画排序）：

王虎（辽宁师范大学）

刘永华（西北大学）

齐圣轩（西交利物浦大学）

安俊丽（江苏海洋大学）

许卫东（河南大学）

孙道功（南京师范大学）

李迅（淮阴师范学院）

李建平（山东师范大学）

张秀松（江苏师范大学）

张怡春（盐城师范学院）

张榴琳（苏州大学）

目　录

序

李葆嘉

    学术史是学者的学术活动史。语言是人类的精神家园,语言研究是智者的理性选择,语言学史是学术史中的璀璨明珠。在中国大学教育中,中文、外文、民族语文专业各自开设其语言学史。一般而言,外文专业似乎不会开设中国语言学史,而中文专业可能开设外国语言学史。

    王建军教授主编的这部《语言学史》贯通中外,也就是说中文专业不必分别开两门语言学史。贯通中外的语言学史,即"世界语言学史"(或"语言学史")。如果就其对比方法,也可称为"对比的中外语言学史",比如王建军教授编撰的《中西方语言学史之比较》(黄山书社,初版 2003,修订版 2009)和俞允海、潘国英编撰的《中外语言学史的对比与研究》(上海三联书店,2007)。与之有别,侯广旭、孙雁冰编撰的《英汉对比语言学史》(南京大学出版社,2013)并非语言学史的对比,而是指语言学的分支"对比语言学"的历史。

    在一门课程里讲授两种语言学史,各自语言学史的内容也就必须精选,否则难免失之于庞杂。各自语言学史之间还需要贯通或寻找异同,否则显得有些隔膜。因此,无论是主讲这门课程,还是编撰这本教材,都有相当难度。

一、了解现有论著:成竹在胸

    要编撰这样一本融会贯通的语言学史,需要一批参考论著。中国语言学史的论著可能有一二十种,此处不赘。就外国语言学史的论著而言,常见的中译本有:丹麦汤姆逊(V. L. P. Thomsen,1842—1927)的《十九世纪末以前的语言学史》(黄振华译,1960)、丹麦裴特生(H. Pedersen,1867—1953)的《十九世纪欧洲语言学史》(钱晋华译,1958)、英国罗宾斯(R. H. Robins,1921—2000)的《语言学简史》(有两个中译本)、苏联康德拉绍夫(Н.А. Кондрашов,1919—1995)

的《语言学研究史：教学参考》（*История лингвистических учений：учебное пособие*，1979；杨余森译，1985，题名《语言学说史》）。

其中，《十九世纪末以前的语言学史》是汤姆逊在哥本哈根大学开设"语言学引论"课程时的部分讲稿，1902 年题名《语言学史：简要回顾》（*Sprogvidenskabens Historie：En Kortfattet Fremstilling*）刊行，彰显了斯堪的纳维亚学者的语言历史比较研究。1927 年，由德国波拉克（H. Pollak）译为德文，题名《十九世纪末以前的语言学史：要点简介》（*Geschichte der Sprachwissenschaft bis zum Ausgang des 19. Jahrhunderts：Kurzgefasste Darstellung der Hauptpunkte*）出版。1938 年，苏联绍尔据此转译为俄文版《十九世纪末以前的语言学史》（*История языковедения до конца XIX века*，М.：Учпедгиз），插编了俄罗斯语言学史的若干内容，并另撰附录《从文艺复兴时期到十九世纪末的语言学说史梗概》（*Краткий очерк истории лингвистических учений с эпохи Возрождения до конца XIX века*），以补汤姆逊论述之缺失。中译本《十九世纪末以前的语言学史》即据俄译本转译。

显而易见，俄文版的译编者绍尔不是一般译者，而是基于俄罗斯—苏联语言学的立场，以语言学史家的眼光审视汤姆逊的论述。遗憾的是，第一版（科学出版社，1969）和重版（世界图书出版公司，2009）中都没有关于绍尔学术生平的只言片语。黄振华《译后记》仅称"俄译本编者"（1969 年版，162 页），姚小平《重版序言》中则称"俄译者、俄译编者"（2009 年重版，15 页、16 页）。黄振华《译后记》中说："1938 年苏联列宁格勒大学又根据德译本译成俄文"（1969 年版，161 页），而绍尔 1935 年起就任教于莫斯科大学，其俄译本刊于莫斯科。今据维基百科 Шор 词条、阿尔帕托夫（В. М. Алпатов）《第一位女性（罗·奥·绍尔）》（*Первая женщина（Р. О. Шор）*）等资料，简介苏联西方语言学史研究开创者的学术生平。罗莎莉亚·奥西波芙娜·绍尔（Розалия Осиповна Шор，1894—1939）是苏联著名语言学家、语言学史家和文学史家，莫斯科语言学派的成员。作为该国第一位女性语言学教授，她在苏联语言学中占有非常突出的地位，尤其在语言社会学和语言学史两个领域发挥主导作用。其父奥西普·所罗门诺维奇·绍尔（Осип Соломонович Шор，1862—1920）毕业于圣彼得堡大学医学、物理和数学学院，在细菌研究所从事科研。其母玛利亚·绍尔（Мария Шор，1865—1932）毕业于莫斯科高等女子学院物理和数学专业,当过外语教师和牙科医生。1913—
1919 年,绍尔在高等女子学院德语系学习(毕业时该学院已并入莫斯科大学)。
1920—1921 年在莫斯科大学历史与语言学院学习,毕业后她应邀留在莫斯科大
学研究生院比较语言学系。1922—1929 年在俄罗斯科学研究协会语言文学研
究所任研究员,曾任东方民族研究所、国家艺术科学院文学部民俗分部科研秘
书。1928—1930 年任阿塞拜疆大学教授。1930—1934 年任莫斯科高等师范学
院语文系主任。1933 年任列宁格勒大学北方民族学院教授。1934 年任车尔尼
雪夫斯基哲学、文学和历史研究所教授。1935 年任莫斯科大学外语教育学院语
言学系主任。1936 年任苏联高等教育委员会专家委员会成员。绍尔记忆力出
色,通晓 16 种语言,以学识渊博著称,其语言文学知识,尤其是外国文学方面,在
当时的苏联无人匹敌。担任《苏联大百科全书》和《文学百科全书》语言学编辑
部主任。主要著作有《语言与社会》(*Язык и общество*,1926)、《马克思主义
语言学之路》(*На путях к марксистской лингвистике*,1931)、《语言学导论》
(*Введение в языкознание*,1945),此为苏联时期的第一本语言学导论教科书。
绍尔最早在苏联使用“语言社会学”(социология языка)这一术语,并将索绪
尔(F. de Saussure)、梅耶(A. Meillet)等法语语言学家归入“语言学的社会学派”
(социологической школе языкознания)。1933—1938 年,主持翻译出版“西方
语言学家”(Языковеды Запада)丛书,用俄文出版索绪尔(《普通语言学教程》)、
萨丕尔(E. Sapir)、房德里耶斯(J. Vandries)、汤姆逊(《十九世纪末以前的语言
学史》),以及梅耶的重要著作。只有梅耶的书是修订再版,其余的都是第一次译
成俄文,由此推进了苏联语言学的发展。“众神之爱,英年早逝”,绍尔被当代俄
罗斯学界称为“俄罗斯语言学先驱”之一。

　　1924 年,汤姆逊的弟子裴特生刊行《十九世纪的语言学:方法和成果》
(*Sprogvidenskabens i det nittende Aarhyndrede:Metoder og Resultater*)。1931
年,由英国斯帕戈(J. W. Spargo)译为英文《十九世纪的语言学:方法和成果》
(*Linguistic Science in the Nineteenth Century:Methods and Results*)出版。中
译本《十九世纪欧洲语言学史》即为该英文版的转译。中译本书名增加了限定
词“欧洲”和后缀“史”,却省略了副标题“方法和成果”,由此导致读者觉得,前

五章更像"世界诸语言概述,而不像语言学史""7、8两章……似乎才进入正题"（姚小平,1995）。其实,裴特生曾交代,该内容是"十九世纪:北欧科学家的描绘",重在介绍北欧语言学家的方法和成果,并未作为一部语言学史来编撰。如果直译为《十九世纪欧洲语言学:方法和成果》,则可避免中文读者徒生误会。

1967年,罗宾斯的《语言学简史》（*A Short History of Linguistics*）出版,此后多次修订重版（1979年第二版,1990年第三版,1997年第四版）,其影响极大。然而,仅就印欧语言学史内容而言,其明显缺失有:第一,对史料把握不够严谨,史实方面错误太多,不能列为可信赖的参考书（Koerner 1978 : 5,姚小平,1995）;第二,对威廉·琼斯（William Jones,1746—1794）、索绪尔（F. de Saussure,1857—1913）等学者的评价夸大其词;第三,几乎没有涉及语义学史（李葆嘉、邱雪玫,2013）。与罗宾斯一书初版的同年,法国穆南（G. Mounin,1910—1993）刊有《语言学从起源到20世纪的历史》（*Histoire de la linguistique des origines au XXe siècle*）。有趣的是,罗宾斯的语言学史有两个中译本（上海外国语学院外国语言文学研究所译,《语言学简史》,1987 ;许德宝、胡明亮、王建明译,《简明语言学史》,1997）,而穆南的语言学史却迄今未有中译本。

这里首先要说的是,欧洲语言学史的研究兴起于德国。1807年,哥廷根历史学派的艾希霍恩（J. C. Eichhorn,1752—1827）出版的《现代语言学史》（*Geschichte der neuern Sprachenkunde*）为西方第一部语言学史专著,主要是对亲属语言比较或非亲属语言对比研究的论述,实际上更像一部"各国语言研究简志"。此后,出现了一些欧洲古典语言学史的专著,如克拉森（J. Classen,1805—1891）的《希腊文法学之初》（*De Grammaticae graeca primordiis*,1829）、斯坦塔尔（H. Steinthal,1823—1899）的《古希腊和罗马语言学史》（*Geschichte der Sprachwissenschaft bei den Griechen und Römern*,1863）等。1869年,本费（T. Benfey,1809—1881）刊行《19世纪初以来的德国语言学和东方语文学的历史,以及对早期的回溯》（*Geschichte der Sprachwissenschaft und Orientalischen Philologie in Deutschland Seit dem Anfange des 19. Jahrhunderts mit eim Rückblick auf die früheren Zeiten*）,此为第一部梳理德国学者语言历史比较研究的语言学史。1883年,瑞典诺伦（A. Noreen,1858—1925）刊行《瑞典语言科学

史概述》(*Aperçu de l'histoire de la science linguistque suédoise*),描述了 1652 年以来的瑞典语言学史。(参见姚小平,1995)

其次要说的是,20 世纪 50 年代以来出版的世界语言学史,没有译为中文的有一批:苏联加卡耶夫(К. Е. Гагкаев,1912—1986)的《语言学史讲义》(*Курс лекций по истории языкознания*,1957),苏联阿米洛娃(T. A. Amirova)等主编的《语言学史概论》(*Abriß der Geschichte der Linguistik*,1975),美国西比奥克(T. A. Sebeok,1920—2001)主编的《语言学的当前趋势》(*Current Trends in Linguistics*)丛书第十三卷《语言学史学》(*Historiography of Linguistics*,1975),苏联德希尼兹卡亚(А. В. Десницкая,1912—1992)等主编的《语言学说史:古代世界》(*История лингвистческих учений. Древний мир*,1980),法国奥鲁(S. Anroux)主编的《语言学思想史》(*Histoire des idés linguistiques*,1989),英国莱普奇(G. Lepschy)主编的四卷本《语言学史》(*History of Linguistics*,1990—1994),芬兰伊特科宁(E. Itkonen)编撰的《总体语言学史:印度、中国、阿拉伯、欧洲》(*Universal History of Linguistics:India*,*China*,*Arabia*,*Europe*,1991)。而英国薇薇安·劳(Vivien Law,1954—2002)编撰的《欧洲语言学史:从柏拉图到 16 世纪》(*The History of Linguistics in Europe from Plato to 1600*,2003),此为最近出版的一部欧洲古代语言学史。

需要提醒的是,欧洲的第一本语言学史专著(艾希霍恩的《现代语言学史》,1807),晚于中国的第一本语言学史专著(谢启昆的《小学考》,1798);欧洲的第一本世界(东西方)语言学史专著(加卡耶夫的《语言学史讲义》,1957),晚于中国的第一本世界语言学史专著(林枫敬的《语言学史》,1943)。林枫敬(1915—1975)译编的《语言学史》,参考了裴特生的《十九世纪的语言学》、叶斯柏森(O. Jesperson,1860—1943)的《语言的本质、起源和发展》(*Language:Its Nature*,*Development and Origin*)、缪勒(M. Müller,1823—1900)的《语言科学》(*The Science of Language*)、道扎特(A. Dauzat,1877—1955)的《语言哲学》(*La philosophie du langage*)以及梅耶(A. Meillet,1866—1936)的《印欧语比较研究导论》(*Introduction à l'étude comparative des langues indo-européennes*)。全书分为六编:通史、印欧语学史、非印欧语学史、比较语言学史、一般语言学史和文字学史。1958年,岑麒祥(1903—1989)的《语言学史概论》,分为古代语言学史、历史比较语言学史、普通语言学史三大部分。2009年,林玉山的《世界语言学史》,分为语文学、历史比较语言学、普通语言学和现代语言学四个时期。这些著作,基本上以译编(外国语言学史)和选编(中国语言学史)为主。

20世纪80—90年代,中国学者出版了三部在国内富有影响的西方语言学史专著:冯志伟的《现代语言学流派》(1987)、徐志民的《欧美语言学简史》(1990)、刘润清的《西方语言学流派》(1995)。冯著重在现代语言学史,其修订版(1999)增加了"叶斯柏森的语言学理论"一章,是为独树一帜;增订版(2013)又补充了俄罗斯现代语言学理论、认知语言学、语言类型学、计算语言学等章节,亦为拓展新知。徐著(2005修订版)突出的是洪堡特、索绪尔和乔姆斯基的理论方法。刘著(2013修订版)突出的是索绪尔和乔姆斯基,着力剖析生成语法、系统功能语言学和认知语言学。除了《现代语言学流派》,其余两本都没有提及俄罗斯的语言学研究。

2000年以来出版的外国或西方语言学史,主要有王远新的《古代语言学简史》(2006)、王福祥的《语言学历史·理论·方法》(2008)、姚小平的《西方语言学史》(2011)等。王远新著作的特色是将阿拉伯古代语言学、斯拉夫古代语言学列为专章论述。王福祥著作的特色是第五章"俄罗斯语言学"。姚著的一些章节,如"语言乌托邦"等皆有新意,则建立在基于原著的专题研究基础之上。此外,具有特色的专门语言学史,还有赵世开的《美国语言学简史》(1989)、王远新的《中国民族语言学史》(1993)、邸友昌主编的《俄罗斯语言学通史》(2009)以及姚小平的《17—19世纪的德国语言学与中国语言学》(2001)等。

■二、辨析模糊问题:胸无成竹

显然,要编撰中外语言学史或世界语言学史,需要以尽可能多的各种语言学史专著为基础。大体上包括这几类:欧美语言学史、俄罗斯语言学史、阿拉伯语言学史、印度语言学史、东亚语言学史等。迄今,我们尚未看到阿拉伯语言学史、印度语言学史的专著。印度是一个不注重历史记录的国家,因此印度学者可能没有撰写这样的专著。西方学者撰写的印度语言学史专著(不是指梵语研究的论著),我们也尚未见过,尽管人们经常引用汤姆逊的一句话:"印度人在语言学上达到的高度,那真是罕有的,欧洲的语言科学直到十九世纪才达到了那样的高度;而且就是那样,也还多是从印度人那里学来的。"① 我们查到的此类期刊论文,如《简述古印度梵语语言学》(共确降错,1995)、《古印度语言学对现代欧美语言学的影响》(莫旭强、张良春,1983)、《古印度、古希腊与中国古代语言学比较》([捷克]吴大伟,2000),其参考文献中却没有古印度语言学文献。

罗宾斯指出:"印度语言学的开端比西欧语言学更为久远,而且由于本民族人不断的学术研究而延续下来。"② 有学者认为,早在公元前一千多年之前,印度的语言研究就已达到了相当的水平。据介绍,我们能知道的古印度语言学著作主要有三种。一是据说公元前 7 世纪成书而作者难以确定的《尼捷荼》(*Nighaṇṭu*,意为"词汇表"),该书包括五章:第一至第三章同义词表,第四章同音异义词,第五章诸神之名。二是公元前 7 世纪,雅士卡(Yāska)注释《尼捷荼》完成的《尼卢致论》(*Nirukta*,意译《语源学》),划分四大词类(饶宗颐,1984)。三是公元前 3 世纪或公元前 4 世纪后半叶,巴尼尼(Pāṇini)承袭雅士卡的思想所完成的第一部梵语语法书《巴尼尼经》(*Pāṇinisūtra*)。没有文字不可能从事系统的语言研究,因此必须考虑记录古雅利安语的古印度字母(不是雅利安人进入印度河流域之前,约前 2300 年,哈帕拉考古文化中的印章文字)的出现时间。公元前 559 年,居鲁士大帝(约前 600—前 530)统一波斯,建立阿契美尼德王朝(前 550—前 330),所辖疆域向东延伸到印度河西岸。阿契美尼德王朝的官方语文是阿拉米语文(来自腓尼基字母),犍陀罗地区受其影响形成佉卢字母。已经发现的最早佉卢文是阿育王时期的《法敕刻文》(前 251)。古印度早期通行的婆罗米字母,据说是公元前 5 世纪通过中亚商人带来的,同样源于阿拉米字母。最早的婆罗米字母文献,可溯源至公元前 3~4 世纪。再看看其他语言,苏美尔文字公元前 3500 年,古埃及文字公元前 3000 年,腓尼基字母公元前 15 世纪,殷商甲骨文公元前 13 世纪,赫梯字母公元前 12 世纪,希腊字母公元前 9 世纪,阿拉米字

---

① [丹麦]威廉·汤姆逊著:《十九世纪末以前的语言学史》,黄振华译,科学出版社 1960 年版,第 4 页。
② [英]R.H. 罗宾斯原著:《简明语言学史》,许德宝、冯建明、胡明亮译,中国社会科学出版社 1997 年版,第 166 页。

母公元前 8 世纪,罗马字母公元前 6 世纪,波斯字母公元前 6 世纪。就此而言,印度字母出现较晚。因此,印度的语言研究不可能早在公元前一千多年之前就已达到相当水平,而《尼捷荼》《尼卢致论》也不可能成书于公元前 7 世纪。

就世界性的近代语言学史而言,中国语言学史是东亚语言学史的一部分,东亚语言学史是世界语言学史的一部分。从 19 世纪晚期到 20 世纪早期,日本学者留学西欧,吸收新知,翻译名著,培养学者。西欧语言学理论,由此通过中国赴日留学生等传入中国,堪称此阶段西学东渐之津梁。近年来,李无未致力于"东亚语言学史"专题(日本语言学研究、朝鲜语言学研究及其与中国语言学研究的联系),取得一系列丰硕成果,刊行专著《日本汉语音韵学史》(2011)、《东亚视阈汉语史论》(2013)、《日本汉语教科书汇刊(江户明治编)提要》(2015)、《台湾汉语音韵学史》(2017)、《日本近现代汉语语法学史》(2018)、《任尔西东:〈国语学草创〉原理》(2021)、《东亚汉语史研究》(即出)等。

2000 年以来,我主要用中国传统方法研治西方学术,试图基于西方原著"重建西方五百年语言学史",拨开笼罩在语言学史上的重重迷雾。先后合作完成《揭开语言学史之谜:基于知识库重建历史的 21 世纪使命》(2021)、《尘封的比较语言学史:终结琼斯神话》(2020)、《失落的西方语义学史:重建恢弘画卷》(2022)、《作舟篇:基于西方原典的学术史追溯》(2021)。同时探索 16 世纪以来西洋学者研究中国语言的学术史(西洋汉语文法学史、西洋中国古音研究史、西洋汉语亲缘关系研究史)。窃以为,西洋中国语言学术史和东亚语言学史的相互照应和贯通,可进一步阐明近现代中国语言学史。

■三、挖掘尘封史实:胸有成竹

学术史的研究是开放的,随着学术史观的提升和历史文献的研读势必修正以往的一些通行看法。目前看到的语言学史专著,其中的描述和论断具有相对性,即具有不同程度的局限性。比如论述美国语言学史时,赵世开写道,根据时间的先后,按资格排列,主要人物如下:第一代辉特尼;第二代鲍阿斯;第三代萨丕尔……① 在评述辉特尼的成就以后,作者不胜感慨:"总的说来,辉特尼为美国语言学揭开了序幕。他被人奉为第一代的美国语言学家。在我看来,他的确当之无愧。但是,以后的年代里,他似乎被人遗忘了。在美国他并没有受到后人对他应有的重视。我认为,在论述美国语言学的发展史中把他遗忘,那将是不公正的。"② 其实,美国语言学史中遗忘的岂止辉特尼?更何况,辉特尼只是具有国际影响的第一位美国语言学家,而非美国的第一代语言学家。我们可以追溯辉特尼之前的三位早期语言学家。

第一位是当时北美新英格兰的政治领袖威廉姆斯(R. Williams,1603—1683),以建立普罗维登斯种植园(后成为美国罗得岛州)和倡导殖民地政教分离、与美洲原居民公平交易而闻名。威廉姆斯出生于伦敦,年轻时就熟悉拉丁语、希伯来语、希腊语、荷兰语和法语。1627 年获剑桥彭布罗克学院文学学士学位。1631 年来到北美波士顿。1683 年去世于普罗维登斯。威廉姆斯研究新英格兰原居民的印第安语(属阿尔冈琴语系),1643 年出版《开启美洲语言的钥匙:或美洲新英格兰部分原居民语言的指南》(*A Key into the Language of America: Or, An help to the Language of the Natives in that part of America called New England*),这是一本印第安语和英语分类词汇(含日常会话用语)的对照手册。

第二位是牧师爱德华兹(J. Edwards,1745—1801)。爱德华兹出生于马萨诸塞州的北安普敦。他于 1765 年毕业于新泽西学院(1896 年更名为普林斯顿大学),其后在康涅狄格州的伯利恒跟随贝拉米(J. Bellamy,1719—1790)学习神学。1769—1799 年,在纽黑文、科尔布鲁克任牧师。1799 年移居纽约州的斯克内克塔迪,任联合学院院长。爱德华兹在斯托克布里奇长大,那里的印第安人多数说莫希干语,他从小就通晓这种语言。1755 年,其父派他到易洛魁人定居点生活,由此又掌握了易洛魁语和其他阿尔冈琴诸语的知识。1787 年,爱德华兹刊行《莫希干印第安语考察》(*Observations on the Language of the Muhhekaneew Indians*)。他记录了莫希干语的基本词汇和语法规则,对比了莫希干语和英语之间的明显差异,甚至还寻找莫希干语和希伯来语之间的可类比

① 赵世开编著:《美国语言学简史》,上海外语教育出版社 1989 年版,第 4 页。
② 赵世开编著:《美国语言学简史》,上海外语教育出版社 1989 年版,第 8 页。

现象。他列举了 60 个词项以及一些短语和语法特征,论证了阿尔冈琴诸语之间的亲缘关系,并且指出阿尔冈琴语与其邻近易洛魁语之间的区别,由此开启了北美语言关系的比较研究。

第三位是耶鲁学院教授吉布斯(J. W. Gibbs,1790—1861)。吉布斯出生于马萨诸塞州的萨勒姆。他于 1809 年毕业于耶鲁学院(1887 年更名为耶鲁大学,以下简称"耶鲁"),1811—1815 年在该校任教。其后前往马萨诸塞州的安多弗,在斯图亚特(M. Stuart,1780—1852)的指导下,从事希伯来语和圣经研究。1824 年返回耶鲁,后任神学院宗教文学系教授。吉布斯的语言学研究,主要受英国语法学家哈里斯(J. Harris,1709—1780)、德国东方学家格塞纽(W. Gesenius,1786—1842)和语言学家贝克尔(K. F. Becker,1775—1849)的影响。1857 年,吉布斯刊行《语文学研究:以英语为例》(*Philological Studies:with English Illustrations*),共收录论文 83 篇,包括概论、句式、实词和格变、形式词和非谓语分词、复合句、语气、修辞和语义、语言教学。吉布斯不但是美国 19 世纪最重要的英语语文教育家,而且是最早从事语义学研究的美国语言学家。1849 年,辉特尼(W. D. Whitney,1827—1894)进入耶鲁学院学习,次年去德国留学,1853 年返回耶鲁执教。吉布斯是辉特尼的同事和前辈。此外,辉特尼在耶鲁学院师从索尔兹伯里(E. E. Salisbury,1814—1901)教授。索尔兹伯里曾到法国、德国学习阿拉伯语、波斯语和梵语。1843 年担任耶鲁学院的阿拉伯语和梵语及其文学教授,这是美国大学第一个这样的职位。

最后需要说明的是,新编教材并非个人学术专著,因此关于语言学史的一些新探索,并非立即就要编入教材之中,可以先作为拓展阅读文献加以介绍。任何教材都具有一定的承传性,新探索的史实和观点适宜通过不断修订的方式逐步吸收到新编教材之中。

读史使人明智,读史使人祛妄,读史使人贯通。而研究历史,则"欲以究天人之际,通古今之变"。王建军主编的这部《语言学史》是在《中西方语言学史之比较》基础上的进一步丰富化,在对中西方语言研究进程的总体观照下,探索各自的发展路径及其规律,比较中西方语言学的共性与个性。该教材的前身《中西方语言学史之比较》,长期被全国众多高校选定为专业教材,产生了良好的影响。

新版《语言学史》，除了一些内容的更新并延伸到 20 世纪末，尤其强化了教学元素(导读、思考与练习等)和技术手段(如二维码资源库、教学思维导图等)。据闻，今后还拟出版与之配套的《语言学经典选读》，以便深入了解重要的语言学思想。

不知哪位语言学家曾经说过：只有爱上语言学史，才是真正爱上语言学。期盼更多的学人，爱上语言学史。

东亭 李葆嘉 谨识
2021 年 8 月 30 日于千秋情缘

绪论

本章导读

语言是人类诞生的重要标记,而语言研究则是人类从事学术活动的起点之一。语言研究分为语文学和语言学两个层次,从语文学进化为语言学堪称一次质的飞跃。语言学既是一门古老的学科,又是一门世界性的学科,语言学史自然也源远流长、涉猎广博。有关语言学史的研究大致起步于 19 世纪的欧洲,丹麦语言学家威廉·汤姆逊(Vilhelm Ludwig Peter Thomsen)和裴特生(Holger Pedersen)堪称开路先锋。20 世纪开始,语言学史的研究进入快车道,无论西方还是中国,不仅名家辈出、名著蜂起,而且相继进驻了大学殿堂。

鉴于中国语言学和西方语言学在世界语言学中的核心地位,本书将以空间为横轴、以时间为纵轴,重点关注中西方语言学的发展状况;力求帮助学习者在全面扫描、详细考量中西方语言学史的过程中,拥有科学的研究方法,树立正确的历史观、文化观和学术观。

与其他学术史一样,语言学史也存在分期的困难。语言学史分期是一件细之又细、慎之又慎的工作,不仅要顾及语言学史的各个板块,同时还应与整个学术史的大背景相呼应。无论粗分还是细分,都各有利弊,都无法从根本上消除中西方语言学发展中的不平衡性。

20 世纪以来,语言学史研究领域成果迭出,涌现出一批高质量的精品之作,是值得我们借鉴的重要资料。因此,了解并阅读中西方语言学史名著对学习者来说是必不可少的环节。

第一节　语言、语言学和语言学史

语言是人类用来进行认知世界、交流情感和承载信息的一种最重要、最基本的符号系统。语言与人类相伴而生,是人类与动物的区别性标记之一。美国结构主义语言学的重量级人物萨丕尔(Edward Sapir)强调指出:"语言是纯粹人为的,非本能的,凭借自觉地制造出来的符号系统来传达观念、情绪和欲望的方法。"① 从这个意义来看,语言的历史应该同人类的历史一样悠久漫长。关于人类的起源问题,特别是人如何跨越类人猿这个阶段的问题一直是科学家们争议不休的焦点。科学家们根据在埃塞俄比亚、肯尼亚和乍得等地发现的古人类化石,把人类的始祖定格于 350 万年甚至 700 万年之前的远古时代。不容否认,人类是从非洲大陆走出的生灵这一观念正日益主导着当今的科学界。但是不管科学家如何定义原始人,语言无疑都应该成为其中一个最值得关注的指标。现代人类学家把一切生物的心智进化过程划分为四个阶段:简单反射阶段、条件反射阶段、工具阶段和符号阶段。其中的符号阶段就是指使用语言符号来干预或控制外部世界的阶段,这显然是生物进化的最高级阶段,即人的阶段。科学家根据一系列考古成果推测,生活于公元前 30 万年至 10 万年之际的智人最早拥有了真正意义上的语言。

有了语言,就有了语言交际。有了语言交际,就必然出现种种语言问题。而解决这些语言问题,其实就是语言研究的开始。因此,我们有理由相信,原始的语言研究可能是先民们不可或缺的脑力活动之一,其对整个社会生活的意义和价值非同小可,正如歌咏、绘画、舞蹈、巫祝一样。

从语言研究过渡为语言学,中间必须经历一次质的飞跃。在这种质的飞跃过程中,文字扮演了非常关键的催化角色。只有当语言形诸文字,所谓的语言问题才能直观化,才能暴露无遗,才会引起人们尤其是知识精英的关注。一种语言若没有文字作依托,不仅不可能有真正的语言研究,甚至连自身的生存都难以保障。来自美国国家地理学会与美国拯救濒危语言研究所的最新调查显示,在全

---

① ［美］爱德华·萨丕尔著:《语言论》,陆卓元译,陆志韦校订,商务印书馆 1985 年版,第 7 页。

球现有的大约 7 000 种语言中,超过半数的语言没有任何的文字形式。这些无文字的语言,不仅无法将前人积累的历史文化知识完整地传递下去,而且也严重地危及了自身的稳定性,以致它们很难逃脱被遗忘或被抛弃的命运。事实也证明,这些无文字的语言基本不存在科学意义上的语言研究,即有研究也是后人开展的一些抢救或保护性研究。

当然,对有文字的语言所开展的研究也并不一定就能冠以语言学之名。我们认为,一门学科的确立必须同时满足以下四个条件:①研究动机是自觉的而非随意的;②研究成果是系统的而非零散的;③研究对象是本体的而非附带的;④研究队伍是稳定的而非流动的。也许正是出于上述考虑,人们往往喜欢将过去的语言研究划分为两个分明的层次:语文学和语言学。可以说,这种泾渭分明的状况在中西方语言研究学术史上都留下了重重的一笔。必须明确的是,语文学和语言学既不是截然对立的两个学科,也不是前后相承的两个学科,而是相辅相成、可以并存的两个学科。徐志民指出:"语文学与纯粹意义上的语言学之间,存在着一种相互为用的关系:语文学孕育了语言学,它为语言学提供了不少材料,而语言学也为语文学服务。因而把语文学与语言学的区别理解为科学与非科学的差别,显然是错误的。"①

在语言学的发展进程中,普通语言学的诞生是值得庆贺的一件大事。因为,正是凭借普通语言学的强劲东风,语言学才走向了真正的成熟,才奠定了坚实的地位。提到普通语言学的异军突起,我们不能淡忘洪堡特(Wilhelm von Humboldt)和索绪尔(Ferdinand de Saussure)两位大师的学术贡献。正是依仗他们的扛鼎之力和非凡表现,语言研究才真正步入科学的殿堂,语言学的大纛方能昂然矗立于世界学术之林。

就可靠的材料来看,世界范围内的语言研究已走过了两千多年。两千多年的步履铺就了一条曲折而漫长的语言学之路,这就是所谓的语言学史。顾名思义,语言学史是一门以反映语言研究演进历史为基本内容的学科,属于一种单科学术史。其学科隶属关系可以图示如下(见图 0-1):

---

① 　徐志民著:《欧美语言学简史》(修订本),学林出版社 2005 年版,第 9 页。

通史 → 文化史 → 思想史 → 学术史 → 单科学术史 (语言学史)

图 0-1　语言学史学科隶属关系示意图

可以毫不夸张地说,语言研究是人类学术活动的起点之一。语言学史是人类最漫长的学术活动史,自诞生之日起就无可争议地在学术史领域中占据了重要的一席之地。众所周知,一门纵贯古今、长盛不衰的学科一定包含诸多特立独行的元素,而其悠久厚重的历史本身就是一座资源丰富的矿藏,值得后人加以深入而系统的探究。通常认为,开展语言学史的研究具有以下几个方面的意义:

第一,这是沟通古今语言学的桥梁。现当代语言学云蒸霞蔚,气象万千,但它不是无源之水和无本之木,不可能建立在一片废墟或荒漠之上。只要稍加留意,我们就会发现古代语言学与现当代语言学的诸多对接口。可以说,研究语言学史的目的之一就是推动当今语言学不断向前迈进。

第二,这是从事语言研究的门径。语言研究是一项传统与创新并重的学术活动,看重学术根基、推崇学术源流是语言学科历来倡导的良好风尚。对一位有意投身语言研究的新人而言,求真务实是其学术生涯的第一步,而这首要的一步往往就是从了解语言学史落脚的。一个无视语言学史的研究者,就正如一位缺乏向导的旅行者,其学术活动很可能是在原地打转,最终沦为一场低水平甚至无效的劳动。

第三,这是构成学术史主体的有机部分。学术史是一个完整的体系,要对学术史进行整体的研讨,就必须对单科学术史进行充分的考察。谁也不能否认,学术史是各单科学术史的有机整合体。张国刚指出:"在各种专业史充分研究的基础上,进行整体学术史的研究是非常必要的。"① 在诸单科学术史中,语言学史独树一帜,对完善学术史具有不可忽视的价值。

第四,这是实现各科学术史互补的需要。任何学科都不可能故步自封,它必须在汲取其他学科学术精华的同时,又为其他学科尤其是相邻学科提供有益的养分。需要特别强调的是,学术上细致的分科别类,是近现代始有的现象。这

---

① 张国刚、乔治忠等著:《中国学术史》,东方出版中心 2002 年版,第 8 页。

就意味着各学科史之间并不存在着森严的壁垒。我们认为,语言学史的研究至少与哲学史、逻辑学史、修辞学史、民族学史、社会学史之间存在着密切的互动关系。可见,推动语言学史的研究当可有补于上述学科史的研究。

思考题

1. 我们应该如何理解人类文明与语言进化之间的关系?
2. 试略述语言学史与学术史之间的关系。

第二节 语言学史研究源流概述

毫无疑问,一个民族或国度只要有了语言研究,就必定会拥有相应的语言学史,不管其实际发展状况如何。但是,我们必须清醒地意识到,有了语言学史并不意味着就一定有语言学史的研究。综观中西方学术史,我们不得不承认,虽然语言研究是人类早期就已开展的一项学术活动,但在广袤、繁盛的学术史之林中,语言学史的研究似乎属于后起之秀。

以西方为例,尽管语言研究自有史记载以来就一直风起云涌,甚至曾开一代学术风气之先,但有关语言学史方面的成果却是少之又少,这些成果面世的时间也是迟之又迟。就我们的目及范围,丹麦语言学家威廉·汤姆逊的《十九世纪末以前的语言学史》(1902)堪称领路之作,这本书不仅使人们的头脑第一次拥有了"语言学史"的概念,同时还让人们真正领略到了"语言学史"的魅力。这部力作让我们第一次对古印度及欧洲大陆的语言学传统有了较为清晰、完整的认识。紧接着,同为丹麦语言学家的裴特生又于1924年撰就了《十九世纪欧洲语言学史》一书。裴著与汤著珠联璧合,使欧洲的语言学史以完整的面貌展现在当时人们的眼前。自此,语言学史观不仅在西方语言学家的头脑中打下了清晰的烙印,而且也在西方学术史之林中扎下了深深的根。在普通语言学的不少皇皇大作中,作者往往会采用开宗明义式的手法首先将语言学史的理念传递给我们。例如,在《普通语言学教程》的"绪论"的"第一章语言学史一瞥"里,费尔迪南·德·索绪尔不仅告诉我们语言学诞生之前的三个阶段(即前科学阶段),而且明确指出:

"使比较研究获得恰如其分的地位的真正语言学,产生于罗曼族语言和日耳曼族语言的研究。"[①] 布龙菲尔德(Leonard Bloomfield)的《语言论》第一章"语言的研究"追述的也是以欧洲为中心的语言学史。其他如梅耶(Antoine Meillet)的《印欧系语言比较研究导论》、叶斯泊森(Otto Jespersen)的《语言:它的本质、发展和起源》、乔姆斯基(Noam Chomsky)的《笛卡儿(René Descartes)语言学》等也都不同程度地涉及语言学史。当然,在西方语言学史的研究方面最具经典性的著作是英国伦敦学派(The London School)的代表人物罗宾斯(Robert Henry Robins)教授的《简明语言学史》,该书在 1967 年至 1996 年期间一共出版了四版,一版精于一版,影响波及全世界。在罗宾斯之后,语言学史研究在西方再次受到推重,专著频出,如苏联语言学家康德拉绍夫(Николай Андреевич Кондрашов)于 1979 年推出的《语言学说史》等。另外,与语言学史研究相关的学术活动也渐趋炽盛,国际语言学史研讨会从 1978 年开始,每三年举行一次,并且出版论文集。不仅如此,西方语言学界还纷纷成立了语言学史专业方面的研究机构和协会,如成立于 1978 年的语言学史及理论学会、成立于 1987 年的北美语言学史学会。这些组织定期举办报告会、出版论文集,致力于语言学史的探索。专门期刊的问世也是值得称道的一件大事,如 1974 年加拿大创刊的《语言学史编》和 1991 年德国发行的《语言学史论文集》。所有这些都极大地推进了语言学史的研究工作。在西方,语言学史进入大学的课堂更具有特别的意义,其学科地位由此得以提升。罗宾斯《简明语言学史》第三版序言里专门作了描述:"作为普通语言学的一个重要方面,同时也作为大学语言学课程的一个有价值的部分,语言学史已经在欧洲、美洲和其他地区的一些大学里被列入本科和研究生课程的教学大纲。"[②]

较之西方,国内语言学史的研究可谓相对滞后,其大致情况按何九盈的说法就是:"'五四'以后,单科学术史如雨后春笋,应时而生,唯独语言学没有系统的、

---

① [瑞士]费尔迪南·德·索绪尔著:《普通语言学教程》,高名凯译,岑麒祥、叶蜚声校注,商务印书馆 1980 年版,第 23 页。

② [英]R.H. 罗宾斯原著:《简明语言学史》,许德宝、冯建明、胡明亮译,中国社会科学出版社 1997 年版,第三版序言第 4 页。

完整的发展史问世。直到王力的《中国语言学史》出版,才算填补了这个空白。"①
其实,早在《中国语言学史》问世之前,国内语言学史的研究就已正式起步。清代谢启昆撰成于1798年的《小学考》是我国第一部语言文字专科目录书。全书分训诂、音韵、文字、音义四大类,搜罗宏富,编排合理,引征详核,反映了古代小学由经学附庸变身独立学科的发展状况,具有重要的语言文字学史料价值。20世纪30年代,商务印书馆就曾推出一套《中国文化史丛书》,内中与语言学史相关的就有《中国训诂学史》(胡朴安)、《中国文字学史》(胡朴安)、《中国音韵学史》(张世禄)三种。1943年,世界书局印行了林枞敬编译的《语言学史》。此书名为编译,其实从框架到内容均不乏作者的思考与探索成分,因此完全可以视为国内语言学史研究领域的领航之作。从1956年开始,《中国语文》杂志还开辟了"中国语言学史话"专栏,先后发表过周因梦、孙德宣等人的论文,在全国范围内形成了一定的声势。岑麒祥1958年推出的《语言学史概要》尽管内容侧重于西方语言学史,但中国古代语言研究的成果无疑也在其中占了相当的比重。需要说明的是,王力《中国语言学史》虽然正式出版时间是1981年,却成稿于1962年并曾在1963年第3期至1964年第2期的《中国语文》杂志上连载过三章。不可否认,《中国语言学史》的问世激活了中国语言学界的历史情结,之后名称或同或异的语言学史著作不断出版,如濮之珍的《中国语言学史》(1987)、李开的《汉语语言研究史》(1993)、赵振铎的《中国语言学史》(2000)、何九盈的《中国古代语言学史》(1985)和《中国现代语言学史》(2000)。另外,多种分支学科史也随之纷纷亮相,如黄德宽和陈秉新的《汉语文字学史》(1990)、孙钧锡的《中国汉字学史》(1991)、周荐的《汉语词汇研究史纲》(1995)、袁晖和宗廷虎的《汉语修辞学史》(1990)。语法学史方面的成果最称丰硕,其中值得一提的有林玉山《汉语语法学史》(1983)、朱林清的《汉语语法研究史》(1991)、龚千炎的《汉语语法学史》(1997)、邵敬敏《汉语语法学史稿》(1990)和《新时期汉语语法学史(1978—2008)》(2011)、孙良明的《中国古代语法学探究》(2002)等。这种互动局面的形成一定程度上显示了当今中国语言学史研究领域的繁荣。不过在这种繁荣的背

---

① 何九盈著:《中国古代语言学史》,广东教育出版社2000年版,序第1页。

后依然存在着一些令人难堪的苦涩和尴尬,没有专门的学会和专业的期刊,语言学史的论文甚至时时沦入无处可发的境地。在谈论中国语言学史研究进展之际,我们同样不能无视西方语言学史研究对中国语言学史研究的推动作用。如中国20世纪五六十年代曾经热火朝天一阵的语言学史研究之风,就与丹麦两位学者的语言学史著作被译介进来有很大的关系。

中西方语言学史研究的情况表明,语言学史的研究虽然起步颇晚、发展失衡,但尚称进展迅速、成果斐然。这些成果在驾驭历史、把握规律的同时,将历史研究与现实研究加以贯通,极大地推动了语言学的发展。对于语言学史研究在全球范围内崛起的意义,罗宾斯教授作了精辟的论述:"人们对语言学的兴趣不断扩大,这可以从另一个角度看成是科学史,或更广泛一点说,对人类思想史的认识的扩大。……毋庸赘言,对语言学史研究的上述兴趣,都跟重新思考与评价历史上不同时期、不同地域的传统观念,向有关语言学发展的一些普遍接受的思想提出挑战,是分不开的。重新思考并不是坏事,如果没有它,语言学史的研究就没有生气,就只能罗列一串人名、学派和思想方法,那不过是一个不加评论的、单靠时间顺序连在一起的静态组合而已。"[1] 但是,必须看到,迄今为止有关中西方语言学史的所有研究仍处在两条并行的轨道上,总体上缺乏彼此的观照,这在一定程度上迟滞了研究的深化与细化。受文化背景、语言特点和研究思路的制约,中西方语言研究历来各放异彩,前行的路径也不相吻合,非常具有可比性。显然,比较中西方语言研究的共性与个性、揭示中西方语言研究的发展规律、探索影响中西方语言研究历史进程的社会与文化根由当是本学科研究的要义所在,也是其理论价值之所在。值得注意的是,出于强化学术史教育的初衷,近年来国内不少高校纷纷设置了语言学史课程,有的还特地开设了中外语言学史课。中外语言学史课涉及语言研究的纵横两个层面,内容广,头绪多,加上教材匮乏,教学上面临的问题尤为棘手。这样的现状对本学科研究而言既是一种严峻的挑战,又是一个重要的契机。因而,开展语言学史专项研究,不仅有补于学术史研究,同时还可以解决教学上的燃眉之急。将课题研究与教材编写合二为一,正从

---

[1] [英]R.H.罗宾斯原著:《简明语言学史》,许德宝、冯建明、胡明亮译,中国社会科学出版社1997年版,第三版序言第4页。

一个侧面反映出本学科研究所承载的实践意义。

思考题

1. 试略述中国和西方有关语言学史的研究概况。
2. 为什么西方语言学史的著作中很少提及中国语言学史的发展状况?

第三节　语言学史研究的对象、思路和方法

"历史"泛指人类社会过去的事件和活动,理所当然地要涉及时间维度。就此而言,我们所关注的"语言学史"无疑应该涵盖人类以往与语言相关的一切研究活动。当然,除了时间维度之外,地球上的人类并非一个内部无差别的族群,其中最显著的一个差异即来源于地理的阻隔。因此,除了时间维度之外,"语言学史"同样要涉及空间维度。对中国学者而言,中国语言学史是其观照的立足点;对西方学者而言,西方语言学史则为其考量的落脚点。诚然,中国有自己源远流长的语言研究历史,但在中国之外的古印度和欧美地区(本书统称为"西方")同样有着悠久而深厚的语言研究传统,不仅思潮汹涌、派别蜂起,而且学人辈出、名著迭现,长期引领着世界语言学的潮流,尤其积累了丰富的语言学史料。为此,本书将以空间为横轴、以时间为纵轴,系统深入地展示中西方语言学的发展状况。具体说来,其研究内容大致覆盖以下范围:

第一,中国语言学史。其时间跨度从先秦延续至现当代,内容主要涉及汉语言的各个分支学科史,诸如汉语语法学史、汉语音韵学史、汉语词汇学史、汉语文字学史等。需要指出的是,中国语言学史还应该包括境内的非汉语研究史。只是由于历代王朝所奉行的语言和文化歧视政策,我们对现代之前的民族语言研究状况知之甚少,以致无法串联起一条清晰的线索,只能遗憾地付诸阙如。

第二,西方语言学史。其时间跨度从古印度、古希腊一直延续至现当代。这里的西方是一个"大西方"概念,既包括现代意义上的欧美地区,也包括传统意义上的西域国度——古印度以及阿拉伯地区。上述地区在语音学、语法学、普通语言学等领域的进展将是我们重点考察的内容。受视阈的限制,书中有关阿拉

伯语言学史的内容较为薄弱,有待进一步充实。

上述划分绝不意味着中国与西方的语言学研究自行其是,互不影响。恰恰相反,中国语言学与西方语言学之间早就有不同寻常的接触与互动关系。一方面,西方语言学对中国语言学的浸润至深,从近代往后愈演愈烈,有时甚至影响了中国语言学的走向和格局。另一方面,随着中国语言学融入世界语言学万花园的进程加快,其独特的研究思路和务实的研究成果也日益引起西方学界的重视。对这种双向的互动关系,我们会在相应的时间截面中一一加以展示。不过,由于历史湮没和文献缺失的因素,我们今天所能捕捉的也许远远低于实际发生的。

鉴于本学科的性质,相关研究将按照如下思路展开:①突出主线,即不求面面俱到,不着意完整语言学史的描述,而是着眼于研究主线的勾勒;②突出特征,即不把主要笔墨用于著作与学者的评价,而是紧扣时代特征,归结不同历史时期中西方语言学的共性与个性;③突出重点,即不片面强调学术上的一家之言,而是侧重于思潮与流派的介绍,侧重于理论与方法的求索。

为了贯彻上述研究思路,本书将着重采用以下三种研究方法:一是比较法,即做到历时比较与共时比较相结合,在中国语言学史和西方语言学史的基本框架下,理清各自的发展线索,重点进行横向的共时比较,寻求中西方语言学在同一历史时期的异同点。二是归纳法,即在比较的基础上,提取中西方各个历史时期语言研究的代表性特征,求其同,辨其异,从中得出若干规律性的东西,探寻中西方语言学各具特色的研究路径。三是解释法,即从社会背景、文化内涵、语言特质等方面入手,揭示影响和制约语言学发展进程的内外因素,并力图对语言学史上的某些现象作出可能而合理的解释。

应该承认,不同的文化背景、异样的语言个性、独特的研究视角,铺就了中西方两条各具特色的语言学之路。在各自的道路上,中国以及欧洲的语言研究都按照自己的传统顽强地向前发展着。因此,如何正确看待中西方语言研究所体现的差异至关重要。另外,无论在中国还是西方,古人与今人的研究兴趣、研究思路、研究重点也颇有参差,如何评判也非同小可。何九盈主张:"我们不应拿现代语言学的标准去衡量古代语言学，更不应该拿西方语言学的标准来硬套。"①对中国语言研究的特色，西方学者也给予了一定的认同："在西方学者跟中国及其语言发生接触之前，中国已经发展了一种土生土长的语言研究传统。"②

在从事中西方语言学史的比较研究过程中，我们应特别注意把握好以下三个视角：①树立正确的历史观，不以今律古，即不用现在的眼光去看待过去，不用现代人的研究方向、研究兴趣和研究成果去衡量甚至非难古人，要用历史的态度来看待历史。②树立正确的文化观，不以西律中，即不将中西方的语言学置于同一模式或标准下进行考量，肯定一方不以否定另一方为前提，而是要从不同的文化背景中去寻找其各自发展的合理性，然后再作科学的定位。③树立正确的学术观，倡导学术自由精神，创建独立而科学的学术评判体系，不把语言学问题与政治、宗教、种族等问题作过度的牵扯，不断淡化学术研究的功利性，努力倡导中西方语言学之间的融通性。

思考题

1. 在学界的传统观念中，古印度文明属于东方文明的一部分。为什么本书将古印度语言研究划入西方语言研究的框架？请略述理由。

2. 开展中西方语言学史的比较研究应该抱什么样的态度？

第四节　语言学史的分期与对应

历时比较和共时比较的着眼点都是时间，因此时间是比较工作中的特别要素，需要认真对待。从实践角度看，泛时意义上的比较不具可操作性，这就意味着任何可行的比较都只能限于特定时段内的特定对象。就此而言，将中西方语言学史切分为若干个相对应的时间单元是本学科研究首先面临的一项任务。语言学史的分期工作是一件细之又细、慎之又慎的工作，不仅要涉及语言学史的各个方面，同时还应与整个学术史的大背景相呼应。

---

① 何九盈著：《中国古代语言学史》，广东教育出版社 2000 年版，前言第 3 页。

② ［英］R.H. 罗宾斯原著：《简明语言学史》，许德宝、冯建明、胡明亮译，中国社会科学出版社 1997 年版，第 119 页。

与其他学科史一样,语言学史的分期也是众说纷纭,莫衷一是。最简单的分法是"两段论",这种做法在西方和中国一度颇为流行。例如,索绪尔就把 1870 年以前的语言研究称为"科学前的研究",而把 1870 年以后的语言学称为"真正语言学"。苏联学者契科巴瓦(Арнолъд Степанович Чикобава)则主张以 19 世纪为界,把语言学史分为科学前的和科学的两个时期。我国学者王力大体也持相同的观点,他将中国的语言研究一别为二:语文学和语言学,并且指出:"中国在'五四'以前所作的语言研究,大致是属于语文学范围的。"[①] 在"两段论"基础上略加改动就形成了"三段论"。岑麒祥在《语言学史概要》采取的分法即为如此。岑氏认为语言研究有两个转折点:第一个转折点是 19 世纪最初的 25 年,之前的属于古代语言学时期,之后的属于历史比较语言学和普通语言学齐头并进的时期;第二个转折点以马克思主义语言学的建立和发展为标志。应该说,"两段论"和"三段论"总体上不免简单生硬之嫌,所以后来少有人响应。何九盈《中国古代语言学史》和《中国现代语言学史》虽说在表面上继承了"两段论"的余绪,但他并未将中国古代语言研究一棍子打入"非科学"之列,而是认为:"从汉代开始,语言学已经算是一门独立的科学了。"[②] 在中国古代语言学的内部分期方面,何氏的分法堪称谨严、科学,显然不能与传统的"两段论"同日而语。

中西方语言学走过的道路不同,其历史分期显然应该结合各自的实况区别对待。只有在分别明了中国语言学史的分期和西方语言学史的分期的基础上,寻求彼此间的对应关系似乎才合理可行。在此,有必要先行介绍一下中国学者和西方学者对各自语言学史的分段结果。

■ 一、关于中国语言学史的分期

在中国语言学史的分期问题上,国内诸家大致有以下四种处理手法。

第一种是按语言研究的特点来切分,分段时尽量避免与朝代挂钩。王力尽管主张将中国语言学史统分为二,但实际上却细分为四:训诂为主的时期,韵书为主的时期,文字、声韵和训诂为主的时期,西学东渐的时期。这种分段法显然

[①]　王力著:《中国语言学史》,山西人民出版社 1981 年版,前言第 1 页。

[②]　何九盈著:《中国古代语言学史》,广东教育出版社 2000 年版,前言第 4 页。

力图摆脱朝代的束缚。

第二种是立足朝代,在朝代的基础上进行分合,分合的依据是语言学的发展状况。由于对状况的把握不一,导致分合的结果颇有参差。例如,濮之珍将中国语言学史分为先秦、秦汉魏晋、南北朝至明代、清代、五四运动以后五个时期,赵振铎将中国语言学史分为先秦、两汉、魏晋南北朝到隋唐五代、宋元明、清代到"五四"之前、"五四"到80年代六个时期,何九盈则将中国语言学史分为先秦、两汉、魏晋南北朝、隋唐宋、元明、清、现代七个时期。

第三种是立足语言研究的总体特点,结合朝代进行切分。李开的断代结果与何九盈基本一致,但对每一时期语言研究的概貌都有点睛式的揭示,如"先秦:中国古代语言学萌芽时期""两汉:中国古代语言学以训诂为主的奠基时期""魏晋南北朝:中国古代语言学以语音研究为主线发展的准备时期""隋唐宋:中国古代语言学以语音研究为主线发展的成熟时期"等。

第四种是仿汉语史或其他人文史的分期法,对中国语言学史作大而化之式的处理。例如,邓文彬将中国古代语言学史分为上古(先秦两汉时期)语言学、中古(魏晋南北朝至唐宋)语言学和近古(元明清)语言学。岑麒祥论及的古代语言学史虽兼顾中外,但同样只有上古、中古和近古之分。

就具体结果而言,以上四种分法在头尾时段的处理上都相对一致,主要的差别体现在中间时段上。第一、四种分法对中段的处理略宽,第二、三种分法对中段的处理稍细,各有千秋。

■二、关于西方语言学史的分期

西方语言学史的著作有两类:一类是断代著作,如裴特生《十九世纪欧洲语言学史》等;一类是通史著作,如罗宾斯《简明语言学史》等。断代研究限于共时领域,不必涉及分期问题。通史研究则往往要有所顾及。当然,语言学史研究界在这方面的做法同样不尽相同。

第一种是按时不分期的做法。威廉·汤姆逊《十九世纪末以前的语言学史》就是只按时间的先后来组织、编排各类语言学的史实,回避分期问题。这种处理因为不能凸现出语言研究的时代特征,所以少有仿效者。刘润清《西方语言学流派》因题目和内容所限,也大致采取按时不分期的写法。

第二种是粗分法。例如,索绪尔将"真正语言学"产生之前的语言学史分为三个阶段:所谓"语法"阶段、语文学阶段、比较语文学或"比较语法"的阶段。每段无明确的起止时间。岑麒祥将欧洲古代语言学史分为"上古""中古""近古"的做法尽管也是粗分,但界限要分明得多。

第三种是细分法。例如,徐志民将欧美语言学史分为五个阶段:语文学—传统语法—历史比较语言学—结构语言学—生成语言学。而罗宾斯的《简明语言学史》则将西方语言学史分成"希腊""罗马""中世纪""文艺复兴时期及其以后""现代时期的前夕""19世纪""20世纪:第一个时期""20世纪:第二个时期"八段。罗氏把20世纪一断为二的做法尤其显得精细。

两相比较,可以看出中西方学者在语言学史分期方面的一些共同倾向:或有意地跟社会史相挂钩,或完全以语言学的史实为据。至于分期的粗细,只是个人的识见所致,并无大碍。

为慎重起见,本书在给中西方语言学史分期时首先确立了以下原则:其一是立足语言学的史实,其二是借鉴通行的做法,其三是照顾研究的便利。在兼顾以上三原则的基础上,我们逐渐形成了历史分期宜粗不宜细的理念,因为过细的分期很难求得对应,只会妨碍展开横向比较工作。由此出发,本书将中西方语言学史共同切分为古典时期、中古时期、近代时期和现代时期。需要说明的是,"古典时期"其实就是中国所谓的"上古时期",用此名称主要是照顾西方的传统,因为欧洲人习惯将"古希腊罗马"称作古典时代。其他如"中古""近代""现代"之分在中西方的史学界都存在,应该不会引起什么误会。在进行中西方语言学史的切分和对应工作时,还有一点需作澄清,就是这种切分与对应在很多情况下都只能是一种粗放性的操作,主要依据语言学的自身进程而定,并不拘泥于具体的历史时间。例如,将西方现代语言学的起点定在历史比较语言学兴起之际(19世纪初),将中国现代语言学的起点定在《马氏文通》的出版之日(19世纪末)。那种企图使中西方语言学史的各段在时间上完全吻合的想法是不现实的,并且只会使比较工作陷入机械性的泥淖。

无论采取何种分法,中西方语言学发展中的不平衡性都始终存在,它与分期结果之间的矛盾都不会自行消除。例如,在众多欧洲学者的眼中,古印度的语言研究成果赫赫,完全可以与 19 世纪的欧洲语言学相媲美,但是我们并不能因此而将古印度的语言研究纳入近代语言学史的框架。

思考题

1. 试以表格的形式整理出中国与西方语言学史的分期,并了解彼此对应情况。
2. 语言学史的分期与人类社会的历史分期有何不同?

第五节　语言学史名著题解

如前所述,自 19 世纪末至 21 世纪,世界语言学史研究领域成果迭出,涌现一批高质量的精品之作。所有这些都为本学科的研究奠定了坚实的基础,提供了优厚的条件。立足已有的基础,借鉴现有的条件无疑应成为我们研究的出发点。在此,本书着重对中西方语言学史方面的一些名著略作题解。

■ 一、中国语言学史名著题解

(一) 王力《中国语言学史》

王力的《中国语言学史》是第一部对汉语语言学的发展史进行完整而系统介绍的力作。此书 1981 年由山西人民出版社出版,系作者根据自己 1962 年在北京大学使用的教学讲义修订而成的。全书采用的是教材编写体例。将语文学和语言学加以区别是作者写作的出发点。作者指出:"前者是文字或书面语言的研究,特别着重在文献资料的考证和故训的寻求,这种研究比较零碎,缺乏系统性;后者的研究对象则是语言的本身,研究的结果可以得出科学的、系统的、细致的、全面的语言理论。中国在'五四'以前所作的语言研究,大致属于语文学范围的。"[①]因此,凸显中国语文学的主线是本书的要务。全书共有四章:"第一章训诂为主的时期"内容涵盖训诂学、方言学和字典学,大致限于先秦两汉之际。《尔

---

① 王力著:《中国语言学史》,山西人民出版社 1981 年版,前言第 1 页。

雅》《方言》《说文解字》《释名》是其中着力进行介绍和评价的著作。"第二章韵书为主的时期"着重叙述了音韵学的缘起和发展,时间跨度从魏晋延伸至元明。有关《切韵》系韵书和《中原音韵》系韵书的介绍与评价是其中的重点内容。"第三章文字、声韵、训诂全面发展的时期"则立足清代,全面评估了清儒在小学领域所取得的辉煌成就,《说文解字》研究和古音学是其中尤费笔墨的内容。"第四章西学东渐的时期"则着重论述了西方语言学对中国近现代语言学的影响,其中对《马氏文通》、描写语言学、高本汉(Klas Bernhard Johannes Karlgren)的音韵研究所作的介绍最为引人注目。与前三章不同,本章的内容显然是针对语言学而发的。在每章后面附以"本章的结语"是全书的一个亮点。在"结语"中,作者既探讨发展的成因,又总结进化的规律,较短论长,对学界如何把握中国语言学的演进大局富有指导意义。

(二) 濮之珍《中国语言学史》

与王著类似,濮之珍的《中国语言学史》也是积数十年的教学心得而成。本书1987年由上海古籍出版社出版,2017年再版属于当时教育部确定的组织编写的教材。全书共分六章:"第一章绪论"首先明确了中国语言学史研究的对象和任务即"研究中国语言学的历史发展,研究各个历史时期的语言学家、语言学著作和各个历史时期的语言学",同时还对语言学史研究中的遗产继承问题、理论指导问题作了适度的探讨。"第二章先秦时期的语言研究"在简要追述了汉语、汉字的起源和发展进程的基础上,详细介绍了先秦诸子语言文字观,并且着重评述了荀子的语言学思想。"第三章秦汉魏晋时期的语言研究"分别以《尔雅》《方言》《说文解字》《释名》《小尔雅》《广雅》为重点展示了秦汉魏晋时期语言研究的成就。"第四章南北朝至明代的语言研究"主要描述的是汉语音韵学的历程,韵书、等韵学、古音学是其中的主要板块。"第五章清代的语言研究"全面总结了清儒在古音学、《说文解字》研究、语法研究等方面的成就及其影响。"第六章'五四'运动后的中国现代语言学"则略述了现代语言学和现代语文运动在中国蓬勃兴起和发展的过程。对著作的评介是全书的重中之重,堪称材料丰富、分析细致。一至五章的"概述"是全书的特色所在,由此足见作者十分注重对影响语言学进程的内外因素的揭示。

（三）李开《汉语语言研究史》

李开的《汉语语言研究史》1993 年由江苏教育出版社出版，是中国语言学史研究方面的又一力作。基于"中国语言学史既是一门历史科学，又是一门理论性很强的科学，它涵盖中国古代语言学说、研究方法"这一认识，作者非常重视对中国语言学历史分期和研究方法的探究。根据中国语言学史的"实事"、不机械地比附通常的中国通史的分期法是作者取得成功的关键所在。该书将中国语言学史分为七个时期，每个时期以专章论述："第一章先秦：中国古代语言学萌芽时期""第二章两汉：中国古代语言学以训诂为主的奠基时期""第三章魏晋南北朝：中国古代语言学以语音研究为主线发展的准备时期""第四章隋唐宋：中国古代语言学以语音研究为主线发展的成熟时期""第五章元明：中国古代语言学以语音研究为主线发展的创新时期""第六章清代：中国古代语言学的全面兴盛和高峰时期""第七章《马氏文通》至 1949 年以前：近现代语言学的引进和兴起时期"。站在理论和方法的高度统揽中国语言学的史实、善于提取不同时期语言研究的时代特征显然是该书留给读者的一个深刻的印象。由于作者对中国语言学史的许多课题作过专门而深入的研究，因此往往能在不少关键问题上发表真知灼见。例如，在论及《释名》时，作者着力揭举出蕴涵其中的三级语义层次：语义类别—语义群落—语义排列，进而论证该书对汉语词汇研究的重要意义，确实发前人之所未发。

（四）赵振铎《中国语言学史》

赵振铎《中国语言学史》于 2000 年由河北教育出版社初版，修订本则由商务印书馆于 2017 年推出。全书共有七个板块："导言"讨论了研究中国语言学史的一些理论和方法问题。作者强调指出：中国语言学史是中国文化史的一部分，有自身的特点，也是世界语言学史的一部分[①]。第一章"先秦时期"被视为训

---

① 赵振铎著：《中国语言学史》，河北教育出版社 2000 年版，导言第 1—4 页。

诂学的萌芽时期,作者在此重点介绍诸子的语言观和最早的词典《尔雅》。第二章"两汉时期"除了对《方言》《说文解字》《释名》等名著加以评价之外,还特别挖掘了汉代传注中的语言分析材料,证明汉儒已具有了模糊的词类概念并且意识到作为语法手段之一的虚词的重要性。第三章"魏晋南北朝到隋唐五代时期"在广大的文化背景下探讨了阿尔泰系诸语言以及佛教对当时汉语语言学所产生的深远影响,同时着力解剖了时人在义疏材料中所运用的语法分析手段。第四章"宋元明时期"有两个引人注目的亮点:一是钩稽了笔记里的种种语言学资料,二是对此期初见端倪的语法研究作了系统的归总。第五章"清代到'五四'之前"在充分评估了清代的古音研究和语法研究之后,也对当时从事的官话推广运动和活语言的研究给予了应有的关注。第六章为最后一章,概要展示中国现代语言学在各个领域的气象和成就。在考察中国语言学的历史进程中,不断补充新史料、拓宽新领域是赵氏的过人之处。

(五) 何九盈《中国古代语言学史》和《中国现代语言学史》

何九盈的《中国古代语言学史》和《中国现代语言学史》堪称中国语言学史研究的双璧。前者由河南人民出版社初版于 1985 年,后经充实于 2000 年与后者一同付梓,改由广东教育出版社发行。之后,二书又相继在北京大学出版社和商务印书馆推出了修订版。

《中国古代语言学史》共分八个部分。"前言"和"全书结语"部分虽说篇幅短小,但多是深思熟虑之语,真知灼见粲然纷呈。"前言"对"中国古代有无语言学"这个问题的阐述就发人深省、耐人寻味。作者申明:"我们不应该拿现代语言学的标准去衡量古代语言学,更不应该拿西方语言学的标准来硬套。我们应该从事实出发。""当我们衡量一门学科是否具有独立的资格时,首先要看它有无独特的研究对象,其次要看它有无独特的研究方法,再其次要看它有无独特的科学体系,又其次要看它有无独特的研究成果。"[①]由此,作者认为:"从汉代开始,语言学已经算是一门独立的学科了。"[②]循此,除第一章定名为"先秦的语言研究"外,全

---

① 何九盈著:《中国古代语言学史》,广东教育出版社 2000 年版,前言第 3—4 页。
② 何九盈著:《中国古代语言学史》,广东教育出版社 2000 年版,前言第 4 页。

书的第二章至第六章均分别冠以"两汉语言学""魏晋南北朝语言学""隋唐宋语言学""元明语言学""清代语言学"之名。不仅如此,每章的下属各节也多以"××学"之名展开。用先进的理论作指导,对中国古代一些语言学名著加以重新审视,并力图弄清中国语言学史的一些基本规律,是该书的最大特色。例如,将汉代盛行的声训研究视为词源学,从而给《释名》以新的学术定位。善于从错综复杂的文化因素入手来解决疑难的语言学史问题也是何氏的强项之一。例如,作者从《尔雅》不录代表秦楚分野的星宿名推测是书出自满脑子充满文化抗敌思想的"齐鲁儒生"之手,可谓识见新颖而又论据凿凿,不由人不信从。

　　洋洋 50 万言的《中国现代语言学史》更是一部"出乎其类、拔乎其萃"的杰作。因为在此之前,任何一部中国语言学史的著作都只给现代语言学史留下一章的容量。在未曾见到如此广博厚重的巨著之前,大概谁也没想到中国现代语言学史(不含 1949 年以后的时期)拥有如此丰富的宝藏。除"绪论"和"全书结语"外,全书的内容一律按专题编排:"第一章现代语文运动""第二章语法学""第三章音韵学""第四章方言学""第五章汉字学""第六章训诂学""第七章修辞学""第八章非汉语语言文字学",几乎将现代语言学的各个方面搜罗殆尽。探索中国语言学现代化的原因、描绘中国语言学现代化的进程、揭示中国语言学现代化的规律是全书提供给读者的全息画卷。在论述语言学的现代化问题时,作者时时跳出语言学的小圈子。例如,关于中国现代语言学兴起的原因,作者就没有简单地归结为西方语言学的影响,而是十分注意联系中国社会的变革形势加以展开。在告诉读者材料、方法和结果之余,努力启动读者的理性思考,这是该书给人的最大教益。至此,可以断言,《中国现代语言学史》是目前国内所见中国语言学史专著中最具理论色彩和思辨色彩的一种。

(六) 孙良明《中国古代语法学探究》

　　中国古代有无语法学一直是一个困扰学术界的问题。保守人士否认中国古代有真正的语法学,主张将《马氏文通》视为汉语语法学的开山之作。开明人士则至多以卢以纬的《助语辞》的问世为标志将汉语语法学诞生的时间上推至元代。就此而言,商务印书馆 2002 年印行的孙良明《中国古代语法学探究》当属中国语言学史的一本另类著作。作者孙良明不仅是力主中国古代语法学的大声疾呼者,更是探究中国古代语法学的身体力行者。该书正是作者在十多年来发表的关于中国古代语法学研究文章的基础上写成的。全书除却"前言"和"后记",正文共有五个部分:"壹 中国古代语法学的萌芽(先秦至汉初)"主要对先秦诸子著作和汉初传注中的语法分析现象作了例析。"贰 中国古代语法学的产生(汉魏晋南北朝)"以汉魏六朝人的注释书为材料来源论证了时人在词类划分、句法结构分析、句型分析、复句结构分析、语义分析等方面所进行的尝试。"叁 中国古代语法学的发展(隋唐宋元明)"在介绍了梵文语法对汉文佛典的语法分析所施加的影响后,着重对唐宋义疏、宋元笔记中的语法分析观念和手段加以揭示,同时还对当时出现的一些语法修辞和虚词专著作了解说。"肆 中国古代语法学的大成(清代)"除了对三种代表性的虚词专著略加介绍外,主要内容是展示清儒在词类划分、句法结构分析、句法语义关系分析、语用分析、语法分析方法方面所取得的成就。"伍 总结语"在明确主张将语法学纳入中国古代语言学的框架之后,对中国古代语法学的传统作了反思,在肯定成果的同时,也实事求是地指出了其严重的缺陷。总之,立足庞杂的材料进行条分缕析、于细微处求古人语法学的精髓是该书的价值所在。作者表现出的不囿成说、直抒己见的学术精神尤其值得称道。

■二、欧美语言学史名著题解

(一) 裴特生《十九世纪欧洲语言学史》

19世纪是欧洲语言学的辉煌世纪,历史比较语言学如一轮红日喷薄而出,宣告了欧洲现代语言学的开端。对这个非常世纪的非常语言学,丹麦语言学家裴特生《十九世纪欧洲语言学史》作了如实的记述。该书1924年出版于丹麦首都哥本哈根,是继汤姆逊之后语言学史研究方面出现的又一杰出成果。此书以丹麦文写就,原名应为"十九世纪的语言科学:方法和成果",其英文译本1931年出版于英国剑桥,内容较原著略有修订。科学出版社1958年出版的由钱晋华翻译的中译本即译自英译本,书名略有更动。作者裴特生同样是欧洲当时著名的比较语言学家,在克尔特语和吐火罗语研究方面有颇深的造诣。裴著大约算是最早引入我国的西方语言学史专著。与汤著不同,此书属于欧洲断代语言学史研究方面的一个成功范例。全书共有九个部分:"引论"概要追述了从古希腊到18世纪末欧洲语言学的演进情况,意在说明:"欧洲的语言科学,直到十八世纪末叶,还没能在古希腊罗马人已经获得的语言学知识上有多少进展。""第一章印度和伊朗古代文学语言的发现""第二章近代欧洲诸大语群""第三章立陶宛语、阿尔巴尼亚语、阿尔明尼亚语""第四章古希腊拉丁语研究的继续"详细叙述了印欧语系各个语族的研究经过。"第五章非印欧的诸语系的研究"介绍了欧洲学界对印欧语以外的世界各个语系的研究情形。"第六章铭文和考古发现。文字史的研究"论述了碑铭与考古发现对文字史研究的促进作用。"第七章比较语言学方法论"讨论了比较语言学的方法及其源流。"第八章印欧人的语言亲属关系,家乡和文化"介绍了欧洲语言学家利用语言学的证据开展的其他一些工作,诸如推测印欧语系史前时期的种族来源、迁移分布的路线和文化特征等。

（二）赵世开《美国语言学简史》

20世纪在某种程度上可以说是美国语言学的世纪。从此开始,美国语言学在不割断它与欧洲语言学之间的先天联系的前提下,走上了独立发展的道路,并且大放异彩,甚至还时常主导着现代语言学的走向。赵世开的《美国语言学简史》为此向我们展示了20世纪上半个世纪美国语言学的盛况。由中国学者撰写西方某一国度的语言学史本身就极富挑战意义,就此而言,该书的问世非同寻常。该书1989年由上海外语教育出版社推出,属于"现代语言学丛书"中的一种。全书共分六个部分:"第一部分导言"在确定美国语言学内涵的前提下,探讨了美国语言学的历史分期,介绍了美国语言学的研究队伍。"第二部分鲍阿斯和萨丕尔时期(1911—1932)"着重介绍了美国语言学的两位先驱人物——鲍阿斯和萨丕尔,对他们在建立美国描写语言学方面所作的贡献作了评估。"第三部分布龙菲尔德时期(1933—1950)"主要介绍了布龙菲尔德在音位学说、语法的理论和方法等方面的成就,同时简单披露了美国语言学会的组成和工作情况。"第四部分海里斯时期(1951—1956)"重点介绍了海里斯、霍凯特(Charles Francis Hockett)、派克(Kenneth Pike)和奈达(Eugene A. Nida)诸人的学说和成就。"第五部分乔姆斯基时期(1957—　)"围绕转换生成理论、标准理论、支配与约束理论展开了对乔姆斯基学说的阐释与评价。"第六部分回顾与展望"在确立了美国语言学出现的两大高峰之后,简要归结了两大高峰的各自特点,同时对美国语言学的未来趋势作出了推测。作为一部西方国别语言学史,赵著线索清晰、内容简明、解说晓畅,是同类著作中的佼佼者。

(三) 刘润清《西方语言学流派》

刘润清的《西方语言学流派》1995 年由外语教学与研究出版社推出,是作者在讲课笔记的基础上整理而成。全书共有八章:"第一章绪论"对语言和语言学的内涵略作介绍。"第二章历史的回顾"介绍了欧洲古典时期和古印度传统语法的发展轨迹。"第三章十九世纪与历史语言学"介绍了历史语言学的一些代表人物、代表流派和代表观点。"第四章索绪尔——现代语言学的开端"全面聚焦索绪尔的学说、成就及其对现代语言学所产生的影响。"第五章布拉格学派和哥本哈根学派"重点介绍了索绪尔之后结构主义语言学的两个重要派别,尤其对他们在音位学领域的成就给予了高度的评价。"第六章美国的结构主义"对美国的结构主义学派的领袖人物博厄斯(Franz Uri Boas,一作鲍阿斯)、萨丕尔、布龙菲尔德作了简要的评述。"第七章乔姆斯基与生成语法"介绍了乔姆斯基学说不断演进的情况。"第八章伦敦语言学派"着重就马林诺夫斯基(Bronisław Malinowski)、弗斯(John Rupert Firth)、韩礼德(Michael Alexander Kirkwood Halliday)的观点展开论述。以历史为纵轴、以流派为横轴来构建西方语言学史的基本框架是该书的特色所在。通过书中的介绍,读者很容易掌握西方各个语言学流派的社会背景、主要代表、重要著作、基本观点及学术影响。

(四) 徐志民《欧美语言学简史》

在教学与研究欧美语言学史的过程中,原始资料的匮乏问题一直困扰着国内学者,以致不少人只能凭借一些译介材料来窥探欧美语言学的历史进程,这样就难免局部的历史失真和观念倾偏,从而影响我们对西方语言学的整体观照和全面评价。就此而言,徐志民的《欧美语言学简史》堪称国内一部具有突破性的语言学史著作。作者充分利用在法国任教和进修的机会,接触、搜集了大量的有关欧美语言学史的第一手资料,其中涉及的法语文献尤为丰富。因此,立足国外学术原著和研究资料、注重借鉴国内的相关译著和研究成果成为本书的最大亮点。本书1990年由学林出版社初版,2005年又推出了修订版。全书共有十一章:"第一章导论""第二章古希腊罗马的语言研究""第三章中世纪初至18世纪末的欧洲语言学""第四章普通语言学的奠基人——洪堡特""第五章历史比较语言学的产生和发展""第六章青年语法学派""第七章现代语言学的开创者——索绪尔""第八章布拉格语言学派""第九章哥本哈根语言学派""第十章20世纪上半叶的美国语言学""第十一章转换生成语法学派"。作为一部欧美语言学史的专著,本书在串联欧美语言学历史线索的同时,十分注意彰显其中的代表人物和重要流派,如以专章介绍洪堡特和索绪尔两位语言学巨子的辉煌成就。在历史叙述中,作者既注意欧美语言学传统之间的衔接和延续,又不忘揭示美国语言学的内在动力和发展特点。略显欠缺的是,书中对于结构主义思潮之后的欧洲语言学动态基本未作描述。

■ 三、综合性的语言学史名著题解

(一)威廉·汤姆逊《十九世纪末以前的语言学史》

作为第一部完整、系统的专著,威廉·汤姆逊《十九世纪末以前的语言学史》无疑应当拥有"语言学史的拓荒之作"这项桂冠,该书不仅为欧美语言学史的研究提供了完好的范本,而且也对中国语言学史的发展产生了巨大的推动作用。作者汤姆逊是19世纪末叶历史比较语言学的中坚力量之一,又是新语法学派的代表人物,长期致力于印欧语系诸语言以及芬兰-乌戈尔语系诸语言的历史比较研究,一生著述达二百多种。是书1902年发表于丹麦首都哥本哈根,1927年被译成俄文时内容稍有删节,科学出版社1960年推出的由黄振华翻译的中译本即据俄译本而来。全书从名称看似乎属于综合性的通史著作,其实论述的中心仍是欧洲语言学史,欧洲之外的地区大概只有古印度入围,像阿拉伯语言学史和汉语语言学史在其中几乎完全无所反映。对于该书的内容及其价值,中译本译后记作了概括:"它连贯而系统地评述了十九世纪末以前的欧洲学者研究语言学的发展阶段和历史,并且对那些欧洲的早期的语言学家和他们的著作作了一番学术评价,有助于我们明了语言科学在欧洲的产生和发展的情况。"就总体而言,该书偏重观点、学派、人物和方法的一般介绍,在历史线索的勾勒与发展规律的提取方面做得不够。值得一提的是,中译本还收录了苏联学者拉·绍尔(Розáлия ÓсиповнаШор)的一篇长文《从文艺复兴时期到十九世纪末的语言学说史梗概》,此文从宏观入手着重介绍了相关学派的理论和观点的哲学基础及历史背景,显然有意弥补汤著之缺陷。

(二) 林枈敆《语言学史》

本书是国内第一部关于世界语言学史的通论性著作,于 1943 年由世界书局印行,应该属于上海沦陷时期"孤岛语言学"的硕果之一,内容全面,体系完整,以译述为主,间杂评论。作者有感于 19 世纪以来欧美历史比较语言学的迅猛发展,因而书中"处处以比较研究为重,实在想使我国语言学早日走上这个方向,再逐渐缔成一个黄金时期"[①]。全书共分为六编:"第一编通史"共分古代、中代、近代、现代四节,其古代部分除了大略介绍古希腊人、古罗马人、古印度人、古阿拉伯人和古犹太人语言学发展状况外,还重点叙述了中国传统小学的演进历程;"第二编印欧语学史"着重介绍了雅里安语、温德语、日耳曼语、希腊语、凯尔特·罗曼司语、阿尔巴尼亚语、亚美尼亚语、喜底德语、托加利亚语九种印欧系语言的研究概况;"第三编非印欧语学史"则转而介绍了乌阿语、高加索语、闪含语、巴斯克语、印支语、海洋洲语、非洲语、美洲语等非印欧系语言的研究概况;"第四编比较语言学史"和"第五编一般语言学史"分别论述历史比较语言学和普通语言学的进展情况;"第六编文字学史"则对世界各地影响较大的文字如楔形文、西普罗文、克利特文、埃及文、喜底德象形字、腓尼基文、西奈文、古印度文、亚细亚文、古拉丁文、希腊·拉丁文、奥干文与罗尼文、古土耳其文与古匈牙利文等做了概要性的阐述。尤其难能可贵的是,书末还列有两个附录:一个是 19 世纪以来"语言学书目表",分门别类收录了除中、俄、日等国之外的语言学论著和期刊;一个是 19 世纪以来"语言学家生卒表",披露了欧美语言学界诸多学人的生活轨

---

① 林枈敆编译:《语言学史》,世界书局 1943 年版,序言第 3 页。

迹。由于时局动荡,此书印量有限、传播不广,以致后来书踪难觅。

(三) 岑麒祥《语言学史概要》

由科学出版社于 1958 年出版的我国学者岑麒祥的《语言学史概要》是一部具有创新意义的语言学史著作。此书又分别于 1988 年和 2008 年由北京大学出版社、世界图书出版公司再版,内容有修订。此书是作者在充分借鉴林枞敬《语言学史》的基础上、根据自己在北京大学中文系讲授语言学史所编的讲稿整理而成。据作者称,编写此书的动因是丹麦两位学者撰写的语言学史著作"内容都比较简单,并且只着重欧洲人对于语言研究的情况,不尽适合我们使用"。全书除"导论"外,共有三个板块含十六章。第一板块为"古代语言学史",内含三章:"第一章上古时期"主要介绍了古印度、我国先秦两汉、古希腊罗马的语言研究状况;"第二章中古时期"主要介绍了我国魏晋时期、古代阿拉伯国家、欧洲中世纪关于语言研究的状况;"第三章近古时期"分别追述了欧洲文艺复兴时代和 18 世纪、我国元明清时代的语言研究概况。第二板块为"历史比较语言学史",内含三章:"第四章历史比较法产生的前提"着重从世界语言标本的搜集和梵语材料的发现角度揭示了历史比较法产生的时代背景和客观条件;"第五章历史比较语言学的产生和发展"详细叙述了历史比较语言学的进程,其中突出了名家、名派和名著的介绍;"第六章各语系语言的历史比较研究"全面介绍了各语系、各语族、各语支的概况以及学术界开展历史比较研究的情况,内容宏富。第三板块为"普通语言学史",内含八章:"第七章普通语言学的建立"主要论证了洪堡特在建立普通语言学方面的奠基之功;"第八章语言学中的自然主义学派""第九章语言学中的新语法学派""第十章语言学中的心理社会学派""第十一章语言学中的结构主义及其主要派别""第十二章语言学中的'词与物'学派,唯美主义学派和新语言学""第十三章现代美国语言学中的心理主义和机械""第十四章英国的语言学研究""第十五章苏联语言学""第十六章中国语言学"分别介绍了英国、苏联和中国的现代语言学发展状况及其成就。由此可见,《语言学史概要》既包括外国语言学的历史,又包括本国语言学的历史,还包括一般语言学的历史,涉及面极广,应该是一部结构完整的综合性语言学通史,这种编写体例和内容无疑是对前人的一次超越。稍嫌不足的是,整个综合过程大致侧重于材料的归拢和介绍,纵横向之间的比较基本是空白,以致中外语言学之间的共性与个性不甚彰显。

(四) R.H. 罗宾斯《简明语言学史》

《简明语言学史》一作《语言学简史》,是著名的英国伦敦学派的代表人物罗宾斯教授的杰作。该书 1967 年由英国朗曼出版公司初版后即广受好评,接着分别于 1979 年、1990 年、1997 年出了修订版,第四版被作者自己定为最后一版。一本学术著作特别是语言学史著作能够历数十年而不衰,这本身就是个奇迹,当然也是其学术价值的最好证明。该书自问世后,受到语言学界的高度关注,已被译成多种文字。赵世开曾在 1977 年《语言学动态》第 2 期上撰文对罗著作了推介,让国内学界第一次对此书有了认识。1987 年,安徽教育出版社出版了第一个中译本,译名为《语言学简史》。1997 年,中国社会科学出版社又根据原著的第四版以《简明语言学史》之名推出了此书的第二个中译本,该书收入"当代语言学理论丛书"之中。2000 年,外语教学与研究出版社推出"当代国外语言学与应用语言学文库",该书的英文版被收入其中。全书共有九章:"第一章引论"对全书的编写框架略作说明。作者认为:"把欧洲语言学史作为整个语言学史的基础是合情合理的。"[①]"第二章希腊"着重介绍了古希腊思想家在语言及其相关问题方面所作的研究,称古希腊人为欧洲语言学的先驱。"第三章罗马"重点介绍了瓦罗(Marcus Terentius Varro)、普利西安等人在拉丁语研究方面所做的工作,并点明了罗马语言学与希腊语言学之间的继承关系。"第四章中世纪"充分肯定了中世纪在语言学方面所取得的成绩,主张不要过分夸大中世纪的黑暗。"第五章文艺复兴时期及其以后"突出介绍了当时学者开展的活语言(非希腊语和拉丁语)的研究工作,其中多少触及当时汉语语言学的进展情况。"第六章现代时期的前夕"介绍了 18 世纪欧洲语言学的发展进程,其中特别强调了古印度语言学的影响作用。"第七章 19 世纪"全面论述了历史比较语言学在欧洲的形成与发

---

① 〔英〕R.H. 罗宾斯原著:《简明语言学史》,许德宝、冯建明、胡明亮译,中国社会科学出版社 1997 年版,第 8 页。

展状况。"第八章 20 世纪：第一个时期"主要介绍了描写语言学的理论、方法及成就。"第九章 20 世纪：第二个时期"则将大部分的笔墨集中于乔姆斯基的学说。总之，《简明语言学史》以欧洲语言学为主线，兼及古印度、古代中国、古代阿拉伯人和犹太人的语言学，全面、扼要地叙述了语言学从古到今的发展历程。无论从内容、体例、文笔哪个方面看，该书都不失为语言学史研究领域的力作。

（五）康德拉绍夫《语言学说史》

《语言学说史》系苏联语言学家康德拉绍夫所著。此书出版于 1979 年，1985 年由武汉大学的部分学者引进国内。全书共 15 章，概述了从古印度至 20 世纪 70 年代世界语言学发展的历史。15 章的题目依次为"古印度的语言学""古希腊罗马的语言学""中世纪和文艺复兴时期的语言学""历史比较语言学的产生""普通语言学的建立（威廉·洪保德①的语言学说）""历史比较语言学的发展和（奥·施莱赫尔的）自然主义学派""青年语法学派""19 世纪俄国的语言学""批判青年语法学派　寻找新途径""费·德·索绪尔的语言学主张""布拉格语言学派""语符学（丹麦的结构主义）""美国的描写主义""现代语言学的其他流派""苏联语言学的发展"。本书材料丰富，结构严谨，表述清晰，尤便于教学。从历史唯物主义角度出发，对语言学的各种思潮和各大流派产生的历史条件、哲学基础和学术影响进行评述是本书的一个显著特点。作为一名苏联学者，作者特别注意对本国语言学传统的介绍，如书中的第八章和第十五章，这在很大程度上填补了欧洲语言学史上的一片空白。受政治气候的左右，本书不仅专门介绍了马克思和恩格斯有关语言学问题的论述，而且还着意夸大了苏联语言学的成就。作为一部综合性语言学史著作，本书同样未能摆脱许多西方学者的偏见，对中国语言学传统只字未提。

（六）林玉山《世界语言学史》

由林玉山独立撰写的《世界语言学史》是国内问世的最新一部综合性语言学史著作，于 2009 年由湖南人民出版社推出。本书全面系统介绍世界语言学理

---

① "威廉·洪保德"即"威廉·冯·洪堡特"。

论和方法的产生与发展历程。全书分为四篇,共计 60 余万字,堪称一部编排精细、内容厚重之作。第一篇为"语文学时期",下设 5 章:"第一章古人对语言的看法""第二章古典语文学""第三章中世纪的语言学""第四章文艺复兴时期的语言学""第五章 17—18 世纪的语言学"。第二篇为"历史比较语言学时期",下设四章:"第一章比较法产生的前提""第二章历史比较语言学的产生""第三章历史比较语言学的发展阶段及其各时期特点""第四章各语系语言的历史比较研究"。第三篇为"普通语言学时期",下设 7 章:"第一章洪堡特语言哲学——普通语言学的产生""第二章青年语法学派""第三章 19 世纪的俄国语言学派""第四章 19 世纪的德国语言学""第五章批判青年语法学派与寻找新途径""第六章马克思主义语言学""第七章 19 世纪的中国语言学"。第四篇为"现代语言学时期",下设 12 章:"第一章现代语言学之父——索绪尔""第二章布拉格学派""第三章语符学派(丹麦的结构主义或哥本哈根学派)""第四章美国描写语言学""第五章功能语言学及法国结构主义""第六章现代语言学的其他流派""第七章苏联语言学""第八章转换生成语法学派""第九章伦敦语言学派""第十章现代语言学的新发展""第十一章 20 世纪末 21 世纪初的语言学""第十二章中国语言学的现代化"。本书打破了历来以欧美语言学为中心的叙述模式和研究框架,考察的视阈从古代一直延续到 21 世纪初。本书对语言学史的分期尤为细致,尤其注重突出不同时期、不同国度的语言研究特点,是一部集学术性、实用性与可读性于一身的新时代力作。

思考题

1. 试在本章提到的语言学史名著中选择一部作为课后读物,并在学期末完成一篇读书报告。

2. 语文学和语言学之间有哪些区别和联系?

延伸阅读

第一章

萌芽时期的中西方古典语言学

本章导读

    春秋战国是中国历史上第一次社会大变革、大转型时期,在思想领域形成了诸子蜂起、百家争鸣的局面,大大促进了学术的繁荣和进步。面对纷繁复杂的认知世界,先秦诸子也将思考的目光和研究的触角伸向了语言研究,如孔子的"正名"论,老子、荀子等人对名实问题的探讨等。战国末年问世的《尔雅》更是标志着先秦的名物训诂由个人的任意发明过程转入了系统的汇编整理阶段。两汉语言研究是对先秦语言研究的继承和发展,不仅学者众多,而且研究更系统、成果更丰硕。先秦两汉时期形成了语义研究为主,方言、语源、语法以及文字研究齐头并进的良好局面。

    古印度是世界语言学的摇篮,其语言研究早在一千多年之前就已经达到了相当的水平,开人类语言研究之先河。古印度语言研究始于传授和解释用古典梵语写成的《吠陀经》,首值一提的是语法研究,其次是语音研究。此外,古印度学者还在一般语言理论层面进行过有益的尝试。古印度语言学对后来的欧洲语言学和汉语语言学均产生过重要的影响。

    较之于先秦两汉和古印度,古希腊罗马的语言研究属于后起之秀。古希腊是欧洲文明的发源地,开语言研究之先河。富于雄辩的希腊哲学家对辩术的注重,不仅催生了修辞学,也撬动了语言研究。除了名实探讨,古希腊学者在语法学、语源学和语音学方面也都取得了非同凡响的成就。古罗马作为与古希腊毗邻的城邦,一直与古希腊有深入的文化接触与学术交流。拉丁语与希腊语相同的类型和相近的结构,为古希腊罗马语言研究趋同化奠定了基础。古希腊罗马的语法研究成就特别显著,尤其是在形态学和句法学方面。

    先秦两汉的中国、古印度、古希腊罗马不仅是世界文明的发祥地,同时也是当之无愧的世界语言学的摇篮。三地的语言研究在形成一些共性倾向的同时,也有日益明显的个性差异。

　　认识自我、了解自我历来是人类的本能之一。语言作为一种与生俱来之物,无疑应该属于人类自我的一个有机部分,无疑早就引起了先民们的好奇心。在这种好奇心的驱使下,先民们逐渐萌发了一种求知的欲望。当这种欲望累积到一定的程度时,就会外化为一种行动,这种行动的具体表现就是人类对自身母语的追根寻源。因此,对语言的追根寻源是人类早期认识自我、探求自我的活动中的一项主要内容。限于当时的认识水准,先民们当然不可能在这方面得出科学的结论,于是往往把语言看作天赐之物、神造之物。在许多与民族的历史相关的神话传说中,有关语言的神话当是其中不可或缺的重要一项。这些在历史上风行一时的神话传说绝大多数随着人类社会的现代化步伐而灰飞烟灭,流传至今的可谓凤毛麟角。例如,印度婆罗门教就把语言视为一个名字叫伐克(Vak)的女神,婆罗门教的经典《吠陀(Vēda,"知识"之义)经》中的《赞歌集》就收集了许多献给语言女神的赞美诗。在《吠陀经》的另一组成部分《教义集》里,婆罗门教还把语言叫作母牛、呼吸叫作公牛,而牛恰是婆罗门教所尊崇的神灵。另外,在被基督教和犹太教奉为最高圭臬的《旧约全书·创世记》中,我们可以看到两则这样的故事。一则是:"上帝称光为'昼',称暗为'夜',称空气为'天',称旱地为'陆',称水的聚处为'海'。"另一则是:"耶和华上帝把用土造成的野地上的各种走兽和空中的各种飞鸟,都带到那人(指亚当)面前看他叫什么,那人怎样叫各样的活物,那就是它的名字。那人便给一切牲畜和空中飞鸟、野地走兽都起了名。"上帝先给人类生存的时空命名,然后上帝的儿子亚当再给各种生灵命名。以上反映的是西方社会的语言神授说。遗憾的是,有关汉语来源的神话传说,历史上留存的资料甚少,我们仅在《礼记·祭法》中找到这么一句:"黄帝正名百物以明民共财。"由此可见,东方的黄帝与西方的上帝都曾做过一件功德无量的大事——创制万物的名称,目的是实现社会的有序管理。此外,汉代大儒董仲舒在论述"名生于真"的观点时抒发的一段言辞也可以给今人提供一些古老的信息。

董氏云："名号异声而同本,皆鸣号而达天意者也。天不言,使人发其意……名则圣人所发天意。"① 代天宣意其实就是天授人言,董说显然属于典型的语言天赐说。"天"在中国古人的心目中是至高无上的"神",看来语言天赐说与语言神授说并无二致。除了语言神授说外,有文字的民族还普遍流行文字神造说。世界上的文明古国几乎都有所谓的造字之神。据说,古埃及的圣书字是知识之神托特所造,古巴比伦的丁头字(楔形文字)是命运之神那勃所造,犹太民族的希伯来文是摩西所造,古希腊文是荷墨斯所造,古印度的婆罗米文是梵摩天帝所造,而汉字则是独具"四目"的仓颉所造。几千年来,人类社会中不绝如缕的有关语言文字拜物教的种种案例其实就是语言神授说和文字神造说的余绪。

上述荒诞不经的内容在今人看来固然可笑,却曲折反映出先民对语言和文字起源的一种探求精神。尽管它与科学的语言研究相差十万八千里,但正是在人类这一探索精神的引导下,真正意义上的语言研究起步了。

据考证,大约在公元前 3500—前 2500 年,生活在两河流域的苏美尔人就在自己的泥版书中列出了词表、语法规则。不仅如此,苏美尔人还专门开设学校教授语言,并编有语言教材。公元前 3000 年左右,古埃及的文字中就已出现了具有音素性质的符号。公元前 1500 年之际,生活在西奈半岛的闪米特人从埃及文字中选取 20 多个符号组成了最初的纯文字字母,并运用其中的辅音字母来记录语词。由此,人们推测当时的闪米特人已经初步掌握了音素分析的技能。

希腊史学家希罗多图斯(Herodotus)曾在其著作《史记》中记述了一则发生在古埃及的趣事:公元前 6 世纪,一位名叫卜萨梅蒂库斯(Psammetichus)的法老非常想知道世界最古老的民族和语言,于是就派人将两个刚生下的儿童送到荒无人烟的地方去学牧羊,每天只供给他们一些山羊奶喝,严令禁止任何人同他们说话。两年之后的一天,当保姆再次送去山羊奶时,那两个儿童突然高呼:"bekos!"法老闻讯后立即命人查寻有这个词的语言,结果在腓尼基语中发现了这个意义为"面包"的词,于是法老认定腓尼基人是世界上最古老的民族,腓尼基语是最古老的语言。姑且不论结果是否合理,光埃及法老的这个举动就有非凡的意义,它已经完全摆脱了神的光环,带上了实验语言学的色彩。由虚无的神

---

① 洪诚选注:《中国历代语言文字学文选》,江苏人民出版社 1982 年版,第 32 页。

话到现实的求证,人类初始的语言研究终于起步了。

应该说,世界各民族都有语言研究的首创史。不过,其中值得称道的似乎只有四大古老的研究传统[①]:一个是以音素分析见长的闪含语研究传统,一个是偏重逻辑归纳的希腊语研究传统,一个是擅长形态分析的梵语研究传统,一个注重语义阐释的汉语研究传统。除了闪含语研究传统归于湮灭之外,其他三种传统都得到较好的传承与发展。鉴于上述状况,我们只能把研究的笔触更多伸向最具影响的中国先秦两汉、古印度和古希腊罗马的语言研究。需要申明的是,所谓的先秦、古印度、古希腊罗马原本都是一个没有上限的时段。为了研究的方便,从历史文献出发,这里暂将语言学史上的先秦两汉、古印度、古希腊罗马分别断代为公元前5世纪至3世纪初、公元前6世纪至3世纪、公元前5世纪至5世纪。

第一节　先秦两汉语言研究

中华民族是世界上最古老的民族之一。在远古时代,中华民族就是一个多元组合,包括居住在东部的夷族、南部的蛮族、中部的炎帝族和黄帝族、西部的戎族和北部的狄族等。史称,黄帝会四方之长、禹集天下诸侯时,应者往往以万数。后来的周王室也曾聚各路诸侯于孟津,据说与会者也有1 800人之多。这些首领来自殊方,代表的就是不同的氏族或部落。多民族的并存必然伴随多语言的并存,这就意味着一旦民族之间的交往形成,那么语言之间的接触与交融也就不可避免。语言之间的接触与交融必须以语言习得和语言翻译为前提,而语言的习得和翻译不可能是一种纯自然的行为,后者则需完全建立在对语言差异自觉的基础上。西周时期,专门的翻译人才即应运而生,这就是《周礼·秋官司寇》和《国语·周语中》中分别提及的"象胥"以及"舌人",其主要职能就是译述少数民族的语言文字。汉代出于与西域各国通好的目的,对语言翻译更为重视,政府中设有"译官""译史"等职位。可以想见,在有史记载之前,语言研究就可能是先贤们的一种拿手好戏。因为没有文献的佐证,我们的一切推断只能流于猜测。

---

① 李葆嘉等著:《语义语法学导论——基于汉语个性和语言共性的建构》,中华书局2007年版,第25—29页。

　　文字的产生、文献的形成客观上促使语言研究成为一种经常而正式的社会活动。中国文字的萌生远在商代之前，而文献至迟也在商代问世。《尚书·多士》称："惟殷先人，有册有典。"除了甲骨文，《尚书》中的《商书》部分应该也是商代文献的孑遗。先秦时期，中国已大致形成了四类文献：一类是哲学文献，以《周易》为代表；一类是公文文献，以《尚书》为代表；一类是史学文献，以《春秋》为代表；一类是文学文献，以《诗经》为代表。所有这些文献，既向语言研究提出了要求，又为语言研究准备了材料。濮之珍的下列观点很有解释力："有了语言，有了文字，有了书籍典册，就必然会出现一些语言、文字上的问题。"[①] 语言文字问题的解决当然需要依靠语言研究，非语言文字的社会问题有时也要借助语言研究。总而言之，语言研究的兴起完全出自人类认识自我、社会发展自我的需要。

　　任何学术研究都离不开人才。春秋战国时期所具有的独特的社会人文环境，为人才的成长提供了一个前所未有的宽松空间和竞争平台，从而开创了诸子百家蜂起的大好局面。以"士人"为代表的知识阶层一时成为当时社会最为活跃的激进势力。独立的人格地位、自由的精神世界和杰出的思维能力使他们当仁不让地成了各类学术活动的主体力量。他们著书立说，抒发见解，将思考的目光和研究的触角指向各个学术领域，其中当然包含语言研究。只要稍加留意，我们就会发现，中国早期的所有学术活动几乎都可以在春秋战国找到它的源头。汉语词汇史研究也证实，最早批次的抽象名词即涌现于此期，而这些抽象名词大部分都是各学科的基本概念词。

　　对先秦两汉的语言研究产生深远影响的还有两件彼此相关的大事：一是秦代的焚书运动，二是汉代的古文经事件。秦代出于强化专制、禁锢思想的目的，在全国范围内发动了一场焚书坑儒运动。秦相李斯在上书秦始皇时公然主张："臣请史官非秦记皆烧之，非博士官所职，天下敢有藏《诗》、《书》、百家语者，悉诣守、尉杂烧之……所不去者，医药、卜筮、种植之书。"[②] 这场浩劫直接导致了思想文化的暂时断层和学术活动的一度终止。汉代立国之初，文献极度匮乏，许多前代文献只能凭借某些遗老的口述记录生成，不少人从未接触古文献，对古文字

---

① 濮之珍著：《中国语言学史》，上海古籍出版社 1987 年版，第 31 页。

② 〔汉〕司马迁撰：《史记》，中华书局 1982 年版，第 255 页。

自然也一无所知,以致今文经独行天下。汉武帝时期,鲁恭王在拆毁孔子旧宅的过程中发现了一大批用先秦文字写就的古代文献,由此引发了几乎贯穿整个汉代的今文经学派与古文经学派之争。今古文之争尽管后来演化为一场政治博弈,但一开始却是从语言文字的可信度和合法性入手的。在汉代的今古文之争中,古文学派最终取得了胜利,他们整理古籍,注释文句,在培养了一大批经学大师的同时,也造就了一大批学养深厚的语言研究家,如著名的许慎、郑玄等。

先秦是一个只有下限而没有上限的漫长时段,先秦的语言研究起于何时恐怕是一个永远无法揭开的谜。后人对先秦语言研究的探索只能从有文献记载的商周时期开始。商周时期尤其周代是中国各种学术研究的肇始阶段,将中国古代语言研究的源头暂定于此是与学术史的大背景相贴合的。较之先秦,两汉的语言研究可谓卓有进展,因此不少学者视为一个独立的研究时期。不过,从总体上看,两汉的语言研究与先秦的语言研究并无迥然区别,这主要在于两汉语言研究的对象、内容和方法都大致承自先秦,并未出现质的飞升。倘若从更广大的范围来审视汉代学术,我们就会承认:尽管秦汉之际出现过文化的割裂和学术的断层,但两汉学术绝不是在一片荒漠中发展起来的,因为汉儒启动学术研究时首先做的一件事就是对先秦相关成果的捡拾工作。汉代立国之初就开始的全国性的"征书"运动可以让我们充分感受到这一点。《汉书·艺文志》记载:"汉兴,改秦之败,大收篇籍,广开献书之路。迄孝武世⋯⋯建藏书之策,置写书之官,下及诸子之说,皆充秘府。至成帝时,以书颇散亡,使谒者陈农求遗书于天下。"[①] 刘向、刘歆父子所做的图书整理工作也充分说明先秦与两汉的学术活动之间是有足够衔接的。

可以肯定地说,汉儒进行的任何一种语言研究,我们都能在先秦诸子那里找到对接口。先秦语言研究是零散的,这种零散性在很大程度上是由先秦文献的大量缺失造成的;两汉语言研究是系统的,这种系统性在很大程度上得益于汉代文献的相对完整。先秦语言研究处于铺垫阶段,两汉语言研究处于整理与收获阶段。可以说,两汉语言研究就是先秦语言研究的一种延伸。就此,我们将先秦

---

① 〔汉〕班固撰:《汉书》(卷三十),〔唐〕颜师古注,中华书局 1962 年版,第 1701 页。

语言研究与两汉语言研究一并纳入中国古代语言研究的萌芽时期。萌芽就意味着语言学还处在酝酿之中,尚未成长为一门独立的学科。

令后人惊奇的是,即使是在所谓的萌芽期,先哲们就把研究的目光投向了语言文字问题的诸多方面,并且言语之间时时闪耀出智慧的光芒。从存世有限的文献资料中,我们可以归结出先秦两汉人士着力探究的如下语言和文字问题。

■ 一、先秦两汉的正名论与名实研究

春秋战国是社会大动荡、思想极活跃的时代,呈现诸子蜂起、百家争鸣的局面。哲学、政治、逻辑和伦理等问题是时代精英们关注的焦点,汉语中最早批次的抽象名词大致萌生于此期。在论证哲学、伦理学等方面的任何一个命题时,名称问题首当其冲,不可逾越,因而始终是争鸣过程中的一个敏感话题,先秦的老子、孔子、墨子、庄子、尸子、尹文子、公孙龙子、管子、荀子、韩非子以及汉代的刘安和董仲舒等都曾就此发表过宏论。

春秋战国之际礼崩乐坏,旧有的社会秩序被打破,新的秩序正在酝酿。建立秩序的第一步就是确立社会的种种名分。因而,正名是当时思想家们关注的一个焦点。孔子首先提出了"正名"的主张。作为克己复礼的工具,孔子的正名有两层含义:一是维持表名分的词的旧有意义,二是要求人按名分来使用词语。这里的名分指的是与人的身份和地位相匹配的名称或名义。追求"名正言顺"是孔子坚持不渝的理想目标。《论语·子路》曰:"名不正,则言不顺;言不顺,则事不成;事不成,则礼乐不兴;礼乐不兴,则刑罚不中;刑罚不中,则民无所措手足。"名家(如尹文子、公孙龙子)和法家(如尸子)也都强调正名,并且都十分推重其社会政治效用,《尹文子·大道上》即强调:"今万物具存,不以名正之则乱;万名具列,不以形应之则乖。故形名者,不可不正也。"《公孙龙子·迹府》则声称:"欲推是辩,以正名实,而化天下焉。"《尸子·发蒙》也指出:"治天下之要在于正名。"荀子同样要求人们"谨于守名约",并把那些"析辞擅作名"者视为"大奸"。"乱名"在当时属于犯罪之举,所以《礼记·王制》有言:"析言破律,乱名改作,执左道以乱政,杀。"把解决社会矛盾、调整社会关系一律归结到正定名分上,这是一种十足的政治空想,显然不可能收到任何实效。与上述几家不同的是,墨家也讲正

名,但大大淡化了儒家的政治色彩。《墨子·经说下》云:"正名者,彼此。"正名就是要分清彼此,即要求人们正确地使用词语。

在呼吁正名的同时,先秦诸子们还关注事物名称与事物本身的关系问题——名实问题。正名问题与名实问题经常被人混为一谈,其实应该分属两个不同的话题:前者着眼于外,意在摆正名称与名称使用者之间的关系,与语言本体的联系不大;而后者着眼于内,意在辨明名称与所指称的事物之间的关系,这倒算是沾了语言问题的边。

从存世文献看,最早的相关论述恐怕是老子《道德经》一章开头的一段话:"道,可道,非常道;名,可名,非常名。无名,天地之始;有名,万物之母。""道"是道教的核心概念,包罗甚广,既可以指一般概念,也可以指具体概念,但并不能等同于"实"。老子将"名""道"相提并论,显然有将概念与实体混同之嫌。"无名,天地之始"指出"名"是人类的发明,"有名,万物之母"则把"名"看作区分万物的源头。探求"名"源是老子的出发点,认为"名"生于"道"是老子的归结点。后来的庄子似乎在这一点上有所超越:"名者,实之宾也。"(《庄子·逍遥游》)后人伪托的《管子》倒是继承了老子的思想,只是在表述上更趋明了:"名生于实,实生于德,德生于理,理生于智,智生于当。"(《管子·九守》)从老子到管子,唯心主义的实质基本不变。

紧接着,墨家对名实也作了自我阐释:"所以谓,名也;所谓,实也。"(《墨子·经说上》)何九盈的解释是:"'所以谓'是用来称呼的,就是'能指';'所谓'是指'所称呼的事物',就是'所指'。用来作称呼的叫作'名',所称呼的事物叫作'实'。"[①]墨家不仅区分了"名"与"实",而且还认为"实"是第一性的,"名"是第二性的,所谓"有之实也,而后谓之;无之实也,则无谓也"(《墨子·经说下》)。墨家朴素的辩证法思想依然在名实论中得到了体现。

后来的名家则对墨家的观点作了进一步的发挥。既然称为名家,名家围绕的中心当然就是一个"名"。名家的前期代表人物尹文子首先区别了"名"的几种不同情形:"名有三科……一曰命物之名,方圆黑白是也;二曰毁誉之名,善恶

---

① 何九盈著:《中国古代语言学史》,广东教育出版社 2000 年版,第 4 页。

贫贱是也;三曰况谓之名,愚贤爱憎是也。"(《尹文子·大道上》)然后,尹文子才对"名"与"形"的关系作了诠释:"名者,名形者也;形者,应名者也。然形非正名也,名非正形也,则形之与名,居然别矣。"(《尹文子·大道上》)既看到了双方的联系,又意识到彼此的区别,这是名家的超越之处。名家的后期代表人物公孙龙子所著的《指物论》《名实论》更是系统探讨了名实关系。《指物论》说:"物莫非指,而指非指。"所谓"指"即名称,"物"指事物,整句话的意思是说所有事物都有名称而名称与所指的事物无关。公孙龙子同样主张事物是第一性的而名称是第二性的,这一观点见于《公孙龙子·指物论》的如下论述:"指也者,天下所无;物也者,天下所有也。"

从科学角度揭示名的起源并对名实关系作出合理解释的是战国后期的荀子。《荀子·正名》中的这一段话一直被后人称引:"名无固宜,约之以命,约定俗成谓之宜,异于约则谓之不宜;名无固实,约之以命实,约定俗成谓之实名。"荀子的约定俗成有两个含义:一是指起名的方法,二是指名与实的关系。此外,荀子还从概念的种属关系出发区分了名的类别:"物也者,大共名也。推而共之,共则有共,至于无共然后止。有时而欲偏举之,故谓之鸟兽。鸟兽也者,大别名也。推而别之,别则有别,至于无别然后止。""共名"即所说的上位概念,"别名"即所说的下位概念。"共名"和"别名"是相对的、分层次的。

先秦诸子营造的名实之争的局面一直延续到两汉。汉儒关注名实问题的兴趣依旧不减。刘安编纂的《淮南子》一书中就蕴涵着丰富的名实思想。《淮南子》一方面承认名所表达的概念是对客观存在的真实反映,主张"名各自名,类各自类,事犹自然,莫出于己"(《淮南子·主术训》);另一方面又强调要从事物的发展变化中把握名实关系,认为"事周于世则功成,务合于时则名立"(《淮南子·齐俗训》)。今文经学派的代表人物董仲舒的名实理论与其倡导的天人感应说密切相关。他宣称:"名生于真,非其真弗以为名。名者,圣人之所以真物也,名之为言真也。"(《春秋繁露·深察名号》)对董说的实质,何九盈作了剖析:"所谓'名生于真',就是认为事物的名称和事物本身存在必然的本质的联系。"[1]不仅如此,

---

① 何九盈著:《中国古代语言学史》,广东教育出版社 2000 年版,第 75 页。

董氏还对"真"获得"名"的过程进行了解说:"古之圣人謞而效天地谓之号,鸣而施命谓之名。名之为言鸣与命也,号之为言謞而效也。謞而效天地者为号,鸣而命者为名。"(《春秋繁露·深察名号》)说来说去,"名"是来自圣人的"鸣而施命"。董氏的这一理论完全是从政治立场出发为汉代的声训服务的。在名实关系问题上,汉儒彻底陷入了唯心主义的泥淖,根本达不到先秦诸子的高度,所以不再为后世所重。

总体上,先秦两汉在名实问题上形成了两派阵营:一派是本质论者,以老子和董仲舒为代表;一派是约定论者,以荀子为代表。两派彼此交锋,由此促成了繁荣的争鸣局面。

■二、先秦两汉的语义研究

先秦两汉的正名论与名实辨从来不是一种空洞的理论探讨,而是自始至终与具体名物的训诂紧密结合在一起的。因为正名命物的首要一环往往就是要揭示名称或词语的内涵。孔子是正名活动的倡导者和实践者,《论语》中就多处出现有关"仁"的阐释。例如:

> 樊迟问仁。子曰:"爱人。"(《论语·颜渊》)
>
> 司马牛问仁。子曰:"仁者,其言也讱。"(《论语·颜渊》)
>
> 颜渊问仁。子曰:"克己复礼为仁,一日克己复礼,天下归仁焉。为仁由己,而由人乎哉!"(《论语·颜渊》)
>
> 仲弓问仁。子曰:"出门如见大宾,使民如承大祭,己所不欲,勿施于人,在邦无怨,在家无怨。"(《论语·颜渊》)
>
> 夫仁者,己欲立而立人,己欲达而达人。(《论语·雍也》)
>
> (樊迟)问仁。曰:"仁者先难而后获,可谓仁矣。"(《论语·雍也》)
>
> 樊迟问仁。子曰:"居处恭,执事敬,与人忠,虽之夷狄不可弃也。"(《论语·子路》)
>
> 唯仁者能好人,能恶人。(《论语·里仁》)
>
> 子张问仁于孔子。孔子曰:"能行五者于天下,为仁矣。""请问之。"曰:

"恭、宽、信、敏、惠。"(《论语·阳货》)

在先秦的其他文献中,类似这样的正名材料可谓俯拾皆是。例如:

乾,健也;坤,顺也;震,动也;巽,入也;坎,陷也;离,丽也;艮,止也;兑,
说也。(《周易·说卦》)

以义死用谓之勇,奉义顺则谓之礼,畜义丰功谓之仁。(《国语·周语中》)

天神曰灵,地神曰祇,人神曰鬼。鬼者,归也。(《尸子》卷下)

生之所以然者谓性。(《荀子·正名》)

凡师,一宿为舍,再宿为信,过信为次。(《左传·庄公三年》)

媵者何? 诸侯娶一国,则二国往媵之,以侄娣从。侄者何? 兄之子也。
娣者何? 弟也。(《公羊传·庄公十九年》)

五谷皆熟为有年也。(《穀梁传·桓公三年》)

不仅如此,连汉代盛极一时的传注材料,我们也能毫不费力地在先秦典籍中
寻找到其滥觞。例如:

《诗经·周颂·昊天有成命》:"夙夜基命宥密。於缉熙,亶厥心,肆其靖
之! "

《国语·周语下》注曰:"夙夜,恭也;基,始也;命,信也;宥,宽也;密,宁
也;缉,明也;熙,广也;亶,厚也;肆,固也;靖,和也。"

《诗经·大雅·泂酌》:"恺悌君子,民之父母。"

《吕氏春秋·不屈》注曰:"恺者,大也;悌者,长也。"

为此,洪诚指出:"语义学在春秋时代已经发展到一定的程度,产生词典的条
件已经成熟。战国时代名学兴起,对事物的分类有了初步认识。联系到词语方
面来,也就能按事物的类别来区分词语。"[①] 大约到战国末年,一部词语训释的集
大成著作——《尔雅》的问世,标志着先秦的词语训诂由个人的任意发明过程转
入了系统的汇编整理阶段。关于《尔雅》的成书情况,历来颇多争议。何九盈从

[①]　洪诚选注:《中国历代语言学文选》,江苏人民出版社 1982 年版,序言第 1 页。

秦楚的星宿分野、历史渊源、名称、内容、体例诸方面着手,认定《尔雅》成于战国末年的齐鲁儒生之手,言之凿凿,毋庸置疑[①]。对《尔雅》的性质和功用,历来亦众说纷纭,我们认为可以从以下几个方面来加以认识。

其一,《尔雅》是百科全书。《尔雅》共 19 篇,内容分 3 个板块。第一板块由释诂、释言、释训、释亲构成,重在解释普通语词及亲属称谓;第二板块由释宫、释器、释乐、释天、释地、释丘、释山、释水构成,重在说明人类的生活方式和自然环境;第三板块由释草、释木、释虫、释鱼、释鸟、释兽和释畜构成,重在介绍人类周围的各种生物。据李开统计,全书有 2047 个条目,其中普通语词 607 条,社会生活专名 344 条,天文专名 106 条、地理名称 220 条,植物名 346 条,动物名 424 条[②],诚可谓包罗万象,称为百科全书未尝不可。

其二,《尔雅》是教科书,何九盈认定此书的教学目的有两个:正名命物(辨名物、释方语)和解经(主要针对《诗经》《尚书》和《周易》)[③]。《诗经》《尚书》《周易》等典籍是当时人们的必读书,相关的训诂材料自然不会少见,但开始很可能属于个人的发明,不仅解释不一,而且还散见各处,不敷应用。《尔雅》将这些零散的训诂资料加以搜集与整理,目的就是便于人们特别是儿童的学习。

其三,《尔雅》是同义词词林。为了使众多的同义词处于一个有机的系统之中,《尔雅》首创了按义类编排词汇的体例,书中的 19 篇其实就是 19 个义类。求同不辨异是《尔雅》释义的特色,后世的"雅书"大多循此做法。《尔雅》将许多意义相关的词语聚为一族目的就是想做到一目了然,使学习者很快掌握若干同义词,以便能通读各种典籍。《尔雅》采用的释义方法有同类训释、确定义界、声训等,以第一种方法最为常用。兹各举例如下:

> 初、哉、首、基、肇、祖、元、胎、俶、落、权舆,始也。(释诂)
> 卬、吾、台、予、朕、身、甫、言,我也。(释诂)
>
> ——同类训释例
>
> 二足而羽谓之禽,四足而毛谓之兽。(释鸟)

① 何九盈著:《中国古代语言学史》,广东教育出版社 2000 年版,第 19—27 页。
② 李开著:《汉语语言研究史》,江苏教育出版社 1993 年版,第 13 页。
③ 何九盈著:《中国古代语言学史》,广东教育出版社 2000 年版,第 28—29 页。

有足谓之虫,无足谓之豸。(释虫)

————确定义界例

颠,顶也。(释言)

鬼之为言归也。(释训)

————声训例

在具体的训释方式上,《尔雅》也不拘一格,多有发明。除了常规的异词同释外,还有同词异释、互释、递释等。例如:

如、适、之、嫁、徂、逝,往也。(释诂)　　　　　————异词同释例

……幠、庬……,大也。幠、庬,有也。(释训)　　————同词异释例

宫谓之室,室谓之宫。(释宫)　　　　　　　　　　————互释例

煽,炽也;炽,盛也。(释言)　　　　　　　　　　　————递释例

其四,《尔雅》是古语词和方言词的渊薮。同义词有时间和空间两个不同来源。时间来源的为古今词,空间来源的为方言。《尔雅》的同义词中既不乏古今词,也颇多方言词。就总体状况而言,"释诂"以释古语词为主,"释言"以释方俗语词为主。何九盈甚至认为:"《尔雅》有相当一些篇如果在释词部分加上方言区域,就成了《方言》,《方言》如果将释词部分的方言区域通通删掉,就和《尔雅》的某些篇一个模样了。"①《尔雅》的编者不是不知道其中哪些是方言词,但他们意在求索不同方言词的相通之处,所以并不会去标注同义词的方言属性。于是,辨析同义词的方言属性的任务就只好留给汉代的扬雄去做了。如《尔雅·释诂》"弘、廓、宏、溥……将、业、席:大也"条收录了 39 个同义词,其中很多是方言词,扬雄在指明这些词的具体区划时不得不分解成四个条目。

其五,《尔雅》反映了古人的认知水准和知识结构,对于后人了解古代事物的称谓、分类以及古今词义演变极为有用。周祖谟指出:"《释亲》以下都是解释事物名称的。先由人事和人做的宫室、器物列起,然后叙列天地自然的名称和植物、动物的名称,加以解释。这代表古人对于事物名称的一种粗疏的分类法。"②

———

① 何九盈著:《中国古代语言学史》,广东教育出版社 2000 年版,第 28—29 页。

② 周祖谟撰:《尔雅校笺》,江苏教育出版社 1984 年版,序第 2 页。

《尔雅》初创的这种知识结构的排列方式长期为后人奉行,从而形成了一种源远流长的"雅学"传统。今人蒋礼鸿的训诂巨著《敦煌变文字义通释》分为释称谓、释容体、释名物、释事为、释情貌、释虚字六篇,说明《尔雅》的分类法在今天仍不失其应用价值。

　　两汉是经学日趋繁荣的黄金时期。从汉武帝"罢黜百家,独尊儒术"开始直至东汉,经学在汉代的地位可谓长盛不衰。读经成了当时读书人的晋升之阶。识字明义是读经的第一步,汉代人为此付出了不少心血。首先是不遗余力地编写了一大批识字课本,如司马相如的《凡将篇》、史游的《急就篇》、扬雄的《训纂篇》、班固的《太甲篇》、贾鲂的《滂喜篇》以及蔡邕的《圣皇篇》等;其次是大学者们纷纷给古籍作注,郑玄以一人之力遍注群经,涉及的经书有《周易》《尚书》《毛诗》《仪礼》《礼记》和《论语》等,其他如赵岐的《孟子章句》、王逸的《楚辞章句》、许慎的《淮南鸿烈解诂》、服虔和应劭的《汉书注》等均为这方面的力作。古书的注解内容无非音义、名物和典故,这些都属于训诂学的研究范畴,因此汉代的语言研究总体上是以训诂为主导。汉儒解经、注经的依据往往就是《尔雅》。例如[①]:

> 俨、恪、祇、翼、諲、恭、钦、寅、熯,敬也。(《尔雅·释诂》)
>
> 《离骚》:"汤禹俨而求合兮,挚咎繇而能调。"王逸注:"俨,敬也。"
>
> 《诗经·商颂·那》:"温恭朝夕,执事有恪。"毛传:"恪,敬也。"
>
> 《诗经·商颂·长发》:"昭假迟迟,上帝是祇,帝命式于九围。"郑笺:"祇,敬也。"
>
> 《诗经·小雅·六月》:"有严有翼,共武之服。"毛传:"翼,敬也。"
>
> 《诗经·小雅·楚茨》:"我孔熯矣,式礼莫愆。"毛传:"熯,敬也。"
>
> 《诗经·大雅·生民》:"克禋(諲)克祀,以弗无子。"毛传:"禋,敬也。"
>
> 《尚书·尧典》:"乃命羲和,钦若昊天。"《史记·五帝本纪》:"乃命羲和,敬顺昊天。"

---

① 王力著:《中国语言学史》,山西人民出版社 1981 年版,第 15—16 页。

■ 三、先秦两汉的方言研究

　　中国幅员辽阔,地貌复杂,客观上利于方言的产生。汉语方言古已有之,先秦的文献中对此多有记载。《左传·宣公四年》:"楚人谓乳谷,谓虎於菟,故命之斗谷於菟。"《尹文子·大道下》:"郑人谓玉未理者为璞,周人谓鼠未腊者为璞。"《孟子·滕文公上》提到的"南蛮鴃舌之人"显然与中原人所操的不是同一种口音。另外,《孟子·滕文公下》还讲述了楚大夫之子学齐语的故事,昭示中部的楚语与东部的齐语在当时已无法正常沟通。《吕氏春秋·知化》所引伍子胥语也称:"夫齐之与吴也,习俗不同,言语不通,得其地不能处,得其民不得使。"看来,即使同样处于沿海地带,北方的齐语与南方的吴语也彼此隔膜,不能对话了。方言作为客观存在,在人情反馈、政治教化、社会管理方面的影响不可小视,自然很早就引起了统治者的关注,并成为政府采风的重要内容之一。历史资料显示,调查方言、研究方言是周秦时期政府的一种常规行为,是统治者观察民情、评估政事的重要途径。应劭在《风俗通义·序》中明言:"周、秦常以岁八月遣輶轩之使,求异代方言,还奏籍之,藏于秘室。"不仅如此,民间的学术力量也参与其中。《尔雅》收录的同义词中夹杂着大量的方言词语,说明齐鲁儒生编订此书原本就有沟通方俗的初衷在内,《释名》的作者刘熙对《尔雅》名称所作的如下说解不是没有根据:"尔,昵也;昵,近也。雅,义也;义,正也。五方之言不同,皆以近正为主也。"因此,何九盈指出:《尔雅》的任务之一就是以'雅言'为标准解释不同的方言词语。"[1]先秦"雅言"的出现与使用从另一个方面也证实了方言的存在。《论语·述而》如是说:"子所雅言,《诗》《书》,执礼,皆雅言也。"

　　"方言"作为一个专称大约产生于东汉之际。先秦时期,人们的方言概念尚未形成,只能用一些地名来指代特定地区的语言,如"齐语""齐东野语""楚言"等。这些具体名称往往以说话人的生长区域为据,概念模糊,边界不清,并不完全基于对方言特点和区划的真切感悟。西汉时期,方言的概念逐渐形成,出现了不少相关的表述如"异语""异俗之语""异国殊语""代语""殊语""殊言"等。东汉许慎的《说文解字》中最早出现了"方言"和"方语"的说法,但因清

---

[1]　何九盈著:《中国古代语言学史》,广东教育出版社 2000 年版,第 21 页。

人怀疑是出于衍脱之误,所以难以采信。不过,可以肯定的是,应劭在《风俗通义·序》中提到的"方言"则是确凿无疑的。必须指出,古人所谓的"方言"在内涵和外延方面均与现代不可同日而语。华学诚指出:"'方言''异语'之类的名称,意思就是异方之语,不论汉语方言还是少数民族语言都包括其中,甚至'语言''语''言语''方言'等,在中国古代也是近义词,不像在现代汉语里有严格的区别。"①

如前所述,我国的方言研究发轫于周秦时期。华学诚认为:"这一阶段方言研究的内容主要有三个方面,一是方言的调查与采集,二是关于方言的认识与学习,三是关于方言词语的汇集与训释。"② 到了汉代,随着汉王朝大一统政治局面的形成,方言的问题当更显突兀,理所当然地引起了最高统治者的高度重视。刘歆致扬雄的书信对此有所反映:"今圣朝留心典诰,发精于殊语,欲以验考四方之事,不劳戎马高车之使,坐知僻俗。"(《方言·与扬雄书》)皇帝想了解方言,又不愿受鞍马劳顿之苦,只能依赖别人的调查成果。上有所求,下必有应。扬雄创作《方言》的主要动机就是:"考八方之风雅,通九州之异同,主海内之音韵,使人主居高堂,知天下风学。"(《华阳国志》卷十)于是,在时代的召唤下,扬雄的《方言》终于应运而生了。尽管宋代的洪迈曾在《容斋随笔》中对扬雄著《方言》提出异议,但遭到清代戴震等人的有力辩驳。中国语言学史、训诂学史和方言学史的研究都一再表明:《方言》产生的时代性毋庸置疑,其著作权也非扬雄莫属③。

今本《方言》只有十三卷,与扬雄自称的《殊言》十五卷颇有参差。十三卷的内容如下:卷一、二、三、六、七、十、十二、十三释普通语词,卷四释服饰,卷五、九释器具,卷八释兽,卷十一释昆虫。整个编次略显凌乱,尤其最后两卷的多数条目仅有被释词和释义两项,表明《方言》有可能是扬雄的未竟之作。

《方言》尽管成自汉代,其实应视为先秦两汉方言研究的集大成之作。这一点首先可以从书的全名得到印证。《方言》的全称为《輶轩使者绝代语释别国方言》,这个名称尽管始见于宋代,却很好地反映出该书的实际内容和作者的真实

---

① 华学诚著:《周秦汉晋方言研究史》,复旦大学出版社 2003 年版,第 15 页。
② 华学诚著:《周秦汉晋方言研究史》,复旦大学出版社 2003 年版,第 31 页。
③ 华学诚著:《周秦汉晋方言研究史》,复旦大学出版社 2003 年版,第 88—95 页。

状态。"輶轩使者"是周秦时期负责方言调查的官员的别称,书名中嵌入此语意味着扬雄著《方言》是对周秦以来方言调查与研究传统的继承和发扬。"绝代语"加"别国方言"则表明《方言》收录的不只是汉代的方言词和通语词,其中也有一定数量的古方言词和古通语词。这个书名尽管不是扬雄所定,但非常契合扬雄的创作初衷和《方言》的实际状况。

《方言》对先秦相关研究成果的借鉴和吸收是显而易见的。只要拿《方言》与《尔雅》对比一下,就会发现,《方言》在编写体例、收词条目等方面仿《尔雅》的痕迹比比皆是。比如,一样按同义标准来归并词,一样按意义范畴来区分词,《尔雅》的不少词条都在《方言》中得到了保留。另外一个值得注意的现象是《方言》的第十二、十三卷中的大部分条目只有雅诂而没有注明方言的区域,濮之珍除了由此认定该书为扬雄的未竟之作外,还进一步推断:"……《方言》的雅诂是从《尔雅》来的。也就是说,《方言》是根据《尔雅》先立下雅诂,然后再去求方言的。"①为了验证自己的推断,濮氏接着又从二书的雅诂形式、雅诂条目、雅诂内容三方面入手,逐一加以比照,详细揭示了《尔雅》与《方言》之间的渊源关系。

当然,作为中国语言学史上一部"悬之日月而不刊"的奇书,《方言》没有停留在《尔雅》的层次与规模,而是实现了一系列重大的突破。

突破之一是首次以词为同言线对全国的方言区域进行划分,堪称最早的方言地理学著作。扬雄根据全国的地理形势和行政区划对方言区作了三个层次的划分:以关(函谷关)、山(崤山或华山)、河(黄河)、江(长江)为标志的是大方言区,如"自关而东""自关而西""自河以北""自山而东"等;以古国和州郡为标志的属于次方言区,如秦晋、赵魏、吴扬、吴越、青徐、梁益等;以小河流区域和古地名为标志的属于小方言区,如淮汝、湘沅、周南、召南、楚郢等。周振鹤、游汝杰的《方言与中国文化》即根据《方言》和《说文解字》中所提供的分区信息绘就了一份《汉代方言区划拟测图》②。

突破之二是从实际语言出发给所有的同义词定性,区分通语(又称凡语、通名)、方言和古雅语(即绝代语)。例如:

---

① 濮之珍著:《中国语言学史》,上海古籍出版社 1987 年版,第 100 页。
② 周振鹤、游汝杰著:《方言与中国文化》,上海人民出版社 1986 年版。

忱、㤈、怜、牟，爱也。韩郑曰忱，晋卫曰㤈，齐鲁之间曰牟。怜，通语也。（《方言》卷一）

胶、谲，诈也。凉州西南之间曰胶，自关而东西或曰谲，或曰胶。诈，通语也。（《方言》卷三）

假、络、怀、摧、詹、戻、艐，至也。……皆古雅之别语也，今则或同。（《方言》卷一）

《尔雅》中虽也列举了不少方言词，但根本未明确其所在区域，《方言》恰在这方面作了重要的弥补。试比较：

佥、咸、胥，皆也。（《尔雅·释诂》）

佥、胥，皆也。自山而东五国之郊曰佥，东齐曰胥。（《方言》卷七）

如、适、之、嫁、徂、逝，往也。（《尔雅·释诂》）

嫁、逝、徂、适，往也。……逝，秦晋语也。徂，齐语也。适，宋鲁语也。往，凡语也。（《方言》卷一）

通过对《方言》中各条材料的统计和分析，有人发现了秦晋方言与通语之间的渊源关系，并由此认定秦晋方言是汉代通语的基础方言。

突破之三是及时收录了为数不少的汉代口词语，扩充了方言词汇的阵容。如"器破曰披""贪饮食者谓之茹""子曰崽""忧谓之怒""慧谓之鬼"等。这些词均为《尔雅》所不载，属于汉代新兴的词语。因此，《方言》不仅是周秦两汉方言词汇的渊薮，也是汉代新词新语的秘府，这样就为训诂研究提供了丰富的第一手资料。

突破之四是在显示词语方言来源的同时还保留了一定的语音信息，这对后世开展古方音的研究极具参考作用。例如，扬雄在书中所称的"转语"就大致是依据词语的语音对应关系而定的：或声母相同，或韵母相同，或声韵相近。例如：

铤，空也，语之转也。（《方言》卷三）

庸谓之倯，转语也。（《方言》卷三）

蠾蝓者，侏儒语之转也。（《方言》卷十一）

可见，所谓"转语"其实就是语音上有联系的方言同义词或同源词。另外，扬雄还在《方言》中发明了一些奇字，如"咺""唏""愁""哓""姡""鈝"等。濮之珍认为："所谓奇字，不过是他用来记录当时方言的音标符号而已，以现在写的字来类比，所谓的奇字也就不奇了。"[1]

突破之五是清楚标明了汉语周边的少数民族语言区域，即朝鲜、北狄、西戎、南越、东齐、淮夷。这些不仅有利于后人了解当时汉语所处的生态环境，而且也为关注语言接触和语言交融的学者提供了真实而具体的历史信息。

在研究方法方面，《方言》也有令人叹服之处。除了成功运用历时比较和共时比较的方法外，扬雄还率先采用了调查验证法，以口头语言印证文献语言，这一做法已隐约透露出历史比较语言学的光芒。汉代刘歆在《西京杂记》卷三中对此有所记载："扬子云好事，常怀铅提椠，从诸计吏访殊方绝域四方之语，以为裨补輶轩所载，亦洪意也。"[2]

四、先秦两汉的语源研究

如前所述，古人在名实关系问题上一直存在两种截然相左的观点：一种认为语词和它所代表的事物之间有必然的、本质的联系，一种认为语词和它所代表的事物之间只是约定俗成的关系。本质论者既然认定了语词与它代表的事物之间有内在的联系，那他就要想方设法去发现、揭示这种联系。于是，语源研究诞生了。鉴于语词是音义的结合体，语词的音义结合关系以及这种关系的形成过程自然成为语源研究的重中之重。

（一）先秦的语源研究

我国最早出现的研究语源的方式是声训。声训，又称音训或"谐声训诂"，其特点是用音同或音近的词去说明被释词的来源，其作用是探寻名物来源和推求同源字。这种凭借语词的语音形式来证明词与词之间意义联系的做法先秦即已萌芽。例如：

---

[1] 濮之珍著：《中国语言学史》，上海古籍出版社 1987 年版，第 104 页。
[2] 〔汉〕刘歆等撰：《西京杂记》（外五种），上海古籍出版社 2012 年版，第 23 页。

乾,健也;坤,顺也。(《周易·说卦》)

政者,正也。(《论语·颜渊》)

庸也者,用也;用也者,通也;通也者,得也。(《庄子·齐物论》)

仁者,人也,亲亲为大;义者,宜也,尊贤为大。(《礼记·中庸》)

鬼者,归也。(《尸子》卷下)

庠者,养也;校者,教也;序者,射也。(《孟子·滕文公上》)

生之谓性。(《孟子·告子上》)

礼者,人之所履也。(《荀子·大略》)

樊者,藩也。(《尔雅·释言》)

由此可见,声训在先秦已不是什么秘不示人的法宝,而是一般文人雅士都能脱口而出的一种常规释词手段。这一状况表明:探求语源可能是古人存在的一种普遍心态。尽管如此,先秦的声训在多数情况下仍是一种个人的即兴式的发挥现象,运用不成系统,更缺少理论上的阐述。

(二) 两汉的语源研究

汉代是声训的迅猛发展时期,几近泛滥。声训之所以在汉代大行其道,与汉儒把它视为宣扬天人相应的思想和进行政治说教的工具分不开。汉代是唯心观和谶纬思潮的盛行时期,以经学为主导的汉代学术都被蒙上了一层十分浓重的谶纬色彩。声训方法所表现出的随意性和自由度让谶纬家如获至宝,并很快沦为他们倚重的说解工具。当一种原本寻常的语言手段一旦被赋予某种政治使命和个人意志时,往往就会爆发出畸形的扩张力,汉代的声训就正是如此。出于维护封建统治、宣扬封建意识形态的初衷,董仲舒等一再声称"名生于真""名则圣人所发天意"等观点,并且不遗余力地将这些观点贯穿到声训之中。因此,抉发天意便成了汉代声训的首要职责,这一切使得声训蒙上了一层浓厚的封建政治或礼教色彩。例如:

士者,事也;民者,暝也。(《春秋繁露·深察名号》)

王者,往也。神所向往,人所乐归。(《春秋文耀钩》)

女者，如也；子者，孳也。女子者，言如男子之教，而长其义理者也。故谓之妇人。妇人，伏于人也。（《大戴礼记·本命》）

琴之为言禁也……言君子守正以自禁也。（《风俗通义·声音》）

如此一来，声训就沦为个人的一种随心所欲式的说解工具。出发点不同，声训的结果也就迥异。同一个词有数种不同的声训在当时并不鲜见。例如：

霸者，伯也。（《白虎通义·号》）

霸犹迫也。（《白虎通义·号》）

霸者，把也。（《风俗通义·皇霸》）

声训在汉代波及甚广，连以形训见长的《说文解字》也深受其影响。例如：

棺，关也。所以掩户。从木官声。（《说文解字·木部》）

晋，进也。日出万物进。从日从臸。（《说文解字·日部》）

晚，莫也。（《说文解字·日部》）

就此，黄侃在《说文略说》中云："《说文》列字九千，以声训者十居七八，而义训不过二三。"话虽略带夸张，但确实描绘了声训在汉代那种空前绝后的盛况。声训畅行数百年，最后在东汉形成一部总结性的专著——刘熙的《释名》。

《释名》共 8 卷 27 篇，全书收词达 1 500 余条，大多为常用词。推求渊源，以声立训是全书的特色。此书体例仿《尔雅》，但在义类的区分上要比《尔雅》来得精细，因为《尔雅》只有 19 个义类，而《释名》有 27 个义类。其中的释州国、释形体、释姿容、释首饰、释床帐、释书契、释兵、释疾病、释长幼、释丧制均为《释名》首创，这一方面显示出社会物质与文化生活的进化，一方面也反映了当时人们认知水平的提高。

由于声训在性质和方法方面有致命的缺陷，《释名》中的荒诞不经之处是显而易见的。例如：

宋，送也。地接淮泗而东南倾，以为殷后，若云滓秽所在，送使随流入东海也。（《释名·释州国》）

江,公也。诸水流入其中所公共也。(《释名·释水》)

土,吐也。吐生万物也。(《释名·释地》)

暑,煮也。热如煮物也。(《释名·释天》)

雨,羽也。如鸟羽动则散也,雨水从云下也。(《释名·释天》)

雹,跑也。其所中物皆摧折如人所蹴跑也。(《释名·释天》)

这些主观臆测、穿凿附会之说或虚构语源,或颠倒语源,确实引来了后人的诸多诟病,同时也遮蔽了《释名》一些颇有价值的闪光点。在新的历史条件下,重新评估《释名》的价值势所必然。王卫峰指出:"《释名》开创汉语语源学,功不可没,其中蕴藏着精深的训诂思想,是语源研究的资料宝藏。而且它依据音义联系广泛系统地探求词源,在世界上也是最早的一部著作,在普通语言学史上也同样具有历史地位。"[①]要之,《释名》的价值如下。

(1)系统地建立了语词之间的音义关系,正确地揭示了某些语词的语源,披露了部分事物的得名之由。例如:

宿(xiù),宿也,星各止宿其处也。(《释名·释天》)

霜,丧也。其气惨毒,物皆丧也。(《释名·释天》)

仓,藏也,藏谷物也。(《释名·释宫室》)

负,背也,置项背也。(《释名·释姿容》)

诔,累也,累列其事而称之也。(《释名·释典艺》)

帷,围也,所以自障围也;幄,屋也,以帛衣板施之,形如屋也;帐,张也,张施于床上也。(《释名·释床帐》)

袴,跨也,两股各跨别也。(《释名·释衣服》)

语词的初始语音和初始语义之间的约定关系一旦形成,就会表现出一定的滋生力,进而通过类比等手段派生出一系列音同和音近的词。派生是语词构筑音义链的一种主要方式。由于派生关系的客观存在,《释名》对被释词与训释词之间音义关系的沟通就不完全是一派胡言。

---

① 王卫峰著:《上古汉语词汇派生研究》,百家出版社2001年版,第181页。

（2）收录了不少汉代时期的词汇尤其是双音词，如"汤饼、苦酒、胡粉、中衣、流星"等。《释名》成于东汉，而东汉是汉语双音词的高发时期。《释名》中新生的双音词绝大部分是合成词。这一现象表明，语音造词在当时已日趋式微，而语法造词正成为主流。因此，《释名》中的汉代词汇不仅对研究当时的社会文化生活甚为有益，同时还为汉语的构词研究提供了材料上的便利。另外，《释名》中的不少语词如"罗柽、到写、周轮、金饼、根引、空旷"等还可以弥补《汉语大词典》在收词、释义或书证方面的不足。

（3）对考证东汉时期的实际语音有重要的参考价值。像声母的轻重唇音不分、舌头音与舌上音不分以及娘日归泥等现象，我们都可以在《释名》中找到相应的佐证。例如：

> 邦，封也。（《释名·释州国》）
>
> 法，逼也。（《释名·释言语》）
>
> 丁，壮也。（《释名·释天》）
>
> 冬，终也。（《释名·释天》）
>
> 男，任也。（《释名·释长幼》）
>
> 入，内也。（《释名·释言语》）

尤其难能可贵的是，《释名》还有意识地从发音部位和发音方法角度对语词的发音进行描写。例如：

> 天，豫、司、兖、冀以舌腹言之，天，显也，在上高显也；青、徐舌头言之，天，坦也，坦然高而远也。（《释名·释天》）
>
> 风，兖、豫、司、冀横口合唇言之，风，氾也，其气博氾而动物也；青、徐言风，踧口开唇推气言之，风，放也，气放散也。（《释名·释天》）

就此，周祖谟指出："盖当东汉之末，学者已精于审音。"[①] 可惜的是，由于刘熙对发音部位和发音方法的相关术语未作具体解说，后人往往难明就里。

（4）揭示了语音和词汇方面存在的某些方言差异，为人们考证汉代方言提供

---

① 洪诚选注：《中国历代语言文字学文选》，江苏人民出版社 1982 年版，第 138 页。

了必要的帮助。据考查,《释名》中有 40 个词条涉及具体的方言区域[①]。例如:

> 矢,指也,言其有所指向,迅疾也。……齐人曰卫,所以导卫矢也。(《释
> 名·释兵》)
>
> 吐,泻也。故扬豫以东谓泻为吐也。(《释名·释疾病》)
>
> 兄,荒也;荒,大也;故青徐人谓兄为荒也。(《释名·释亲属》)
>
> 库,舍也,物所在之舍也。故齐鲁谓库曰舍也。(《释名·释宫室》)

尽管《释名》保存的方言材料在数量上无法跟《方言》相比,但书中多次运用"譬况假借"的手段来求证字音,这一点要比扬雄单纯确定方言区域的做法来得高明。

■ 五、先秦两汉的语法研究

先秦两汉到底是否存在语法研究在学术界颇有争议。一般的语言学史著作对之多持谨慎和保守的态度。但时人已拥有比较清晰的语法意识则毋庸置疑,而这种意识是与训诂学的兴起分不开的。陆宗达解释了个中的原因:"因训诂学本是对于整个具体的语言作出分析,解释它的全部内容,绝不仅是单词和词义的问题,许多地方要涉及到语法。"[②]从实际状况看,汉语语法研究在先秦初露端倪,到两汉则渐趋广泛而深入。

(一) 先秦的语法研究

先秦语法研究除了在诸子著作略有分布外,主要集中于"春秋三传"的《公羊传》和《穀梁传》中。就研究的涉及面而言,词类、词组、词序、语法省略、语法规范等均在时人的讨论之列。

词类问题是语法研究的起点问题。先秦的有关认识首先来自名词。墨子首先按概念把名词分为三个层次:"名:达、类、私。"(《墨子·经上》)墨子所谓的"达""类"分别类同于后来荀子所说的"大共名""大别名",指称的是不同层次

---

① 华学诚著:《周秦汉晋方言研究史》,复旦大学出版社 2003 年版,第 256 页。

② 陆宗达:《谈一谈训诂学》,《中国语文》1957 年第 4 期。

的集合名词。墨子所谓的"私"则指称的是个体名词。上述分法的着眼点是逻辑角度,但立足点却是名词的性质。除了名词,动词也是时人关注的一个焦点。例如:

> 《春秋·成公元年》:"秋,王师败绩于茅戎。"
>
> 《公羊传》:"孰败之? 盖晋败之。或曰:贸戎败之。然则曷为不言晋败之? 王者无敌,莫敢当也。"
>
> 《春秋·僖公元年》:"夏六月,邢迁于陈仪。"
>
> 《公羊传》:"迁者何? 其意也。迁之者何? 非其意也。"

同一个动词具有及物或不及物、主动或被动的用法在汉语中司空见惯。《公羊传》不仅注意了这种现象,而且还试图作出语用方面的解释。

除了实词,先秦人士对虚词也有所体察。《尔雅》的"释言""释诂"篇中即收录了一定数量的虚词条目。相比之下,介词、连词等虚词的用法较早引起了先哲们的兴趣。例如:

> 《春秋·定公二年》:"夏五月,壬辰,雉门及两观灾。"
>
> 《公羊传》:"其言雉门及两观灾何? 两观微也。然则曷为不言雉门灾及两观? 主灾者两观也。主灾者两观,则曷为后言之? 不以微及大也。"
>
> 《春秋·隐公元年》:"公及邾娄仪父盟于昧。"
>
> 《公羊传》:"及者何? 与也。会、及、暨,皆与也。"
>
> 《春秋·哀公三年》:"五月辛卯,桓宫僖宫灾。"
>
> 《公羊传》:"何以不言及? 敌也。"

虚词"及"有连词、介词两用,《公羊传》不仅在定公二年的《传》中加以确认,又在隐公元年的《传》中指出"及"有接近动词的用法,更在哀公三年的《传》中指出"及"在连接两个并列成分时有意义轻重之分。

先秦人士还对词组有了初步的认识。荀子是第一个明确区分词和词组的人。《荀子·正名》:"单足以喻则单,单不足以喻则兼;单与兼无所相避则共,虽共,不为害也。"这里的"单"指单名,即单音词;"兼"指复名,即词组。在词组之中,先秦人士最先触及的当是名词性的偏正词组。由于单音名词表示的观念大多属于基本层次范畴,双音名词(或词组)大多表示的是较低层次范畴,因此,双音名词(或词组)所表示的概念一般要比单音名词来得具体和清晰。公孙龙子的"白马非马"论其实就是针对单音名词和双音名词(词组)在结构和意义方面的差异展开研讨的。尹文子对之也发表了看法,《尹文子·大道上》:"语曰'好牛'……'好'则物之通称,'牛'则物之定形,以通称随定形,不可穷极者也。设复言'好马',则复连于'马'矣,则'好'所通无方也。设复言'好人',则彼属于'人'矣,则'好'非'人'、'人'非'好'也,则'好牛''好马''好人'之名自离矣。""物之通称"是一种抽象概念,"物之定形"是一种具体概念,由"通称"限制"定形"可以化出无数的词组,而词组之间的区别也由此而来。在此,尹文子确认了形容词修饰名词这种结构形式,并且肯定了该形式的可推广性(能产性)。

另外,先秦学者对用来摹情状物的重言词(包括叠音词和重叠式)和联绵词也有了初步的认识并予以区别对待。《尔雅》的"释训"篇就是这方面的一个创举。洪诚对此有高度的评价:"它(指《尔雅》——引者注)语言学史上的最大创造是能从复杂的词语中把疏状词分为独立的一类。"①

词序是汉语重要的语法手段之一。先秦人士不仅意识到词序的重要性,而且还试图揭示汉语的词序规律。例如:

《春秋·襄公二十三年》:"秋,齐侯伐卫,遂伐晋。八月,叔孙豹帅师救晋,次于雍榆。"

《公羊传》:"曷为先言救而后言次? 先通君命也。"

《穀梁传》:"言救后次,非救也。"

《春秋·僖公十六年》:"春,王正月戊申朔,陨石于宋五。是月,六鹢退飞,过宋都。"

《公羊传》:"曷为先言霣(陨)而后言石? 霣石,记闻。闻其磌然,视之则石,察之则五。……曷为先言六而后言鹢? 六鹢退飞,记见也。视之则六,察之则鹢。……"

---

① 洪诚选注:《中国历代语言学文选》,江苏人民出版社 1982 年版,序言第 2 页。

《穀梁传》："先陨而后石,何也? 陨而后石也。于宋,四竟之内曰宋。后数,散辞也,耳治也。……六鹢(鹢)退飞过宋都,先数,聚辞也,目治也。"

在襄公二十三年的《传》里,公羊和穀梁二家点明了词序的重要性;在僖公十六年的《传》里,公羊和穀梁二家则揭示了以时间先后为序的词序规律。这种不谋而合的做法说明关注词序、分析词序在当时已经蔚然成风。值得注意的是,古人往往是从认知的角度来阐释词序问题的,这种做法已露出了功能主义语法学的端倪。功能主义语言观认为:"语言的结构,特别是语法结构,跟人对客观世界(包括对人自身)的认识有着相当程度的对应或'象似'(iconicity)关系,或者说,语法结构在很大程度上是人的经验结构(人认识客观世界而在头脑中形成的概念结构)的模型。"① 古今语法分析的某些暗合现象正说明了人们认知上的相通性和连贯性。当然,古人的分析往往只是出于一种感性认识,而理性思维的光辉尚待开蒙。

语法省略作为上古汉语的习见现象也没有滑过先秦人士的眼睛。《公羊传》和《穀梁传》中有不少相关的说明。例如:

《春秋·哀公十四年》："春,西狩获麟。"

《公羊传》："……然则孰狩之? 薪采者也。薪采者,则微者也。"

《春秋·定公五年》："夏,归粟于蔡。"

《公羊传》："孰归之? 诸侯归之。曷为不言诸侯归之? 离至,不可得而序,故言我也。"

《穀梁传》："孰归之? 诸侯也。不言归之者,专辞也。"

以上各例均省略了主语,公羊、穀梁二家在解说中都予以指明并阐释了省略的原因。

有语法,就必有语法规范。先秦人士虽然并未明白地告诉我们何谓语法规范,但显然对汉语语法规则心知肚明。《公羊传》和《穀梁传》中就时时对语言现象的规范性作出判别。例如:

---

① 沈家煊著:《不对称和标记论》,江西教育出版社 1999 年版,第 10 页。

《春秋·襄公五年》："公会晋侯、宋公、陈侯、卫侯……吴人、鄫人于戚。"

《公羊传》："吴何以称人？'吴、鄫人'云,则不辞。"

《春秋·僖公二年》："虞师、晋师灭夏阳。"

《穀梁传》："虞无师,其曰师何也？以其先晋,不可以不言师也。"

例中的所谓"不辞"就是不成话、不成句的意思,"不可以不言"则突出了语法规则的强制作用。语法规则高于语义内容、语义内容要服从语法规则当是先秦人士的可贵识见。

(二) 两汉的语法研究

两汉是注释书蜂起的时期,毛亨的《毛诗诂训传》、何休的《春秋公羊解诂》、赵岐的《孟子章句》、王逸的《楚辞章句》、高诱的《战国策注》《吕氏春秋注》《淮南子注》以及郑玄的《诗经笺》《周礼注》《仪礼注》《礼记注》都是其中的佼佼者。注释书大多为先秦文献而作,其目的就是解释和疏通文句,帮助人们通读古代典籍。由此出发,汉儒注经、解经不可能漫无边际,必须立足文句的意义和结构本身,这就注定了汉代的语法研究更加不可或缺。两汉语法研究同样承自先秦,但在先秦的基础上有了新的发展,这些新发展表现在以下两个方面:一是深化已有的研究,给相关现象重新定性或定位;二是拓宽新的研究领域,提升新的研究层次。

汉儒深化先秦语法研究的表现之一是对词类性质的认识更加明晰。如前所述,先秦人士对汉语词类的感知是朦胧的、模糊的,而汉儒在这方面则显然迈进了一步,开始用同类编排或形式标记的方式来加以区分。在解释实词时,汉儒的习惯做法是用"×者""所×""所以×"来标注名词,用"×之"来标注动词,用"×貌(然)"来标注形容词等。例如:

《诗经·鄘风·定之方中》："灵雨既零,命彼馆人。"毛传："馆人,主驾者。"

《诗经·商颂·那》："自古在昔,先民有作。"毛传："有作,有所作也。"

《诗经·郑风·将仲子》："将仲子兮,无踰我园。"毛传："园,所以种树。"

《仪礼·士丧礼》："君坐抚当心,主人拜稽颡成踊出。"郑笺："抚,手案之。"

《战国策·中山策》："魏文侯欲残中山。"高注："残，灭之也。"

《诗经·邶风·谷风》："行道迟迟，中心有违。"毛传："迟迟，舒行貌。"

在虚词研究领域，汉代学者同样实现了超越。汉代改编的识字课本《仓颉篇》专门把"而乃之于"四个虚词编为一句，显示出编者对实词与虚词的区别早已了然于胸。虚词在先秦一直缺乏名目，汉儒则以"辞（词）""语助""语词"称之，并且还对某些虚词的用法作了具体描写。例如：

《诗经·周南·汉广》："汉有游女，不可求思。"毛传："思，辞也。"

《诗经·大雅·文王》："文王在上，於昭于天。"毛传："於，叹辞。"

《礼记·檀弓上》："夫祖者，且也。"郑注："且，未定之辞。"

《礼记·檀弓上》："檀弓曰：'何居？我未之前闻也。'"郑注："居，读为姬姓之姬，齐鲁之间语助也。"

《楚辞·离骚》："羌内恕己以量人兮，各兴心而嫉妒。"王逸注："羌，楚人语词也。"

另外，在看待主语省略方面，汉儒也比先秦有所进化：《公羊传》和《穀梁传》只是提及了现象，并未冠以名目。汉代的何休在给《公羊传》作注时则称之为"不书主名"。例如：

《春秋·桓公二年》："夏，逆妇姜于齐。"

《公羊传》："其谓之逆妇姜于齐何？略之也。高子曰：'娶于大夫者，略之也。'"

何休注："不书逆者主名，卑不为录使也。不言如齐者，大夫无国也。"

在拓宽语法研究领域方面，汉儒主要做了两件事情。首先是启动对句法结构的分析与描写。孙良明对汉儒的具体做法作了揭示："这种分析与描写，不是靠什么术语，而是在释文中用说明和语词的加入、复写、省略、移位、重排等手法表现的。"[①] 以偏正结构为例，汉儒在说明定中结构时一般是加入"之"，在说明状

---

① 孙良明著：《中国古代语法学探究》，商务印书馆2002年版，第66页。

中结构时一般是加入"而"或"以"。例如：

> 《礼记·文王世子》："抗世子法于伯禽。"郑注："抗犹举也，谓举以世子之法。"

> 《公羊传·成公二年》："萧同侄子者，齐君之母也。"何休注："侄子者，萧同君侄娣之子。"

> 《吕氏春秋·士节》："诸侯于利不苟取，于害不苟免。"高诱注："于不义之利不苟且而取也；当义讷讷感死，故不苟免。"

> 《楚辞·九歌·国殇》："操吴戈兮披犀甲，车错毂兮短兵接。"王逸注："言……长兵不施，故用刀剑以相接也。"

汉儒从事的第二项开创性研究是分析句式或句型，诸如被动句、判断句、疑问句等。以判断句为例，汉儒在解释无标记的判断句时通常会在句中加入表示判断作用的"乃""为"或"是"，使句子隐含的判断意味一下子昭然若揭。例如：

> 《诗经·鄘风·柏舟》："髧彼两髦，实为我特。"毛传："两髦之人，谓共伯也，实是我之匹。"

> 《诗经·小雅·祈父》："予王之爪牙。"郑笺："我乃王之爪牙。"

> 《孟子·滕文公下》："此率兽而食人也。"赵歧注："是为率兽而食人也。"

先秦两汉学者的语法研究过程时时紧扣表达效果，总体上应该视为语用型的或修辞型的语法研究。从语用或修辞角度研究语法一直是古代语法研究中绵延不绝的优良传统。

■ 六、先秦两汉的文字研究

汉语是一种以单音节语素为主的语言。作为汉语的书写符号，注重表意的汉字自然就成了一种语素文字。汉语与汉字之间无法割断的特殊渊源，注定了汉语研究离不开汉字研究。这种一体两面式的研究格局在世界语言学之林中堪称新颖独到。汉字是世界上最古老的文字之一，有关汉字研究的历史亦极其悠久。先秦时期，先哲们对汉字的研究即已展开。这些研究主要集中在两个方面：

追溯汉字的起源和寻求汉字的发明者。

最早述及汉字起源及发明者问题的是《周易·系辞传》:"包羲氏之王天下也,仰观天象于天,俯则观法于地,观鸟兽之文与地之宜,近取诸身,远取诸物,于是作八卦,以通神明之理,以类万物之情。……上古结绳而治,后世圣人易之以书契,百官以治,万民以察。"在此,我们可以获得以下几点重要认识:首先文字源自自然,是仿生的产物,不是一种凭空杜撰;其次,文字是人造的,不是神灵的发明;再次,文字的诞生不是一蹴而就,曾经历过结绳等前期阶段。将八卦的推演与文字的创造相沟通,似乎属于《周易》的一家之言,这样做的目的也许是为了抬高自身。

《周易》说"圣人易之以书契",有点语焉不详。到战国时期,所谓的"圣人"终于浮出水面了,这就是众口一词的仓颉。当时的文献对之多有记载。例如:

> 古好书者众矣,而仓颉独传者,壹也。(《荀子·解蔽》)
> 苍颉之作书也,自环者谓之私,背私谓之公。(《韩非子·五蠹》)
> 奚仲作车,苍颉作书,后稷作稼……(《吕氏春秋·君守》)

以上文献均肯定仓颉是汉字的创始人,但仓颉何许人也,依旧一团迷雾。相比之下,荀子的看法最为公允,他认为汉字出自许多人之手,仓颉所起的作用不过是整理和统一。尽管后人认为历史上不一定实有仓颉其人,但谁也无法怀疑古人造字的真实性,谁也不能否认仓颉式人物的存在。

在提及仓颉造字的同时,韩非子还对汉字的形体构造作了分析:"自环者谓之私,背私谓之公。"解说尽管不免望文生义,但至少表明时人已掌握了因形求义的方法,显示字形分析方法在汉代的兴起绝非空穴来风。类似的例子在先秦的其他文献中也时有所见,例如:

> 楚子曰:"非尔所知也。夫文,止戈为武。"(《左传·宣公十二年》)
> 天反时为灾,地反物为妖,民反德为乱。……故文,反正为乏。(《左传·宣公十五年》)
> 赵孟曰:"何为蛊?"对曰:"淫溺惑乱之所生也。於文,皿虫为蛊。"(《左传·昭公元年》)

　　先秦人士不仅有汉字分析的实践,也有汉字研究理论与方法的总结。汉字学传统理论的核心"六书"说即出现于先秦。《周礼·地官·保氏》载:"保氏掌谏王恶,而养国子以道,乃教之六艺:一曰五礼,二曰六乐,三曰五射,四曰五驭,五曰六书,六曰九数。"由此可见,六书之说在先秦不仅产生,而且还应用于教学。用于教学,说明六书在当时已是一种成熟的理论,尽管《周礼》告诉我们的只是一个总称。六书名称所传递出的信息是:"周代已能将零散的汉字结构的分析系统化、理论化,概括出基本原则和条例。"①

　　先秦的文字研究还有一点值得一提,那就是周秦王朝分别发起的"书同文"运动。周宣王时代的太史籀编著的童蒙课本《史籀篇》在很大程度上就是为促进"书同文"而作。"书同文"的力度在秦王朝达到极致,秦始皇初定天下即"罢其不与秦文合者"。李斯的《仓颉篇》、赵高的《爰历篇》和胡毋敬的《博学篇》既为供童蒙识字用,更是为了实现国家文字的统一。"书同文"运动其实就是秦统治者推行的汉字规范化运动,其对国家和民族的积极意义自不待言。

　　秦始皇推行的"书同文"在扫除战国"文字异形"局面的同时,也使古文字面临失传的厄运,后来的一把秦火更是将古文字推进绝境。汉朝建立后,又逐步以隶书取代秦之小篆,遂致古文废绝。汉武帝末年,有人从孔子的旧宅中发现了一批用古文字撰写的儒家经典,使濒于灭亡的古文字重见天日。突如其来的古文经不仅改变了汉代乃至中国古代的学术格局,而且直接推动了汉代文字学的发展,并导致了《说文解字》这样里程碑式的巨著问世。

　　《说文解字》出自古文经学家许慎之手,是许氏毕生心血的结晶。许慎首先在理论和方法上继承了先秦的成果,《说文解字·叙》的以下表述可见一斑:"古者庖牺氏之王天下也,仰则观象于天,俯则观法于地,视鸟兽之文与地之宜,近取诸身,远取诸物,于是始作《易》八卦,以垂宪象。及神农氏结绳为治而统其事,庶业其繁,而饰伪萌生。黄帝之史仓颉,见鸟兽蹄远之迹,知分理之可相别异也,初造书契。"许慎对汉字源流所作的这一番介绍,简直就是《周易》的翻版。当然,在继承前人成果的基础上,许慎个人也进行了伟大的探索。

---

① 　黄德宽、陈秉新著:《汉语文字学史》,安徽教育出版社1990年版,第5页。

今本《说文解字》为宋代徐铉的校订本。全书正文十四卷，叙目一卷，共收字 9 353 个，另有重文 1 163 个。字体以小篆为主，将古文、籀文等异体字作为重文列出，附在正体字的释语之后。作为中国文字学的奠基之作，《说文解字》至少有以下几点值得大书特书。

其一是首创部首编排法。全书按"始一终亥"的次序将所有汉字按其形体和构造纳入 540 部中，"分别部居，不相杂厕"。这种提取字的共同构件来统领字群的做法是字典学史上的一次伟大创举，对后世的影响至为深远。何九盈指出："这种做法不仅便于检字，也为后来的部首检字法奠定了基础，而且还揭示了字义内部的系统性。"① 事实确为如此，《说文解字》所创的部首编排体例一直沿用至今，后人至多只是对 540 部进行或多或少的归并而已。

其二是采用以形立训的释义方法。"以形立训"就是根据字的形体构造来寻求其意义，这样就使汉字的解释立足于客观，避免了微言大义式的虚空和随意。许慎这么做既是为了编出一本高质量的字典，更是为了向猖獗一时的今文经学家开战。今文经学家大多对古代汉字的面貌一无所知，因而在解说经义时往往不顾字的形体，任加发挥，动辄千言、万言。许慎在《说文解字·叙》中斥之为："俗儒鄙夫，玩其所习，蔽所希闻，不见通学，未尝睹字例之条，怪旧艺而善野言，以其所知为秘妙，究洞圣人之微旨。"

其三是发明了科学的三重证据法。许氏据字形、说字义迥别于时人"马头人为长""人持十为斗""虫者，屈中也"之类的信口胡言，十分强调"至于小大，信而有证"（《说文解字·叙》）。他求证的方法有三个：一曰博采通人，许慎引通人说凡 27 家，其中不乏贾逵、张敞、桑钦、卫宏等古文经学的大师级人物，这些人的共同特点是精通古文字学；二曰钩沉书证，如《诗经》《尚书》《周易》《周礼》《论语》《左传》都在许慎的征引之列；三曰比勘方言，《说文解字》引用了四十多种方言资料，这种取证活语言的做法一直被后学仿效。

其四是获得了大量可靠的结论。《说文解字》按六书来分析字形、说解字义，同时又辅以充足的证据，结论大部分是确凿可信的，特别在本义推求方面成果赫

---

① 何九盈著：《中国古代语言学史》，广东教育出版社 2000 年版，第 62 页。

赫,有不少见解已为出土材料所印证,一向为后世的古文字学所倚重。《说文解字》因此成为上探甲骨金文形迹、下推隶楷源流的津梁。有识于此,治古文字者一向视《说文解字》为必读的入门书。

《说文解字》不仅是字形之汇,同时也是字音之府,其中保留了大量的语音研究的资料。借助声训、形声分析和读若三种方法,《说文解字》基本解决了汉字的标音问题。例如:

天,颠也,至高无上,从一大。(《说文解字·一部》) ——声训例

哑,笑也,从口亚声。(《说文解字·口部》) ——形声例

冲,涌摇也,从水中,读若动。(《说文解字·水部》) ——读若例

因此,《说文解字》中蕴藏着大量的语音信息,堪称古音学的渊薮。后人研究上古音除了依据《诗经》等韵文中的韵字外,另一个重要的凭证就是《说文解字》中成规模的谐声字系统。罗常培、周祖谟即明言:"研究周秦古音所根据的主要材料有两种:一种是周秦间的韵文,一种是《说文》的谐声字。"[1]据朱骏声《说文通训定声》的统计,《说文解字》中的谐声字有 8 057 个,这 8 057 个字构成了一个相对完整的泛时语音系统。一般认为,谐声字所反映的音韵关系其实就是语音的相同或相近关系。由于谐声字在数量上要远远超出韵字,其对古音研究的价值自然更高一筹。因此,利用《说文解字》中的谐声系统来探究上古音系统几乎成为明清以来古音学家的主攻方向。

值得一提的是,《说文解字》还透露了不少汉代方言的信息。据周振鹤、游汝杰统计,《说文解字》中提到的地点明确的方言词有 191 条,涉及的区域或地点共 68 个,其中出现次数最多的区域为楚、秦、齐三地[2]。所有这些,都为后人窥测汉代的方言概貌提供可贵的依据。

思考题

1. 汉代班固《白虎通·三纲六纪》指出:"夫妇者,何谓也? 夫者,扶也,以道扶

---

① 罗常培、周祖谟合著:《汉魏晋南北朝韵部演变研究》,科学出版社 1958 年版,第 9 页。
② 周振鹤、游汝杰著:《方言与中国文化》,上海人民出版社 1986 年版,附图第 86—87 页。

接也。妇者,服也,以礼屈服也。"文中采用的是何种训释方式? 能否揭示真正的名实关系?

2. 宋代邢昺《尔雅疏》有言:"虽一句一字有异,要以今古方国殊别,学者莫能通。是以方言云皆古今语也。初别国不相往来之言也,今或同而旧书雅记。故俗语不失其方,而后人不知,故为作释,是曰释言。"请根据这段材料,简要阐释雅言与方言之间的关系。

第二节　古印度语言研究

古印度是世界著名的四大文明古国之一。与中国类似,印度不仅历史悠久,文明昌盛,同时也是多民族、多语言、多文字的国家。印度境内最大的民族是印地族,约占全国人口的三分之一。今日印度约有 25 种不同的语言,大致分属两种语言体系:其一为梵语体系,如印地语、乌尔都语、旁遮普语、孟加拉语等;其二为达罗毗荼体系,如泰米尔语、坎纳达语、马拉雅兰语等。印度现行的共同语是印地语,使用人口约占全国人口的 45%。英语是印度的另一官方语言,这是英国长期殖民统治的产物。

印度的语言研究源远流长。罗宾斯指出:"印度语言学的开端比西欧语言学更为久远,而且由于本民族人不断的学术研究而延续下来。"[①]据文献记载,早在公元前一千多年之前,印度的语言研究就已达到了相当的水平。印度人的语言研究最初是从传授和解释古代圣典《吠陀经》(Veda)开始的。《吠陀经》宣传的是婆罗门教的教义,属于婆罗门教的最古老的经典。为了便于吟诵与传唱,《吠陀经》全文使用的是一种诗体语言。作为古印度最早的大型诗歌总集,《吠陀经》主要由《赞歌集》《教义集》《奥义集》和《诠释篇》等四个部分构成,这四个部分并非写成于同一时期:《赞歌集》最早,《教义集》《奥义集》略晚,《诠释篇》最晚。整体《吠陀经》可能于公元前 1000 年之际由宗

---

① ［英］R.H. 罗宾斯原著:《简明语言学史》,许德宝、冯建明、胡明亮译,中国社会科学出版社 1997 年版,第 166 页。

教祭司或巫师编订成型。《赞歌集》中的《梨俱吠陀》为最古老的诗卷,收入诗歌 1 000 余首,大约问世于公元前 1500 年前后。《梨俱吠陀》的内容以记述神话传说、表现巫术活动为主,前文提到的语言女神伐克就见于其中的第十卷。《吠陀经》的全部内容一律以古典梵语写就,古典梵语因之又被称为吠陀语。

梵语是印欧语系中最古老的语言之一,曾经是古印度应用最广泛的文学语言,至少通行了 1 000 多年。随着时间的推移,梵语逐渐从口语退出,到 4 世纪末即已完全变成了一种僵化的语言,其性质与中国的文言大体相近。周一良指出:"我国自来称印度文为梵文。因为印度人相传,他们的文字是梵天(Brahma)所制(西域记二)。但在印度本土,普通却不叫梵文。……他们称为 Sanskrit。这字的原义有文饰、修整、精制一类的意思。顾名思义,我们不由得想到中国的'文言'。"① 其实,即便是在书面文献中,梵语的表现也不尽相同:用于经文的梵语一成不变,用于非经文的梵语则在语音、语法、语汇方面都有了不同程度的变化。梵语的变化及衰亡,必然影响人们对《吠陀经》的正常传习。为了挽救梵语,确切地说,为了挽救《吠陀经》,古印度人开始描写梵语的语言系统。这种语言研究尽管肇始于《吠陀经》,但很快就延伸到梵语的其他经典,研究的内容也日趋广泛。

尽管由于历史记载的缺失,我们不能寻找到世界语言学诞生的确切源头和大致岁月,但是将古印度的语言研究称作世界语言学的摇篮当不为过。古印度的语言研究开人类语言研究之先河,不仅对中国古代语言研究影响深远,而且刺激了欧洲乃至世界现代语言学的崛起。对此,语言学史的研究专家无不给予高度的评价。威廉·汤姆逊由衷地感叹:"印度人在语言学上达到的高度,那真是罕有的,欧洲的语言科学直到十九世纪才达到了那样的高度,而且就是这样,也还多是从印度人那里学来的。"② 罗宾斯也中肯地指出:"印度语音学和语法学等方面的理论和实践,比欧洲和其他地方在与印度语言学接触前所取得的任何成果,都先进得多。"③

① 周一良著:《魏晋南北朝史论集》,中华书局 1963 年版,第 323 页。
② [丹麦]威廉·汤姆逊著:《十九世纪末以前的欧洲语言学史》,黄振华译,科学出版社 1960 年版,第 4 页。
③ [英]R.H. 罗宾斯原著:《简明语言学史》,许德宝、冯建明、胡明亮译,中国社会科学出版社 1997 年版,第 166 页。

从研究内容和对象看,印度的语言研究集中反映在三个方面:语法研究、语音研究和语言理论研究。

一、古印度的语法研究

印度语言学家对梵语语法的描写与分析是后人津津乐道的一个话题。毫无疑问,古印度是世界上最早从事语法研究的国度。早在潘尼尼(Pānini)的语法著作面世之前,古印度人就已娴熟地掌握了语法分析的手段,甚至还为当时的语言列出了一份详细的词根表。高名凯在《语法理论》中提道:"我们今天还能看到的印度的最早的语法著作是纪元前第五世纪的 Yāska 所著的《Nirukta》(解释)。"[①] 另外,古印度一本讲语音知识的书《布拉谛萨伽士》也多少涉及一些语法规则。不过,这些研究较为零散并且不太全面,后人知之甚少。

潘尼尼的语法著作不但是我们所知道的第一部系统的梵语语法书,而且也是世界上至今尚存的最古老的描写语法巨著。潘尼尼亦作"班尼尼""波尼尼",是古印度最伟大的语法学家。由于潘尼尼的生活年代不详,人们对这部著作的成书时间一直争执不下,有的认为成于公元前 350—前 250 年间,有的则认为成于公元前 600 年。不管争议的结果如何,潘尼尼语法的学术价值和学术地位丝毫不会受到削弱,人们给予潘尼尼语法的高度评价也丝毫不会因之而改变。潘尼尼的语法著作是根据《诠释篇》整理出来,全书分为 8 个主要部分,因此又被称为《八(章)书》或《八卷》。潘尼尼语法内容上的显著特色是几乎没有直接的理论阐述,只有对具体语法现象的描写和语法规则的归纳。由于极大地超越了前人,潘尼尼语法中的任何一点都被后世奉为圭臬。在此,我们只能择其要者作一番介绍。

(一)关于词类和构词法的研究

潘尼尼语法的最大贡献之一是严格地区分了梵语中的四种词类:名词、动词、介词和小品词。潘尼尼划分四种词类不是出于想当然,而是有统一的、客观

---

① 高名凯著:《语法理论》,商务印书馆 1960 年版,第 1 页。

的依据或标准的,这种统一、客观的标准就是屈折变化:有屈折变化的为名词和动词,无屈折变化的则为介词和小品词。

在划分词类的同时,潘尼尼还全面论述了梵语的构词规则,他指出几乎每个实词都可以被分解成三个组成部分:屈折词缀、带有各种构词附加成分的词干、词根。一个实词的基本构成方式是:先由词根加第一词缀构成词干,再由词干加第二词缀构成新词。例如,一般名词的构成模式是:词根 + 词干词缀(第一词缀)+屈折变化词缀(第二词缀)。

语素及其变体的概念也是潘尼尼的首创。在书中,他把从各种词类中抽象出的基本词形叫"原形",把"原形"在实际使用中产生的变体,叫作"替换形式",并由此建立了一系列变化规则和联系规则。

在揭示构词规则的过程中,潘尼尼还独到地创立了"零位"描写手段。例如,当某些名词没有通常的词干词缀,他就用"零位"来替代。将"零位"引入语言研究,这不是一个简单的手法变换,而是建立在对语言系统认识的基础上。借助"零位",语言中的不规则形式就会显得较为规则,所谓的特例也会大为减少。由此,我们可以推测:潘尼尼是基于语言系统的视角来描写种种语法事实、归纳种种语法规则的。"零位"意识不仅对语法研究大有裨益,对语音、语义研究同样十分必要。像汉语语音学中"零声母"说无疑就得之于此。可以说,"零位"概念几乎渗透进了现代语言学的各个领域。

(二) 关于句子和语法范畴的研究

句子尽管不是潘尼尼关注的焦点,但也得到了一定的关注。潘尼尼甚至细致地探讨了单词的三个成句条件:一是语法上要互相搭配,二是语义上要彼此协调,三是时间上要连续不断。成句的"三个条件"说不乏现代气息,刘润清由此认为这种观念跟后来英国伦敦学派的创始人弗斯提出的成分连续性、成分搭配性和时间延续性十分相像[①]。

当梵语词进入句子的时候,往往会随之出现一系列的词形变化,这就是所谓

---

① 刘润清编著:《西方语言学流派》,外语教学与研究出版社 1995 年版,第 41 页。

的格变。格变现象同样在潘尼尼那里得到了详尽而准确的描写。他把语词的格按顺序编排为第一格、第二格、第三格等,这些格大致与后世所谓的主格、宾格、工具格、与格、属格等相对应。

就整体而言,潘尼尼语法侧重的是词法,句法研究相对薄弱,这与梵语极其典型的屈折语性质密不可分。罗宾斯对此略有置评:"这部语法还不能算一部梵语的通常所说的完整的语法,而应该算一部用现代术语所说的梵语生成词法学。"①

潘尼尼的语法著作是由 3 996 条简明扼要的规则组成的,书后还附列动词词根表、屈折变化相似的名词表、梵语语音表,其精细度臻于极致,并因此而被后世誉为"所有语言中最完备的语法"。《诠释篇》问世后,古印度其他的语法研究著作即告销声匿迹。当时,印度人对潘尼尼语法无比尊崇、严谨恪守,几乎到了不敢越雷池一步的程度。古印度家喻户晓的两大英雄史诗《摩诃婆罗多》(Mahabharata)和《罗摩衍那》(Ramayana)就是潘尼尼语法著作规范下的产物。为了便于传授和记忆,潘尼尼语法在描写规则时也采用了诗体化语言。不过,这种诗体语言极其简练,在当时就不是常人所能理喻,在后世则更显佶屈聱牙,倘不加以详尽注释,简直无法读懂。印度历史上不断有相关的注释著作问世,波颠阇利(Patanjali Ayurved)的《大疏》(Mahabhasya)即为其中的名作。

总之,潘尼尼语法堪称古印度语法研究的集大成者,它不仅全面总结了此前的语法研究成果,也为后世的语法描写奠定了坚实的基础。布龙菲尔德盛赞:"人类智慧最伟大的里程碑之一。它极为详细地描写了梵语中的每一个屈折变化、派生现象、组织结构和各种句法的用法。迄今为止,没有任何语言学有过如此完善的描写。"② 潘尼尼的语法研究成果很快为印度及其周边地区的其他语言的语法研究树立了典范,曾被冠以"潘尼尼经"之名。公元前 2 世纪前后,第一部有关泰米尔语(达罗毗荼语系中的一种)语法的专著《陀尔伽匹亚姆》(Tolappiyarn)宣告问世。另外,藏语语法学的建立也深受梵语语法研究的影响。

---

① 〔英〕R.H. 罗宾斯原著:《简明语言学史》,许德宝、冯建明、胡明亮译,中国社会科学出版社 1997 年版,第 174 页。

② 〔美〕布龙菲尔德著:《语言论》,袁家骅、赵世开、甘世福译,商务印书馆 1980 年版,第 10 页。

■ 二、古印度的语音研究

古印度语言学的另一个突出成就表现在语音学方面。古印度盛行五种传统的学问：内明（佛学）、因明（逻辑学）、工巧明（工艺学）、医方明（医学）和声明（语音学），这五种学问在当时被视为知识分子的随身必备之物。这种悠久、独特的学术传统使我们深信语音学在印度的兴盛当不是空穴来风。在某种程度上，古印度语音研究的渊源似乎要早于语法研究，上文提及的那本以讲授语音知识为主的著作——《布拉谛萨伽士》就成于潘尼尼语法著作之前。必须指出，古印度的学者还没有意识到将语言学的各个分支加以区别，因此他们关于语音、语法的学说往往是交织在一起的。潘尼尼语法著作中的不少规则其实就是针对语音而言的，书后附录的梵语语音表更是一个明证。这一局面的形成主要基于古印度语言学家的如下理念：语音是沟通语法与言语的桥梁与纽带，只有借助语音，语法规则才能发挥效能，才能外化为鲜活的言语。

古印度的语音研究同样发端于《吠陀经》，因为《吠陀经》是诗歌，诗歌要讲韵律，而韵律必须立足于语音。以《吠陀经》为据就意味着古印度语音学是围绕梵语来展开的，因此称古印度语音学为梵语语音学并不为过。从总体看，古印度学者研究语音遵循的是这样一条思路：由发音因素到发音结果。据此，古印度人的语音研究可划分为三大部分：发音追踪、音段分析、音段组合。

（一）关于发音过程的研究

全面描写发音过程是古印度语音研究的起点。在发音过程中，发音器官和发音方法是两个至为关键的因素，也是古印度语音研究的切入点。首先，古印度学者将人的发音器官分为两大块：口腔内部器官和口腔外部器官。口腔内部的器官如舌头、硬腭、嘴唇，口腔外部的器官如声带、肺部和鼻腔。不仅如此，他们还将口腔内部的器官区分为静止器官（如硬腭）和活动器官（如舌头）两种。结合发音器官，古印度学者仔细揣摩了发音方法，并由此区别出不同的音段。例如，他们认为口腔内部器官可以通过不同程度的阻塞发出四类音素：口腔全部阻塞音（塞音和鼻音）、摩擦阻塞音（擦音）、半阻塞音（半元音）和无阻塞音（元音）。从口腔外部器官出发，他们还确立了清音与浊音、送气音与不送气音、鼻化音与非鼻化音的区别。特别值得一提的是,古印度学者还注意到了声带的位置以及声带在发音过程中的特殊作用:浊辅音是在声门关闭时发出的,清辅音是在声门开启时发出的。注重对发音部位和发音方法的观察与描写是古印度学者取得成功的关键,在实验技术和设备并不具备的当时,其所达到的细致与准确的程度令人叹为观止,因为欧洲的语音研究直到文艺复兴时期才开始步入正途。

(二) 关于语流和音变的研究

除了单个音段的分析,古印度人还十分重视语流(音段组合)的描写工作。他们以呼吸群为语音描写的基本单位,对元音的音长及音节的音质、音调、语速等都作了充分的描写。此外,古印度学者还划分出梵语的三种音高:高调、低调和降调。把孤立的语音置于连续的语流中进行考察,这一做法颇具话语分析的意义,表明古印度学者的动态研究观业已形成。

音位学思想的滥觞似乎也应该归结到古印度语音学家那里。他们不仅观察到了音位变体的存在,并且还指出音位变体的根由在于因语境不同而造成的发音差异。由此,对音位变体的描写成为古印度语音研究中的一个令人瞩目的亮点。例如,他们指出梵语中的清喉擦音[h]有两个变体:在唇音前发[ɸ],在软腭音前发[x]。当然,必须承认,古印度人对音位的认识尚停留于直觉阶段,远未上升到抽象的理论高度。

人们的发音过程是一个完全的动态过程,在此过程中出现系列音变是自然而经常的事情。古印度人对此也十分敏感,他们不仅注意了在各种重音情况下可能出现的语音变化,而且还对这一切变化分门别类地进行归纳与整理,并从中提取出若干精确的规则。

总之,根据发音机制来研究语音是古印度语音学取得成功的关键,它给现代语音学的启迪是直接而深刻的。罗宾斯直言:"19 世纪时,语音学这门语言学中的一个学科得到迅速的发展,主要是因为受了印度人的描写方法以及 16 世纪以来经验主义传统的观察方法的启示。"[①]

---

① [英]R.H. 罗宾斯原著:《简明语言学史》,许德宝、冯建明、胡明亮译,中国社会科学出版社 1997 年版,第 31 页。

　　古印度语音研究的另一个伟大意义在于它原原本本地保存了梵语语音的一切重要特质,这些特质与古希腊语中所反映出的特质一样具有同等的历史价值。通过梵语与古希腊语之间的语音比较,人们不仅可以建立起彼此之间的亲属关系,而且还能够构拟出原始印欧语语音系统的概貌。可以认为,古印度语音学至少为欧洲历史比较语言学的兴起作了资料方面的准备。

■三、古印度语言研究的其他方面

　　除了语法研究和语音研究外,古印度学者还在语言理论层面、词汇意义层面、词句关系层面进行了一定的研究。这些方面的研究成果显然无法与语音研究特别是语法研究相比,所以后人甚少关注。

(一) 关于词句意义的研究

　　如前所述,古印度语言学重在描写与观察,并不过分留意理论。但在文学研究与哲学思潮的争鸣中,语言的问题往往被触及,这样就不可避免地连带出一些理论问题。词句的意义本质问题(即概念与所代表的客观事物之间的关系问题)应该是早期语言研究无法逾越的一个问题,古印度语言学也不例外。古印度学者争议的焦点在于:词义是否可以看作词的自然属性,象声词在多大程度上可以成为词语与事物之间关系的模式。通过学术争鸣,印度学者达成了如下共识:自然属性在词义中的表现是极其有限的,形式与意义间的关系主要是任意的约定关系,这种关系在实际语言中更具普遍性和解释力。古印度学者还把他们研究的视野伸展到语言和言语的关系问题上。语言和言语的关系其实是一种抽象与具体的关系,辨析这种关系的前提是人们必须对语言系统与语言运用的差异有所认识。古印度学者显然在这方面作了一定的探索,并为此创立了两个特定的术语:dhvani 和 spnota,刘润清分别译作“外显即时表达”和“内含永久实体”[1]。所谓“外显即时表达”就是人们在特定环境、特定场合所讲、所写的话,所谓“内含永久实体”则指的是语言所具有范畴、规则和系统。这两个术语大致跟“言语”

---

① 刘润清编著:《西方语言学流派》,外语教学与研究出版社 1995 年版,第 39 页。

与"语言"相对应。古印度学者还将"内含永久实体"进一步区分为句子永久实体、词永久实体和语音（音素）永久实体等三个下位概念。作为有意义的语符，句子永久实体和词永久实体是借助语音序列实现的；语音（音素）永久实体尽管不是单一的有意义的语符，但同样能够区别语义，其区别意义的职能主要是靠细微的发音特征来实现的。基于句子优先的观点，有的学者特别看重句子永久实体的地位和作用，认为句子永久实体才是真正的永久实体。综上，尽管古印度学者已经意识到语言和言语的关系问题，但他们对这个问题的认识总体上是肤浅的、模糊的。不过，谁也无法否认他们对后世语言学的启迪作用。我们有理由相信，索绪尔关于"语言"和"言语"的学说并非横空出世，其中应该浸润着古印度学者的智慧。

（二）关于词义变化的研究

词义的变化与引申现象同样引起了古印度学者的注意。古印度学者一方面承认词义的变化和引申的无限性，一方面又认为这些无限性是通过有限的语言手段来实现的。语境作为一种语言手段受到了古印度学者的高度重视。他们认为语境对具体词义有很大的制约力，主张人们在学习词义时既要依靠师长的直接讲解，又要观察词所处的实际语境。古印度学者还特别强调词语搭配对词义范围的限制作用。例如，dhenuh 在梵语中兼指"母马"和"母牛"，但在 savatsa dhenuh（带着小牛的母牛）这个搭配组合中就只能指"母牛"。在研究词的本义与各种引申义之间的关系时，古印度学者也倾注了不少努力，他们视本义为词语最早的词义，视引申义为词语的隐喻手法。但是，当一个词形具有多种意义时，确定它在什么情况下属于一词多义、在什么情况下属于同形同音词是一个颇为棘手的问题，古印度学者对此似乎有点无能为力。

（三）关于词句关系的研究

句子与构成句子的词之间的关系问题同样也是一个令古今语言学家都十分挠头的问题，这一问题的关键在于确认词与句子何者为第一性。古印度学者似乎一直没有找到一个折中的方案，并因此而表现出明显的分歧。有的学者强调词的独立性,认为句子由词构成,每个词的意义都是句义的一部分,句义就是所有词义的总和。另外一些学者则主张,句子是一个不可分割的整体,只能作为一个整体理解,不必具体分析其中的各部分(词)意义。相比之下,后一派学者显然更多考虑了语用因素的作用,因为在他们看来,说话者和听话者接触的都是完整的句子单位,词和词义则是人为分析的结果。

综上,古印度的语言学取得了很高的历史成就,这些成就的取得在很大程度上要归功于古印度人深入细致的观察与分析能力。威廉·汤姆逊对此至为推崇:"……印度人具有独特的观察能力,使印度的语言学在这方面比我们从希腊人和罗马人那里所见所闻要高明得多,它引导我们更加接近于近代的成就。"[①]连古印度人自己也没预料到的是,他们的语言研究成就会对后来的欧洲语言学和汉语语言学产生如此巨大的影响。大约 16 至 17 世纪,有关印度语言学的一些研究成果被传教士带到了欧洲。到了 18 至 19 世纪,随着印度成为英国的殖民地,其语言研究的成就愈益受到欧洲学者的青睐,梵语就如同拉丁语一样成为语言学家的必备修养之一,当时欧洲不少大学都开设了梵语课。布龙菲尔德曾指出:"使欧洲语言观点全部革新的,却是在印度产生的语言知识。"[②]印度语言学对汉语语言学的影响也是十分深远的。东汉末年,随着佛教传入中土,佛教徒在转写、翻译佛经的过程中,接触了古印度的语言学知识尤其是语音分析的技能,反切的发明、四声的发现都与之密切相关。古印度人的语音分析观念和分析方法客观上促成了作为中国传统小学三大分支之一的汉语音韵学的兴起。可以毫不夸张地说,汉语音韵学就是古印度语音学刺激下的产物。

思考题

1. 简要阐述古印度语法研究的特点和价值。

2. 古印度在语音研究领域取得了哪些重要的成就?原因何在?

3. 潘尼尼提出的"零位"描写手段后来被中西方语言学广泛运用。试举出在汉语研究中具体运用"零位"描写手段的例子。

---

① [丹麦]威廉·汤姆逊著:《十九世纪末以前的欧洲语言学史》,黄振华译,科学出版社 1960 年版,第 5 页。

② [美]布龙菲尔德著:《语言论》,袁家骅、赵世开、甘世福译,商务印书馆 1980 年版,第 10 页。

第三节　古希腊罗马语言研究

在世界古代语言学史上,古希腊罗马的语言研究起步稍晚。较之古代中国和印度,古希腊罗马的语言研究显然属于后起之秀。

古希腊是欧洲文明的发源地,古希腊文明也是世界最古老的文明之一。欧洲历史告诉我们,公元前 2000 年左右,古希腊人就在克里特岛及其周边地区创造了高度的文明。这种文明在融合了地中海沿岸的其他文明之后,逐渐显示出强大的生命张力,这种生命张力一直延续至今,主导了整个欧洲文明的走向。古希腊人不仅在自然科学方面首创了物理学、天文学、算术、几何学等经典科学,而且引导了整个欧洲的精神生活,像哲学、政治学、逻辑学、伦理学、美学等都来源于古希腊。因此,古希腊被誉为欧洲学术之源。古希腊在语言学方面同样堪称欧洲的先驱。大约在公元前五六世纪,古希腊的文献中就有了语言研究的记载。与古代中国、古印度不同的是,古希腊人步入语言研究之途似乎不是为了讲经布道,而是出于一种好奇心与求知欲。布龙菲尔德曾指出:"古希腊人有一种善于对旁人认为当然的事,加以怀疑的才能。他们大胆地不断地推测语言的起源、语言的历史和语言的结构。我们关于语言的传说,多半是他们流传下来的。"[①]

古希腊语言研究的萌生一直与修辞学息息相关。由于高度发达的民主政治的需要,演讲术在古希腊备受重视,如何正确运用语言及相关手段来驳倒论敌、说服听众成为当时社会最为崇尚的学问,于是修辞学诞生了。古希腊的修辞学专指演说的艺术,注重并强调观点的论证和词句的修饰。伊索克拉底(Isocratēs)的《修辞术》和亚里士多德(Aristotle)的《修辞学》是其中久负盛名的代表作。可以说,修辞学的发展客观推动了人们对语言及语言表达手段的关注和研究。

希腊语言研究的兴起与繁荣还跟所谓的"希腊化时代"分不开。在亚历山大(Alexandros)大帝及其后相当长的统治时期,希腊不断向外扩张。随着版图的日益扩大,希腊文明得到了统治者的大力弘扬,希腊语的教育也得到了全面的推进,其覆盖面包括埃及和小亚细亚的部分地区。上述地区不仅建立起了使用

---

① ［美］布龙菲尔德著:《语言论》,袁家骅、赵世开、甘世福译,商务印书馆 1980 年版,第 2 页。

希腊语的大学(如著名的亚历山大大学),而且还供养着一大批研究希腊语言与文学的学者。所有这些,都使得希腊语言的影响不断扩大,希腊语言的研究水平不断提高。古希腊语言研究总体上走的是一条由宏观到微观的思路,开始先在哲学的背景下探讨一些理论问题,诸如名实问题、意义与形式问题等。为了在论战中驳倒对手,双方不得不去寻找大量的语言实例来支持自己的观点,这样就促进了对希腊语自身特点的认识,使语言现象的描写和语言规则的归纳成为各家必须关注的对象,由此语法学、语源学和语音学应运而生,并日渐成为古希腊语言研究的三个主要方面。

古罗马曾经是与古希腊毗邻的城邦,文化上的接触与交流当是自然而然的事情。罗马人一开始主要是通过西部的希腊人接触早期希腊文化的,并由此领略了希腊文化的无穷魅力。公元前 3 世纪前后,罗马征服了希腊城邦,建立了横跨欧亚大陆的庞大帝国。有意思的是,政治上罗马人是统治者,而当时文化的主宰却是希腊人。基于对希腊文化的顶礼膜拜,罗马人心甘情愿地、几乎全盘接受了希腊先进而繁荣的文化成果。罗宾斯指出:"当罗马帝国征服和占领希腊本土以及原属马其顿王国的诸小国的时候,希腊的艺术、科学、哲学、文学等形式和风格依然占据主导地位。"[1] 希腊语言的地位也受到了应有的尊重。一个富有说服力的证据是罗马帝国竟然通行两种官方语言:西部地区为拉丁语(罗马人的母语),东部地区为希腊语。不仅如此,罗马统治者还热衷于学习希腊语,并且还在执行公务时常常使用希腊语。希腊语的教师在罗马大受欢迎,他们在从事语言教学的过程中有意无意地将希腊语言学的成果传给了罗马人。公元前 2 世纪中叶的一个名叫克拉蒂斯(Crates of Thebes,属于斯多噶学派)的希腊人被认定为这方面的"播火者",据说是他在罗马所作的几次关于语法理论的演讲燃起了罗马人研究语言的热情。总之,语言研究作为古希腊人一项杰出的文明成果同样得到了古罗马人的垂青,罗马人毫不迟疑地将希腊语言研究的思想、方法乃至具体的问题移植进了罗马帝国时代的语言研究。例如,罗马人也直接卷进了那场由希腊人引发的有关语言的规则性与异常性的争论。又如,驰名于世的罗马

---

[1] 〔英〕R.H. 罗宾斯原著:《简明语言学史》,许德宝、冯建明、胡明亮译,中国社会科学出版社 1997 年版,第10 页。

学者瓦罗、普利西安（Priscian）分别撰写的皇皇巨著《论拉丁语》和《语法原理》都基本未能跳出希腊人的窠臼。由此看来，威廉·汤姆逊称罗马语言学为希腊人的语言学说"在罗马国土的变体"不无道理[①]。古罗马语言学效仿古希腊语言学除了文化因素、心理因素外，还离不开一个客观的语言事实：希腊语与拉丁语的基本结构比较接近，因此适用于希腊语的理论、范畴和方法同样适用于拉丁语。当然，罗马人并非全是平庸之辈，后人仍可从他们的优秀者身上捕捉一些新颖而独特的见解，但这些创新之处与他们从希腊人那里传承下来的内容相比实在有点微不足道。基于上述原因，不少研究语言学史的学者往往喜欢将古希腊语言研究与古罗马语言研究合而论之，称为"古希腊罗马语言学"。

古希腊与古罗马的语言研究也有一些差异，这些差异主要表现在以下几个方面：第一是研究对象的不同，希腊人以希腊语为研究对象，罗马人则把研究的注意力转到了拉丁语的上面。第二是研究范围的不同，希腊人兴趣广泛，既关注宏观领域，又涉足微观领域，罗马人则明显逊色，他们的兴趣似乎更集中于具体问题。第三是研究性质的不同。以语法研究为例，古希腊人的研究在很大程度上属于"修辞语法"，古罗马人的研究则更多属于"教学语法"。

鉴于古希腊与古罗马的语言研究总体上呈现出大同小异的格局，下面将主要致力于介绍二者的共性部分。

一、古希腊罗马的语言理论研究

古希腊哲学家富于思辨，他们把语言问题纳入哲学领域，并力图赋予哲学的解释。这其中最先触及的当是语言和现实世界的关系问题，但获得的认识并不清晰，有时甚至陷入不可知论的泥潭。例如，公元前五世纪中期，古希腊智者派（即诡辩派）的著名人物高尔吉亚（Gorgias）在《论自然或论非存在》一书中就认为：语言不是给予的东西或存在的东西，我们告诉别人的只是语言，因此，不是语言转达我们以外的东西，而是我们以外的东西表达语言[②]。显然，高尔吉亚将语言和现实世界的关系加以绝对化，从根本上否定了语言的认知作用。

---

① ［丹麦］威廉·汤姆逊著：《十九世纪末以前的欧洲语言学史》，黄振华译，科学出版社1960年版，第23页。
② 北京大学哲学系外国哲学史教研室编译：《古希腊罗马哲学》，商务印书馆1961年版，第142—143页。

（一）关于名实的研究

在论辩的过程中，名实问题无疑是一个众所关注的核心问题。威廉·汤姆逊由此认为："希腊人走上语言分析的道路，是由哲学家们研究思想同词的关系、研究事物同它的(希腊)名称的关系而最先推动的。"[①]古希腊历史上几个赫赫有名的大哲学家如赫拉克利特（Heraclitus）、德谟克利特（Democritus）、苏格拉底（Socrates）、柏拉图（Plato）、亚里士多德（Aristotle）等都曾无一例外地卷入了这场空前绝后的争鸣之中。

名实问题即事物及其名称之间的关系问题的焦点永远只有一个：事物的名称到底是源于事物的本质还是出于社会的约定？在这一问题上，古希腊学者同样分化为两大阵营：本质论者和约定论者。

赫拉克利特和德谟克利特也许是这一问题的始作俑者。尽管文献记载不多，但我们还是可以得知：前者主张按本质给事物定名，后者主张按法则（约定）给事物定名。

探讨这一问题最为详细的著作要数柏拉图的著名对话录《克拉底洛篇》（Cratylus）。据内容看，这篇对话是专门讨论语言问题的，所有话语只在三个人之间展开：赫尔摩根（Hermogenes）和克拉底洛为争辩的双方，苏格拉底充任其中的调解人和裁判角色。克拉底洛认为：事物的名称因其性质而来，人们不能随意用什么语音来称谓什么事物，所以语言自然而然地具有意义，它本质上是有规则的、合乎逻辑的；名称具有某种正确性，这是一种原始的存在，任何民族都是如此。赫尔摩根则否认名称具有什么原始的正确性，认为什么名称指称什么事物是基于习惯，也就是语言使用者之间的约定，约定可以改变，只要大家认可。相比之下，作为中间人的苏格拉底的态度比较暧昧，他列举了不少实例，一方面主张词应符合它所指称的事物，似乎在肯定克拉底洛的观点，但一方面又承认谁也不能超越约定的范围，所谓的"按本质正确的"语言只存在于观念世界，这好像又在赞同赫尔摩根的说法。需要申明的是，这篇对话录是柏拉图一手炮制的，其中的观点哪些属于苏格拉底，哪些出自柏拉图本人，后人已无从分辨。一般认为，

---

① ［丹麦］威廉·汤姆逊著：《十九世纪末以前的欧洲语言学史》，黄振华译，科学出版社 1960 年版，第 7 页。

柏拉图是借苏格拉底之口来表达自己的观点。应该指出,《克拉底洛篇》所记载的这场争论,结果如何并不重要,关键在于它能不断地启迪人们的心智,大大激发了时人探索语言问题的兴趣。

亚里士多德是柏拉图的学生,他在《解释篇》《修辞学》和《诗学》等多部著作中,都讨论到了名实关系问题。亚里士多德在名实关系问题上似乎是个摇摆不定者。当他在《解释篇》中强调"语言是约定俗成的,因为任何名称都不是根据本质产生的"的时候,分明是个"约定论"者。他甚至进一步指出:语言中的拟声现象(即象声词)并不能否定这一点,因为拟声的形式因语言而异,超不出特定语言的语音系统。但是当亚里士多德将语词与心灵再现相联系的时候,我们又不由得把他归入本质论者。同样是在《解释篇》中,我们听到了另一种声音:"口语是心灵的经验的符号,书面语言是口语的符号。正如任何人没有相同的书法形式一样,任何人也没有相同的说话声音。但它们所直接代表的心灵的经验,对于所有的人来说却是相同的,正如我们的经验所反映的那些事物都是相同的一样。"可以看出,亚里士多德的学说是对柏拉图观点的一种继承与发展。

由芝诺(Zeno)创立的斯多噶(Stoics)学派在名实问题上则是不折不扣的"本质论"者,语言中的拟声现象成为他们立论的主要根据。他们认为:名称是按本质取得意义的,最初的语音源于对自然事物声音的模拟或象征。在事物和名称的关系问题上,斯多噶学派要比柏拉图更深一层,他们认为事物并不等同于名称的意义,在事物和名称之间还存在着某种中介。

与斯多噶学派差不多同时的伊壁鸠鲁(Epicurus)学派在此问题上采取了折中的中间立场,认为词的形式产生于本质,但又因约定而发生变化。该派前期属于本质论者,而后期则转向约定论者。

由名实问题引出的另一个争议焦点就是语言是否具有规则性。按照这一标准,当时的学者也被分成两派:一为规则(类比)派,一为异常(变则)派。规则派主张语言是有系统的、有规则的,是可以类推的,这一观点显然与前面所说的"约定论"者一脉相承,因为语言既然是人为的,就一定是有规律的。异常派则继承了"本质论"者的理论,认为语言作为一种自然的产物无规律可言,人类对语言无能为力。因此,"规则派"致力于研究语言的规律性,把词汇分门别类,编制词形变化表来约束人们的言语行为,试图逐渐克服语言的例外现象,同时他们还努力寻找形式与意义之间的规则性,希望用词的形态变化来规定词的语法范畴。"异常派"则侧重研究语言的不规则状况,并且特别强调用法,认为一个语言现象只要在使用,就应该加以描写,不论其用法是否合理,比如没有生命的东西也分阴阳性即为如此。"异常派"的一个重大贡献是认定词形与词义之间没有一一对应关系,词没有固定不变的意义,它随着语境的不同而有所变化。这场争论尽管没有最后的胜者,但客观上促进了人们对各种语言现象的关注和研究,而大量语言实例的搜集与积累也不能不说是一个意外的收获。

就总体而言,亚里士多德及其学生(所谓的亚历山大学派)属于"规则派",而斯多噶学派则属于"异常派"。这两派研究语言的出发点不同:前者是为了发展文艺批评以及维护所谓的"希腊精神",后者则是为了解决相关的哲学问题。应该说,"规则派"和"异常派"各有千秋,因而长期相持不下,彼此的论战延续了数百年,其影响比名实问题还要来得深远。

对于这场几乎贯穿整个古希腊历史的争论,罗宾斯作了精辟的评价:"这场论争的历史意义在于它在语言学理论早期发展中占有重要地位,在于它促使人们更详细地研究希腊语。论争双方为了支持自己的观点、批驳对方的观点,就必须更仔细地研究词的结构和意义以及词所表现的外形模式。在这样的研究中,就产生了精确的语言学分析。"[①]

名实问题及其相关问题在古希腊一直悬而未决,其余绪一直波及至罗马人。比如,瓦罗就在他所写的《论拉丁语》的第二章中详细记载并讨论了古希腊人开展的那场旷日持久的关于"类比"和"变则"问题的大论争。瓦罗本人也是执着的类比派,他通过对动词完成体与非完成体以及动词时态变化的观察与分析,证实了类比规则的存在。据称,著名的罗马统帅恺撒(Caesar)大帝曾经写过一本《论类比法》的语法书。从书名看,恺撒本人似乎是赞成类比的,应该归入"约定论者"或"规则派"的行列。不过,在这一问题上,罗马人始终达不到希腊人那样的高度。除了信从希腊学者,他们似乎别无选择。自然,我们很少能听到他们自己的声音。

---

① ［英］R.H. 罗宾斯原著:《简明语言学史》,许德宝、冯建明、胡明亮译,中国社会科学出版社 1997 年版,第 24 页。

(二) 关于形式和意义的研究

假如说名实问题还不属于语言的本体问题的话,那么形式和意义的问题大概就与语言本体有点密不可分了。斯多噶学派首次注意了形式与意义的区分问题。他们认为"语言"包含三个方面:一是作为符号的语音,二是符号的意义即内容,三是符号所代表的事物。这种认识已具有一定的现代气息。特别值得一提的是,斯多噶学派还提出了"能指"与"所指"这两个重要的术语。"能指"大概指的是符号的语音,"所指"则语焉不详。罗宾斯以为:"'所指'似乎不单单是头脑中的印象,也是说话者和听话者头脑中产生的与语言的词语相对应的某种东西,这同索绪尔所说的由于语言的作用而形成的声音和思想的结合有些相似。"① 尽管我们不能肯定这里的"能指"与"所指"与后来索绪尔的称谓是否一回事,但它对索绪尔思想的影响则是毋庸置疑的。可以说,索绪尔有关理论是对斯多噶学派观点的进一步发展与完善。

斯多噶学派还从认知角度出发讨论了语言行为。他们将语言行为的过程描述为:人首先产生印象,然后思想通过言语,以词语的形式表达由印象产生的经验。罗宾斯指出:"斯多噶学派的这部分理论,同今天语言学的一些观点非常相似。"② 由此,他认为:"在斯多噶学派的影响下,语言学在包罗万象的哲学的范围内获得了确定的地位。"③

■二、古希腊罗马的语法研究

语法研究是古希腊语言研究的一个重头戏,成果赫赫,现今通用的不少语法术语都来自这一时期。斯多噶学派在语法研究领域的贡献特别引人注目,语言学首次在哲学领域中获得独立地位就得力于该派的语法研究。稍后问世的斯拉克思(Dionisius Thrax,一作狄奥尼修斯)的《语法科学》(又名《语法术》或《读

---

① ［英］R.H. 罗宾斯原著:《简明语言学史》,许德宝、冯建明、胡明亮译,中国社会科学出版社 1997 年版,第 20 页。
② ［英］R.H. 罗宾斯原著:《简明语言学史》,许德宝、冯建明、胡明亮译,中国社会科学出版社 1997 年版,第 20 页。
③ ［英］R.H. 罗宾斯原著:《简明语言学史》,许德宝、冯建明、胡明亮译,中国社会科学出版社 1997 年版,第 19 页。

写技巧》)一书代表了亚历山大学派语法研究的最高成就,被誉为西方第一部完整的、全面的语法专著,直到 12、13 世纪仍被视为语法学的典范之作,很多英语语法书都不同程度地接受了它的影响。

谈论古希腊的语法研究,首先需要澄清的一点是,当时的语法是一个十分宽泛的概念。高名凯指出:"希腊人则称语法为 νραμματικη,意思是'与书写的文字有关的艺术'。"[①] 因此,凡是研究古代文献,包括语言研究、内容注释和原文考证,当时都被纳入语法研究的框架,这实际上等同于所谓的语文学。斯拉克思即将语法学诠释为诗人和散文家关于语言基本用法的知识,这一点我们可以从《语法科学》又名《读写技巧》上面咂摸出一些味道。从内容看,《语法科学》共分六个部分:①朗读论,②文学语词解释,③作品讲解,④语源研究,⑤类比规则的归纳,⑥文学评论。其中与语法学真正沾边的东西主要是第五部分。因此,完全"Grammar"意义上的语法概念在古希腊罗马时代尚未成形。

受希腊人的熏陶,罗马人在接受了泛化的语法概念的同时,也在语法研究方面倾注了猛力。瓦罗是斯多噶学派人物克拉蒂斯在罗马的三大传人之一(另两位是西塞罗和卢西留斯),其 25 卷本的巨著《论拉丁语》曾经被同辈学者广为引用。多纳特斯(Donatus Magnus)和普利西安(Priscian)是继瓦罗之后富有影响的新生代学者。普利西安继承的是亚历山大学派代表人物斯拉克思的语法体系,其十八卷本《语法原理》(又名《语法惯例》)是套用斯拉克思《语法科学》的理论框架写就的,一度被中世纪的学者奉为经典。罗马时代虽然涌现了一批颇负盛名的语法学家,但缺乏出类拔萃的巨匠。罗宾斯对此作了如下评判:"这些语法学家虽然在若干具体问题上意见不一,但他们所阐述建立和遵循的基本的语法描写体系都一样。他们一般没有新的观点,都是在尽力把希腊语法学家的术语和范畴用于拉丁语的描写。"[②] 不过,这并不意味着罗马学者完全无视两种语言之间的客观差异。据说,麦克罗比乌斯(Macrobius)曾罗列了希腊语和拉丁语动词的异同之处,可惜只注意了形式的对应,未作更深入、系统的探讨。还有,古罗马

---

① 　高名凯著:《语法理论》,商务印书馆 1960 年版,第 1 页。
② 　[英]R.H. 罗宾斯原著:《简明语言学史》,许德宝、冯建明、胡明亮译,中国社会科学出版社 1997 年版,第 66 页。

的语法研究也并非一无可观之处，他们至少建立了用于语言描写和教学的拉丁语法，这种语法对欧洲中世纪乃至更后的传统教育所造成的影响简直是无可估量的。普利西安的《语法原理》就曾在中世纪沿用了数百年，世间流传的抄本有上千种之多。

鉴于当时的实际研究状况，我们有必要对古希腊罗马的语法研究进行一番清理工作，以拣拾其中的瑰宝和精华。这些瑰宝和精华大致集中于形态学和句法学方面。

（一）关于词类的研究

词类划分恐怕是任何语法研究的起点。欧洲历史上最早论及词类问题的当属柏拉图，他在《克拉底洛篇》中首先把句子分为两个部分：名词部分和动词部分。随后的亚里士多德将希腊语的词分为三类：动词性成分、形容词性成分和第三类句法成分（大致由虚词充当，含连词、介词、冠词、代词等）。他还给作为语言单位的词下了正式的定义：词是句子的组成部分，本身有意义，但不能再分为有意义的单位。斯多噶学派则在两个方面超越了亚里士多德：其一是增加新的类别，将原先的 3 类扩至 5 类：名词、动词、介词（含连词）、代词（含冠词）和副词；其二是确立分类标准，该标准主要立足于形态和意义。例如，他们先依据形态（格变）将名词从其他词中划出，然后再按语义把名词分为普通名词和专有名词。斯拉克思则分为 8 类：名词、动词、分词、冠词、代词、介词、副词和连词。不仅如此，斯拉克思还首次逐一定义这 8 类词：

名词：有格变的词，表示人和事物；

动词：没有格变但有时态、人称和数的变化的词，表示动作或过程；

分词：兼有名词和动词特征的词；

冠词：有格变、位于名词前或后的词；

代词：代替名词的词；

介词：在句子中通常位于名词之前的词；

副词：没有格变并限制动词的词；

连词：连接话语或填补空缺的词。

罗宾斯对此予以高度的评价，指出："这种划分在希腊语和拉丁语的语法描写中一直保持到中世纪末,并且也极大地影响了一些现代欧洲语言的语法分析。这一词类体系是他留给后世记忆中的一个主要贡献。"①。

罗马人尽管在词类数量上仿效了希腊人,都是 8 类,但并未一味照搬照抄,而是在一定程度上照顾了拉丁语的自身特点,比如不立冠词类,将叹词从副词的小类中独立出来。与希腊人一样,古罗马学者在区分词类时紧扣的也是形态变化。比如,瓦罗认为格和时态是辨别有屈折变化词的主要依据,并以此确立了相关的拉丁语词类体系:

有格的变化的:名词、形容词;

有时态变化的:动词;

兼有两种变化的:分词;

均无两种变化的:副词。

普利西安的《语法原理》更是以词类问题为重,有关词类的描述占据了全书 18 卷中的 16 卷,在说明词类时大量引证经典作品中的实例是普氏的不同凡响之处。普氏所引的实例既有拉丁语又有希腊语,比较的意图相当明显。普氏还从词形变化出发对拉丁语的 8 类词逐一下定义,不过这些定义内容基本是希腊人的翻版。

(二) 关于语法范畴的研究

语法范畴也是古希腊罗马人研究的一个侧重点。名词的性最先引起了古希腊学者的关注,智者派修辞学家提到了三种性:阳性、阴性和用具(中性)。相比之下,斯多噶学派全面开启了人们对语法范畴的探究之门,贡献尤多。例如,他们修正了亚里士多德有关"格"的认识,将"格"严格限于表示词与词的关系,并赋予各种"格"以具体的名称,诸如直接格(主格)和间接格(含宾格、属格和与格)和呼格。借助格的变化,他们还将动词分为主动动词(及物动词)、被动动词和中性动词(不及物动词)。对动词的时和体,他们也有认识:时态上分现在和过去,体态上分完成和未完成。斯拉克思的研究更趋广泛,提出了名词的 5 种语法范畴和动词的 8 种

---

① 　[英]R.H. 罗宾斯原著:《简明语言学史》,许德宝、冯建明、胡明亮译,中国社会科学出版社 1997 年版,第 42—43 页。

语法属性。名词的 5 种语法范畴是指性（阳性、阴性和中性）、类（原生类和派生类）、形（简单形和复合形）、数（单数、双数和复数）、格（主格、宾格、呼格、属格或与格）。动词的 8 种语法属性是指语气（陈述、命令、虚拟等）、语态（主动、被动等）、类型（原生类和派生类等）、形式（简单、复合、派生等）、数（单数、双数、复数等）、人称（第一、第二、第三人称等）、时态（现在、过去、将来等）和变位。不仅如此，他还根据上述范畴对各类词的语法特点作了揭示。瓦罗全面区分了拉丁语动词的两种语态（主动式与被动式）、3 种时态（过去、现在与将来）和两种体态（完成与非完成）。另外，瓦罗不拘于希腊语的 5 格体系，提出了拉丁语的 6 格体系，其中的"夺格"即为瓦氏所创。瓦罗称"夺格"为"拉丁格"或"第六格"，其所下的定义为："表示动作的完成者。"稍后的昆提利安（Marcus Fabius Quintilianus）以夺格表示工具意义的用法在语义上与夺格的其他用法没有共性为由，建议增设第七格——"工具格"，但遭到了更后来的普利西安的反对。另外，恺撒还单独为拉丁语创立了"离格"这一术语。至此，欧洲的传统语法框架体系已基本确立，其中的不少概念和术语至今仍在沿用。

（三）关于句法的研究

古希腊罗马的语法研究侧重的是形态学即词法研究，句法研究相对单薄，但毕竟已有了可喜的起步。德谟克利特最早区分了希腊语句子的两种构成形式——主词和谓词。柏拉图首先在《智者篇》中将句子定义为"最初的和最短小的言语"，然后又在《克拉底洛篇》中把句子大体上划分为名词性成分和动词性成分两大部分。上述这种划分大致确定了句子的主谓格局，成为后来句法分析的基本模式。亚里士多德则首倡第三类句法成分（包括连词、冠词和代词在内），并且还提出了几种识别句子成分的标准（语音标准、形态标准和语义标准）。斯多噶学派和斯克拉思均对句法缺乏应有的关注。公元 2 世纪的迪斯科洛思（Apollonius Dyscolus）则有所改观，他认为：句子的主要部分是名词部分和动词部分；句法研究要着重描写这两部分的关系以及其他部分与这两部分的关系。重视句子各部分之间的制约关系，这是迪斯科洛思的突破。古罗马学者对句法结构的关注有所增强。瓦罗对有屈折变化的 4 类词作进一步区分时就顾及了句法因素。他认为名词和形容词用于指称事物,动词用于陈述事物,分词用于连接(连接两个从句或把一个从句引入另一从句之中),副词用于补充说明(与动词组合并从属于动词)。普利西安在描写拉丁语句法时,按照希腊人的模式,把动词区分为主动(及物)动词、被动动词以及中性(不及物)动词,这种分类的着眼点正是句法。另外,普氏还注意了异相动词(即词形被动而词义和句法上表主动的动词)。虽然主语和宾语这样的术语当时尚未面世,但与命题相关的逻辑主语称谓 subjectum 已然风行。对夺格的独立结构、关系代词的主要句法功能等,普氏也都有所描述。但较之形态学,句法学仍是当时语言研究中最为薄弱的环节。普氏 18 卷本的《语法原理》仅有两卷与句法有关,论述的内容在广度和深度上也根本无法与形态学部分相媲美。

在句类研究方面,古希腊学者也略有收获。例如,当时属于智者派的修辞学家就划分了句子的 4 种语用类型:请求句、提问句、回答句和命令句。

威廉·汤姆逊高度赞扬古希腊罗马的语法研究成就,指出:"走不同的道路、用另外的方式发展的,是作为古代欧洲文明主要担当者的希腊人的'民族语法'。它由希腊人传到罗马人,此后整个近代语言学就几乎全靠罗马人的语法为生,直到十九世纪为止。"[①]

■ 三、古希腊罗马的语源研究

语源研究是古希腊罗马学者在语言研究过程中特别看重的一块主阵地,几乎在一开始就与名实关系问题纠缠在一起。

(一) 古希腊的语源研究

柏拉图在《克拉底洛篇》中着力探讨名称与本质之间的关系,实际就是语源研究的一种尝试,由此他本人被奉为词源学的开山祖。对语源研究最为热衷的显然是斯多噶学派,他们认为一切词天然地代表着它们所指称的东西,既然词与词所代表的对象之间具有必然的联系,那么就应该把这种联系揭示出来。他们研究

---

① ［丹麦］威廉·汤姆逊著:《十九世纪末以前的欧洲语言学史》,黄振华译,科学出版社 1960 年版,第 7 页。

发现：有些词如 neigh（马叫）、bleat（羊叫）、hoot（猫头鹰叫）、tinkle（钟表声）模仿了它所代表的东西的声音，属于象声词，尽管数量有限，却是语言的基本词汇；有些词如 smooth（光滑）、harsh（严厉）、liquid（液体）则模仿了所指事物的局部特征，属于声音象征词。为了弥补因上述词数量少而造成说服力不足的缺陷，他们又提出词义可以靠"天然的联系"（即隐喻手段）而扩大，如入海口也可用 mouth 表示，瓶颈也可用 neck 表示。总之，为了论证其"本质论"的合理性，斯多噶学派词源考证的方法特别随意，原则也非常灵活。在这一点上，斯多噶学派的做法与我国古代的"声训"颇为相近。

必须意识到，斯多噶学派对"语源"的理解，以及他们所持的研究原则和操作方式，都跟现代语源学的做法不可同日而语。罗宾斯认为："古代（以及中世纪）的词源研究主要是解释性的，而不是严格意义的历史研究。"[①] 因此，古希腊人语源研究的基本方法就是从一些词的形式追溯到另一些词的形式，完全不顾词的演变历史。例如，ánthrōpos（人）被看成来自 anathrôn hàópōpen（抬头注视他看到的东西），因为二者的形式相近。同样，这种做法又让人很容易联想到我国的"形训"。

（二）古罗马的语源研究

与古希腊人一样，罗马人也热衷于语源的探讨。瓦罗著作的核心内容之一就是词源的考证。瓦罗认为，词起源于有限的原始词汇，原始词汇通过字母或语音形式的变化产生了更多的新词，语言就是从最初数量有限的原始词发展而来的。瓦罗十分看重历史在语源考证的作用，主张要了解历史，借助历史事实来弄清语词的来源。为了印证自己的观点，瓦罗列举了很多实例。瓦罗所举的例证有些具有说服力，其词源的真实性已得到历史语言学的验证。如 duellum（战争）是词的旧形式，古典拉丁语的 bellum 即由此演变而来；又如，via（道路）得名于 vehehant（搬运东西）。不过，瓦罗的大部分考证都是出自随心所欲的联想，解释的任意性很强。例如，他认为 anas（鸭子）来源于 nare（游泳）、vitis（葡萄树）来

---

① ［英］R.H. 罗宾斯原著：《简明语言学史》，许德宝、冯建明、胡明亮译，中国社会科学出版社 1997 年版，第 29 页。

源于 vis(力量),而 vallum(堡垒)之所以得名是由于堡垒围栏的各个栏柱上头都被劈成 V 字形,牵强附会之迹实在明显。究其原因,关键在于瓦罗不懂语言的历史,所以他分不清希腊语和拉丁语中词形相似的词哪些是语言间借用的结果,哪些属于共同的印欧语形式繁衍的后代。但是,瓦罗在词源学上也有独到的创见,那就是他区别了词的屈折结构与派生结构。他认为词形的屈折变化规律性强,可以推导,故而名之为"词形的自然变化";而词形的派生变化较为任意且较少条理,故而名之为"词形的任意变化"。瓦罗的这种区别对后世语源研究极具指导意义,可以在一定程度防止人们跌入语源研究随意性的怪圈,尽管他本人做得并不太好。

■ 四、古希腊罗马的语音和文字研究

(一) 语音研究

古希腊的语音学是建立在文字和语言一体化的基础上的,其状况诚如罗宾斯所言:"希腊的语音学描写以希腊字母为框架,描述的形式就是说明希腊字母表中字母的发音。"[①] 这样处理的直接后果是将字母与文句的关系混同于语音与言语的关系。最能反映这一点的是斯多噶学派对字段的分析。在他们看来,字段是语音和文字的结合体,因而将之一分为三:字段的音值(如[a])、字段的书写形式(如 α)、字段的名称(如 alpha)。不管怎么说,由于在描写中注意尊重事实,古希腊的语音研究还是取得了一些值得称道的地方。具体而言,有以下几点:

(1) 区分各种音段音位。柏拉图首先分出元音和辅音两大类,并将辅音又区分为持续音(即擦音)和闭塞音。亚历山大学派除了分出元音和辅音外,又把辅音分为半元音(即浊辅音)和哑音(即清辅音)。斯克拉思则着重区分了三组辅音:p、p'、b;t、t'、d;k、k'、g。

(2) 注意到重音、长短音和送气等细节。古希腊人认为,元音会在重音、长短音和送气方面表现出差异来。柏拉图甚至还比较了相关词的音高模式。亚历山

---

① [英]R.H. 罗宾斯原著:《简明语言学史》,许德宝、冯建明、胡明亮译,中国社会科学出版社 1997 年版,第 30 页。

大学派更是创制了三个专门符号来表示希腊语中三种不同的重音或音高：锐音符（高）"∕"、钝音符（低）"∖"、长音符（高降）"∧"。这些符号显然有助于人们的正确发音。

（3）分析音节结构。例如，斯多噶学派把音的序列分为三类：一是作为话语中有意义的部分而实际出现的序列；二是根据音节组成规则可以出现而没有出现的序列；三是从语音系统考虑不可能出现而被排除的序列。对音节的数量，古希腊人也进行了一定的研究。

古罗马人显然对语音学更为冷漠和疏远，我们从瓦罗《论拉丁语》现存的 6 卷（第五至第十卷）中几乎找不到有关语音学的内容。普利西安的《语法原理》也只是轻描淡写了一阵，并且大部分观点都是对古希腊人研究成果的一种复述。例如，他认为字母既是最小的书写单位，又是分节语言的最小语音单位，具有名称、形体和音值等特性，这与斯多噶学派的"字段论"如出一辙。再如，对字母以及音节结构的语音描写，普氏都沿袭了希腊人的术语和习惯做法。唯一不同的是，普氏立足的是拉丁语而不是希腊语。说到底，罗马人讲语音学更多的是为讲形态学作铺垫。

总之，尽管古希腊罗马人对希腊语和拉丁语的发音都予以一定的描绘，提出了一些正确的看法，但其中主观的感性的成分偏多，因而科学性较为欠缺。究其原因，主要在于他们忽视了对发音机制的探究。虽说斯多噶学派已认识到语音是由肺部排出的气流受到发音器官干扰的产物，但无人深究，由此导致了语音研究的相对滞后。罗宾斯的批评可谓一语中的："希腊罗马的研究工作在语音学史上并不占重要的地位。特别是他们对语音的分类和描写，主要根据没有确切术语表示的印象，而不是像更为成功的古代印度和阿拉伯人那样，根据发音机制。"[①]

（二）文字研究

除了语言理论研究、语法研究、语源研究和语音研究外，古希腊人还从事过文字研究。越来越多的史料表明，希腊字母是外来的，大致由腓尼基文字改造而

---

① ［英］R.H. 罗宾斯原著：《简明语言学史》，许德宝、冯建明、胡明亮译，中国社会科学出版社 1997 年版，第31 页。

成。腓尼基文字原本是一套辅音符号,并不完全适用于希腊语。希腊人对其中的一些不起作用的辅音符号加以改造,然后用来表示希腊语的元音。希腊字母表的诞生融入文字学和语音学的相关知识,其过程耐人寻味。限于篇幅,这里就不去细究了。

思考题

1. 尽管威廉·汤姆逊称罗马语言学为希腊语言学"在罗马国土的变体",但古希腊与古罗马的语言研究是有差异的。请阐述古希腊与古罗马语言研究之间的差异。

2. 古希腊的语音学是建立在文字和语言一体化的基础上的,试对古希腊的语音研究进行分析与评估。

第四节 中西方古典语言学的共性与个性

历史考察的结果告诉我们:先秦两汉时期的中国、古印度以及古希腊罗马不仅是世界文明的发祥地,也是当之无愧的世界语言学的摇篮。但是,正如其他学术研究一样,这三个地方的语言研究也是在各自封闭的状态下发展起来的,彼此之间没有任何的接触,更谈不上所谓的借鉴与吸收。因此,这三个地方的语言研究完全是自发的、原创的。这种自发、原创式的研究由于处在语言研究的早期阶段,在语言的本体研究方面涉足不深,因而带有很大的片面性和局限性。显然,要从此时的中西方语言研究中归结出什么鲜明、稳定、持久的民族特色为时尚早。不过,必须承认,此期中西方语言研究在形成一些共性倾向的同时,正逐渐发展出日益明显的个性差异。

■一、中西方古典语言研究的共性倾向

毫无疑问,中西方古典语言研究是存在一些共性的。造成这些共性的根本起因在于人类思维的普遍性。中西方的语言和文化尽管有着巨大的差异,但这些差异并不能抹杀或掩盖人类思维的基本一致性,而思维的基本一致性能够决

定人们认知方面的某些一致性,认知的一致性可以表现在认知的对象、认知的内容、认知的结论等诸多方面。归结起来,此期中西方语言研究具有以下几点共性表现。

(一) 相同的研究起因

实用是促发一切学术活动的原始动因,语言研究也不例外。不过,由于历史文化的差异,在实用主义的招牌下,三地语言研究的具体动因却不尽相同。印度历史悠久,典籍众多,由于年代久远,这些典籍的语言已多不能为后人所知晓,《吠陀经》就是如此。《吠陀经》属于宗教经典,其中的教义一直主宰着古印度人的精神生活,人们需要不断地诵习,而诵习的第一难关便是语言。《吠陀经》的神圣性又使得人们不敢将早已死亡的梵语翻译成现世的活语言,于是掌握梵语就成为古印度人学习、传播《吠陀经》的唯一途径。为了实现上述目的,注释梵语的词汇意义、归纳梵语的语法规则就显得十分必要。如此,古印度语言学就产生了。罗宾斯明确指出:"印度语言学产生的最初动力,就是必须把梵语文化已知的最古老阶段吠陀时期(约前 1200—前 1000)由口头流传下来的一些礼仪和宗教文献保存下去,使其不在历史上消失,或者受到方言的污染。"[①] 顺便提一句,在这一点上,阿拉伯语言学与古印度语言学几乎如出一辙。据称,诵读《古兰经》原典是伊斯兰教的清规之一,目的是防止真主旨意的失真。《古兰经》长期不被允许翻译其他语言,非阿拉伯族的教徒如果要阅读《古兰经》,必须首先学习《古兰经》的语言。于是,注释、解读《古兰经》里的古典语言就势在必行。与古印度不同的是:古希腊虽然也有本民族的经典作品如诞生于公元前 8 世纪的荷马史诗《伊利亚特》和《奥德赛》,但这些作品属于说唱文学,口语性较强,与当时的实际用语差别不大,人们在阅读和理解过程中并不存在多大的语言障碍,语言的注释工作并无必要。古希腊人所具有的怀疑一切、探究一切的天赋使得他们热衷于争辩各种形式的问题,于是辩术大行其道。捷克汉学家吴大伟(David L. Uher)由此

---

① ［英］R.H. 罗宾斯原著:《简明语言学史》,许德宝、冯建明、胡明亮译,中国社会科学出版社 1997 年版,第 166 页。

认为：“希腊的语言学源于实用主义，源于公元前五世纪的诡辩学派。”① 辩术注重的是读写技巧，而读写技巧又与语法修辞关系密切，古希腊人的语言研究正是从语法修辞入手的。事实也证明，从古希腊直到中世纪，欧洲人的语法研究始终偏重读写技巧方面。古印度和古希腊语言研究的这两种动因，中国似乎兼而有之。首先，中国有《尚书》《诗经》这样记载古圣贤言语的经典，它们虽说在先秦人的心目中没有形成狂热的宗教情结，但在社会教化方面的功能却十分重要，同样无可替代，否则不会被历代奉为“经”。随着时代的变迁，这些经典同样会对后人形成所谓的语言隔膜，同样需要有人去作语言的训释。其次，先秦也发生过声势浩大的“百家争鸣”运动，墨家的语言与逻辑关系论、儒家的“正名”观、名家的“名实”辩其实都是一种语言游戏，这些不断升级的游戏促进了人们对语言的体认。中国语言研究无疑是在以上两种因素的共同推动下萌生的。

（二）共同的研究背景

语言学是在哲学、逻辑学以及文学的背景下产生与发展起来的。在这一点上，哲学家、逻辑学家、文学家和语言学家有着不约而同的共识。蔡曙山就认为早期的逻辑学和语言学是难以分割的，他指出：“逻辑学的发展有一个明显的特征：它的发展阶段总是和特定的语词研究相关联。这是因为，逻辑学是研究语句的，而语句是由语词构成的。”② 罗宾斯在研究语言学史的过程中十分注意对语言研究背景的揭示。在谈到古希腊语言学的发生背景时，他一语中地指出：“最广义的哲学，是语言学和古希腊对语言问题最初进行的研究的摇篮。”③ 后来，他又扩大了自己观点的覆盖范围：“语言研究的背景是文学研究和哲学研究，西方学术界所熟悉的认真研究语言时几乎不能回避的问题，对早期的印度语言学家也并不陌生。”④ 吴大伟在有关论述中也点明了这一点：“这三个地方在公元前

---

① 吴大伟：《古印度、古希腊与中国古代语言学比较》，《古汉语研究》2000 年第 2 期。
② 蔡曙山著：《言语行为和语用逻辑》，中国社会科学出版社 1998 年版，绪论第 ix 页。
③ ［英］R.H. 罗宾斯原著：《简明语言学史》，许德宝、冯建明、胡明亮译，中国社会科学出版社 1997 年版，第 103 页。
④ ［英］R.H. 罗宾斯原著：《简明语言学史》，许德宝、冯建明、胡明亮译，中国社会科学出版社 1997 年版，第 167—168 页。

五六世纪左右几乎同时出现了从哲学角度讨论本国语言的现象，并由此产生了一些语言理论。"① 不仅语言学的大板块如此，语言学的一些分支学科特别是语法学更是如此。鉴于语法的基础是逻辑，哲学家和逻辑学家普遍对语法感兴趣，总试图对语法规则作出哲学或逻辑学的解释。所以，苏罗特（François Thurot）说："经过对事物特性的周密思考而发现语法的，不是语法学家，而是哲学家。"②

（三）类同的研究状态

古印度、古希腊和先秦两汉时期的几乎所有学术活动都不是对象单一的、范围明晰的，杂烩式或捆绑式的研究是人类早期学术活动的必然状态。语言研究同样与其他学术研究纠缠在一起，属于一种非本体研究。我们可以在人文研究的很多领域内找到语言研究的实例，这些领域除了前面提及的哲学、逻辑学、文学外，还有教育学、修辞学、政治学、宗教学、伦理学等，它们共处一体，难以剥离。罗宾斯在论及古希腊语言研究的状态时就强调指出："我们今天认为属于早期语言学探索的绝大部分内容，实际上都属于 philosophia 这个总标题所指的范围。这个词（philosophia）在古希腊比今天的 philosophy（哲学）一词所包括的领域要宽广得多，最初简直包括了人类的全部知识。"③ 无论从哪个方面估量，此期的语言研究都是一种为别样学术提供服务的手段。与之相关，此期也没有一位严格意义上的语言学家，尽管后人有时可以加封。总之，此期中西方语言研究的基本状态是：有语言研究而无语言学，有语言研究者而无语言学者。这也是我们将此期定为语言研究萌芽期的主要理据。

以上三个方面的共性注定了中西方语言研究在某些具体内容和结论方面的惊人一致。比如，双方都曾倾心于"名实"之辨，又都曾因此而分化出截然不同的两派意见：约定论与本质论，这两派又都振振有词，难分伯仲。又如，探求语源也是双方的兴趣之一，并且其中一样充斥着唯心主义的观念。

---

① 吴大伟：《古印度、古希腊与中国古代语言学比较》，《古汉语研究》2000 年第 2 期。
② ［英］R.H. 罗宾斯原著：《简明语言学史》，许德宝、冯建明、胡明亮译，中国社会科学出版社 1997 年版，第 88 页。
③ ［英］R.H. 罗宾斯原著：《简明语言学史》，许德宝、冯建明、胡明亮译，中国社会科学出版社 1997 年版，第 16—17 页。

■二、中西方古典语言研究的个性差异

造成中西方语言研究共性倾向的因素通常来自语言之外,而导致中西方语言研究个性差异的因素则往往来自语言之内。以下揭示的个性差异无一不受到中西方语言自身特点的强力制约。

(一)研究覆盖面的差异

关于中西方语言研究覆盖面的差异,吴大伟曾经列表加以显示。该表大致反映了历史的实况,兹略加更动后移录于此(见表 1-1)[①]。

表 1-1　古印度、古希腊、先秦两汉语言研究对照表

内容	国别		
	古印度语言研究	古希腊语言研究	先秦两汉语言研究
语法研究	+	+	−
词汇研究	+	−	+
语音研究	+	+	−
文字研究	−	−	+
方言研究	−	−	+
语源研究	−	+	+

根据上表,我们可以获得如下总体印象:古印度语言研究主要覆盖面是语法、词汇和语音问题,古希腊语言研究主要覆盖面是语法、语音和语源问题,中国先秦两汉的语言研究主要覆盖面是词汇、文字、方言和语源问题。不过,在看待表中的"有"与"无"这两个指标时,我们必须注意把握好三点:①中西方语言研究覆盖面的重点不一,古印度和古希腊的语言研究都以语法研究为重点,而先秦两汉语言研究的重点是词汇研究。②共有的指标并不意味着彼此的完全一致。例如,同样是语法研究,古印度与古希腊的内涵却不尽相同:前者相对严格,与今天所称的语法范围大致对接;后者相对宽泛,有许多非语法的东西掺杂其中。③

---

① ［捷克］吴大伟:《古印度、古希腊与中国古代语言学比较》,《古汉语研究》2000 年第 2 期,第 22 页。

说"无"的指标并不代表该项研究完全是一片空白。例如,先秦两汉尽管谈不上什么真正的语音研究,但先秦两汉人士对语音还是略有所知的。像《管子·小问》中的"开口"和"阖口"说、《公羊传·宣公八年》中的"内言"和"外言"说、《韩非子·外储说右上》中的"疾呼"和"徐呼"说、《释名·释天》中的"舌头"和"舌腹"说,就是当时学者对汉语语音所作的一种直观描写,只是由于材料零碎并且术语费解,我们难以从中提取有价值的内容罢了。

(二) 研究技法的差异

在语言研究过程中,古希腊学者和古印度学者都发明了一整套的专门术语。像西方语法体系中八大词类的名称就是在亚历山大学派手中定型的,而语音学的一些基本术语如全部阻塞音(塞音和鼻音)、摩擦阻塞音(擦音)、半阻塞音(半元音)和无阻塞音(元音)则应归功于古印度学者。特别值得一提的是古印度学者几乎给所有的术语提供了确切的定义,潘尼尼语法堪称这方面的杰作。术语及其定义是学科体系的基石,对以后的深入研究至关重要。威廉·汤姆逊指出:"欧洲的语法体系直到十九世纪,都是奠基于希腊人的语言学说及其在罗马国土的变体之上的。这方面的证据之一就是语法术语,其中大多数术语都与古时相同。"[①]与古代西方学者擅长理性说明的做法不同,中国古人似乎更注重自我的感悟,因此在语言研究中他们很少创制术语,即有术语也不加界定,更不加统一,这么局面似乎一直持续到近代。例如,汉字研究中的"六书"说早见于战国,但只是一个总名而已,具体内容不得其详。到了东汉,六书才有了具体的专名,班固《汉书·艺文志》称为"象形、象事、象意、象声、转注、假借",《周礼·地官·保氏》郑玄注称为"象形、会意、转注、处事、假借、谐声",许慎《说文解字·叙》称为"指事、象形、形声、会意、转注、假借",不仅名目不一,连排序也很随意,其中只有许慎给予了界定。当然,在强调技法差异的同时,我们也不能无视一些研究手法的通用现象。例如,声训和形训的方法就曾经都为中西方的语源研究所采用。

---

① [丹麦]威廉·汤姆逊著:《十九世纪末以前的欧洲语言学史》,黄振华译,科学出版社 1960 年版,第 23 页。

（三）研究角度的差异

中西方语言研究的对象虽说都是自己的民族语言，但研究的出发点并不一样。先秦两汉、古印度保留了大量的历史文献，这些文献反映了更古年代的语言，中国的《诗经》和《尚书》、印度的《吠陀经》都是如此。因而，从历时角度进行语言的比较研究是先秦两汉和古印度语言研究的着眼点。就此而言，它们研究的对象主要是经典的语言，是一种早已死亡了的书面语。有时即便使用了一些活语言的材料，但目的却在于以今证古、以活说死。像扬雄的《方言》其实重在训释"绝代语（古语词）"，其中收录的一些秦汉之际的方言语词大致用以佐证古语词。相比之下，古希腊罗马则研究的则是活语言。古希腊虽然也有自己的经典作品，但这些作品距离当时并不久远，并且一直在口头说唱，未从大众口语中退出，如著名的荷马史诗。因此，古希腊学者主要是从共时角度来研究当时的活语言。中西方这种研究角度的差异一经确立，即对后世研究产生了深远的影响。以汉语语言研究而论，从先秦两汉直至清代，对古典文献语言的研究始终占据着研究的中心地位。而西方则一直保持着研究活语言的传统，尽管这种传统在中世纪和文艺复兴之际受到过重创。

思考题

1. 为什么在叙述汉语语言学的发展进程时必须观照汉字学？
2. 试简要剖析造成中西方古典语言学共性倾向与个性差异的原因。

延伸阅读

第二章

奠基时期的中西方中古语言学

本章导读

　　中国与西方的中古时期尽管相差数百年,但语言学均取得了长足发展,相继成为一门独立学科,学科分支细致入微,研究方法渐趋成熟,研究成果日臻丰硕。这一时期,中西方语言学在秉承历史传统的同时,继续发展各自的特色。

　　中国的中古语言学以汉语语音学和语义学见长。在自身学术积累和佛教典籍传入的助推下,汉语音韵学取得长足进步且影响深远;经学的昌盛和科举的兴起则使得汉语语义学在中古时期颇多建树,传统的雅学研究和新兴的音义研究堪称其中独领风骚的两个领域。在梵语语法学的影响下,汉语语法研究卓有进展,无论是宏观理念的生成还是微观事实的研究都较前有显著的提升。

　　西方的中古语言学尽管是拉丁语语法研究的一枝独秀,但中世纪和文艺复兴时期的表现却颇有轩轾:中世纪注重的是古典拉丁语,文艺复兴时期则转向通俗拉丁语。除了拉丁语,阿拉伯语和希伯来语也或多或少得到了一定的研究。随着新航线的发现和海外扩张运动的加剧,欧洲学者对域外语言的关注度持续加大,并由此诞生了旨在研究人类语言一般规律的思辨语法学派。无论是中世纪的思辨语法学,还是文艺复兴时期的唯理主义语法学和经验主义语法学,头上始终笼罩着哲学和神学的光环。不过,结构主义语言学的某些理念已在此期初露端倪。需要指出的是,英国语音学的崛起和世界语的创制是西方中古语言学值得关注的两个亮点。

　　中国的中古时期是指魏晋南北朝以及隋唐宋时期(公元 3 世纪初至 13 世纪初),时间跨度约 1 000 年。欧洲的中古时期是指中世纪和文艺复兴时期(公元 5 世纪末至 17 世纪上半叶),时间跨度约 1 200 年。双方的起讫时间不完全对应,但在中西方社会史、学术史中所占据的地位倒十分类似。这一时期都是中西方封建社会的发展时期,也是中西方学术主体的奠基时期。这里所谓的学术当然也包含语言学在内。称此期为中西方语言学的奠基时期,主要有以下几点依据:

首先,语言学进入以本体研究为主的阶段。真正的语言学应该建立在本体研究的基础上即要为语言而研究,如索绪尔所言:"语言学的唯一的、真正的对象是就语言和为语言而研究的语言。"[①]整个上古时期,尽管语言研究有声有色,但总体上是处于一种依附状态,或依附哲学,或依附经学,并且很难加以剥离。而到中古时期,语言研究开始立足自我,摆脱了附庸地位,拥有了自己的家园。例如,中国的音韵学和欧洲的语法学都是在中古发展成为一门相对独立的显学的。不过,经学或哲学对语言学的影响尚未彻底消除。

其次,语言学的各分支初步形成并且分工相对明确。上古的语言研究看起来包罗甚广,但各分支学科的发展并不平衡,特别是一些重要的分支学科尚未成形,像欧洲的句法学、中国的音韵学就基本处于空白状态。分支学科不齐全直接导致了分工的混淆,所以研究的交叉现象比比皆是。例如,古希腊罗马时期的语法研究其实就是一个大拼盘,先秦两汉的训诂研究、语法研究、语源研究也是杂然纷呈,难分彼此。中古时期,无论是中国语言学还是西方语言学,各重要分支学科大致定型并且界限分明,一些分支学科甚至还分蘖出更小的分支,如汉语音韵学就分化出等韵学和古音学。

再次,语言学的基本方法日渐告就并不断显示出自身的独特性。何九盈主张将是否具有独特的研究方法作为衡量语言学是否具有独立资格的标准之一[②]。应该承认,上古语言研究也有一定的方法,但这些方法总体上是粗糙的、非专业的。中古时期,语言学的方法呈现出精、专的趋势。在欧洲,娴熟运用描写方法几乎成为语言学家人人怀有的基本技能。在中国,音韵学的语言类比法和训诂学的音义考辨法各具千秋,大放异彩。

总之,在中西方语言学史上,中古时期是语言研究的觉醒和独立时期,语言学由此步入正途并取得了显著的进展。

---

① [瑞士]费尔迪南·德·索绪尔著:《普通语言学教程》,高名凯译、岑麒祥、叶蜚声校注,商务印书馆1980年版,第323页。

② 何九盈著:《中国古代语言学史》,广东教育出版社2000年版,前言第3页。

第一节 中国中古语言研究

中古时期是中国历史上一个具有特定文化魅力和学术气象的时期。多元文化的激荡与碰撞、人性意识的觉醒与张扬、文教事业的复兴与繁荣、学术条件的改善与推进都成为这个时期学术发展水平的重要标志。谈到中国的中古语言学，以下几点因素不能不引起我们特别的重视。

第一，外来文化的输入。中国与周边国家和民族的交往早在先秦两汉之际就已相当密切，中国在向外输出自身文化的同时，也在不知不觉中受到外来文化的熏染，特别是在汉武帝通西域后，外来文化对本土文化的影响有所加剧。但是，不论是南夷文化还是西域文化，他们对本土文化的影响都是暂时的、局部的和微弱的。东汉末年传入中土的佛教文化则彻底摆脱了外来文化弱小者的地位，开始向本土文化发起了持久的、全面的和强劲的渗透。佛教文化不仅改变了中华文化的结构和内容，而且也促成了中华学术的新生。相比之下，中国语言学似乎受惠尤多。佛教给中国语言学带来的直接影响有二：一是催生了汉语音韵学，使汉语语音研究从先秦两汉简单、混沌的注音阶段过渡为复杂精确的语音分析平台。二是培养了一大批务实的语言学者，从最初的佛经翻译家安世高、支娄迦谶、康僧会，到后来的语言研究家慧琳、处忠、守温，这些佛门中人无一不为汉语语言学的发展呕心沥血，竭尽才智。除了佛教，欧洲的基督教也在唐代飘然而至。于盛唐之际传入的基督教被称为景教，原系东方基督教（拜占庭）中的一支，在中土流行约二百余年，当时曾有 30 部左右的汉语景教经文在中国流传。从现存的八部景教文典来看，其中多处涉及拉丁语名词与汉语名词的转译问题。可惜的是，由于景教在中土的衰落与退出，更由于景教文献的过多亡佚，我们很难窥测当时基督教文化对汉语语言学的影响。

第二，科举制度的实行。自隋朝开始，随着门阀制度的瓦解，以"学而优则仕"为主旨的科举制度正式确立。科举考试强调的是规范化的运作，无论是唐代的诗赋还是宋代的策论，都离不开既定的标准。科举制度促进了中国文化教育的标准化建设。标准化建设的需要在很大程度上注定了此期语言研究的实用主义倾向，这种倾向在语言研究中的最大表现有二：一是编订各类辞书，二是注释重要经典。科举考试对汉语语言学还产生了一个副作用，那就是束缚了文人的思想，转移了文人的精力。中古语言研究以隋为界，呈现出明显的分野：魏晋南北朝生机勃勃，唐宋时期则归于冷清。唐宋语言学在整个中国古代语言学史并不占据特别突出的地位，既缺乏魏晋南北朝时的创新气象，又比不上元明清朝的博大精深，究其原因，与新兴的科举制度不无干系。对此，何九盈有一段公论："从总体来考察，唐宋时期的语言研究成就不算突出。他们既不像汉魏六朝人那样长于开创，也不像清朝人那样长于考古。这一时期很少有著名的语言文字学家，大概唐宋人的主要精力不在此，这是由社会、政治以及文化发展等多方面的原因所造成的。"① 尽管何氏没有明言，但唐宋文人对功名的追逐是谁都不会否认的。

第三，文学和经学的繁荣。从魏晋南北朝开始，中国的文学进入一个崭新的时代。此期文学创作中盛行的唯美主义倾向使文人对音律美的追求到了无以复加的地步，以骈体文和格律诗为主流的新式韵文一下统治了整个文坛。声律技巧成为当时文人炫耀才华的一个重要指标。沈约的如下言辞成为当时文坛公认的清规戒律："夫五色相宣，八音协畅，由乎玄黄律吕，各适物宜。欲使宫羽相变，低昂互节，若前有浮声，则后须切响。一简之内，音韵尽殊；两句之中，轻重悉异。妙达此旨，始可言文。"（《宋书·谢灵运传》）唐代实行的诗赋取士的办法，更使诗、赋的创作出现了空前的盛况。这种创作取向对语言研究的走向的调节作用毋庸置疑。而编撰韵书的一个重要目的就是给繁荣的诗歌创作提供可靠的声律规范。除了文学，魏晋的清谈风尚、唐宋的科举考试还把经学推向了繁荣，于是注疏经书一下成为当时的学术大热门。

上述因素注定了倾偏现象成为中古汉语研究中的一种必然。于是，音韵学和训诂学的这两座并峙的双峰成为中古留给后世的独特风景。当然，其他分支学科的研究仍在勉力向前，只是相形见绌而已。

■一、中古的语音研究

如前所述，中古汉语语言学的最大亮点是诞生了一门新的语言学分支——

---

① 何九盈著：《中国古代语言学史》，广东教育出版社 2000 年版，第 120 页。

汉语音韵学。汉语音韵学的兴起首先是中国学者长期以来对语音感悟不断累积的结果,这种累积在东汉几臻极致。周祖谟对之多有阐明:"盖当东汉之末,学者已精于审音。论发音之部位,则有横口在舌之法。论韵之洪细,则有内言、外言、急言、缓言之目。论韵之开合,则有踧口、笼口之名。论韵尾之开闭,则有开唇、合唇、闭口之说。(横口踧口开唇合唇并见刘熙《释名》)论声调之长短,则有长言、短言之别。(见《公羊传·庄公二十八年》何休注)剖析毫厘,分别黍累,斯可谓通声音之理奥,而能精研极诣者矣。"①

　　汉语音韵学的兴起还与佛教的传入息息相关。佛典翻译和佛偈唱赞(梵呗)是早期僧侣承担的两项息息相关的工作。佛典翻译人所共知,毋庸赘言。所谓唱赞就是在乐器的伴奏下演唱诗偈,这一活动一般被安插在背诵或转读佛经的时候。荷兰汉学家许理和(Erik Zürcher)认为是中国的早期佛经翻译家之一的支谦首创了中国佛教的唱赞②。佛典翻译和佛偈唱赞必须以建立音译系统为前提。建立音译系统又必须依赖梵汉两种语言间的对照。语言对照的首要环节是语音,梵汉对音当是佛门信徒的基本功和必修课。人们在不断感受梵语的语音特点、接触印度语音研究成果的同时,逐渐悟出汉语的音节构成规律,并由此发明了反切和发现了四声。汉语音韵学起步虽晚却起点较高,这不能不算是域外之功。宋郑樵《通志·艺文略·小学类》即称:"切韵之学起自西域。"中古音韵学的兴起是以反切的发明和四声的发现为开端的。这两件大事不仅刺激了汉语音韵学的产生,而且也规定了汉语音韵学的进程,其意义和作用非同寻常。

(一) 反切的发明与四声的发现

　　反切又称反语或切语,尽管"反"(辗转相协谓之反)和"切"(两字相摩谓之切)在本源上有所区别,但后来则归于一致。简单地说,反切就是以两字之音来拼合第三字读音的注音方法:上字取其声,下字取其韵和调。据《颜氏家训·音辞篇》记载,反切大约起于汉末,东汉的服虔、应劭和三国的孙炎一直被当成反切的发明者和早期使用者。从历史来看,古人早就认识到汉语的音节可分可合

---

① 洪诚选注:《中国历代语言文字学文选》,江苏人民出版社1982年版,第138页。
② [荷兰]许理和著:《佛教征服中国》,李四龙、裴勇等译,江苏人民出版社1998年版,第69页。

（古语中广为存在的合音词和分音词即为一证），这是反切产生的内在基础；从现实来看，时人受到梵文字母和梵语音节拼合规则的启发，发现了以有限字而贯一切音的捷径，这是反切产生的外部条件。由于反切法在注音的准确度和灵便性方面要明显胜出原先的譬况法、直音法和读若法，因而至齐梁时代，反切开始大其行道，不少人给书作注的时候往往添加反切，如《文选》李善注、《经典释文》等。自此，反切不仅成为汉字的主要注音工具，而且兼有保存和统一读音之效，一直被视为汉语语音史的渊薮。反切的推行还促使人们对汉语的声韵系统进行必要的整理。日本学者平田昌司（Hirata Shoji）对之有较为中肯的评述："'音义'随文随注，本来不必讲究框架的整合。而反切开始流行以后，非考虑声、韵不可。"[1]20世纪初叶，随着注音字母的推行，反切始完成使命，逐渐退出历史舞台。

声调是汉语的重要特征之一，但在反切发明之前，人们对声调习焉不察，缺乏敏感。反切的发明使语音分析进入了微观领域，对音节结构的分解无疑使声调突兀于人们的眼前。陈寅恪曾著《四声三问》，明确提出四声系模拟自古印度声明论之三声，为佛教徒在转读佛经过程中输入。说声调是舶来品，恐与实情不合。但认为汉语的声调是在梵语音高的启发下被揭示出来的，则于情于理都说得通。到南北朝时，汉语的声调特征一下拨动了人们的感觉神经，迅速从"意会"阶段转入"言表"阶段。齐之周颙和梁之沈约并领风气之先，最先发现了四声，周著有《四声切韵》，沈著有《四声谱》。二书尽管早已亡佚，但面貌不难推测，其实就是以四声为纲编就的一种同声调字表。此外，周、沈二人还将四声的知识应用于文学创作，并引发了一场文体革命，一度主宰中国文坛的格律诗和骈体文即是这场革命的产物。《南齐书·陆厥传》："汝南周颙善识声韵。约等为文皆用宫商，以平、上、去、入为四声。以此制韵，不可增减，世呼为永明体。"《梁书·沈约传》："（约）又撰《四声谱》，以为在昔词人，累千载而不寤，而独得胸衿，穷其妙旨，自谓入神之作，高祖（武帝萧衍）雅不好焉。帝问周舍曰：'何谓四声？'舍曰：'天子圣哲是也。'然帝竟不遵用。"既然是新生事物，就难免有人不予承认，所以梁武帝持怀疑和反对态度亦在情理之中。

---

① 平田昌司：《切韵与唐代功令》，收入潘悟云主编：《东方语言与文化》，东方出版中心2002年版，第328页。

(二) 韵书编纂

反切的兴起和四声的发现使韵书的编撰不仅成为可能,而且成为现实。因此,魏晋南北朝不仅填补了汉语无韵书的历史空白,而且很快进入了"音韵蜂起"的时代,一大批韵书如李登的《声类》、吕静的《韵集》等纷纷问世。因为是草创,自然水平不会太高,《颜氏家训·音辞篇》称这些韵书"各有土风,递相非笑",正点明了其弊端。因为水平不高,所以这些韵书的寿命短促,以致后来无一存世。

在发明反切、感知四声的过程中,中国的知识精英(包括有教养的僧侣)扮演了重要的角色。知识精英的参与似乎是佛教在早期传布过程中的一种有意安排。许理和指出,公元 3 世纪末到 4 世纪(正好是魏晋南北朝)在长江以南地区兴起的中国佛教是一种特定形态的士大夫佛教[①]。士大夫的汉语知识、文化底蕴、感受能力在汉语音韵学的诞生过程中发挥了极大的作用。可以说,在佛教的触动下,敏感的中国文士抓住了汉语音韵学的发展契机。

从隋代开始,汉语音韵学登上了一个新的研究平台。高规格的韵书编撰成为此期音韵学发达的一个显著标志。隋唐宋是中国古代音韵研究的第一个高峰,诞生了一系列在音韵学史上具有举足轻重地位的韵书。这些韵书以《切韵》为代表,包括《唐韵》《广韵》《集韵》《五音集韵》以及平水韵,大致反映相同的音系,被并称《切韵》系韵书。《切韵》《广韵》与近代的《中原音韵》为汉语语音史上具有划时代意义的三部韵书。与前代韵书相比,《切韵》系韵书实现了两次飞跃:一是消除了"土风",从方言过渡到共同语或标准语;二是由独立私修发展到集体合作直至大规模的官修阶段。

《切韵》成书于隋文帝仁寿元年(601),作者是陆法言。但参与此书讨论的都是当时学界的硕儒俊彦,包括刘臻、颜之推、卢思道、李若、萧该、辛德源、薛道衡、魏彦渊等。此书是六朝韵书的集大成者,堪称集体智慧的结晶。《切韵》出而六朝韵书亡便是一个强有力的明证。关于书名的含义,殷焕先、张玉来二人有确切的解释:"此'切'字不作'反切'讲,也不作'反切上、下字'讲,应作正确、标准讲,

---

[①]　[荷兰]许理和著:《佛教征服中国》,李四龙、裴勇等译,江苏人民出版社 1998 年版,第 28 页。

即'捃选精切'的'切'字讲。"[①] 全书收字 12 158 个, 共五卷: 平声分上下卷, 其余三卷为上、去、入。平声 54 韵, 上声 51 韵, 去声 56 韵, 入声 32 韵, 共计 193 韵。此书久已亡佚, 目前仅存两个残卷(唐代写本, 为法国人伯希和所得) 即所谓的"切一"和"切二"。"切一"为陆氏原书, 只有四十五行;"切二"仅存原书卷一的部分内容, 为唐长孙讷言的笺注本, 对陆氏原书既有补遗, 又有纠谬。另外, 唐代的王仁煦有《刊谬补缺切韵》, 刊谬即刊除陆书的谬误, 补缺即增加韵字和义训。此书有世称"王一""王二""王三"的三种本子:"王一"为敦煌残卷, 藏于法国巴黎国民图书馆;"王二"为故宫所藏的项子京跋本, 也是残卷;王三为全本, 内有明代宋濂跋语, 又称宋跋本。关于《切韵》音系的性质, 学界一直聚讼纷争, 形成了三派对立的观点:一派认为书中记录的是一个活音系, 代表当时的洛下音或金陵音;一派认为此书融合了中古南北两大方言音系:代表江东方言的金陵音系和代表河北方言的邺下音系, 反映的是一个综合音系;还有一派则认为此书根本反映的就是雅音(即读书音)音系, 根据是《切韵·序》中的一句话:"因论南北是非, 古今通塞。"就目前情况而言, 综合论者和雅音论者略占上风。《切韵》在语音学史上有三大价值:第一, 此书是韵书编纂史上一座最重要的里程碑, 分韵严密, 韵系完整, 既是前代韵书的总结, 又是后世韵书的蓝本。第二, 此书兼收古音, 对汉语语音史有承前启后的桥梁作用, 研究上古音和近代音的学者都深得其惠。第三, 此书还反映了诸多方音特征, 由此成为后人给现代方言分群、确定各方言间亲疏远近关系的重要依据, 因而对汉语方言史的研究极具参考价值。

《广韵》全称《大宋重修广韵》, 为《切韵》的增广之作。此书成于北宋祥符元年(1008), 由陈彭年、丘雍等奉诏撰修, 开中国官修韵书之先河。全书收字 26 194 个, 亦分五卷, 平声分上下卷[②], 上、去、入各一卷, 其中平声韵 57、上声韵 55、去声韵 60、入声韵 34, 计 206 韵。《广韵》基本采用了《切韵》的反切系统, 在"王三"发现之前, 《广韵》一直是后人研究《切韵》音系的最主要依据, 明清学者干脆将二书视同一物。《广韵》既注音又释义, 具有字典的性质, 可以

---

① 殷焕先、张玉来:《陆法言〈切韵·序〉释要》,《楚风汉韵何悠悠——廖序东先生纪念文集》, 王建军、李申主编, 高等教育出版社 2007 年版, 第 180 页。

② 平声分两卷是字多的缘故, 与今天所谓的阴阳平无关。

作字典用,但其主要价值在语音方面。《广韵》对中古汉语的语音系统有较为全面地反映,据此可以上推古音,下探现代音,历来被视为汉语音韵学的入门书。《广韵》的编排体例是:先按四声分韵;韵目用数字来表明次第(如"一东二冬三钟……二十八山"为上平声);各韵目之下所辖字为同韵字,一韵之中,又按声母不同分列;同音字排列一组,中间用"O"隔开,每一组称为一个"小韵"(又名"纽"),其中的第一个字即为代表字;每一个小韵首字下用反切注音,并标明下辖字数,多音字再另加注反切。《广韵》今有周祖谟的校本和余廼永的新校互注本。

《集韵》系丁度等人奉敕编撰,比《广韵》晚出数十年(1039),虽分部上仍仿照《广韵》,但有革新之所:一是改动反切,消除类隔①现象(如"悲",《广韵》府眉切,《集韵》逋眉切;"贮",《广韵》丁吕切,《集韵》展吕切),使字的注音能反映实际的语音变化;二是收字达 53 525 个,比《广韵》多出一倍,其中有历朝历代的大量俗字(如"夥""鸽"等),考证方言本字的学者亟称其便;三是删略《广韵》中与释义无关的资料,突出韵书的特色与价值。

由金代韩道昭撰写的《五音集韵》全称《改并五音集韵》。顾名思义,其书的特色在于对以往韵书过细的分部进行归并,即根据实际语音将长期沿用的 206 韵改并为 160 韵。另外,将韵内字按"五音"(即三十六字母)排列也是该书的一种创举,反映出宋代等韵研究的状况。

被称为"平水韵"的两部书均已亡佚:一为金王文郁编著的《平水新刊韵略》,内中将 206 韵并为 106 韵;一为宋江北平水刘渊编著的《壬子新刊礼部韵略》,内中将 206 韵并为 107 韵。自此,"平水韵"成为宋代以后诗人创作旧体诗时的押韵依据。

(三) 等韵学及韵图的诞生

等韵学是汉语音韵学的一个新的分支,是关于汉语音节分析的一门学科,其中蕴涵的一些思想和做法颇有现代语音学和音位学的色彩。汉语音节是由声、韵、调组成的一个模块或魔方。等韵学的形成离不开人们对汉语音节结构的认

---

① "类隔"即声类相隔,也就是反切上字与被切字不同类。

识。唐以前,学者们对声调和韵(韵部)就有了清晰的认识,只是声母之说尚未产生,但这并不意味着人们对声母一无所知。汉语联绵词中的双声类的存在表明了古人对声母的一种直觉。中古史料中记载的一些相关的文字游戏也可为佐证。例如:

> 陇西李元谦乐双声语,常经文远宅前过,见其门阀华美,乃曰:"是谁第宅过佳?"婢春风出曰:"郭冠军家。"元谦曰:"凡婢双声。"春风曰:"儜奴慢骂。"元谦服婢之能,于是京邑翕然传之。(北魏杨衒之《洛阳伽蓝记》卷五)

> (玄保)子戎少有才气,而轻薄少行检,语好为双声。江夏王义恭尝设斋,使戎布床,须臾王出,以床狭,乃自开床。戎曰:"官家恨狭,更广八分。"王笑曰:"卿岂唯善双声,乃辩士也。"文帝好与玄保棋,尝中使至,玄保曰:"今日上何召我邪?"戎曰:"金沟清泚,铜池摇扬,既佳光景,当得剧棋。"玄保常嫌其轻脱,云:"此儿必亡我家。"(《南史》卷三十六"羊玄保传")

大约迟至晚唐五代,字母之学始正式产生,当时提到的字母就是今天所说的声母。敦煌发现的写本《归三十字母例》残片和《守温韵学残卷》都提到了 30 个字母。尤其值得一提的是,守温还将这 30 个字母按照发音部位加以排列。详情如下:

唇音　不芳并明

舌音　端透定泥

　　　知彻澄日

牙音　见溪群来疑

齿音　精清从

　　　审穿禅照

喉音　心邪晓

　　　匣喻影

由此可见,唐人不仅能够区分发音部位,而且对发音方法(如送气与不送气、清与浊)也了然于胸,其音理审辨能力已十分高超。所有这些,都为汉语音韵学从孕育走向成熟奠定了坚实的基础。

到了宋代，人们又增加了非、敷、奉、微、床、娘 6 个。这 36 个声母按发音部位和发音方法可排列如下（见表 2-1）：

表 2-1 中古 36 个字母示意表

部位		方法					
		全清	次清	全浊	次浊	全清	全浊
唇音	重唇	帮	滂	並	明		
	轻唇	非	敷	奉	微		
舌音	舌头	端	透	定	泥		
	舌上	知	彻	澄	娘		
齿音	齿头	精	清	从		心	邪
	正齿	照	穿	床		审	禅
牙音		见	溪	群	疑		
喉音		影			喻	晓	匣
半舌音					来		
半齿音					日		

字母之学同样是受到印度语音学影响的产物，上述字母的命名者和制订者主要是佛教徒，守温即为其一。郑樵《通志·七音略》对此有所描述："七音之韵，起自西域，流入诸夏，梵僧欲以其教传之天下……华僧从而定之，以三十六为之母，重轻清浊，不失其伦，天地万物之音，备于此矣。"在对汉语的声、韵、调各个特征有了充分的认识后，等韵学终于兴起了。所谓"等韵"就是以等分韵的意思，即按照主要元音的洪细、介音的有无分为"等"（一二三四等）和"呼"（开口呼、合口呼）。可见，等韵学是建立在审音的基础上的，这从一个侧面证明了中古学者的辨音能力。等韵学发展到一定时候就出现了等韵图（简称"韵图"）。韵图其实就是古人制作的反映声韵调拼合方式的拼音表，是反切注音法的一种直观显示。韵图大致有以下几点作用：阐明反切、辨明音读、方便练音、反映音变。韵图同样是佛教影响下的产物。何九盈指出："和尚们在'悉昙'的启发下创造了反映汉语特点的韵图。"[1] 这里所谓的"悉昙"即"悉昙章"，是古印度盛行的一种

---

[1] 何九盈著：《中国古代语言学史》，广东教育出版社 2000 年版，第 146 页。

供儿童识字用的梵文拼音表,以元音为经,以辅音为纬,二者轮流相拼,由此得到若干音节。在梵汉对译的过程中,译经者受到悉昙章的触动,最终创制出了一系列适合汉语音韵系统的音节表——韵图。鉴于韵图在语音教学方面的特殊功用,我们有理由认为各类塾师也可能在创制过程中发挥了一定的才智。《韵镜》是现存最早的韵图,由43张图构成,共收字3 695个,每个字代表一组同音字,基本来自《广韵》的小韵首字。鲁国尧认为《韵镜》经过了数代人增补修订,属于层累的产物,其雏形可能见于唐代[①]。杨军则进一步指出:"根据它们产生的条件来推断,或许就在隋末唐初,至迟不应晚于八世纪。"[②] 至宋代,韵图大致成熟而定型,著名的有《七音略》《切韵指掌图》《四声等子》等,后二者较前人有两个明显的改进之处,那就是消除了反切的声母类隔现象、归并了一些难以辨别的韵部,因此在一定程度上简化了韵图的结构,此举表明了韵图编制者的发展观和实用观。另外,等韵门法的创立也在宋代,其目的就是指导人们如何利用韵图来正确拼读反切。下面介绍几个与韵图有关的重要术语。

(1)"转"。"转"是古代韵图中常见的术语,有辗转、轮流拼合的意思,就是声母与韵母辗转相拼,拼出一个个字音来。"转"从佛教的"转唱"而来,一个韵母与所有的声母轮流相拼就是"转"。

(2)"呼"。"呼"始见于宋代的韵图。宋人根据韵头(介音)的不同把韵母分为"开口"与"合口"两呼:凡韵头是[u]或以[u]作主要元音的叫合口呼,反之则为开口呼。"开合"在《七音略》中被改称为"重轻"。

(3)"等"。"等"是等韵学的核心概念。韵图按照主要元音的洪细及介音的有无把韵分为四等:无[i]介音而元音开口度最大的为一等;无[i]介音而元音开口度次大的为二等;有[i]介音而元音开口度较小的为三等;有[i]介音而元音开口度最小的为四等。清儒江永有言:"音韵有四等:一等洪大,二等次大,三四皆细,而四尤细。"由于受韵图容量和编制方式的局限,韵图中字的实际等级有时与所处位置不相吻合,造成了假等字,常见的有假二等字和假四等字。

---

① 笔者在南京大学求学期间曾数度聆听鲁国尧先生开设的"汉语音韵学"课程,此观点即由课堂得之。
② 杨军著:《韵镜校笺》,浙江大学出版社2007年版,自序第7页。

(四) 古音学的萌生

到了唐宋时期,汉语音韵学另一重要分支——古音学开始萌生。古音学以上古音为研究对象,在当时属于历史语音学的范畴。早在六朝时期,学者在给上古典籍加注音义时就感觉了古今语音的不谐之处。由于未树立科学的语音史观,缺乏古今音变的观念,人们无法正确理解这种现象,也找不到处理失谐现象的良策,只好采用实用主义的做法,任意篡改古音,使之贴近今音,这就是所谓的"叶音"或"协音"。"叶音"是一种以今律古的主观做法,其后果是将古音研究引向了歧途。当然也有人保持了清醒的头脑,陆德明在《经典释文·毛诗音义》中即云:"古人韵缓,不烦改字。"陆氏明确指出古韵不同今韵,反对以今律古、改字协韵。可惜陆氏的这种先见之明在当时无人喝彩。"叶音"说从唐至宋愈演愈烈,宋代达到了登峰造极的地步。朱熹的《诗集传》即完全以"叶音"说为据,同样一个"母"字,竟分别被注以"莫后反""满补反""满彼反""满补反""满洧反""满委反"。南宋时的吴棫是跳出"叶音"说并且致力于上古音研究的第一人。吴氏的《韵补》五卷被誉为古音学的发端之作。细究之下,吴棫在古音学方面的贡献有三:一是秉承唐陆德明"古人韵缓"思想,明确指出古人用韵、分韵宽而后人用韵、分韵细;二是利用韵文押韵和谐声偏旁等资料来考求古韵,并首次将古韵粗略分为九部:东、支、鱼、真、先、萧、歌、阳、尤;三是多少探得一些"依声寓义"的真谛,尽管思路尚欠清晰,但无疑直启清儒"因声求义"的方法。应该说,吴棫的古音研究已经为清代的古音学在理论和方法方面作了双重的铺垫。吴棫之后,南宋的郑庠也在《古音辨》中对古韵进行了离析,将古韵分为六部:阳、支、先、虞、尤、覃。尽管郑氏分韵比吴棫要宽,但体系性颇强,尤其是入声韵的编配较严,对清代的顾炎武具有较大的影响。就总体而言,唐宋人缺乏明确的古今音变观念,仅对上古韵作了一些简单的归并和分类。因此,他们对古音学的贡献主要停留在宏观层次,至于微观研究则破绽百出,可取之处有限。

■二、中古的语义研究

中古的语言研究继承了先秦两汉的传统,在语义研究领域也颇有建树。语义研究之所以在中古备受重视,恐与经学的昌盛和科举的兴起密不可分。中古的语义研究主要覆盖两个领域：传统的雅学研究和新兴的音义训诂。

(一) 雅学研究

雅学研究是先秦以来不断形成的汉语语言研究的一个传统项目。中古时期的代表之作有《广雅》《小尔雅》《埤雅》《尔雅翼》等。自此，雅学经久不衰，成为历代语义研究的必修科目。

《广雅》出自魏张揖之手，名为《尔雅》的增益之作，但书中并不含《尔雅》原文，实为一种补编本。全书在篇制（从"释诂"到"释兽"19篇）和释义方式方面（以一词统众词）基本一仍《尔雅》其旧。《广雅》列条目2 345条，比《尔雅》多出298条，其中有不少是汉魏之际产生的新词新语，如书中所列的"始"的19个同义词"古、昔、先、创、方、作、造、朔、萌、芽、本、根、蘽、蛙……孟、鼻、业"就均不载于《尔雅》。因此，《广雅》是秦汉至魏期间汉语新词新义的一大总汇，李开据此称该书为"汉魏词义府"[①]。后人往往利用它来考释汉魏作品中的语词。例如，司马迁《报任安书》有言："仆尝厕下大夫之列。"其中的"厕"是汉代的新词，为《尔雅》所不载。《广雅·释言》："厕，间也。"可见，《广雅》尽管收列了不少先秦语词，但着眼点是汉魏以来的"今语"。另外，《广雅》还对《尔雅》的一部分已收之词补充新的说解，以求跟进时代。例如，"恒山"因避汉文帝刘恒的讳而改称"常山"，《广雅·释山》即对此有所说明。不尚古而崇今，这是《广雅》对雅学传统的一次成功突破。

循此改革精神，宋代推出了两部新的雅学著作——陆佃的《埤雅》和罗愿的《尔雅翼》，二书均以搜集、训释新词新语为己任。《埤雅》共20卷，其中《释鱼》2卷、《释兽》3卷、《释鸟》4卷、《释虫》2卷、《释马》1卷、《释木》2卷、《释草》4卷、《释天》2卷，但收词不多，仅296条（一说297条），主要以自然科学条目为主，类似生物小百科词典。由于作者注重联系实际生活，所以释义时不仅旁征博引各类资料，而且时常将个人的生活积累掺入其中。陆宰《埤雅序》云："先公作此书……不独博极群书，而农父牧夫、百工技艺，下至舆台皂隶，莫不谘询。苟有所闻，必加试验，然后记录，则其深微渊懿，宜穷天下之理矣。"这种既作考辨、又发议论的训释方法显然又是一种新

---

① 李开著：《汉语语言研究史》，江苏教育出版社1993年版，第73页。

的尝试。《埤雅》中的许多条目看起来不像是语词释义,倒像是名物介绍。由此,名物训诂在雅学研究中别成一流。如卷十一《释虫》仅"释鼠"一条就写了 1 000 余字,内容涉及鼠的名称、形貌、习性等多方面,堪称一篇科普小论文。在解说过程中,陆佃还时时探讨名称之源,有时采用声训之法,如"蝐,蝐可以治胃疾"之类即是。受王安石《字说》的影响,陆氏解说中不乏臆测之处,对"老鼠"的解释是:"又鼠类最寿,俗谓之'老鼠'是也。若'老鹳'、'老鸱'、'老乌'之类以'老'称,亦此类。"又如:"狼,豺祭狼卜,又善逐兽,皆兽之有才智者。故豺从才,狼从良作也。""猫,鼠善害苗,而猫能捕鼠,去苗之害,故猫之字从苗。"其任意发明的程度丝毫不减于汉儒的声训。罗愿的《尔雅翼》有 32 卷,全部词条只涉及草、木、虫、鱼、鸟、兽等生物,因而被誉为我国第一部生物学词典。与《埤雅》相仿佛,《尔雅翼》也是一部注重物原考证的名物训诂著作,其内容大多建立在作者观察与研究客观事物的基础上,某些条目的解说甚至要比《埤雅》来得更加细致、生动,足见作者独具之慧眼。如卷五《释兽》"鼠"条:"鼠,盗窃小虫,夜出,昼匿穴,虫之黠者……好自扬弄其须,禾稼成时,辄相率窃取覆藏之,以为冬储。"卷二十五《释虫二》"莎鸡"条:"莎鸡,振羽作声,其状头小而羽大,有青褐两种,率以六月振羽作声,连夜札札不已,其声如纺丝之声,故一名梭鸡,一名络纬,今俗久谓之络丝娘。盖其鸣时,又正当络丝之候。……但蟋蟀与促织是一物,莎鸡与络纬是一物,不当合而言之尔。……盖二虫皆似机杼之声,可以趣妇功,故易于紊乱。"解说兼有知识性和趣味性是《尔雅翼》的一大特色。清代的"《说文》四大家"之一的桂馥对该书赞赏有加,他的《说文义证》即对罗氏的说法多有采信之处。不过,《尔雅翼》考据太繁、解说过细的做法有时也会招致后人的诟病。此外,《尔雅翼》对有些条目如"猩猩""狒狒""穷奇"的解说也不免真伪掺杂,语出无稽,这同样是受王安石《字说》影响的结果。《埤雅》和《尔雅翼》均出自宋人之手,其如出一辙的训诂方式恰恰演绎了宋学的两大基本特征:讲求义理和讲求实用。[①] 对于二书在中国辞书史上的地位,刘叶秋在《中国字典史略》给予了恰当的评价:"总起来说,《尔雅翼》和《埤雅》显示《尔雅》派辞书的进化之处,主要在于:一、解释详明,不再像《尔雅》《广雅》那样简略,二、古今互用,名实结合,虽有引证,亦谈经验。"[②]

---

① 张国刚、乔治忠等著:《中国学术史》,东方出版中心 2002 年版,第 348 页。

② 刘叶秋著:《中国字典史略》,中华书局 1983 年版,第 123 页。

(二) 音义训诂

音义训诂是魏晋之际发展出来的一种新的古籍注释形式,其特点是以注音为主,因音辨义。这既是出于通读古籍的需要,又是为了督正人们的读音。需要指出的是,当时督正读音的最佳方法是加注反切,因此音义研究是反切发明后的产物。由音达义是音义研究的归宿,这明显区别于先秦两汉以释义为主的训诂做派,所以说音义研究是中古新生的语义研究模式。从研究对象看,中古的音义研究分为两个阶段:前期是经典音义,后期是佛典音义。

1. 经典音义

给经典注音义始于魏晋南北朝,并且很快风行起来,前代的所有重要经典几乎都被时人注以音义。陆德明的《经典释文》是音义训诂方面的扛鼎之作,堪称六朝音义的总汇。《经典释文》全书共 30 卷,专为儒道两家的文献撰录音义,计有《周易音义》《古文尚书音义》《毛诗音义》《春秋三传音义》《老子音义》《庄子音义》《尔雅音义》等 14 种,这 14 种音义书同时对经文和注文加以注音释义。考证字音、贯通字义是陆氏的出发点和归结点。按之于今人目光,《经典释文》对语言文字学至少有如下之贡献:一是广采博收汉魏六朝 230 余家的反切资料,一字往往收有多个反切(包括方音的反切),涉及古音、旧音、今读、俗音等,从而为后世保存了丰富的反切资料,对后人研究这一时期的语音变迁和方音概貌极具价值;二是拥有丰富的直音资料,在传递语音信息的同时,又频频触及古今字、通假字、假借字和异体字等问题,对中古的文字研究大有裨益;三是在释义上搜访异同,胪列诸说,详加审辨,以定是非;四是对因传抄而致误的经典异文进行校正,订正了数百处讹误;五是在注音、释义、校订方面形成了一系列体例和一整套术语,为后世的训诂学、校勘学提供了极好的范例;六是保存了大量失传文献的资料,尤其是六朝的韵书和书注(如向秀和司马彪的《庄子注》、孙炎和刘歆的《尔雅注》等),大大有助于后代的辑佚工作。

2. 佛典音义

佛典音义其实是经典音义的一种延伸。佛典音义书的撰作显然受到经典音义书的直接影响。据考证,北齐时代就已有佛典音义著作问世,但其鼎盛期则在隋唐之后。自唐至宋先后产生了三部《一切经音义》：玄应《一切经音义》(25 卷)、慧琳《一切经音义》(100 卷)和希麟《续一切经音义》(10 卷)，后人求便，分别简作《玄应音义》《慧琳音义》《希麟音义》。"一切经"即大藏经，是佛教全部经典的总称；《一切经音义》的名称显示这是一种穷尽式的音义研究。在上述三部佛典音义中，《慧琳音义》堪称集大成之作，它收罗、改造了玄应的《一切经音义》、慧苑的《华严经音义》、云公的《大般涅槃经音义》等前期音义著作，解释的佛经有 1 233 部计 5 250 卷，全书达百余万字。[①] 而《希麟音义》是对《慧琳音义》的补充之作。这三部书的共同价值在于：

一是收录了大量汉代至辽代的外来词，其中大部分为佛教词语，如"佛、比丘、长者"等，这些词语基本不为传统的中土文献所载。据徐时仪统计，仅《慧琳音义》一书收录的外来词即达 3 200 余条。[②] 这些外来词主要来自梵语，少量来自西域或中南半岛地区的少数民族语如"胡语""蕃语""昆仑语""鲜卑语"等，例如"氍毹(即地毯，胡语)""荜茇(即胡椒，蕃语)""阁蔑(即高棉[③]，昆仑语)""秃檀国(即十六国之一的南凉，鲜卑语)"。

二是汇集了丰富的六朝隋唐时期的口语词，如"团栾""隆侯子""捆裂""乳糜"等，为后世的词义训诂和俗语词研究提供了极大的帮助。如《五灯会元》卷八"不阻来意"中的"阻"即为当时的口语词，义为"疑"，此解即得之于《慧琳音义》。今人蒋礼鸿的《敦煌变文字义通释》、江蓝生的《魏晋南北朝小说词语汇释》对这几种音义资料也多有利用。

三是保存了自服虔《通俗文》以来的许多俗文字材料，诸如异体字、地方字和俗体字等。如"箸"的俗体"筯"，"稍"的江南变体"鉧"，"婪"的异体"㛏、惏"等。这些资料不仅对考察俗文字的历史演变极为有用，同时也对文字训诂大有裨益。

四是拥有一个较为完整而单纯的反切系统，提供许多切实可靠的历史语音信息，因而对研究唐代乃至整个中古音系不乏独特的价值。姚永铭即列举了《慧

---

① 姚永铭著：《慧琳〈一切经音义〉研究》，江苏古籍出版社 2003 年版，第 12 页。
② 徐时仪著：《慧琳音义研究》，上海社会科学院出版社 1997 年版，第 84 页。
③ 今柬埔寨。

琳音义》在弄清《切韵》异切性质、印证《切韵》注音、考量《切韵》音系影响及探讨《切韵》音系性质等四个方面的积极意义。[①]

五是引用了唐以前的多种文献(如《说文解字》《方言》《要用字苑》《字统》等),总量达 240 余种,其中不少已在后世陆续亡佚。后人从事校勘与辑佚工作时对之多有依傍,如任大椿撰《小学钩沉》、马国翰撰《玉函山房佚书》。

(三) 古籍注疏

除了上述两类语义研究,中古在古书注释方面也成绩斐然,这项工作主要由唐宋学者承担并完成。唐宋的古书注释多以汉儒的传注成果为参照,属于注释之注释。"疏"或正义的含义恰表明了这一点。众所周知的《十三经注疏》即告成于此期。唐代完成的注疏有:孔颖达的《周易正义》《尚书正义》《毛诗正义》《礼记正义》《左传正义》,贾公彦的《周礼疏》《仪礼疏》,徐彦的《公羊传疏》,杨士勋的《谷梁传疏》。宋代完成的注疏有:邢昺的《尔雅疏》《论语疏》《孝经疏》,孙奭的《孟子疏》。此外,唐李善的《文选注》、张守节的《史记正义》、颜师古的《汉书注》以及宋朱熹的《诗集传》和《四书章句集注》也都是此期诞生的彪炳千秋的训诂名著。

■ 三、中古的语法研究

中古是中国语法学的真正确立时期。此期的语法研究分对内和对外两个领域。对内的研究即汉语语法研究,对外的研究则指梵语语法研究。

(一) 汉语语法研究

在汉语语法研究领域,中古学者既有对传统的继承,又有新的拓展。魏晋南北朝的语法研究更多体现出继承的一面。例如,魏晋注释书中的语法分析大致遵循两汉的套路,仍偏重对具体现象的说解,缺乏规则的概括和理论的总结,连相关的术语都不用。此期颇可称道的研究当属虚词研究。相关的著作有两部:一是《颜氏家训·音辞篇》,另一是《文心雕龙·章句》。《颜氏家训·音辞篇》的出

---

① 姚永铭著:《慧琳〈一切经音义〉研究》,江苏古籍出版社 2003 年版,第 88—102 页。

彩之处是从读音、语法位置和语用功能入手详细探讨了"焉""邪""也"等三个虚词的差异："'焉'者,鸟名,或云语词,皆音于愆反。……若训'何'、训'安',当音于愆反……若送句及助词,当音矣愆反……'邪'者,未定之词。……而北人即呼为'也',亦为误矣。"辨析之精前无古人。《文心雕龙·章句》给语言学家留下最深印象的地方是在篇中首次阐述了虚词的类别及作用:"至于夫、惟、盖、故者,发端之首唱;之、而、于、以者,乃札句之旧体;乎、哉、矣、也,亦送末之常科。"这种分类完全从语气及用途着眼。以上均是典型的修辞语法研究例。修辞语法研究在当时如此受到文人的垂青与中国古典文学批评理论臻于成熟不无关联。

唐宋时期,汉语语法研究在一定程度上接受了梵语语法学的熏染,汉语语法的系统观初步形成。作为本土学者,孔颖达在《左传正义》中首次使用了语言学意义上的"语法"之说。《左传·昭公二十年》"尔其勉之! 相从为愈",孔疏:"服虔云'相从愈于共死',则服意'相从',使员从其言也。语法,两人交互乃得称'相',独使员从己,语不得为'相从'也。"孙良明阐述了其中蕴涵的历史意义:"'语法'术语的提出,标志着孔氏语法观的树立,表现出古代学者对语法结构的认识从感性到理性的发展。"[①]继孔颖达之后,宋金学者又多次论及"语法",使"语法"之说得以在汉语语言学中深深扎根。倘若孔氏所谓的"语法"还可理解为"文理、文脉"的话,那么宋人笔下的"语法"就只能是指"语句结构"或"语句规则"了。例如:

> 《诗经·邶风·式微》:"式微式微,胡不归? 微君子故,胡为乎中露? 式微式微,胡不归? 微君子故,胡为乎泥中?"王质《诗总闻》:"'中露''泥中'言行役冒犯之苦。语法如此,未必是地名也。"

> 《庄子·外篇·天地》:"与之配天乎? 彼且乘人而无天。方且本身而异形,方且尊知而火驰,方且为绪使,方且为物絯,方且四顾而物应,方且应众宜,方且与物化而未始有恒。夫何足以配天乎? 虽然,有族有祖,可以为众父而不可以为众父父。治,乱之率也,北面之祸也,南面之贼也。"陈叔方《颍川语小》卷下:"此八用'且'字,而上下呼应,则用'乎'字,语法尤紧,又用'虽然'作

---

① 孙良明著:《中国古代语法学探究》,商务印书馆 2002 年版,第 178—179 页。

转折以和之,亦此意也。"

唐宋时期的语言学家不仅树立了语法的系统观,而且特别精于具体语法事实的分析。这些分析多散见于时人的注疏和笔记之中,如颜师古的《汉书注》、朱熹的《孟子集注》、洪兴祖的《楚辞补注》、邢昺的《论语义疏》、张炎的《词源》、洪迈的《容斋随笔》、罗大经的《鹤林玉露》等。而颜师古的《汉书注》堪称这方面的翘楚。例如:

> 《汉书·五行志》:"桓公不寤,天子蔽晦。"师古曰:"被掩蔽而暗也。"
>
> 《汉书·李广苏建传》:"今我留,匈奴必以我为大军之诱,不我击。"师古曰:"不我击,不敢击我也。"
>
> 《汉书·匈奴传》:"李广出雁门,为胡所败,匈奴生得广,广道亡归。"师古曰:"于道上亡还。"
>
> 《汉书·陈胜项籍传》:"羽已破走彭城。"师古曰:"击破之令其走。"
>
> 《汉书·文帝纪》:"高帝王子弟,地犬牙相制,所谓盘石之宗也。"师古曰:"犬牙,言地形如犬之牙交相入也。"

上述分析涉及句式、语序、词类活用、复合词的构造等问题,几乎涵盖了语法分析的各个主要面。孙良明对此有中肯的评价:"表现在《汉书注》中的语法分析,跟前代不同的有突出的两点,一是重视区分词的语法类别特别是动词的用法,一是重视分析复合词的构成。这似是受梵文语法的影响。"[1]

属于"语法"下位概念的"句法"一词最早出于宋人之口。例如:

> 句法本黄子,二豪与揩磨。(苏轼《次韵范淳父秦少章》)
>
> 《十九首》"青青河畔草,郁郁园中柳。盈盈楼上女,皎皎当窗牖。娥娥红粉妆,纤纤出素手",一连六句皆用叠字,今人必以为句法重复之甚,古诗正不当以此论也。(严羽《沧浪诗话·诗评》)
>
> "楚狂接舆歌"《史记》作"往者不可谏兮,来者犹可追也"。比《论语》

多二字,宛是《楚辞》句法。(陈叔方《颍川语小》卷上)

宋人心目中的句法虽未从根本上摆脱造句方法的嫌疑,但指称句式的意味已相当浓厚,这与现代句法的概念已十分接近。

由于有了系统的语法观,唐宋学者在词类研究中连连奏捷,对前人屡有超越。例如,孔颖达第一次以词义为标准,提出"凡辞皆不为义"的观点。孔氏在《五经正义》中按意义将汉语的词分为"为义"的义类词和"不为义"的非义类词,这两类词实际上相当于后来所谓的实词与虚词。可以认为,汉语词类虚、实二分的局面是在唐代奠定的。首次明确提出"实字"和"虚字"说的则是宋代的学者。刚开始的"实字"是指名词,"虚字"是指动词和形容词,但后来不久就分别相当于现代的实词和虚词了。例如:

东坡教诸子作文,或辞多而意寡,或虚字多,实字少,皆批谕之。(周辉《清波杂志》卷七)

杜陵诗云:"桑麻深雨露,燕雀半生成。"后人诗云:"辍耕扶日月,起废极吹嘘。"或谓虚实不类,殊不知生为造,成为化,吹为阴,嘘为阳。气势力量与日月字正相配也。(罗大经《鹤林玉露》卷三)

词与诗不同,词之句语,有二字、三字、四字至六字、七八字者,若堆叠实字,读且不通,况付之雪儿乎?合用虚字呼唤,单字如"正"、"但"、"任"、"甚"之类,两字如"莫是"、"还又"、"那堪"之类,三字如"更能消"、"最无端"、"又却是"之类。此等虚字,却要用之得其所。(张炎《词源》卷下)

应该说,注重概念建设和分类研究是唐宋人在汉语语法研究中取得实绩的关键。

还需要肯定的一点是,唐宋人已经跳出了以意义给语词分类的历史窠臼,开始频频注意到了功能在语词分类方面的特殊价值。柳宗元在《复杜温夫书》中指出:"所谓'乎''欤''耶''哉''夫'者,疑辞也;'矣''耳''焉''也'者,决辞也。"刘知几在《史通》中则云:"是以'伊''惟''夫''盖',发语之始也;'焉''哉''矣''兮',断句之助也。"无论是将表语气的"助字"分为"疑词"和"决词",还是分为"发语之始"和"断句之助",其着眼点都是虚词的表达功能。

(二) 梵语语法研究

如前所称,梵语语法观是推进此期汉语语法研究的外因。中国学者对梵语语法的认识当然起于佛经翻译。因为梵语与汉语属于两种完全不同类型的语言,语法之间的差异在对译过程中无法回避。译者在感受梵语语法特点的同时,势必会对汉语语法产生独到的感悟。对梵语语法有所体认并加以介绍的首先是佛门人士。据孙良明的考察,东晋后秦时期的最重要的译经僧鸠摩罗什(Kumārajīva)在其所译的《大智度论》卷44第一次提到了"天竺语法"这一特定名称。[①] "天竺语法"之"语法"是对梵语Vyākaraṇa的意译。对于Vyākaraṇa的含义,高名凯作了如此解说:"印度人称语法为Vyākaraṇa,意思就是'分离、分析',即对语言的各种语法形式加以分离或分析。"[②] 由此可见,汉语研究中的"语法"一说不是译自现代欧洲而是源于古印度。对梵语语法的一些具体特点,当时佛教文献也略有介绍,如南朝齐梁年间的僧祐在《出三藏记集》卷第一即云:"至于胡音,为语单、复无恒,或一字以摄众理,或数言而成一义。……且胡字一音不得成语,必余言足句,然后义成,译人传意岂不艰哉!"这一段话主要揭示了梵语的多音节构词特点。唐代开始,中国学者(主要是译经僧,如玄奘、慧立、义净等)对梵语语法的介绍更趋详细,这些内容多见于唐译佛典的"中国撰述"部分。介绍的内容侧重于两个方面:一是梵语语法的研究大师潘尼尼(唐人译为波你尼、波腻尼或波尼你),像玄奘《大唐西域记》卷二、慧立等《大慈恩寺三藏法师传》卷三、义净《南海寄归内法传》卷四都扼要地叙述了潘尼尼的生平及其语法巨著;二是梵语语法的特点,此为唐人介绍的重点所在。唐人着重介绍了梵语语法的三块内容:构词法、名词格变、动词变位。在介绍梵语构词法时,唐人引进了"字界""字缘""六释"这几个基本概念:"字界""字缘"指的是派生词构词法,"六释"指的是复合词构词法。孙良明对这几个术语作了如下解说:"字界是梵语dhātu意译,又作语界、字元、字体,指动词词根。字缘是梵语pratyaya意译,又作语缘,指附于动词词根使变为名词、形容词之结尾部分。后字界泛指词根,字缘

---

① 孙良明著:《中国古代语法学探究》,商务印书馆2002年版,第151页。

② 高名凯著:《语法理论》,商务印书馆1960年版,第1页。

泛指词根之词缀、词尾等。……所谓六释是梵语 satsamāsāh 意译，指复合词的六种构造法。一曰依主释……指前后有格位关系，如'山寺'是山之寺，'王臣'是王之臣。二曰有财释……指作形容词使用的复合词，如'疲倦''喜笑的'。三曰持业释……前部分像状语或同位、表示比较等，如'很舒服''非常远''雪白'。四曰相违释……是并列复合词，如'妻子''山川草木'。五曰邻近释……为副词复合词，如'时刻''一生一世'。六曰等数释……前者为数词，如'三界''四方'。"① 梵语名词有性、数、格等多种词形变化，名词的格变是唐人探讨的另一要点。玄奘译《瑜伽师地论》卷二和义净译《根本萨婆多部律摄》卷二都提到的"七例"即指名词的七种格变。法藏《华严经探玄记》卷三对梵语名词的格变介绍得尤为全面，其中的"八转声"代表的就是梵语名词的八种格，分别是主格（直指陈声）、宾格（作业声）、工具格（作具声）、与格（所为声）、从格（所因声）、属格（所属声）、位格（所依声）、呼格（呼召声）。法藏还论及了梵语名词的三种性和三种数。三种性分别是阳性（男声）、阴性（女声）和中性（非男女声），三种数分别是单数（一声身）、双数（二声身）和复数（多声身）。梵语动词也富于变化，《大慈恩寺三藏法师传》卷三提到了动词的为他语态和为自语态，《南海寄归内法传》卷四则讲述了动词的"十罗声"和"三世"。对"十罗声"和"三世"，孙良明的解释是："所谓'十罗声'指……表示梵语动词时态和语态变化的十种形式；所谓'三世'是过去、现在、将来三个时态。"② 中古僧人大力介绍梵语语法的目的是从语法的角度来解释佛经，特别是当梵语语法与汉语语法明显不合的时候。试看《华严经探玄记》中的这一段文字："'及劫尽火中'者，此言顺西国语，若顺此应言'劫火尽中'。此言不足，若具应云'劫火尽时在光音中'，以颂迮巧略故也。"引语中的"西国语""此"分别指梵语、汉语。在此，法藏不仅比较了梵语句法与汉语句法的差异，而且还揭示了造成这种差异的原因。从整体情况看，中古僧人对梵语语法的介绍与分析是简略而不成系统的，人们很难从中把握住梵语语法的大局。这种情况的出现不是偶然的，完全受制于当时的研究目的和实际需要。对佛家而言，介绍和研究梵语语法旨在帮助人们通读佛经，并不是为了普及语法知识，更不是

① 孙良明著：《中国古代语法学探究》，商务印书馆 2002 年版，第 163—164 页。
② 孙良明著：《中国古代语法学探究》，商务印书馆 2002 年版，第 169 页。

为了培养语法研究家。当然他们的所作所为还是带来了一些意想不到的积极成果：开阔了人们的语法研究视野，增进了人们的语法比较观念，进而促使人们更新语法研究思路。就此而言，介绍和研究梵语语法对汉语语法研究并不意味着一场无用功。

应该承认，中古时期的汉语语法研究和梵语语法研究之间尽管不乏沟通与借鉴，但大体属于"两张皮"，远未达到融会贯通的地步，以致当时没能出现一本在梵语语法观指导下编就的汉语语法著作。周一良曾就此发出如下的感慨："马眉叔学了拉丁语，才有《马氏文通》出现。他的方法对不对是另一回事，假如六朝隋唐的高僧像他一样，应用梵文文法的规则编几部当时的文法，岂非真是'嘉惠后学'？"[①]梵语语法研究与汉语语法研究未能实现结合的原因除了当时人们的主观意识淡薄外，更多是因为梵语语法与汉语语法之间的巨大反差。这也从一个侧面说明时人对梵语和汉语在语言类型方面的客观差异是有清醒认识的。

■四、中古的文字研究

中古的文字研究在整个语言文字学领域实属弱项。"弱"的表现有二：一是研究阵容不强，有名有姓之辈屈指可数；二是研究成果不丰，能为后世称道的佳作实在有限。还有一点为后学所不容，那就是从魏晋至唐宋的研究总体上是在走下坡路。

（一）魏晋南北朝文字研究

《字林》和《玉篇》是魏晋之际出现的最有影响的两部字书，也代表了六朝文字研究的最高水平。

《字林》为晋吕忱所撰，此书的体例和释义方法大致沿袭《说文解字》，目的是补《说文解字》之缺漏。《字林》对《说文解字》的最大突破主要是在字数上，共收字 12 824 个，比《说文解字》多出了 3 471 字，这些字大致是汉魏到晋末之间的新增字（如"搀""殉""挐"等）。《字林》对《说文解字》的第二大突破是在

---

① 周一良著：《魏晋南北朝史论集》，中华书局 1963 年版，第 336 页。

注音方式上,即全面采用新兴的反切法。裴松之的《三国志注》和范晔的《后汉书》都曾引用过其中的反切。另外,对《说文解字》已有字在魏晋新生或发展出来的意义,《字林》往往也能给予确解或新说。例如:

> 《说文解字·穴部》:"窥,小视也。"
>
> 《字林·穴部》:"窥,倾头门内视也,又小视也。"
>
> 《说文解字·言部》:"诠,具也。"
>
> 《字林·言部》:"诠,具也,谓具说事理。"

所有这些都一再表明:《字林》尽管在诸多地方附托《说文解字》,但仍在一定程度上反映了语言的发展状况,是一部与时俱进之作。清代的任大椿在《字林考逸·序》中由衷称道:"《字林》实承《说文》之绪,开《玉篇》之先。"因为要揭示汉字在《说文解字》之后的发展状况,所以《字林》时时注意与《说文解字》之间的比照。这种对比研究法非常值得首肯。李开指出:"《字林》和《说文》的对比研究法,常为清代《说文》学家所采用。"[①]可惜的是,《字林》在后世流传不畅,在宋元之际即告残缺,明代则彻底亡佚,目前可以见到的仅有清人辑录的几种考佚本。

《玉篇》为南朝梁顾野王撰,原本有30卷(一说31卷),分为542部,其中529部与《说文解字》相同,13部为顾氏新创。唐人孙强曾对原本《玉篇》增字减注,世称上元本或孙强本。上元本行世后,顾氏原书逐渐亡佚,仅日本残存7卷写本(约2 130余字)。就总体看,《玉篇》和《说文解字》具有几个明显的不同:其一,收字数量大为增加,共计16 917字;其二,部首排序重新调整,基本按意义之远近来排定次第;其三,释字体例有变化,往往是先注反切,再引书证并加以释义;其四,内容丰富,除注音、释义外,顾氏有时还加上按语,或阐明词义,或辨析字形。《玉篇》在流传过程中曾经唐宋人多次改动,以致后来面目全非。今本《玉篇》又称《大广益会玉篇》,是北宋陈彭年与丘雍等人的重修本,收字22 561个,比原本多出5 000余字,但原本的注释部分(尤其是书证和按语)遭到大幅删减,

---

① 李开著:《汉语语言研究史》,江苏教育出版社1993年版,第77页。

一定程度上削弱了原本的学术价值。宋本《玉篇》流行后,上元本即告失传。《玉篇》的价值在于:①正体采用楷书,是第一部楷书字典,对考察楷书的形体演变至为重要;②释义兼顾本义和引申义,书证繁复;③收列了不少六朝的俗文字(如"咬""鞋""剃"等)和异体字,是研究汉字史的重要材料;④保存了古本《说文解字》中相当多的资料,可据以校正《说文解字》在流传过程中掺入的讹误。因之,《玉篇》被誉为中国历史上第一部真正的字典。

(二) 唐宋文字研究

唐宋的文字研究水平一向不被学术界看好。何九盈坦言:"在文字学方面,唐朝人几乎没有写出一部像样的著作。他们只是为了科举制度的需要才写了几部正字形的书。到了南唐宋初才出现了大小二徐这样的文字学家。"[1] 看来,功利主义和实用主义绊住了唐宋人的手脚。唐宋的文字研究水平不高,但涉及面颇广,大致有正字法研究、《说文解字》研究、金石研究和右文说等。

1. 正字法研究

正字法研究显然是为文化教育即科举制度服务的。汉字自秦汉改篆书为隶书后,又逐步发展出楷书、草书和行书等体,但一直缺乏相应的规范,这些都给识字和书写带来不便。到了唐代,随着社会的安定、科举的兴起,匡正字形、统一写法的呼声愈演愈烈,于是一大批字样书纷纷面世,如颜元孙的《干禄字书》、张参的《五经文字》和唐玄度的《新加九经字样》等。宋人同样乐此不疲,郭忠恕的《佩觿》、张有的《复古编》、司马光的《类篇》堪称其中的佼佼者。另外,辽代僧人行均编写的《龙龛手鉴》也有独到之处。限于篇幅,此处仅对《干禄字书》《五经文字》《佩觿》《龙龛手鉴》略作介绍。

《干禄字书》是为学人士子参加科举、博取功名而作,字书按四声编排,列出每字的俗、通、正三种写法,有时还指出一些写法在当时的运用情况。例如:

　　　　凰皇　上俗,下正。
　　　　田回　上俗,下正。

---

① 何九盈著:《中国古代语言学史》,广东教育出版社 2000 年版,第 119 页。

　　猨猨蝯　上俗,中通,下正,今不行。

　　兹兹兹　上俗,中通,下正。

　　对俗、通、正三种写法的适用范围,颜氏在本书的序中作了交代:"所谓俗者,例皆浅近,唯藉帐、文案、券契、药方,非涉雅言,用亦无爽,倘能改革,善不可加;所谓通者,相承久远,可以施表、奏、笺、尺牍、判状,固可诋诃;所谓正者,并有凭据,可以施著述、文章、对策、碑碣,将为允当。"除此而外,书中还对形近易混的字作了辨析。例如:

　　俳徘　上"俳优"字,音排;下"徘徊"字,音裴。

　　瞋嗔　上"瞋目",下"嗔怒"。

　　《五经文字》也是纯为读书人"考功礼部,课试贡举"而作,因此考订字形、确立规范成为此书的唯一目标。张氏强调收字的经典依据,因而字数不多,仅3 225个(一说3 249个)。在编排体例上,张氏追求简易明了,将《说文解字》的540部压缩为160部,这是字典史上首次大幅归并许慎部首的成功尝试,意义非同一般。另外,根据声符进行部首归字则是张氏对许氏的重大突破。在训释方式上,张氏也一切从实用出发,一律以正字为主,或明字形,或注字音,或释字义,或指明出处。例如:

　　梅　从每,每字下作母,从毋者讹。毋音无。诸从母者放此。

　　栭　音而。

　　樵　木也。一曰薪。

　　犒　劳师也。见《春秋传》,《周礼》借槁字为之。

　　《佩觿》则是把形近义别的字按声调汇编为十类,做到辨形、注音、释义三管齐下,可称方便适用。例如:

　　盲肓　上木庚翻,目疾;下火光翻,膏肓。

　　汩汩　上莫的翻,汩罗江,又音骨,没也;从"日",非。下于笔翻,流水。

　　《龙龛手鉴》是行均为时人研读佛经而编撰的一部字书,全书收26 430余字,分为242部。该书具有两大鲜明特色:其一是以平上去入四声为序排列部首,各部所收字也按四声排序,从而开创了一种兼顾部首和声调的新型的汉字编排法;其二是字体详尽赅备,每字下必定罗列出正体、俗体、古体、今体等多种形体。例如:

> 疆壃 居良反,界也,垂也,境也,当也。
> 咩哶(二俗)口芈(正)哶 今迷尔反,羊鸣也。

《龙龛手鉴》还直接影响了金代韩孝彦、韩道昭父子的《五音篇海》(又名《改并四声篇海》或《篇海》)。《五音篇海》先以三十六字母为序来排列部首,同一字母的部首再按四声定次序,同一部首的字则以笔画数分先后,使检字的方便性大为提高,基本奠定了汉字的音序检字法。

2.《说文解字》研究

《说文解字》研究在唐宋备受冷落。唐代对《说文解字》稍作深度研究的似乎只有李阳冰("凝"之古字)一人。李氏曾刊定《说文解字》为30卷,并对其中的字义经常给予新的解释,好无所依据地标新立异,多有臆说,由此被宋人讥为"阳冰新义"。徐锴在《说文解字系传》中专设"祛妄"篇对李氏进行批驳。不过李氏并非一无是处,有时也偶露真知灼见。如关于"日",《说文解字》的解释是:"日,实也,太阳之精不亏。从口一,象形。"李氏则解释为:"古文正圆,像日形,其中一点像鸟,非口一。"两相比较,李氏的说法较为务实,并且贴近初民的有关神话传说,可信度颇大。李氏的研究虽说瑕多于瑜,但对《说文》学的复兴却意义非凡。李阳冰之后,在《说文解字》研究方面有所建树的就是生活在五代末年以及宋初的徐铉、徐锴兄弟,史称大小二徐。大徐曾奉诏校定《说文解字》,将原书的15卷分为30卷,先在正文中补19个字(如"诏、志、借、件"等),又在正文后附列402个新字。与之同时,大徐还给许书加注反切、补充注释,终于使《说文解字》以新的面貌展现在世人的面前。现今通行的就是大徐本《说文解字》。小徐著有《说文解字系传》40卷,其中1—30卷专对《说文解字》进行注释,31—40卷则为"部叙""通论""祛妄""疑义"等内容。小徐的注本虽不及后来的段玉裁注,但对段注的影响很大。二徐的研究成效显著,多少为唐宋时期的《说文解字》研究挽回了一点面子。

与《说文解字》研究密切相关的则是宋人对六书理论的探讨。郑樵的《六书略》首开六书分类学。在这方面，郑氏主要做了两项工作：一是比较六书之异同，揭示六书之间的内在关系。他指出："象形、指事一也，象形别出为指事；谐声、转注一也，谐声别出为转注。……六书也者，象形为本。形不可象，则属诸事；事不可指，则属诸意；意不可会，则属诸声；声则无不谐矣。"二是对六书进行颇为详尽的下位分类，如将象形分为正生、侧生、兼生 3 大类和 18 小类，将指事分为事兼声、事兼形、事兼意 3 类，将会意分为同母之合和异母之合等两类，将形声分为正生和变生（其下又分为 6 类）等两类。郑氏的六书观对后人颇有启发，戴侗的《六书故》、周伯琦的《六书正讹》、赵古则的《六书本义》、吴元满的《六书正义》、杨慎的《六书索隐》、赵宦光的《说文长笺》均深受其影响。

3. 金石研究

金石研究其实就是一种古文字研究。古文字研究起于汉代，但从魏晋至唐代，一直进展甚微。宋代由于出土的青铜器数量剧增，金文研究于是勃兴，再加上同样新兴的石刻文研究，金石学随即应运而生。宋代的金石学以金文研究为强项，宋人在这方面主要做了两件开创性的工作：一是搜集、著录古器及其铭文，著名的有吕大临的《考古图》10 卷、欧阳修的《集古录》10 卷和赵明诚的《金石录》30 卷；二是摹写铭文并加以考释，著名的有薛尚功的《历代钟鼎彝器款识法帖》20 卷、王俅的《啸堂集古录》2 卷和王厚之的《钟鼎款识》1 卷。所有这些都为后世的古文字研究积累了丰厚的基础。

4. 右文说的创立

作为一种创见，右文说是唐宋时代最具理论色彩的一种观念。右文说出自北宋的王圣美之口。王氏写过 20 卷的《字解》一书，其发明之处就是右文说，《梦溪笔谈》卷 14 对此略有记载。王氏的经典性话语是："古之字书，皆从左文。凡字，其类在左，其义在右。"依据汉字的结构常规，形声字的左文和右文分别代表汉字的形旁与声旁，形旁表义类，声旁表读音。认为声旁也能表义，这就是右文说。如，"戋"有小意，不少以之作声旁的字也有小意：水之小者为"浅"，金之小者为"钱"，歹之小者为"残"，贝之小者为"贱"。右文说的滥觞可追溯至晋代杨泉《物理论》的如下言语:"在金石曰坚,在草木曰紧,在人曰贤。"另外,风行一时王安石《字说》也时时处处流露出右文说的痕迹。例如:

> 农者,本也,故又训厚。浓,水厚;醲,酒厚;襛,衣厚。

> 鳙,庸鱼也。故其字从庸,盖鱼之不美者。读曰慵者,则又以其性慵弱而不健故也。

邓文彬指出:"王圣美的'右文说'是在王安石'凡有字声皆有义'理论的基础上发展起来的,但他比王安石有很大的进步。王安石不区分意符和声符,把两者合在一起任意解释,王圣美则明确区分意符和声符,只从声符去寻找汉字意义的解释。"[①]鉴于汉语中有部分词是通过相关联想的方式派生而来,音近而义通当属可能,因而右文说具有局部的解释力和一定的合理性,对词语训诂不无启迪。汉语中相关的例证当不在少,例如以"夸"作声旁的"跨、挎、垮、胯、侉、刳、袴"等均有分开义,以"包"作声旁的"饱、雹、胞、苞、孢、鲍、泡、疱"等均有圆鼓义。右文说名义上针对的是形声字,其实反映的是汉语的语源问题,这一点必须清楚。就此而言,王圣美的《字解》不妨视作时人编撰的一种尚未成型的同源字典。

可以认为,右文说就是上古声训理论在中古的一种延续和发展。右文说之所以能在宋代盛行,与宋学推重义理的风尚不无关系。右文说可谓影响深远,一直至近代仍余绪不绝。例如,李时珍《本草纲目·鳞三·鳙鱼》:"【一名】鰱鱼。此鱼中之下品,盖鱼之庸常以供馐食者,故曰鳙、曰鰱。"

思考题

1. 为何称中古时期为中西方语言学的奠基时期?

2. 汉语音韵学的产生与发展受到哪些重要因素的影响?

3. 谈谈《切韵》系韵书在汉语音韵学史上的地位。

4. 音义著作为何萌生于中古时期?经典音义和佛典音义差别何在?各有哪些代表作?

5. 如何看待"右文说"与"声训"之间的关系?

---

① 邓文彬编著:《中国古代语言学史》,巴蜀书社2002年版,第138页。

第二节　欧洲中世纪及文艺复兴时期的语言研究

和其他社会科学相比,语言学尽管远离政治,但并不与政治绝缘,因此不可能完全摆脱政治气候的影响。扫描、评估欧洲的中古语言学,以下几个与政治相关的因素同样不容忽略。

第一,基督教势力的膨胀与衰落。基督教是在犹太人的文化背景下孕育产生的,开始并无显赫的地位。在罗马帝国时代,由于迎合了统治者的需要,基督教借机获得了有利于自身发展的土壤,势力大增,并于公元 4 世纪一跃成为罗马帝国的国教。到了中世纪,基督教达到鼎盛时期,不仅控制了社会的权力中心,而且主导着人们的精神生活。基督教文学成为此期最有活力的文学,拉丁语的研究几乎成为语言研究的唯一重心,拉丁文也在欧洲大陆传播开来。中世纪,基督教对语言研究的正面作用要远远超出其负面影响。在传教过程中,由于翻译《圣经》的需要,传教士十分看重各地语言和方言的学习,他们不仅搜集、保存了多种语言材料,而且也带动了某些民族语言的研究。威廉·汤姆逊对此给予了充分的肯定:"把文字推广到古代语言,基督教起了很大的推动作用。它要在不同的民族当中进行宣传,这就只有使用那些民族自己的语言才能办到。于是这些语言就开始使用文字了。……有关这些语言及其发展阶段的知识,也便这样被保留下来了。基督教所激起的对民族语言的兴趣,则在很大程度上帮助了近代的语言科学。"[①] 文艺复兴运动之后,基督教势力遭受重创,拉丁语研究尽管仍在延续,但已从特殊地位下滑到了一般地位。

第二,古典主义思潮的沉寂与复活。中世纪时期,基督教的势力极为强盛,古代的经典文学被视为异端邪说受到排斥和压制,研究古典文学和语言的人往往遭到教会的敌视,因为教会钦定的《圣经》文本所使用的语言不是古典拉丁语。文艺复兴时期是古典主义思潮复活并且一统天下的时期。古典主义者唯古为美,他们崇尚古典文化。古典文化载于古典文献,古典文献以古典语言为存在形式。

---

① ［丹麦］威廉·汤姆逊著:《十九世纪末以前的语言学史》,科学出版社 1960 年版,第 31—32 页。

于是,古典语言成为复兴古典文化过程中必须蹚过的第一关,学习和研究古典语言自然就成为一种社会时尚。这一倾向在很大程度上左右着文艺复兴时期的语言研究。以拉丁语研究为例,尽管中世纪和文艺复兴时期都看重拉丁语的研究,其实名同实异:中世纪研究的拉丁语是一种比较接近口语的书面语,属于后期拉丁语,在当时仍作为教育和学术交流的共同语而使用着;文艺复兴时期研究的拉丁语则是西塞罗和维吉尔时代的拉丁语,属于前期的拉丁语,早已从任何口头和书面场合退出。另外,古希腊语的研究在中世纪时期即归于沉寂,由于古典主义的带动作用,文艺复兴时期再次成为语言研究的一大热门。

第三,殖民扩张运动的兴起。文艺复兴时期,随着哥伦布发现新大陆,海外世界越来越多地引起了欧洲人的兴趣,以移民、传教、贸易为主要内容的殖民扩张运动也随之兴起。在欧洲殖民者大量攫取、掠夺物质财富的同时,欧洲的语言学家也借机接触了外部世界的异彩纷呈的语言财富,这些语言财富极大地充实了欧洲的语言学宝库。因此,可以说,欧洲的海外扩张运动推动了语言学的发展。在这场规模浩大、过程持久的语言探宝运动中,传教士可谓功不可没。在"到全世界去向一切人宣传福音"这样的口号感召下,基督教的传教士们纷纷奔赴世界各地。除了布道,传教士一般还负有一项义不容辞的职责,那就是学习、研究当地语言或方言,编就各种语言读本,为翻译《圣经》、传播教义扫除语言障碍。传教士所具有的语言学素养,使得许多有价值的语言材料被原原本本地带回欧洲。

在欧洲的政治史和文化史上,中世纪和文艺复兴时期是两个不可同日而语的时代。但是,对语言学史而言,这两个时代之间并不存在无法逾越的鸿沟。在这两个时期,语言学都深得其惠,不仅继续保持了欧洲语言学的传统,而且还在不少地方取得了长足的进展。尽管这两个时期的语言学各具特色,但总体倾向是一致的,这着重表现在以下几方面:

一是研究的主要对象都是书面语言。中世纪专重拉丁语,文艺复兴时期则是拉丁语和希腊语并重。前者为时兴的书面语,后者为古典的书面语。至于活语言的研究则相对滞后、相对薄弱。

二是研究的重点都是语法领域。无论是研究古典语言,还是研究活语言,语法始终稳居中心,不仅研究力量强,而且研究成果多,非其他方面所能比。

三是研究的基本方法大同小异。整个研究都是以描写为基础,然后辅以一定的比较。不过,从中世纪到文艺复兴,解释的力度在逐渐加大,思辨语法和唯理语法即试图对语法体系作出自己的解释。

四是研究的最终目的大致相同。全部的语言研究都是围绕实用而展开,或是为了传教和翻译的需要,或是为了语言教学的需要,或是为了阅读古代文献的需要。实用离不开规范,所以实用性和规范化是这两个时期语言研究的共同主题。

为了叙述的方便与清晰,此处特将中世纪和文艺复兴时期的语言研究分而论之。

一、中世纪的语言研究

"中世纪"之名出自文艺复兴时期的人士之口,具体指从公元476年西罗马帝国灭亡到15世纪文艺复兴开始这段近千年的时期。中世纪的前五六百年(即476—1100)是在战争、瘟疫和饥荒中度过的,此时又正是宗教势力猖獗的时期,由此而引发的思想愚昧、文化衰落和科学停滞十分惊人,因而在欧洲历史上一向被冠以"黑暗时代"之名。后来的东罗马帝国(拜占庭帝国)虽对思想和文化的控制有所放松,整个社会文明也得到了一定的修复,但同样不被近代的欧洲人看好。于是,中世纪在欧洲文明史和学术史上的地位几乎被一笔抹杀了。康德拉绍夫即认为:"这一时期的特点是,人类各个领域内的智力活动都处于停滞状态,语言学也不例外。"[①] 显然,这种夸大中世纪的黑暗、过分贬低当时学术活动及其成果的做法是不妥当的,至少语言研究就不是如此。

中世纪的前半期是基督教势力极度膨胀的时期,传教成为大热门。拉丁语是教会的工作语言,基督教传到哪里,拉丁语就推广到哪里,传教活动无疑在很大程度上推进了拉丁语的学习和研究。例如,爱尔兰和英格兰在五六世纪受到基督教的影响后,学习拉丁语的活动就一度盛况空前,不少人还为之编写了教材。另外,拉丁语还是当时欧洲的教育和学术语言,这种上层语言的地位也使得全社会趋之若鹜。研究中世纪历史的学者还不应忘记这一事实:中世纪的教育

---

① [苏]Н·А·康德拉绍夫著:《语言学说史》,杨余森译,祝肇安校,武汉大学出版社1985年版,第19页。

是以"七艺"为基础的,其中语法学、雄辩术(逻辑学)和修辞学号称"三才",音乐、算术、几何学和天文学则被列为"四技"。相比之下,语法学的地位也许还要更突出一些。罗宾斯指出:"语法是中世纪学术的基础,它不仅是七艺之一,而且也是正确读写拉丁文的必要知识。"①语法学在那时受到人们推崇的情景,后人当不难推测。中世纪的后半期是经院哲学崛起的时期,经院哲学派对语言研究的重视和付出绝不亚于任何一个学派。可见,语言学在整个中世纪都是宠儿。

(一) 拉丁语语法研究

纵观中世纪语言学,语法研究称得上是一枝独秀,而语法研究的唯一对象就是拉丁语语法。可以说,在整个中世纪,"语法"就是"拉丁语法"的同义语。此期的语法研究可以以 1100 年为界大致划分为前后两个阶段。前一阶段为教学语法阶段,后一阶段为思辨语法阶段。必须指出,语法的内涵在中世纪发生了微妙的变化:前期的语法(如列入"七艺"的语法)大致沿袭了古希腊罗马时代的传统,研究的范围仍很宽泛,其中既包括语言研究,也包括对古典文学作品以及读写知识的研究;后期的语法则趋于明确而具体,库特雷(Siger de Courtrai)主张:"语法是语言的科学,其研究范围是句子及其变化,其目的是用合格的句子将头脑中的概念表达出来。"② 这一表述已十分接近现代语法观。

1. 教学语法研究

中世纪的前期是拉丁语的扩张与传布时期。拉丁语的传布拉动了拉丁语教学的需求,于是编写各种实用性和规范化的语法教材几乎成为此期语法研究的唯一目标。早期阶段的拉丁语语法专著无一例外地具有教材的功用,例如英格兰的比德(Bede)和阿尔昆(Alcuin)分别于 7 世纪、8 世纪编写的拉丁语法即是。在此过程中,古罗马的多纳图斯(Aelius Donatus)和普利西安两位学者的语法著作被奉为拉丁语教学的两部权威之作,流行达五个世纪之久。几乎所有的新编拉丁语法著作都以普氏和多氏之作为蓝本,如英国的阿尔弗利克(Aelfric)于

---

① ［英］R.H. 罗宾斯原著:《简明语言学史》,许德宝、冯建明、胡明亮译,中国社会科学出版社 1997 年版,第 80 页。

② ［英］R.H. 罗宾斯原著:《简明语言学史》,许德宝、冯建明、胡明亮译,中国社会科学出版社 1997 年版,第 103—104 页。

1000 年前后编写的《拉丁语法》和《拉丁语会话》中的语法规则就大致取自普氏和多氏的著作。爱尔兰的拉丁语法研究在兼顾爱尔兰语言学传统的同时，基本也参照并遵循了普氏和多氏的语法体系。这种状况被罗宾斯描述为："语言学研究的目的几乎都是为了教学，研究的理论大体也是从别处衍生而来，而且按照多纳图斯和普利西安著作的模式，运用于拉丁语教学。"① 因此，中世纪拉丁语语法研究充其量不过是对普利西安等人的语法观点所作的一种复述或注解。内容方面的陈旧离不开方法方面的保守，此期的语法研究方法除了注释就是描写，鲜有新意。

2. 思辨语法研究

从公元 1100 年直至中世纪的终结是中世纪的后半期，也就是所谓的经院哲学时期。经院哲学萌生于 8—10 世纪，11 世纪后逐渐进入盛期，是中世纪后期占统治地位的哲学。经院哲学立足于神学，又先后吸收了柏拉图、亚里士多德、奥古斯丁（Augustinus）的哲学观点，因此反映的是基督教的哲学观。经院哲学非常看重语言研究，试图以此解决信仰与理智、唯名论与唯实论之间的矛盾。在中世纪后期的语法研究中占主导地位的恐怕要算经院哲学派的思辨语法（speculative grammars）了。思辨语法学者是以传统语法研究反叛者的面目出现的，他们不满足于前人对语法现象的说明与描写，批评普利西安等人的研究只停留于观察，缺乏理论的解释，没有原因的揭示。历史往往有惊人的相似之处。罗宾斯指出："他们对普利西安和其他拉丁语语法学家的某些批评，倒很像今天的生成语法学家对布龙菲尔德等在本世纪（20 世纪——引者注）上半叶后期占主导地位的描写语言学前辈的批评：仅重视语料记录在观察上是否恰当，而忽视理论在解释上是否恰当。"② 于是，试图对普利西安等人制订的语法规则作出哲学的解释成为思辨语法学者的中心任务。罗宾斯由此认为："思辨语法是把普利西安和多纳图斯对拉丁语法的描写融入经院哲学体

① ［英］R.H. 罗宾斯原著：《简明语言学史》，许德宝、冯建明、胡明亮译，中国社会科学出版社 1997 年版，第 83 页。
② ［英］R.H. 罗宾斯原著：《简明语言学史》，许德宝、冯建明、胡明亮译，中国社会科学出版社 1997 年版，第 88 页。

系的产物。"① 最能代表思辨语法学者的核心观点的是当时罗杰·培根（Roger Bacon）撰写的一系列关于思辨语法的著述。培根提出：所有语言的语法在实质上都是一样的，各语言之间的表面区别只是偶然的差异；语法的一致性在不同语言中体现为表面的差别，就好像几何学的一致性在任何实际图形上也有形状和大小的差别一样。培根的观点已透露出普遍语法思想的熹微之光。思辨语法学者之所以作如是观，关键在于他们认定这样一条普遍原则：词这种符号既与人的心智有联系，又与它所代表的事物有联系。说白了，人的心智过程就是逻辑思维的过程，因此他们主张用逻辑方法研究语言，并名之为"语法逻辑化"。应该说，思辨语法的上述观点与后来的普遍语法学说几乎只有一步之遥了。思辨语法学者的观点不是空穴来风。早在中世纪初期，杰出的学者波依休斯（Anicius Manlius Severinus Boethius）就开始注意到了语言的普遍现象问题。波氏认为语义和真实性相关，具有普遍的性质，因而语言也具有普遍性。为此，他主张要把人看成是有思维的动物，要从心理和逻辑的角度去研究语言。同属思辨语法学者的彼得·海利亚斯（Peter Helias）则明确提出"语法逻辑化"研究，认为语法既是艺术、又是科学。后期的希思帕尼斯（Petrus Hispanus）在其《逻辑纲要》中则把语言的表达分为三个方面：意义、假设和名称。

思辨语法置具体语言于不顾，旨在研究人类语言的一般特点。这一理念的诞生得益于中世纪后期学者对阿拉伯语和希伯来语的了解。当然，思辨语法之所以后来停滞不前也正是人们局限于上述少数几种语言的结果。当人们对更多的语言特别是域外语言有了深度接触和了解之后，普遍语法观自然就应运而生了。

中世纪后期出现的摩迪斯泰（Modistae）学派是思辨语法的具体代表，其语言研究的重点就是语法。他们认为：一切事物都有两种存在方式——永久存在方式和暂时存在方式；人们的意识对事物性质的领悟也有两种方式——主动理解方式（大脑的理解能力）和被动理解方式（事物的性质）；与之相应，表达方式也有两种——主动表达方式（语言表达事物的能力）和被动表达方式（事物的性质）。

① ［英］R.H.罗宾斯原著：《简明语言学史》，许德宝、冯建明、胡明亮译，中国社会科学出版社 1997 年版，第86 页。

在以上三类方式中,最关键的是表达方式。摩迪斯泰学派对每一种词类的划分,都以这类词用什么方式、从哪个方面表现现实为依据。因此,该派往往借助每类词所具有的特殊的表意方式来给词类下定义,这种做法跟之前的普利西安明显不同。例如:

> nomen(名词):通过表明存在物的方式或某种具有区别特征的方式来表意的词类。
>
> verbum(动词):通过表明与实体分离的时间过程的方式来表意的词类。

不难看出,这种完全以意义为出发点的处理方式具有致命的缺陷:给有屈折变化的名词和动词归纳词类意义较为容易,给无屈折变化的连词和介词归纳词类意义则较为困难,因为后者的词类意义较虚。尽管摩迪斯泰学派试图在形态学(词法学)方面一显身手,但结果并不怎么理想。相反,他们取得的最大的成果却是在句法方面。罗宾斯认为:"欧洲自斯多噶学派以来,在思辨语法的著作中才第一次出现确定而且清楚的句子结构理论……还应该指出,西方语言学第一次在与词法不同的层面上具体提出 suppositum(主语)和 appositum(谓语)的句子成分。"① 埃尔福的托马斯(Thomas of Erfurt)于 1310 年写就的《论思辨语法》是摩迪斯泰学派理论的代表作,其中有关句法的论述一直为后人称颂。例如,托马斯提出一个可接受的句子必须满足以下三个条件:①句中的词类要能组成一定的句法结构,即要有但不能仅有名词和动词;②词要表现出适当的屈折范畴;③词与词语义上能搭配。另外,这个句子必须遵循四条原则:①物质,指的是词是语法类别中的成员;②形式,指的是词在各种结构中的组合;③效能,指以屈折变化来表示不同词类之间的语法关系;④结局,指表达一个完整的思想。类似的思想虽然古印度人早有阐发,但在欧洲却还是富有新意的。像句法结构的主谓关系、隶属关系(即支配关系),托马斯也都有所论及。把句法关系解释为依存关系是托马斯的独具慧眼之处,他精辟地指出:"结构中的一部分与另一部分的关系不是依存就是被依存。"尽管从所举用例看,托马斯所谓的依存成分和被依存

---

① ［英］R.H. 罗宾斯原著:《简明语言学史》,许德宝、冯建明、胡明亮译,中国社会科学出版社 1997 年版,第94 页。

成分与现代句法学所指的附加成分和中心语不完全是一回事,但他显然对句子结构的内部关系有了比前人更深一层的认识。值得一提的是,摩迪斯泰学派的语法学者还经常运用语序来判别句子成分,并且确认了当时拉丁语的正常语序为"名词—动词—名词"即"主语—动词—宾语",这与现代欧洲罗曼诸语言的语序是基本一致的。摩迪斯泰学派这种接近现代的做法在当时确实难能可贵。依靠建立起来的句法体系,摩迪斯泰学派对词类的句法功能有了更清晰的认识,并以此对词类作出更分明的界定。比如,形容词先前是名词的一个小类,后来的赫里亚斯(Petrus Helias)首先把名词划分为"实体名词"和"形容名词",托马斯则依据它们句法上的基本方式独立与否进一步明确了二者之间的区别。又如,前人给介词所下的定义时常导致某些黏着语素被误作介词,摩迪斯泰学派则从功能出发,将介词的功能确定为:在句法上跟有变格形式的词组合在一起,以此跟动词或分词加以区别。摩迪斯泰学派在阐述句法观的同时提出了诸多基本概念,发明了诸多专业术语,这些概念与术语中的大多数为后世采纳并沿用。例如,他们首次在句法层面上提出了主语和谓语这两个最基本的句子成分。另外,像"及物结构"和"不及物结构"这两个通行的术语也是出自他们之口。

思辨语法学说标志着句法分析的新发展和语法理论的新成就,为文艺复兴时期的语法学奠定了发展基础,但本身也有三个致命的缺陷:第一,摩迪斯泰学派过分注重宏观研究而忽略微观研究,他们几乎不研究任何一种具体的语言,特别是不触及语音,以致在形态学方面一无所成,所有的描写细节只能原封不动地照搬普利西安。第二,摩迪斯泰学派用于论证自己理论的例句大都出于个人的编造,既不联系实际语言,又不考虑具体情境,程式化的痕迹十分明显。这一点与后来的转换生成学派倒也不乏相通之处。第三,摩迪斯泰学派在注意到逻辑与语法共性的同时,忽略了二者之间的区别,一厢情愿地想以逻辑代替语法,这实际上是将语法范畴等同于语义范畴。上述方面的问题决定了思辨语法不可能创立出一个全新、严密、科学的语法体系,决定了它无法从根本上动摇普利西安语法在中世纪语法研究中的基石地位。

思辨语法并不是中世纪后期语法研究的全部内容,因为先前的教学语法传统也在此期得到了延续。例如,维尔迪厄的亚历山大(Alexander of Villedieu)

还于 1200 年前后编写了一本《教学手册》。这是一本以韵文写就的极富实用性的课本,是中世纪后期人人必读的一本拉丁语语法入门书。

(二) 拉丁语词汇研究

除了拉丁语语法,中世纪的学者还在拉丁语的词汇研究领域有所用力,着力点主要集中在词典编撰和语源研究方面。特别在语源学方面,中世纪人士可谓兴趣不减,其方法完全继承了古罗马的衣钵,一点没有超越,因而乏善可陈。语源解释上的穿凿附会之处自然也是有过之而无不及。例如,拉丁语词 barbarus(野蛮人)源自希腊语,本意指"不会说希腊语的异地人",但当时有人却认为此词由 barba(胡子)和 rūs(乡下)两部分组合而成,原意是"乡下人的胡子",因为"乡下人的胡子粗硬",故以此指代"野蛮人"。这种只看词形的语源研究完全不顾词义的历史,其结果必然是"使得词源学慢慢变得最后令人看来作呕了"。[①]

(三) 非拉丁语研究

拉丁语研究在中世纪的独领风骚并不说明其他语言的研究是一片空白。受拉丁语教学和研究的影响,欧洲的其他一些语言如威尔士语、爱尔兰语、冰岛语都得到了一定的研究,并有相应的著作问世。中世纪后期,阿拉伯语、希伯来语也引起了相应的关注与研究,这是域外语言首次进入欧洲学者的视野,尽管仅仅是起步,但对文艺复兴时期及以后的语言研究颇有启迪。在这些非拉丁语的研究中,最值一提的是于 12 世纪问世的一篇研究冰岛语的杰作——《首篇语法专论》。本文名为语法论文,其实探讨的是冰岛语的正字法。作者试图对冰岛语当时使用的字母表进行改进,以使之适应冰岛语的拼写。在研究过程中,作者发现了冰岛语字母与冰岛语实际发音之间的不相吻合之处,由此萌生了早期的音位学思想,这一思想比后来布拉格(Prague)学派的音位学理论整整领先了约八百年。在论文中,作者所运用的音位分析手段常常令人称奇。例如,他指出了冰岛语的元音音位特征:开与闭、长与短、鼻化与非鼻化,然后借助 11 个符号、9 个字母和 2 个发音标记在形式上区分了冰岛语的 36 个元音。对辅音中的长音(重叠音)

---

① ［丹麦］威廉·汤姆逊著:《十九世纪末以前的语言学史》,黄振华译,科学出版社 1960 年版,第 33 页。

与短音（单音）的对立，他建议分别用大小写字母来表示。在显示音位变体时，作者也采用了先进而合理的做法，即在固定、相似的词形中变换其中的一个字母单位，如"sár、sér、sór、súr、syr"等。可见，该文对冰岛语音位系统的探讨十分精到，充满真知灼见，很大程度上弥补了中世纪在语音学方面的缺陷，罗宾斯称佚名作者为"当时欧洲最优秀的语音学家"[①] 当不为过。遗憾的是，由于地理和政治上的隔绝，此文长期困守孤岛，以致湮没无闻，直到 1818 年始正式出版，并且只行于斯堪的纳维亚半岛地区，所以未在欧洲大陆产生应有的影响。

■ 二、文艺复兴时期的语言研究

文艺复兴时期一向被视为现代欧洲的启蒙阶段。这一时期爆发了两场扭转历史乾坤的运动：一是发源于 14 世纪的文艺复兴运动；一是发源于 16 世纪的宗教改革运动。这两项运动均对欧洲语言学的进程产生了直接的影响。

文艺复兴运动提倡人文主义，反对封建神学，并以重振古希腊罗马的文学和艺术为己任。此举激活了对古典希腊语和古典拉丁语的研究。不过，这种古典语言研究不是为了振兴语言学本身，而是想借此来认识灿烂的古希腊罗马文明。从根本上讲，这种复古式的研究对语言学的历史进程并无多大的意义，不可能产生多大的影响。威廉·汤姆逊即指出："从真正语言学的立场来看，古典语文学并未直接提供什么价值很大的新东西。"[②] 事实也证明，在文艺复兴时期，古典希腊语和古典拉丁语的研究虽然位居中心，但未掀起大的波澜，后人对之也甚少关注。

随之而来的宗教改革运动开始以德国为策源地，不久即席卷了欧洲的大部分地区，最终促使统一的罗马天主教的瓦解，导致了新教各教派（如路德教、加尔文教）的创立。这在一定程度上削弱了宗教的权威，动摇了宗教的地位，打破了套在人们头上的精神枷锁，促使人们的思想朝着开放、活跃、自由的方向进化，自此语言研究不再是宗教活动的附庸，不再局限于典雅而僵死的拉丁语。另外，由

---

① ［英］R.H. 罗宾斯原著：《简明语言学史》，许德宝、冯建明、胡明亮译，中国社会科学出版社 1997 年版，第 84 页。

② ［丹麦］威廉·汤姆逊：《十九世纪末以前的语言学史》，黄振华译，科学出版社 1960 年版，第 33 页。

于拉丁语的死亡与退出，欧洲各地的民族语言特别是日耳曼诸语言逐步摆脱了拉丁语的束缚，自身的地位明显提升。宗教改革运动后，《圣经》的语言也不再限于拉丁语，各种民族语言的文本相继在欧洲各地面世。

　　文艺复兴时期也是欧洲急剧向海外扩张的时期。伴随着这一过程，欧洲的语言学者不仅认识了越来越多的域外语言，而且还接触了域外的语言学传统。对此期的欧洲语言学而言，外来成果对自身传统的冲击也是一个不可小视的关键性因素，因为这在很大程度上改变了整个语言研究的格局。罗宾斯给我们描述了此期语言研究的新气象："中世纪结束以后，情况就不同了。不但语言学的视野变得更加宽阔，欧洲以外的语言学家开始影响欧洲语言学的传统，而且人们从那时开始对欧洲的活的语言进行系统的研究，今天理所当然属于普通语言学的一些新的研究方法，也开始出现。"①

　　文艺复兴时期语言研究的新局面是以阿拉伯语和希伯来语的研究为起点的。阿拉伯语是在七八世纪时随着阿拉伯民族势力和伊斯兰教向地中海地区的扩张而引起欧洲人的注意的，希伯来语则因是《圣经·旧约全书》使用的语言而受到欧洲人的特别重视。这两种语言都拥有自身的研究传统。

　　与古印度类似，阿拉伯语的研究是从注释和解说宗教文献《古兰经》起步的，这是因为《古兰经》的语言是一种古典的阿拉伯语，与世俗的阿拉伯语之间差异巨大。阿拉伯语言学起初曾受到古印度和古希腊罗马语言学成果的影响（如依据亚里士多德的学说将词分成动词、形容词和虚词三类），但由于阿拉伯语与梵语、古希腊语在结构上相去甚远，阿拉伯学者不得不从实际出发，在语音学和语法学方面提出了一系列创见，并最终形成了富有自身特色的语言学传统。例如，阿拉伯学者对发音的描写就既考虑到声学因素，又结合生理基础，其达到的精确性堪比古印度语音学。又如，阿拉伯学者准确地揭示出阿拉伯语的三辅音词根、中缀和内部屈折的意义。据说伊拉克的巴士拉和库法是当时语法研究的两个重镇，曾培养出希伯维（Sibawaih）这样一批杰出的阿拉伯语法学家。作为波斯人的希伯维曾于8世纪末写出一本关于阿拉伯语法的著作《书》，使阿拉伯语法研究达到了一个

_____

① ［英］R.H. 罗宾斯原著：《简明语言学史》，许德宝、冯建明、胡明亮译，中国社会科学出版社1997年版，第109页。

新高峰。所有这些,都对欧洲的语言学产生了不小的影响。

希伯来语被称为"圣经语言",有关希伯来语的研究也是起源于对犹太民族宗教文献(包括《圣经·旧约全书》)的注释,但在后来受到阿拉伯语研究的影响,如希伯来语的语法研究中采用的术语和范畴有不少就直接借自阿拉伯语。到了12世纪末期,有关希伯来语语法研究的专著就在西班牙问世。在书中,犹太学者提出了一种与欧洲语言迥然有别的词类体系即名词、动词和小品词的体系。

早在中世纪后期,欧洲学者对上述两种语言的研究即已开始,如罗杰·培根就曾写过一部希伯来语语法,伊本·马立克(Ibn Malik)在13世纪编写的一本反映阿拉伯语语法纲要的《千联诗》曾经在欧洲流行一时。但由于受到教会势力的束缚和压制,这种研究一直未形成气候。文艺复兴时期,情况大有改观,出现了多种相关的研究著作,例如罗依希林(Reuchlin)撰写的《基础希伯来语》和比德·德·阿尔卡拉(Pedro de Alcala)撰写的第一部阿拉伯语语法书,其中又以希伯来语的研究最受重视,相关的学者几乎和希腊语学者、拉丁语学者一样炙手可热。

开展阿拉伯语和希伯来语研究使欧洲学者"第一次在学术上接触到非印欧语系的语言,以及一种至少不是直接源于希腊罗马传统的语法分析传统"[①]。例如,罗依希林就发现了希伯来语与欧洲诸语言的两点重要不同:希伯来语的词类体系由名词、动词和小品词组成,前两类有词形变化,后一类则无;拉丁语的词形变化的许多范畴不适用于希伯来语。据说,欧洲人还是从阿拉伯语语法和希伯来语语法中知道"词根"这个术语及其含义的。

文艺复兴时期,以发现新大陆、开辟新航线为标志的殖民运动愈演愈烈。疯狂的海外扩张行为不仅使欧洲国家的版图日新月异,同时也极大地丰富了欧洲学者的语言宝库,开阔了语言学家的视野。从1524年至1572年,欧洲人关于印第安语的著述仅墨西哥一地就有109种;16世纪,有关美洲印第安语的塔拉斯坎语(墨西哥)、克丘亚语(秘鲁)、那瓦特语(墨西哥)和瓜拉尼语(巴西)的研究成果相继在欧洲发布;至16世纪末,西班牙人已经描述过33种印第安语,至17世

---

① ［英］R.H. 罗宾斯原著:《简明语言学史》,许德宝、冯建明、胡明亮译,中国社会科学出版社1997年版,第110页。

纪末则增至 84 种；1643 年，英国人罗杰·威廉姆斯（Roger Williams）编著的《美洲语言要诀》正式出版，此书详细记载了各地印第安语的词语和读音，被视为印第安语研究的扛鼎之作。[①] 17 世纪，波斯语和日语的语法著作也相继问世。上述工作主要是由当时的海外传教士们完成的。另外，印度、东南亚和远东地区也是传教士们的涉足之地，他们在用拉丁语字母记录当地语言的同时，还为一些语言设计了拼音字母，例如罗德斯（Alexandre de Rhodes）在 1651 年为越南语制定的拼音字母后来成为该国法定的文字——国语字。

文艺复兴时期语言研究臻于繁荣的一个显著特征就是相关学会的成立以及相关学术刊物、专业杂志的创办。1660 年成立的英国"皇家学会"早年即主要从事语言研究，1635 年创办的"法兰西学院"也长期致力于语言标准的制定与维护。

文艺复兴时期，东方印刷术的传入使得书籍的刊印大为便利，这不仅利于各国语言之间的交流与沟通，也利于语言研究成果的保存与流传，语言研究从中受益不小。

以上对文艺复兴时期语言研究的宏观情况作了一个简要的回顾。下面再分门别类地介绍一下各微观研究领域的具体进展情况。

（一）俗语研究

中世纪是拉丁语独霸教育和学术领域的世纪。拉丁语被奉若圣明，唯我独尊，欧洲其他各民族语言则被视为粗俗和野蛮人的语言、没有语法的语言，一直受到基督教的强烈排斥和无情压制，根本谈不上什么研究。即使有所研究，也是唯拉丁语法模式是从，不敢越雷池一步。在当时学者的心目中，标准语就是拉丁语，标准语法就是拉丁语法。尽管拉丁语拥有的特权地位使得中世纪的语言研究一度炙手可热，但这种畸形的繁荣不仅不能带给语言学什么实质的益处，反而使之身陷泥潭、举步维艰。

文艺复兴时期，随着欧洲人的民族意识抬头，一个个独立的民族国家不断形成，人们对民族语言的感情日益加深，开始把使用和发展自己的民族语言视为己

---

① 蔡永良著：《语言·教育·同化——美国印第安语言政策研究》，中国社会科学出版社 2003 年版，第 8 页。

任,各民族语言的地位自然节节攀升,这样就促使了新的官方语言的诞生。这些新兴的民族语言与典雅、僵化的拉丁语势同水火,因而被冠以"俗语"之名。但丁(Dante)首倡对俗语的研究,其《论俗语》首先对俗语作了充分的肯定:俗语是自然的,比任何人为的语法更可贵;俗语是优美的,丝毫不比希腊语和拉丁语逊色。但丁心目中的"俗语"即通行于意大利民间的通俗拉丁语,也就是通常所谓的"罗曼语"或"新拉丁语"。这种俗语与长期作为官方语言的正统拉丁语有着天壤之别。那种"文言"式的拉丁语专事雕琢,过分追求规范,早已与人们的日常语言严重脱节,既不便于生活,又妨碍了文化的发展,处处打上了专制和腐朽的烙印。接着,但丁还系统比较分析了意大利14种方言的特点,提出了建立统一的意大利语的主张,并为未来的意大利语制定了四条理想化的标准。为了实践自己的主张,但丁又率先用家乡方言——多斯岗(Toscan)方言创作了千古传诵的伟大诗篇《神曲》和学术名著《飨宴篇》。继但丁之后,薄伽丘(Boccaccio)和彼特拉克(Petrarch)等又分别写出了不朽的名著《十日谈》和《歌集》,使多斯岗方言的影响日趋扩大,并最终成为现代意大利语的基础方言。但丁的思想不仅深刻地改变了意大利,同时也极大地触动了欧洲各国的感觉神经。在但丁的感召下,欧洲各国都踏上了创立"民族语言"和"新文学"的征程。例如,在15世纪末,卡斯提耳的西班牙语被确定为官方语言。民族语言的崛起使得相关的研究趋热,于是一系列研究成果相继问世,如西班牙语和意大利语的语法著作出版于15世纪,法语、波兰语和斯拉夫语的语法著作约出现于16世纪初,而巴斯克语和英语的语法书则印行于16世纪末。在开展民族语言研究的过程中,人们开始有意地进行不同语言之间的比较,例如但丁就曾比较过口头意大利语与书面拉丁语之间的异同。通过对不同语言尤其是罗曼诸语言(新拉丁语)的对比研究,欧洲学者对语言间的联系和差异有了一定的认识,逐步树立起了朦胧的历史比较语言学观念。

可以说,新型的俗语观不仅彻底改变了欧洲各民族语言的命运,也极大地推动了欧洲语言学的历史进程。由此,欧洲语言学步入了健康而快捷的发展通道。

(二)语法研究

语法研究仍是文艺复兴时期语言研究的重中之重,此期出现了一大批著名的语法学家,被罗宾斯誉为"现代结构主义的先驱"以及"标志着从中世纪过渡到现代的这一时期的思想家"①的彼得罗·拉穆斯(Petrus Ramus)是其中最突出的一位。拉穆斯先后研究过希腊语、拉丁语和法语的语法,他的语法理论主要见于其代表作《语法流派》。拉穆斯明确反对中世纪的经院哲学派,他的语法研究不再受制于任何哲学观点,这种将语法学从哲学中独立出来的做法无疑十分明智。因此,拉穆斯的语法描写和分类不依靠语义,不按照逻辑,只依据客观形式(即词语之间的结构关系),时时洋溢着现代气息。他的拉丁语法体系虽然沿用了普利西安的 8 种词类,但分类完全以数的词形变化为标准,因为其他形态变化如格变已趋消失。这种划分基本从拉丁语的实际出发,不墨守成规,显示出拉穆斯的语言进化观。在分析拉丁语的词的形态时,拉穆斯也处处展示其革新家的一面。例如,他根据动词将来时是否由 -b- 构成而将拉丁语动词一分为二。上述分类法都是普利西安之辈所未曾采用的。另外,拉穆斯的句法也是以词是否有数的形态变化为基础的,他设置了两种句法关系范畴:一致关系和支配关系。拉穆斯的语法研究观对其他学者起到了良好的示范作用。当时也有一些学者对拉丁语的语法体系作了较大的更动或重新安排,例如英国的吉尔(Gill)就把是否有数的变化作为二元划分的标准,将名词、动词与其他类词区分开来,维尔金斯(John Wilkins)和库柏(Cooper)则从语义角度将词分为全义词和小品词两个主要类别。后来的英语语法学家虽然也大致奉行普利西安的拉丁语法体系,但多能从英语实际出发提出自己的不同看法,例如本·琼森(Ben Johnson)将英语冠词独立为一类显然就突破了拉丁语的词类体系,不失为一种创见。

从风格上看,文艺复兴时期的语法研究大致可分为两块:一块是经验语法研究,一块是唯理语法研究。

1. 经验语法研究

经验语法研究是经验主义哲学的产物。经验主义哲学是由英国哲学家弗朗西斯·培根(Francis Bacon)、休谟(David Hume)等人创立的,其核心理论是:人类的一切知识都来自人的感官印象以及大脑对这些印象所进行的抽象活动,完

---

① ［英］R.H. 罗宾斯原著:《简明语言学史》,许德宝、冯建明、胡明亮译,中国社会科学出版社 1997 年版,第 116 页。

全不具备任何先验的成分。经验语法研究是伴随着俗语地位的提升而兴盛起来的。文艺复兴后,但丁的俗语观得到高度的认同和广泛的传布,俗语在人们学习和生活中的作用日趋显著,研究俗语的学者队伍也日益壮大,以描写各国语言的语音和形态变化为重点的经验语法研究自然大受重视。此期陆续诞生的经验语法著作有:《德语语法》(1451)、《匈牙利语语法》(1539)、《法兰西语语法》(1562)、《斯拉夫语语法》(1648)、《英语语法》(1653)等。这些著作观察精确,描写细致,较好地反映出各民族语言的真实面貌和时代特征,研究水准远超出中世纪的著作。

2. 唯理语法研究

受唯理论思潮的影响,此期还产生了一些唯理语法著作。唯理语法又称哲理语法或普遍语法,其理论基础是法国的笛卡儿哲学。笛卡儿哲学反对以培根、休谟为代表的经验主义哲学思想,主张良知和理性天赋。笛卡儿宣称:"良知是世界上分配最广的一种质……只有它使我们成了人类,把我们从动物界划分出来。"[①] 天赋观念被笛卡儿学派视为人类知识中任何真实性的基础,包括数和形的观念、逻辑和数学的观念。活跃于 1637—1661 年间的法国的波尔 - 罗瓦雅尔(Port-Royal)学派是笛卡儿哲学的忠实信徒,也是唯理语法的倡导者,阿尔诺(Antoine Arnauld)、兰斯洛(Claude Lancelot)和尼戈耳(Nicole)等人是其中声名卓著的人物,他们的著作有《波尔 - 罗瓦雅尔逻辑》《唯理普通语法》等。岑麒祥将他们的基本观点概括为:语言是思想的表现,语言与思想之间有一种内在的联系;研究语言是语法的任务,研究思想是逻辑的任务;语言既然与思想有内在的联系,语法和逻辑也自然存在内在的联系;语法与逻辑密切相关,语法范畴应视为逻辑范畴的表现;思想是普遍的、不可变易的,语法也应该是普遍的、不可变易的[②]。总之,将逻辑学输入语言学、试图揭示不同语言的语法在交际过程中所隐含的同一性是波尔 - 罗瓦雅尔学派的理论精髓。该学派一直尝试运用拉丁语、希腊语和希伯来语的具体例证来说明其中隐含的普遍语法特征,并进而编出一部普遍语法大全来,结果未能如愿。尽管波尔 - 罗瓦雅尔学派的理论基础不是亚里士多德的哲学而是笛卡儿哲学,但仍在不少方面继承了经院哲学派的思想,所以

---

① 岑麒祥著:《语言学史概要》,科学出版社 1964 年版,第 58 页。
② 岑麒祥著:《语言学史概要》,科学出版社 1964 年版,第 59 页。

唯理语法与中世纪的思辨语法之间不乏相通之处,或者说唯理语法吸收了思辨语法的基本内核。从唯理语法开始,普遍语法一直盘踞在欧洲语言学家的心头,成为一个挥之不去的情结。从 20 世纪早期的叶尔姆斯列夫(Louis Hjelmslev)到中后期的乔姆斯基,普遍语法理论始终是普通语言学领域的一个热门话题,尽管研究的深度和广度屡有进展,但他们所谓的语言的"普遍状态"仍然停留在抽象的假设阶段,语言的先天机制缺乏神经学的实证尤其是其致命的软肋。由此,普遍语法论者招致了布龙菲尔德学派的猛烈攻击。由此看来,从思辨语法、唯理语法到普遍语法,欧洲学者一直矢志不渝。与描写语法学派不同,普遍语法学者走的是一条解释之路,这条路尽管荆棘密布并且不见尽头,但只要坚持走下去,终归会取得一些意内或意外的收获。

(三) 语音研究

文艺复兴时期的语音研究是同正字法和正音法密切相关的。伊拉斯谟(Desiderius Erasmus)即在其著作中探讨了拉丁语和希腊语的正确发音。拉穆斯也曾研究过拉丁语的拼写法,他采用字母 j 和 v 表示半元音的发音,这两个字母因此一度被称为"拉穆斯辅音字母"。虽说当时人们还经常将字母与语音混为一谈,但也有人注意到了拼写法与实际语音之间的不一致性,并尝试加以改进,如有的描写意大利语的语法书就采用一些新的符号来区别 e 和 o 的开元音与闭元音。应该说,英国的语音学集中代表了该时期语音研究的成就。英国的语音学传统是在培根、休谟的经验主义哲学观的影响下逐渐形成的。尽管在 16 世纪至 18 世纪英国学者研究的语音问题仍局限于正字法和正音法的范围内,但其中的不少工作已经具有语音学和音位学的性质。这一时期,英国的语音研究可谓人才辈出,著名的有哈特(Hart)、鲁滨逊(Robert Robinson)、沃利斯(John Wallis)、霍尔德(William Holder)等人,他们对英语发音特征的研究不仅开欧洲语音研究之先例,而且也为后世留下了极其宝贵的遗产。霍尔德是这些学者中的佼佼者,他于 1669 年出版的《言语要素》一书中对发音的描写堪称简洁精确。霍尔德着重区别了元音与辅音的发生机制,指出元音发音时气流不成阻,其宽窄高低由口腔的不同形状引起,而口腔的形状则取决于喉头、舌和唇的位置;辅音是由发音气流受阻而成,其区别在于发音器官的闭塞程度,并以软骨组织(声带)是否振动分为浊辅音和清辅音。霍尔德还形象地把言语过程描绘成"阻塞(即辅音)"与"开口(即元音)"的交替过程,这实际上指明了英语语词音节构成的基本状况。罗宾斯对霍尔德的研究给予了高度的评价:"在西方了解印度学者的语音研究之前,霍尔德对于辅音清浊区别的发音特征的描述,就比任何别的西方学者更接近事实。"[①]另外,一些今天用于国际音标的语音符号也诞生于这一时期。例如,洛德威克(Lodwick)在1686年发表的《论通用字母》一文中就刊载了一套跟各种发音一一对应的符号,而维尔金斯在《论一种真正的文字和一种哲学语言》一书中收录的语音图则跟国际音标的早期版本颇为类似。上述行为无疑应视为对国际音标研制工作的一种有益尝试。

(四)创立世界语

为了促进整个世界的学术与贸易活动,当时的学者还提出了发明一种世界通用语(又称国际语言)的建议并积极付诸实施。创立世界通用语的主张与唯理主义哲学观念密不可分。据称,世界通用语的始作俑者就是声名不凡的法国哲学家笛卡儿。这些人之所以热衷于发明世界通用语,还在于现存的自然语言与文字的种种缺陷。例如拉丁语的不足是:词汇太多,语法既复杂又不规则。又如汉字的不足是:书写形式太烦琐,语义无法分析且欠明晰。总之,任何一种自然的语言和文字都是毛病多多,不敷使用。有意思的是,他们立志要创造的是一种比现代意义的世界语(Esperanto)还要高级的通用语,即能直接、普遍地表达知识、思想和观念的语言体系。这种体系不以任何一种自然语言为基础,没有自然语言的模糊与多变,完全实现数理符号化。在17世纪,许多学者参与了世界通用语的开发与设计工作,如法国的梅尔塞纳(Mersenne)、英国的达尔加诺(George Dalgarno)和维尔金斯。在所有方案中,维尔金斯的《论一种真正的文字和一种哲学语言》最为著名。维氏提出了一种据称能代表世界上已知语言的所有主要发音类型的万能字母体系,词的每个部分都具有自己的音节或字母,都代表特定的语义关系。例如在他设定的cobara(父亲)一词中,co表示经济(人与人之间的)关系,b和a则分别代表血亲关系和直系上代关系(coba表示双亲),

---

① [英]R.H.罗宾斯原著:《简明语言学史》,许德宝、冯建明、胡明亮译,中国社会科学出版社1997年版,第134页。

ra 则表示男性。至于词的类别和语法关系,维氏则通过在词形上附加符号的办法来加以显示。在维氏的方案中,句法规则被压缩到最简的地步。为了实现创制世界语的构想,维氏试图对人类全部知识和经验进行分类,这显然是不切实际的,因而不可能产生多大的实际效果。后世的生成语法学派的某些做法与维氏颇为接近。罗宾斯一针见血地指出:"一些生成语法学家正在试图把人具有的、使他们可以正确使用本族语和理解词义的那种直觉知识,加以形式化,这跟维尔金斯的理论根据有些类似。"[①]世界通用语在 17 世纪尚未行世,但当时的速记学和密码术却突飞猛进,据说就是得益于通用语的研究。不过,从那以后直至今天的 300 年间,人们对创制世界通用语一直乐此不疲,总共提出了 600 种左右的方案,其中以 1887 年波兰医生柴门霍夫(LudwikŁazarz Zamenhof)创立的世界语(Esperanto)成就最大,影响最广。世界语的词汇材料主要取自拉丁族语言。语法规则 16 条,没有例外。文字采用拉丁字母,一母一音。多音节词的重音一律落到倒数第二个音节上。复合词由词根自由组合而成,派生词则利用前后缀。实词有统一的形态标记:名词收 -o 尾,动词收 -i 尾,形容词收 -a 尾,副词收 -e 尾。名词有单复数和主宾格变化:复数的标记是 -j,宾格的标记是 -n。动词有时态的变化(现在时 -as,过去时 -is,未来时 -os)和主动、被动分词的变化。世界语是最重要的国际辅助语,因优点明显而受到广泛的欢迎。但世界语毕竟是一种人工语言,缺乏国家组织和民族文化的强力支撑,因而至今影响有限。

除了上述几个方面,词典编撰也是文艺复兴时期语言研究的一个热点。1603 年,考德雷(Robert Cawdrey)编写了历史上最早的英语单语词典 *A Table Alphabeticall*。1612 年,意大利佛罗伦萨学士院编出了第一部意大利语词典《词集》。和以往不同的是,此期的词典多属双语词典,其中又有两种情形:一种是由拉丁语和欧洲的某一民族语言构成,如 16 世纪法国出版的第一部词典《法拉词典》;一种是由欧洲的某一语言和域外的某一种语言构成,这些词典大部分为传教而编,多出自传教士之手。例如,1583—1588 年,利玛窦(Matteo Ricci)和罗明坚(Michele Ruggleri)编写的《葡汉字典》被视为外国人学习中国官话的第一

---

① [英]R.H.罗宾斯原著:《简明语言学史》,许德宝、冯建明、胡明亮译,中国社会科学出版社 1997 年版,第 131 页。

部双语词典。

思考题

1. 简要评述中世纪时期思辨语法观的价值和不足。

2. 简述欧洲文艺复兴时期语言研究的新气象。

3. 简述唯理主义语法观与经验主义语法观的区别。

第三节 中西方中古语言学的共性与个性

与古典时期的语言研究相比,中古语言研究的最大特点是摆脱了单一、封闭的状态,开始互相沟通、互相影响的进程。因此,融通成为此期语言研究的最大特征。这种融通主要表现在以下几方面:

一是内外之通。这种"通"指的是本土语言研究和外来语言研究的结合。就时间而言,中国接受外来影响的进程要大大早于欧洲。早在 3 世纪,中国语言学就受到了印度语言学的熏染,熏染的结果是诞生了自己的语音学和语法学。而欧洲直到 10 世纪后期,才开始接触犹太语言学家和阿拉伯语言学家的著作。至于印度语言学对欧洲的影响,更是要迟至 17 世纪。

二是古今之通。这种"通"有两层内涵。内涵之一是指当时的语言研究基本以沟通古今语言和文化为宗旨。例如,中国的雅学研究传统自中古得以确立,其核心任务就是考证语源,阐明古今名物之变迁。又如,欧洲文艺复兴时期的语言研究的动机之一就是为了恢复一度被中世纪割断的古典语言与文化。内涵之二是指语言研究传统的贯通。这一时期,尽管有异域的新风传入,但无论中国语言学还是西方语言学都恪守着自身的研究传统。

三是派别之通。这种"通"表现为不同思潮和学派的共存与互通。中古是儒释道三教会通的关键时期,这种会通在语言研究领域的直接表现形式之一就是经典音义和佛典音义著作的共同繁荣。欧洲的经验主义哲学和笛卡儿哲学既相互对立又相互依存,它们共同营造了经验语法研究和唯理语法研究双赢的局面。

　　不过,必须承认,上述融通在此期还算不上一种有意识的主动行为,总体上还显得被动乏力。因此,无论在中西方,此期语言研究走的都是一条坚持和发展自身传统的路子。探寻中西方语言研究的各自道路,我们依然能够从中捕捉到它们的诸多相同点和相异点。同中有异、异中见同是我们对此期中西方语言研究的总体印象。

■ 一、中西方中古语言研究的共性

　　中古时期,中西方语言研究的共性是多方面的,其中既涉及语言的外部因素,又涉及语言的内部因素。这些所谓的共性大致表现在以下几个方面。

　　(1) 多元的外来背景。拥有外来背景是中古时期语言研究区别于古典时期语言研究的一个显著特征,外来背景的渗入一下子使中古语言研究的发展脉络变得纷乱而复杂起来。这里所谓的外来背景分两个层次:一是外来的语言与文化背景,二是外来的学术研究背景。这两种外来背景相辅相成,对本土语言学的走向与进程起到了一定的调整和推动作用。在谈到外来背景对欧洲中古语言研究所产生的影响时,罗宾斯给予了如下的描述:“在这一时期以前,对拉丁语和希腊语的过分重视,一直束缚着语言学研究。现在,对阿拉伯语和希伯来语的兴趣,以及对这两种语言独立的学术传统的认识,有助于松动这种束缚。”[①] 同样,由于鲜卑语等阿尔泰语言的侵入,更由于梵语以及印度语言学的输入,中国学者不仅认识到了异样的语言和语言研究传统,同时还借此感知了汉语的某些特质。可以想见,如果没有这种外来学术背景的诱导作用,汉语音韵学的问世之日恐怕要向后推延,它就不可能发展得如此顺畅,更不会一开始就处在一个较高的起点。

　　(2) 实用的研究目的。实用性是语言研究的主动力之一,但不同时期往往有不同的表现。对中西方语言研究而言,最强调实用性的时期不是在古典时期,而是在中古时期。以中国为例,中古前期(即南北朝)是一种新型的注释体裁——义疏体的定型时期,中古后期(即隋唐宋时期)是各类韵书和字书的高产时期。这种造成语言研究的某一方面畸形繁荣的根本原因就是实用。编写韵书和字书

---

① ［英］R.H. 罗宾斯原著:《简明语言学史》,许德宝、冯建明、胡明亮译,中国社会科学出版社 1997 年版,第 113 页。

是为科举考试服务,这一点似乎人所共知。说义疏体的出现是为了满足实用,恐怕会令人生疑。对此,赵振铎作了一番解说:"义疏之所以出现于南北朝,有它深刻的社会文化背景。魏晋时期清谈之风盛行,产生了玄学。玄学主张剖析名理,谈功成为士大夫一项重要的事业。佛教聚徒讲经,规模很大,释道安首创义疏之学,讲解佛典。清谈学和佛教徒的风习影响到儒生讲经。"① 说来说去,实用性依然是义疏体得以兴起的主要原因。欧洲的中古语言研究同样被罩在实用主义的氛围中:中世纪时期研究拉丁语是为了传播基督教,是为了国际交往和学术交流;文艺复兴时期研究希腊语和拉丁语则是为了复活古典文化,是为了研究一个独立于基督教之外并且先于基督教而存在的伟大文明。实用的研究是一种功利性的研究,而功利性的研究往往缺乏应有的广度和深度。凡此种种,都注定了此期中西方语言研究的整体水平不高。

(3) 失衡的研究布局。如前所述,语言的本体研究是在中古开端的。但研究中实用主义倾向妨碍了本体研究的全面铺开,使得中西方语言研究都表现出一种惊人的偏向。不少研究中国语言学史的学者都不会无视这么一个事实:中古语言研究首先是汉语音韵学一枝独秀,其次是训诂学略有作为,其他如文字学、语法学仅是点缀而已。有识及此,王力将此期确定为"韵书为主的时期"②,李开则将魏晋南北朝和隋唐宋分别确定为"以语音研究为主线发展的准备时期""以语音研究为主线发展的成熟时期"③。在当时的欧洲,整个语言研究则大致是语法学一统天下:在中世纪,语法学排在"七艺"中的"三才"之首,其地位要胜出"雄辩术(逻辑学)""修辞学";在文艺复兴前后,语法学依然独领风骚,当时纷纷问世的有关民族语言的描写之作大多取"××语法"之名,如西班牙语语法、意大利语语法、英语语法等。欧洲中古的语音研究往往依附于、从属于语法研究,总体上乏善可陈。

(4) 相应的研究模式。实用性是以规范性为基础的,中古语言研究大致围绕规范性而展开,并由此带动了一些相关工作的进展。辞书编撰是此期中西方语

---

① 赵振铎著:《中国语言学史》(修订本),商务印书馆 2017 年版,第 211 页。
② 王力著:《中国语言学史》,山西人民出版社 1981 年版,第 55 页。
③ 李开著:《汉语语言研究史》,江苏教育出版社 1993 年版,目录第 2 页。

言研究的一个重头戏。中国历史上很多著名的韵书和字书、欧洲历史上的许多双语词典即成于此期。给经籍作注也是此期一件十分时兴的研究工作。在古印度,给《吠陀经》作注就一直是语言研究的长期任务之一。在中国,工程浩大的《十三经注疏》则告成于唐宋时期,其中包括一件由帝王完成的作品——唐玄宗的《孝经注》。另外,编写各式各样的语言教材也是此期语言研究的一个侧重点。唐宋时期频频出现的韵图就是用于识字教学的一种图形教材,由维尔迪厄的亚历山大编写的《教学手册》则是一部在中世纪极其流行的教科书。总之,实用与规范铸就了此期中西方语言研究的基本模式。

■二、中西方中古语言研究的个性

此期的中西方语言研究在共性的框架下往往呈现出个性的一面,由此显露出各自的特色。就本土研究背景而言,中西方就颇异其趣。中国语言学经历了一个明显的转折:先秦是哲学和伦理学主导的时期,语言文字问题主要由哲学家、思想家、政治家在关心、过问;中古是文化因素与教育因素成为主导因素的时期,语言学更多受到文教发展状况的左右,反切的发明、四声的发现、韵书和字书的编撰无一不是文教事业繁荣的产物。可以说,中国语言学在中古日渐远离虚空的意识形态,转而成为部分文士把玩的禁脔。专门的人从事专门的研究,这一局面的出现标志着语言学的独立。而在当时的西方,语言学尽管日趋独立,但仍然延续着古希腊罗马语言研究的传统,始终笼罩在哲学的阴影下,把语法描写融合到哲学理论中或者用哲学观念来解释语法问题几乎是当时语言研究的最大特色,在语法研究领域颇负盛名的摩迪斯泰学派和波尔－罗瓦雅尔学派本身就是正宗的哲学流派。与古希腊罗马所不同的是,欧洲中古盛行的哲学是经院哲学、经验主义哲学和笛卡儿哲学,这与欧洲早期流行的亚里士多德哲学已不可同日而语。所以说,隐身在欧洲中古语言研究的背后起调节作用的是哲学而不是其他什么学科。罗宾斯在论及此期欧洲语言学时指出:"经验主义和唯理论的对立,以不同的形式,贯穿整个语言学历史。"[①]

---

① ［英］R.H. 罗宾斯原著:《简明语言学史》,许德宝、冯建明、胡明亮译,中国社会科学出版社1997年版,第145页。

在研究视野方面,中西方也存在着极大的差异:中国语言研究呈单极化态势,西方语言研究则呈多极化态势。中古时期,是中国语言学者大开眼界的绝佳时机。南北朝是阿尔泰语系诸语言大举向南扩张的时期,汉语受到了前所未有的"语言入侵"[①]。颜之推在著名的《颜氏家训·音辞篇》中记述了公元四五世纪之际江淮汉语的实况:"南染吴越,北杂夷虏。"其中的"夷虏"指的就是以鲜卑语为代表的阿尔泰系诸语言。鲁国尧描述了当时鲜卑语在中国北部的状况:"在北朝,皇帝是鲜卑人或者鲜卑化的汉人,自然鲜卑语是强势语言,当时叫做'国语'。"[②] 他还列举了《隋书·经籍志》里著录的两部以"鲜卑语"为名的书:"鲜卑语五卷"和"鲜卑语十卷"。唐代既是中国国力盛极之时,也是中国的对外交往最为频繁之际,各种异族语言如阿拉伯语和波斯语纷至沓来,至今尚存的一些借词可为一证。可是,面对如此丰富的语言材料,中国的语言学者似乎不为所动。除了佛教徒对梵语有所关注外,其他学者一般只将研究之重心置于汉语一极,非汉语的研究成果我们很难发现。相比之下,此期欧洲学者的研究视野要开阔得多,任何语言只要映入他们的眼帘,就迟早会成为他们的盘中之餐,哪怕是在拉丁语独大独尊的中世纪。中世纪后期,欧洲就有学者私下对阿拉伯语和希伯来语进行研究。到了文艺复兴时期,研究希腊语、拉丁语和希伯来语的学者更成为炙手可热的"三语人才"。随着海外扩张的加剧,欧洲学者更是将语言研究的触角伸向了全世界,从而形成了以一极带动多极的研究局面。

与研究的视野相关,此期中西方语言研究选定的材料也颇有轩轾。中国学者一向以文献语言为研究要务,对当朝的活语言则熟视无睹,后代人研究前朝语言似乎成为当时的一种定例,势同藩篱,难以逾越。唐宋时期出现的一些语音研究著作(如《集韵》)和语义研究著作(如《一切经音义》)尽管也涉及一些活语言的成分,但无关大局。欧洲学者则传承了自古希腊罗马以来所形成的研究活语言的传统。为了传教的需要,当时的学者在研究拉丁语的同时也已注意到了对一些民族语言(如普罗旺斯语和加泰隆语)的研究。文艺复兴之后,欧洲语言学

---

① 鲁国尧:《"颜之推谜题"及其半解》(上),《中国语文》2002 年第 6 期,第 542 页。
② 鲁国尧:《"颜之推谜题"及其半解》(上),《中国语文》2002 年第 6 期,第 538 页。

界并未一昧沉浸于古典希腊语和拉丁语的研究,相反更加重视活语言甚至活方言的研究,因为他们认识到活语言和活方言与古典语言一样具有研究的价值。但丁对口语研究的大力提倡和率先垂范无疑是欧洲中古语言学史上的一个佳话。在这一点上,中西方学者沿袭的都是各自的上古语言研究的路子。

　　再强调一点,我们在上文曾指出过此期中西方语言研究存在着严重的偏向。应该说,这种偏向的性质和程度是类似的,而这种偏向的落脚点却大相径庭。西方学界偏重的是语法研究,中国学界偏重的是语音和语义研究,这种格局自形成后即渐趋稳定,并几乎贯穿了整个中西方古代语言学史。研究格局代表的是语言研究的基本面貌,就此而言,中国语言研究与西方语言研究之间的差异是巨大而深刻的,因为这涉及语言研究的最本质方面。

思考题

1. 欧洲中世纪时期和文艺复兴时期的语言研究有哪些异同点?
2. 试分析导致中古时期语言研究布局失衡的主要原因。

延伸阅读

第三章

创新时期的中西方近代语言学

本章导读

　　中国的近代语言学大致跨越元、明、清三朝,西方的近代语言学则从 17 世纪下半叶延续至 19 世纪初。两者尽管在时间上不相对应,但都步入了语言学发展的创新时期。

　　中国近代语言学的最大亮色是语音学。元朝周德清的《中原音韵》突破传统的韵书编纂模式,由追求理想转向注重现实,掀起了北音学的热潮。在明代焦竑、陈第攻破"叶音说"的基础上,清代顾炎武开启了上古韵部的分类研究,江永、戴震、段玉裁、王念孙等人前后相继,奠定了上古韵部的分类格局;上古声母方面,钱大昕等人立足实证,贡献了两大重要发现:"古无轻唇音"和"古无舌上音"。另外,以雅学为代表的语义研究、以虚词为代表的语法研究、以《说文》为代表的文字研究、为推广官话而作的方言研究,都达到了中国传统语言学的最高峰。随着甲骨文重现人间以及大量青铜器的问世,古文字学也在此期成为语言学的学术增长点。

　　西方近代语言学吸收人类学和自然科学的最新成果,首先展开了对语言起源的再探讨。赫尔德(Johann Gottfried Herder)的《论语言的起源》一扫宗教雾霾,成为当时振聋发聩之作。借鉴比较方法,西方重点发展出历史比较语言学。自伯克斯洪揭开历史比较语言学的序幕之后,琼斯(William Jones)等人进行了详细的考察和系统的论证,最终使欧洲在语言亲缘关系研究方面取得了实质性的进展。西方语言学还关注了语言进化、语言类型等重大理论问题。洪堡特指出了语言的创造性、民族性、主观性、类型性,建立了普通语言学。近代的西方语言学还给普遍语法理论留下了一片生存空间,以亚当·斯密(Adam Smith)为代表的英国学者十分强调人类语言尤其是语法的普遍性,并由此转入了对世界语的设计工作。

　　需要提示的是,中西方近代语言学都十分注重比较方法的运用,但各有侧重:

中国近代古音学多将历史比较的成果用于汉语同源词和假借字的探讨,西方历史比较语言学则更注重语言亲缘关系的求证和印欧语系的构建。

　　中国的近代语言学是指元明清时期(公元 13 世纪中叶至 19 世纪末)的语言学,时间跨度约 600 多年。欧洲的近代语言学是指 17 世纪下半叶以及整个 18 世纪时期的语言学,时间跨度约 150 年。中西方语言学这段时间上并不怎么对应的历史显示的是这样一个令国人尴尬的事实:中国语言学的近代期开始早而结束迟,在度过了漫长的 6 个世纪后,中国语言学始拖着沉重的历史步伐迈进现代的门槛;西方语言学的近代期则开始晚而结束早,西方语言学只在近代稍事停留便很快步入了现代的王国,西方的现代语言学进程至少比中国提前了整整一百年。中国社会在近代与西方社会拉开了历史进程的距离,中国语言学同样在近代拉大了与西方语言学的距离,并由此导致了现代步伐的滞后,至今未能摆脱跟进的境地。

　　不论近代期的长短,此期的中西方语言学都呈现出鲜明、崭新的气象。这种特有的新气象主要体现在以下几点。

　　其一是开拓了新的研究领域。开拓新的研究领域即意味着增添新的学科分支或分支之分支。以汉语音韵学为例,近代在发展今音学和等韵学的同时,又增设了北音学(近代语音学)和古音学。对欧洲语言学而言,历史比较语言学和语言类型学都是近代新生的领域。

　　其二是采用了新的研究方法。新的研究方法的启用也是近代语言学的一个亮点。例如,清儒在语音研究中采纳的诗韵系联法、谐声类推法和古今韵比较法在中国语言学史上可谓前所未有。又如,欧洲学者发明的历史比较法更是语言学史上的伟大创举。

　　其三是提出了新的研究理论。理论的建树是近代语言学的又一亮点。欧洲语言学一向注重理论,近代更是理论大放异彩的时期,历史比较语言学理论和语言类型学理论的形成使得此期成为语言学史上辉煌的一页。忽视理论建树一向是中国古代语言学的顽症,但清儒却一反传统做了一些理论的阐述工作,其"转语"说和"因声求义"说已在某种程度上闪烁着现代理论的光辉。

新的研究领域、新的研究方法、新的研究理论必然带来新的研究成果。近代是中西方古代语言研究的集大成时期,硕果累累,值得大书特书。

第一节　中国近代语言研究

元明清三朝是中国封建社会的没落期,尽管中间曾出现过所谓的"康乾盛世",但终究是昙花一现。一个社会的没落必然伴随着另一个社会的新生,新旧社会的交替往往是以思想、文化的剧烈变革为先导的。思想、文化变革所引起的震荡不仅铸就了近代社会的格局,同时也改变着近代语言学的面貌。归结一下,中国近代语言学主要受到以下三个因素的影响。

第一,社会统治主体变化。在近代的大部分时间内,社会的统治主体是非汉族的北方民族——蒙古族和满族。作为中华民族大家庭中的两个重要成员,蒙古族、满族长期与汉族比邻而居,其语言文化对汉语言文化的渗透古已有之,不过影响甚微。到了元代和清代,蒙满文化分别居于主导地位,蒙语和满语也因之取得了官方语言的地位,对汉语的辐射作用显著增强。蒙语和满语属于阿尔泰语系的语言,与汉语的性质不一,研究的套路自然也相异,多少会对汉语研究产生一定的影响。例如,元朝初期曾推行过蒙古新字——八思巴文,后来又编撰了《蒙古字韵》等辞书。《蒙古字韵》是一部用八思巴文来拼写汉字读音的韵书,全面而系统地反映了当时汉语共同语的语音。在元朝统治者的强力推行下,当时的文人摹习成风,甚至还有学者据此对传统韵书进行过一番大规模的清理和改造。李开指出:"从积极方面看,蒙古字音义和蒙古韵当然也启发人们对汉语音义重新作出分析。"[①] 照那斯图甚至认为:"《字韵》是汉语史上的第一个注音方案,内容涵盖声母、韵母、声调等汉语的整个语音系统,而且表音反映实际口语,所以此书对近代汉语语音史的研究具有特别意义,从准确性、可靠性、完整性上

---

① 李开著:《汉语语言研究史》,江苏教育出版社 1993 年版,第 145 页。

没有任何其他文献与之相媲美。"①清朝贵族虽未对汉语和汉文化采取强硬的贬抑和压制的策略，但总体是在竭力维护满语和满文的官方地位的，满语和满文的研究自然会受到重视，相关成果自然对汉语研究不会无所触动。李光地的《音韵阐微》即参照满文中的"合声"来改进传统的反切：上字只用阴声字，下字只用零声母字，这样就在很大程度上保证了切音的准确性。

第二，持续的西学东渐。西方学术对中国大规模的影响大概始于元代，像马可·波罗这样的旅行家和鲁不鲁乞（William of Rubruck）这样的传教士就曾到访中华大地，他们在把茶叶、印刷术介绍回西方的同时，也把西方的文化与学术带到了中国。西学对中国的影响至晚明达到第一次高潮，西方的实证科学如几何学、天文学、地理学等先后在明末传入中国，引起了中国学者的极大兴趣。明代学术前后颇异其趣：前期以王阳明的"心学"为主，后期则转为"实学"。而"实学"正是西学熏染下的产物。明代学者徐光启等在西方学者利玛窦等人的帮助下不仅翻译了《几何原本》《乾坤体义》等书，而且还改订了中国历法。其他如李时珍的《本草纲目》、宋应星的《天工开物》以及徐霞客的《徐霞客游记》也都是"实学"的重要成果。明代的西学之风一直吹到清代中叶以前，德国传教士汤若望（Johann Adam Schall von Bell）、比利时传教士南怀仁（Ferdinand Verbiest）都曾在清廷任职。康熙皇帝本人就是西学的仰慕者和学习者，先后向多名传教士学过算学、几何学、地理学、生理学等学科。清儒戴震既是大名鼎鼎的语言学家，又是实绩卓著的自然科学家，曾经撰述《策算》《考工记图》《勾股割圆记》等多种自然科学著作。鸦片战争之后，西学再次汹涌而至，并直接引发了洋务运动。西学的输入带来了许多新事物和新概念，如何将这些新事物和新概念引入汉语，是中国学者面临的课题。这种译介过程无疑会强化人们对西洋诸语言以及汉语的感性认识。为了解决语言的翻译问题并培养翻译人才，明清政府都设置了专门的机构。1368 年，明朝开设了四夷馆。1748 年，清朝改四夷馆为四译馆。1757年，清廷又增设俄罗斯文馆。1862 年，恭亲王奕䜣在京创立了中国最早的外语学校——同文馆。1864 年，中国洋务派的先导者之一冯桂芬在上海创办中国第

---

① 照那斯图：《〈蒙古字韵〉拾零》，《语言科学》2004 年第 2 期。

一所双语学校——广方言馆。

特别值得一提的是,西学之风对中国语言学实证方法的形成起了明显的导引和催化作用。此期传教士的汉语研究著作对本土汉语研究的影响同样不可小视。明代金尼阁(Nicolas Trigault)的《西儒耳目资》原为西洋传教士学习汉语、汉文而作,书中采用29个拉丁字母(其中元音字母5个,辅音字母20个,4个备用)来给汉字拼音。清代,英国驻华公使威妥玛(Thomas Francis Wade)先后写成《寻津录》(1859)和《语言自迩集》(1867),他根据北京的读书音给汉字制订了一套拉丁字母拼音方案。该方案被称为威妥玛式拼音,曾长期用于拼写中国的人名、地名和机构名(如校名),一度影响甚大。此外,英国的马礼逊(Robert Morrison)和翟理斯(Giles)诸人也曾对汉语尤其是汉语拼音进行过探究。不论得失如何,他们充满探索意味的工作都对中国的现代语文改革运动颇富启迪意义。

第三,俗文学的发展。从魏晋以来,中国的俗文学一直在雅文学的围困下顽强地向前发展。北宋开始,随着城市经济的繁荣和市民生活的丰富,深受普通民众欢迎的话本、说唱、戏曲等文艺形式逐渐得到长足的发展。元代由于长期没有恢复科举制度,文人失去了仕进之途,文人地位的下降使得文人更贴近民众和市井生活,杂剧的兴盛就是由下层文人和民间艺人共同造就的。杂剧一反千百年中国文学的雅正之风,完全立足北方的语言和音乐,是近代最为典型的通俗文学形式。从元代开始,中国俗文学的生存空间不断拓展,由此进入了蓬勃发展时期。元曲、明清传奇和章回小说代表了此期文学的主流。俗文学作品的畅行不仅使以口语为基础的白话得到广泛的传播,而且大大提高了白话的地位。文言尽管在当时仍占据着官方语言的地位,但在社会日常生活中扮演重要角色的却是白话。俗文学的繁荣带动了俗语言的研究。北音学的兴起就是一个极好的例证,北音学以《中原音韵》的诞生为标志。《中原音韵》是曲韵,完全为元曲创作而作。明清两代还编写了大量的俗语词辞书,这同样是对俗文学的一种呼应。不过,同样是俗语言研究,元明与清代的表现不尽一致:元明学者注重的是活的俗语言,清儒感兴趣的是死的俗语言。总体而言,元明两代是近代俗语言研究的黄金时期。

在以上几个因素的共同作用下,近代语言学家都表现出一种前所未有的破旧立新的精神。从周德清、戴侗、焦竑、陈第、方以智、梅膺祚,直到顾炎武、戴震、高邮王氏父子、孙诒让等可谓代有其人。何九盈认为这些人"都敢于批评旧传统,敢于探索新事物,敢于提出新的观点和新的方法,他们在语言研究方面能取得新的成就,跟这种革新精神是分不开的。"①

尽管同处于近代,元明清三代的语言研究其实不能等量齐观。元明属于近代语言学的开启阶段,虽说中间曾出现过汉语音韵学的第二个高峰,但总体水平不太高,以致清儒颇有微词。《中原音韵》曾被钱大昕斥为"无知妄作",《字汇》和《正字通》也被朱彝尊讥讽为"兔园册"。元明语言学的总体成果不丰既与当时学术研究地位之低下有关,也与汉语研究传统的失落和时人学风之浮躁密不可分。

清代既是近代语言学的高峰阶段,又是中国古代语言学的全面总结阶段。清儒之所以能取得如此辉煌的成就,主要取决于以下几点。

一是思想重视。语言学在清代是真正的显学,地位之高旷古未有。戴震有言:"经之至者,道也;所以明道者,词也;所以成词者,字也。由字以通其词,由词以通其道,必有渐。"②这实际是说离开了小学(语言文字学),经学就无以存在。更有意思的是,清代的小学家中有不少是当朝的名流显宦,如戴震、毕沅、王念孙、钱大昕、王引之、阮元等辈。他们对学术的执着和痴迷精神无疑为社会树立了绝佳的风范,成为导引后学的路标。黄侃更直呼"今之小学乃戴学也"③。

二是方法科学。清儒治学力求独创,他们注重实地调查,注重发掘证据,注重考源辨流,尤其注重比较法与归纳法的运用。在详尽占有资料的前提下进行科学的归纳,是清儒的研究法宝。在每论证一个问题、提炼一个观点、得出一个结论之前,清儒往往会将相关材料搜罗殆尽,广引博征。梁启超称清儒"最喜罗列事项之同类者,为比较的研究,而求得其公则"④,认为"清儒之治学,纯用归纳法,纯用科学精神"。⑤

---

① 何九盈著:《中国古代语言学史》,广东教育出版社 2000 年版,第 200 页。
② 〔清〕戴震撰:《戴震集》,汤志钧校点,上海古籍出版社 1980 年版,第 183 页。
③ 黄侃述、黄焯编:《文字声韵训诂笔记》,上海古籍出版社 1983 年版,第 57 页。
④ 梁启超撰:《清代学术概论》,朱维铮导读,上海古籍出版社 1998 年版,第 35 页。
⑤ 梁启超撰:《清代学术概论》,朱维铮导读,上海古籍出版社 1998 年版,第 47 页。

　　三是风尚纯良。清儒崇尚厚朴为人、踏实治学,清代的学术因此而被冠以"朴学"之美名。戴震强调:"学者当不以人蔽己,不以己自蔽。不为一时之名,亦不期后世之名。"① 清儒一切以学术为上,大倡平实、平等、平和的学术研究之风,不但无门户之见、学派之争,而且流传着不少学友、师徒或父子切磋学问、砥砺人品的佳话。所谓的乾嘉学派完全因学风而生,根本不是一个学术利益集团。从江永到戴震、王念孙、段玉裁、钱大昕,再到后来的陈奂、王引之、阮元、郝懿行,清代的学术之脉绵延不绝,源远流长。梁启超在《清代学术概论》中所称"戴门后学,名家甚众"② 当不为虚语。

　　四是学术独立。清代是文字狱最为猖獗的朝代之一。在极端专制的政治条件下,清儒倾心小学,主动远离政治漩涡和是非之地,不仅全身远祸,同时又为语言学赢得了一个相对独立、相对平稳的发展空间。刘师培在《清儒得失论》中曾言:"明儒之学用以应事,清儒之学用以保身。"③ 语虽含贬,但确实道出了清代学术得以繁盛的一个隐情。另外,清代除了一批地位显赫的官宦学者外,更有许多放弃举业和仕途的平民学者(如俞樾)群体。他们毕生奔走于学术圈子之中,其独立治学精神尤为可贵。

　　五是重点突出。清代的语言研究是以古音学为突破口的。对于古音学在清代语言学中的特殊地位,梁启超有一段公论:"此学也,其动机本起于考证古音,而愈推愈密,遂能穷极人类发音官能之构造,推出声音变化之公例。"④ 黄侃即将清儒"知求本音"视为清代小学进步的首要阶梯。古音学触及清代语言研究的各个方面,探寻语源、训释词义、辨识字形、解析语法都要联系上古音。清儒几乎人人都是研究上古音的行家里手。李开由此感叹:"清代语言文字学处处打上古音学的烙印,一通百通,确实前无古人的。"⑤ 翻检清代的语言研究史可以发现,当时凡是卓然有成的学者无不具有深厚的古音学修养。

---

① 梁启超撰:《清代学术概论》,朱维铮导读,上海古籍出版社 1998 年版,第 62 页。
② 梁启超撰:《清代学术概论》,朱维铮导读,上海古籍出版社 1998 年版,第 43 页。
③ 刘师培著:《刘师培史学论著选集》,邬国义、吴修艺编校,上海古籍出版社 2006 年版,第 417 页。
④ 梁启超撰:《清代学术概论》,朱维铮导读,上海古籍出版社 1998 年版,第 51 页。
⑤ 李开著:《汉语语言研究史》,江苏教育出版社 1993 年版,第 219 页。

■一、近代的语音研究

近代语音研究在汉语语音研究史上树起了两面大旗：一面是北音学，一面是古音学。在这两面旗帜的辉映下，今音学和等韵学尽管表现不俗，但还是显得有点黯然失色。

（一）北音学

北音学的形成以元泰定甲子年(1324)问世的《中原音韵》为标志。《中原音韵》的性质与其作者周德清的身份密切相关。周德清是一个本色的文学家，是一个后封的音韵学家。周氏编写《中原音韵》不是出于发展汉语音韵学的初衷，而是有意为当时众多的剧作家同仁提供一个简便实用的押韵参考稿本。周德清的此举源自他对《广韵》性质和语言实际状况的深刻认识："世之泥古非今，不达时变者众。呼吸之间，动引《广韵》为证，宁甘受哑舌之诮而不悔。亦不思混一日久，四海同音，上自缙绅讲论治道，及国语翻译，国学教授言语，下至讼庭理民，莫非中原之音。"(《正语作词起例》)

《中原音韵》由两部分组成：其一是《韵谱》，属于韵书的主体；其二是《正语作词起例》，属于韵书的附论。对韵书实用性的追求注定了《中原音韵》的叛逆者面目，书中处处显示出一个圈外学者对圈内学者那套清规戒律的不屑一顾和大胆突破。首先在韵书的编写体例上，作者一反传统韵书的模式，对所收的5 866个(何九盈的统计结果)字不注反切，不标声母，不加释义，以韵部和声调为纲将同音字聚为一组，各字组之间用圆圈分隔。其次在音系上彻底跳出《切韵》系韵书的框架，完全反映当时的实际语音——元代以中原话为核心的共同语音。从韵分19部、全浊声母的消失，到平声分阴阳、入声派三声、浊上归去声，《中原音韵》给后人提供了太多的语音变化信息。这些信息显然不全是周德清时代的新生物，只是由于周德清的揭举才渐为世人知晓。由此，学术界对这么一部另类韵书给予了高度的评价，何九盈指出："元代周德清的《中原音韵》是一部具有划时代意义的韵书。就影响而言，它小于《切韵》系韵书，若论价值则比《切韵》系韵书要高得多。"[1]

---

[1] 何九盈著：《中国古代语言学史》，广东教育出版社2000年版，第200页。

其实,在《中原音韵》之前就有一些北音系的著作如《古今韵会举要》《中原雅音》等面世,这些韵书尽管对旧韵有批评、有突破,但仅限于修补,未实行彻底的决裂。因此,《中原音韵》是当之无愧的北音学的巨擘。《中原音韵》问世不久,即受到时人的关注和重视,还在古代韵书史上开创了一个新的流派——曲韵派,像卓从之的《中州乐府音韵类编》、朱权的《琼林雅韵》、王文璧的《中州音韵》、范善溱《中州全韵》等就被视为《中原音韵》系韵书。上述之作大多属于北曲韵书,但有的(如《中州全韵》)则专为南曲而作。这些韵书所反映的音系与《中原音韵》不尽相同,如有的韵书依旧保留了入声和全浊声母系统,并且平声不分阴阳。

继《中原音韵》之后,明代还出现了一部官修韵书——乐韶凤等编的《洪武正韵》。此韵书的最大特点是保存了入声和全浊声母系统,并且平声也不分阴阳,因而长期被视为"南北杂糅"的产物。由于此书中有较多的吴音成分,因而一向为南曲作者所宗。实际上,《洪武正韵》是一部以当时共同语的读书音系统为基础编就的韵书,遵循的仍大致是传统韵书的编写套路。

明代还出现了两部重要的反映北方话实际语音系统的民间韵书——《韵略易通》和《韵略汇通》。《韵略易通》出自云南人兰茂之手,记录的是云南官话的音系:韵部 20 个,声母 20 个,声调 4 个。出现卷舌声母、平声不分阴阳、保留入声是此书与《中原音韵》的不同点。书中有一首代表云南话声母系统的五言《早梅诗》,构思精巧,含意隽永,由此名噪音韵学界。《韵略汇通》是《韵略易通》的改编本,内容和体例上均有所更动,例如分韵 16 部,将保守的"平分清浊"说修正为先进的"平分上下(即阴阳)"说。此书成于明末山东人毕拱辰之手,书中反映出当时北方官话(山东)音系的一些变化如 -m 尾韵的消失等。

北音学在清代进入了低谷,因为清儒志不在此。清代唯一值得称道的北音学著作是顺治、康熙年间樊腾凤编著的《五方元音》。此书是一部配有韵图的韵书,全书以韵为纲,以声为序,分列四呼,再别以声调。整个音系框架明显受到兰茂《韵略易通》和乔中和《元韵谱》的影响:韵分 12 部,声母有 20 个,声调分 5 类。韵书基本反映出北方官话的语音面貌,诸如全浊声母和闭口韵消失、入声韵不独立、平分阴阳、浊上变去等。与《韵略易通》《韵略汇通》一样,此书也在声调方面继续沿袭唐宋以来的韵书之旧(保留入声),因而总体上属于一部存雅求正的官话韵书。

（二）古音学

古音学于宋代萌芽,元代则陷于无人问津的困境,明代是古音学出现重大转机的时期。制造这一转机的两位先锋人物是万历年间的焦竑与陈第,他们激烈抨击唐宋以来流传甚广的"叶音"说,倡导"古诗无叶音"的主张。他们对古音学的贡献有二:一是树立语音历史观,彻底摈弃"叶音"说。焦竑即言:"诗有古韵今韵,古韵久不传,学者于《毛诗》《离骚》皆以今韵读之,其有不合,则强为之音,曰:此叶也。予意不然。"(《焦氏笔乘》卷三)陈第更有一段传诵至今的至理名言:"盖时有古今,地有南北,字有更革,音有转移,亦势所必至。"(《毛诗古音考·自序》)在焦、陈二氏的猛攻下,"叶音"说在明代大致宣告寿终正寝,清代的毛奇龄、邵长蘅虽欲为之翻案,终究势单力薄,不成气候。二是确定研究范围,发明研究方法。以《诗经》、楚辞为主要研究材料,再借助其他一些文献资料,通过本证和旁证的方法考索、归纳字的古音,这是明人的发明,内中蕴涵着科学归纳法的重要基因。例如,陈第为了证明"行"的上古音读为"杭",专门从浩如烟海的上古典籍中寻找出 20 条本证材料、17 条旁证材料。这样的归纳工作距清儒设立上古韵部的做法仅一步之遥了。

明人在上古音研究方面的工作以"破"为主,即为后人清障开路。清儒则重在"立",即构建完整的古音体系。古音学是清儒的强项,从清初至清末,古音学的接力棒代代相传,其力量之强盛、程度之深透、气势之恢宏创语言学史上绝无仅有之例。从总体上看,清代的古音学大致可分为考古和审音两派。所谓考古就是依据上古的韵文材料和谐声资料来考求古音,一切从材料出发。考古派以顾炎武和段玉裁为代表。所谓审音"就是运用等韵学、今音学的原理来研究上古韵部的分合,就是从语音的系统性来考察古韵,而不是局限于韵文材料的考订"[1]。江永和戴震堪称审音派的核心人物。这两派互为融通,互相吸收,共同铸就了清代古音学的辉煌。清儒的古音研究主要从三个方面展开。

首先是上古韵部的分立。顾炎武是清代从事上古韵部分类研究的第一人。顾氏依据《诗经》和《周易》的押韵材料,同时参考《说文解字》的谐声系统,在

---

[1]　何九盈著:《中国古代语言学史》,广东教育出版社 2000 年版,第 201 页。

《广韵》61 韵类的基础上将上古韵部归为如下 10 部：

> 东冬钟江第一
>
> 支(之半)脂之微齐佳皆灰咍尤(之半)第二
>
> 鱼虞模麻(之半)侯第三
>
> 真谆臻文殷元魂痕寒桓删山先仙第四
>
> 萧宵肴豪尤(之半)幽第五
>
> 歌戈麻(之半)支(之半)第六
>
> 阳唐庚(之半)第七
>
> 庚(之半)耕清青第八
>
> 蒸登第九
>
> 侵覃谈盐添咸衔严凡第十

顾氏的分部虽说较为粗疏，但筚路蓝缕，开创之功不可没。沿着顾氏开辟的道路，江永、戴震、段玉裁、王念孙、孔广森、江有诰、朱骏声等个个奋力争先，并且研究各有特色。由审音出发，江永对顾氏的第四、五、十等部重新进行研究，一析为二，得出了古韵 13 部。段玉裁扬研究《说文解字》之长，充分利用文字的谐声系统，将 13 部扩至 17 部，即将前人的第二部分成支、脂、之三部，第四部分成真、文两部，第十一部分成幽、侯两部。到戴震手上，古韵分部取得了重大突破。戴氏认识到汉语的入声不仅是一种调类，更是一种韵类，于是毅然将入声韵部加以独立，定古韵为 3 类 25 部(其中 9 部为入声韵)，这样就初步确立了阴声韵、阳声韵、入声韵三类相配的上古韵部体系，从根本上奠定了上古韵部的分类格局，此格局多为后来的古音学家所遵从。孔广森否认古有入声，所以分古韵为 18 部：阴声韵和阳声韵各 9 部，将冬部从东部中分出是孔氏的一大发明。王念孙和江有诰是清代古韵分部的集大成者，王氏的 22 部和江氏 21 部相差无几，主要是在段氏 17 部的基础上增设了冬、至、祭、缉、叶等部。其他如严可均定古韵为 16 部、朱骏声定古韵为 18 部、龙启瑞定古韵为 20 部，不一而足，各有千秋。其实，早在江永之前，清儒万光泰就已经完成了古韵 19 部的研究，提出了支脂之三分、真文分立以及侯、祭、至部各自独立的主张，可惜由于籍籍无名，加之英年早逝，其著作未能及时刊行,万氏的成就直到近年始为人知晓。

在韵部的分合过程中,清儒非常注意理论的探索。例如戴震的"转语"说就被视为古音学的理论基础,他认为:"人之语言万变,而声气之微,有自然之节限。是故六书依声托事,假借相禅,其用至博,操之至约也。"① 又如孔广森在《诗声类·序》中明确提出了"此九部者,各以阴阳相配,而可以对转"的理论,何九盈道出了该理论的意义:"阴阳对转的理论为上古韵部的构拟提供了重要的依据,因为阴阳之所以能对转,证明其主要元音是一样的。……阴阳对转是以上古韵部的科学划分作为基础的,没有严密的古韵部的划分,只就《广韵》音系去谈对转,就会转成一团乱麻,通转论的失败就在于此。"② 另外,清儒在上古韵部研究方面还独创了一系列行之有效的方法,何九盈归结为三点:①诗韵系联法,即把《诗经》以及先秦其他韵文中互相押韵的字串联在一起,组成韵部;②谐声类推法,即根据"同谐声必同部"的原理,将音同或音近的声符字归为一部;③古今韵比较法,即拿今音(中古音)与上古韵部进行历史比较,将上古韵部建立在语音发展的系统性基础上③。高明的理论和科学的方法不仅使清儒的研究结论趋于一致,而且也所获甚丰。

其次是上古声调的研究。清儒在这方面颇多分歧:顾炎武一方面主张古有四声,一方面又提出"古人四声一贯"说,其实是认为上古虽有四声而字无定调;江永承认四声的存在,但同时又强调"四声通用",同样给人以莫衷一是的感觉。孔广森囿于当时中原的声调状况,认为入声"创自江左,非中原旧读",提出古有平、上、去声而无入声,此说很少为人信从;王念孙、江有诰都认为上古有四声,但指出上古的四声与中古的四声在字的归部方面存在明显的差异。相比之下,段玉裁的"古无去声"说最为可取。段氏在《六书音韵表》中申明:"考周秦汉初之文,有平上入而无去。洎乎魏晋,上入声多转为去声……古平上为一类,去入为一类;上与平一也,去与入一也。上声备于《三百篇》,去声备于魏晋。"段氏认为汉语最早只有平、入两类声调,上声和去声是后来渐次滋生的。段说言之凿凿,

---

① 〔清〕戴震撰:《戴震集》,汤志钧校点,上海古籍出版社 1980 年版,第 106 页。
② 何九盈著:《中国古代语言学史》,广东教育出版社 2000 年版,第 299 页。
③ 何九盈著:《中国古代语言学史》,广东教育出版社 2000 年版,第 305 页。

几成定论。总之,在上古声调研究方面,清儒尽管投入精力不少,但效果并不明显,遗留了不少悬疑之处,这在很大程度上是由材料和方法的局限造成的。

　　与人气兴旺的上古韵部和声调研究相比,上古声母的研究在清代则相对冷清,研究者寥寥可数,除了声名赫赫的钱大昕外,徐用锡、夏燮、邹汉勋诸人都是名不见经传的角色。不过,上古声母研究的成果倒相当可观。钱大昕等人主要解决了两大问题:一是古无轻唇音,所谓"凡轻唇之音,古读皆为重唇"①,即认为中古的非、敷、奉、微四个轻唇音在上古读成重唇音帮、滂、並、明。二是古无舌上音,所谓"古无舌头舌上之分,知彻澄三母,以今音读之,与照穿床无别也,求之古音,则与端透定无异"②,即认为中古的知、彻、澄三个舌上音在上古读成舌头音端、透、定。依据这两条不刊之论,音韵学家们就能在中古的 36 字母的基础上大致推求出上古的声母系统。在论证上述结论的过程中,清儒对历史文献、汉语方言和外来词等材料进行了全方位的搜集和多层次的类比,既涉及共时比较,又涉及历时比较,这种做法已跟西方的历史比较语言学不相上下。

(三) 今音学

　　今音学是以《切韵》系韵书为研究对象、研究南北朝到唐宋时代语音系统的学科。元明时期几乎无人从事今音学研究,时人甚至连《切韵》系韵书的基本情况都不清楚。清代前期和中期,学者们的主要精力大都集中于古音学,对《切韵》系韵书同样知之甚少,只有顾炎武、江永、戴震数人作过相关的研究,其中又以戴震的成就最大。戴震今音学的研究成果主要见于其《考定广韵独用同用四声表》。此表以图表形式将《广韵》的 206 韵按四声排定,明示哪些韵独用、哪些韵同用、哪些韵因字少附属他韵而未列韵目、哪些韵有无入声韵相配,令人一目了然,李开因此称之为"《广韵》的袖珍本"③。此外,戴氏还依据前人的研究成果对 206 韵的同用与独用情况进行考定,重新排定了《广韵》最后六个韵目的次序,并对各韵的等呼一一作了分析。必须指出,顾、江、戴等人研究《广韵》的目的是从中古

---

①　洪诚选注:《中国历代语言文字学文选》,江苏人民出版社 1982 年版,第 234 页。

②　洪诚选注:《中国历代语言文字学文选》,江苏人民出版社 1982 年版,第 238 页。

③　李开著:《汉语语言研究史》,江苏教育出版社 1993 年版,第 249 页。

音出发来考察上古韵部的分合,这种为上古音研究服务的意识在一定程度上妨碍了今音学的深入。有清一代,全力以今音学为务并且取得硕果的是清末的陈澧,他的《切韵考》堪称今音学的集大成著作。《切韵考》的研究对象是《广韵》而非《切韵》,《切韵》不传,清儒一直把《广韵》看成是《切韵》的翻版。陈澧著《切韵考》的目的是借助《广韵》来弄清《切韵》的本来面目。陈氏考证的材料是《广韵》中的所有反切,考证的方法是系联法。陈氏对反切进行系联研究主要依据如下基本原则:反切上字与所切之字一定是双声,反切下字与所切之字一定是叠韵;凡是两个反切上字同类的,其反切下字必不同类;凡是两个反切下字同类的,其反切上字必不同类。系联法是实实在在的归纳法,《切韵考》用于归纳的条例有三种:同用、互用、递用。举例说明如下:

声类	韵类
同用例:冬,都宗切	东,德红切
当,都郎切	公,古红切
反切上字都是"都",属同类	反切下字都是"红",属同类
互用例:当,都郎切	公,古红切
都,当孤切	红,户公切
"当""都"互为反切上字,属同类	"红""公"互为反切下字,属同类
递用例:冬,都宗切	东,德红切
都,当孤切	红,户公切
"冬"以"都"、"都"以"当"	"东"以"红"、"红"以"公"
为反切上字,属同类	为反切下字,属同类

对于《广韵》中不适合以上常规条例的异常现象,陈氏还制定了所谓的分析条例和补充条例,从而使所有的反切都实现了系联。《广韵》共有 3 890 个小韵(即反切),反切上字为 452 个,反切下字为 1 195 个。根据这些具体数字,采用上述系联法,陈氏归纳出《广韵》的 40 个声类和 311 个韵类,首次揭示出如下事实:《广韵》的声类不同于传统的 36 字母,《广韵》的韵类不同于传统的 206 韵,进而使韵母的开合与等呼、声母的重组等问题暴露无遗。仿照陈氏的系联法,后人

如黄侃、钱玄同、曾运乾等继续对《广韵》作深入、细致的研究,不断对陈氏的结果加以修补。

(四)等韵学

等韵学在元明清都很发达,取得的成绩也颇为可观。近代的等韵著作与宋代的等韵图有一个明显的区别:宋代的韵图以分析、图解《切韵》音系为着眼点,而此期的韵图则多是依照实际语音对《切韵》音系进行调整和改造。音系不同,原先的反切自然就得加以改良。因此,近代的等韵著作更注重实用,这一方面是语音发展的需要,一方面也是推广共同语(官话)的需要。为了方便使用,近代学者往往将韵书、字书和韵图编排在一起。例如,梅膺祚的《字汇》后面即附有《韵法直图》和《韵法横图》,清代的《康熙字典》则在正文之前列出了两种韵图。近代等韵学还有一个共同的倾向,那就是人人都试图搞出一个无所不包、放之四海而皆准的综合音系来。潘耒编写《类音》的目的就是:"欲使五方之人,去其偏滞,观其会通,化异即同,归于大中至正。"(《类音》卷一)

元代的等韵著作以刘鉴的《经史正音切韵指南》为代表。此书在内容上继承了金代韩道昭的《改并五音集韵》,在体式上模仿《四声等子》和《切韵指掌图》。例如,书中的韵字全部来自《五音集韵》,所采用的韵部和韵摄则跟《四声等子》基本一致,而以23纵行来统括36字母的排列格式则显然承自《切韵指掌图》。因此,该书具有较浓的保守色彩。但不管怎么说,此书是作者结合实际语音编成的,所以也势必反映出当时的一些语音变化,如知母与照母、泥母与娘母、穿母与彻母、澄母与床母、疑母与喻母的合流以及"浊上变去"现象的出现。而是否反映上述变化恰是横亘在近代等韵学与中古等韵学之间的一道分水岭。

明代是等韵著作蜂起的时代,桑绍良的《青郊杂著》、吕坤的《交泰韵》、袁子让的《字学元元》、叶秉敬的《韵表》、无名氏的《韵图直法》、李世泽的《韵图横法》、方以智的《切韵声原》是其中的上乘之作。这些韵图各有特色,优劣并存。《青郊杂著》基本反映的是北方官话音系:声母20个,韵部18个,声调6个,书中明确提出了"四科"的概念,何九盈指出:"'四科'就是后来的四呼。重科相当于合口呼,次重科相当于撮口呼,轻科相当于开口呼,极轻科相当于齐齿呼。"①《交泰韵》反映的是当时中州地区的实际口语语音系统:声母 19 个,韵部 21 个,声调 4 个。作者还根据实际语音对旧反切进行改造,从他改动反切上字的情况可以看出中州话的声母特点:全浊声母消失,知组声母与照组声母合流。《字学元元》和《韵表》均属于守旧派,像 36 字母、22 韵摄、30 韵目等名目都是承前而来,二者表现的主要是读书音。《韵图直法》和《韵图横法》属于革新派的等韵著作,它们不与任何韵书相配套,所有的读音一律来自当时的读书音。二书的最大特点是直接使用"开齐合撮"四呼(《韵图横法》为"开齐合撮混"五呼)制作韵图,同时韵类的区分也以实际语音为据。前者按韵分图,每韵一图;后者按声调分图,同调则同图。《切韵声原》大概是明代的最后一部等韵著作,声母 20 个,韵有 16 摄,声调 5 个,书中采用了一些新名目,例如将声母按发音方法分为初发、送气和忍收三类。值得注意的是,尽管入声在北方口语中已经消失,但明代几乎所有的等韵著作仍加保留,这多少说明传统的观念在等韵学家的心目中并未彻底烟消云散。

清代等韵学延续了明代的盛况,从清初到清末,等韵著作可谓屡见不鲜,较有影响的如李光地的《音韵阐微》、马自援的《等音》、林本裕的《声位》、潘耒的《类音》、《康熙字典》前附的《等韵》、江永的《音学辨微》、李汝珍的《李氏音鉴》、劳乃宣的《等韵一得》等。《音韵阐微》的最大举措就是采用满文的合声法来扭转旧反切不能准确拼读的状况,具体做法是:选支、微、鱼、虞、歌、麻等阴声韵的字作反切上字,选影、喻二母的字作反切下字,这样就有效避免了上字的韵母和下字的声母对拼音的干扰作用。《等音》和《声位》性质相同,内容大致接近,二书反映的都不是单一的音系,都是韵部分 13 个,都保留了北方话久已不存的入声。二书的主要差别在声母方面:《等音》的数量为 21 个,《声位》将《等音》中的"影""疑"合而为一,另外又增加了 4 个用处不大的声母,总数达 24 个。《类音》代表的也是一个兼顾四方的综合音系:声母 50 个,韵母 96 个(其中 49 个有韵无字),这完全是杂糅的产物。此书的最大贡献是用"四呼"来分析韵类。"四

---

① 何九盈著:《中国古代语言学史》,广东教育出版社 2000 年版,第 312—315 页。

呼"之说尽管起于明代,但明人并不十分清楚。潘耒首次从发音时舌位的高低和唇形的圆展来阐明"四呼":"凡音皆自内而外,初出于喉,平舌舒唇,谓之开口;举舌对齿,声在舌腭之间,谓之齐齿;敛唇而蓄之,声满颐辅之间,谓之合口;蹙唇而成声,谓之撮口。"(《类音》卷一)《康熙字典》前附的《等韵》由两种不同性质的韵图组成:一种是《字母切韵要法》,其中多少反映出实际语音的一些变化;一种是《等韵切音指南》,大致反映的是宋元时代的语音概貌。《音学辨微》与《类音》一样,也是一部脱离活语言的等韵著作,此书的特殊价值在于对韵图一、二、三、四等所作出的解释:"一等洪大,二等次大,三、四皆细,而四尤细。"韵母的洪细取决于介音和主元音。江永的此番解说源自他对音理的深刻体察。《李氏音鉴》声母有 33 个,韵有 22 个,声调有 5 个,大致反映的是北方方言的音系。不用等、呼概念,一律按粗细来划分声母、韵母是此书的一个特点。粗细涉及介音问题,以此论韵部则可,以此论声母则扞格难通。劳乃宣《等韵一得》是清代等韵学的封山之作,此书所反映的音系缺乏现实性,不值一提。但劳氏精通音理,析音精细似乎无人能敌。例如,他按发音部位将声母分为 8 类:喉音、鼻音、重舌音、轻舌音、重齿音、轻齿音、重唇音、轻唇音,又按发音方法将 8 类声母各分为清浊两类。另外,劳氏还针对声母提出了"戛透轹捺"说,"戛"指的是不送气音,"透"指的是送气音,"轹"指的是摩擦音,"捺"指的是鼻音。对于韵部,劳氏则按照收尾音进行区分,共分出 6 个韵部:喉音一部(收尾音 -a、-o)、喉音二部(收尾音 -ai、-ei)、喉音三部(收尾音 -au、-ou)、鼻音部(收尾音 -ŋ)、舌齿音部(收尾音 -n)、唇音部(收尾音 -m)。六大韵部又再分为阴声和阳声两大类。上述分析完全立足于发音机制,基本消除了前人审音过程中的感觉成分。由此,何九盈称《等韵一得》为"一部结构谨严的科学著作"[①]。

■二、近代的语义研究

近代的语义研究之盛仅次于语音研究。从研究内容和对象看,此期的语义研究可分两个板块:一是传统的雅学研究,二是古语词研究。

---

① 何九盈著:《中国古代语言学史》,广东教育出版社 2000 年版,第 218—219 页。

（一）雅学研究

雅学研究源远流长，但元代一度出现过断流。明清时期，学者们又重整旗鼓，恢复并发扬了雅学传统。明代相关的著作有朱谋㙔的《骈雅》和方以智的《通雅》。

《骈雅》分 7 卷 13 门，编排格式基本沿袭前代，有释诂、释训、释名称、释宫、释服食、释器、释天、释地、释草、释木、释虫鱼、释鸟、释兽，所收词条均为双音节词，用以解释的词语一般也是双音节词，体例上属于"以双释双"，偶尔也用语句来解释词义。其中有一些是冷僻词或俗语词，还有一些则是异形词。例如：

> 仿佛……髣髴、依稀：疑似也。（明朱谋㙔《骈雅·释诂》）
> 郁悠，思念也；惆怅，悲哀也；憭慄，凄怆也。（明朱谋㙔《骈雅·释训》）
> 威夷，长脊而劣。（明朱谋㙔《骈雅·释兽》）

书中收录的双音词基本为联绵词，后世研究联绵词可以此为资料。联绵词建立在音节的语音联系基础上，解释联绵词显然不能舍此根本。但作者不懂古音学，所以解释中往往缺少必要的语音分析。另外，词条的排列也显得较为凌乱无序。

《通雅》代表了明代雅学研究的最高水平，是继《尔雅》《广雅》之后最重要的一部雅学巨著。全书 55 卷，约 70 万字，这样的容量在历代雅学著作中首屈一指。正文 52 卷的内容目录是：卷 1 至卷 2 "疑始"、卷 3 至卷 10 "释诂"、卷 11 和卷 12 "天文"、卷 13 至卷 17 "地舆"、卷 18 "身体"、卷 19 "称谓"、卷 20 和卷 21 "姓名"、卷 22 至卷 25 "官制"、卷 26 和卷 27 "事制"、卷 28 "礼仪"、卷 29 "乐典"、卷 30 "乐舞"、卷 31 至卷 35 "器用"、卷 36 和卷 37 "衣服"、卷 38 "宫室"、卷 39 "饮食"、卷 40 "算数"、卷 41 至卷 45 "植物"、卷 46 和卷 47 "动物"、卷 48 "金石"、卷 49 "谚原"、卷 50 "切韵声原"、卷 51 "脉考"、卷 52 "古方解"。由此可见，《通雅》名为雅书，其实是部文化生活通典，几乎覆盖了当时社会的一切知识结构，已具备百科全书的雏形。该书似乎只能出自集哲学家、自然科学家和语言学家于一身的方以智。方氏在考释词语时十分注重探求音义之间的关系,明确提出"欲通古义,先通古音"(卷首"音义杂论")、"因声求义,知义而得声"(卷6)等高见。由此,方氏获得了不少令人瞩目的成就。例如《通雅·释诂》:"俋德,犹俏俏也。俏与背、倍、北、悖皆通。《史记·三王世家》'毋俋德'。注:俋,败也。其实与'背'字通。"方氏的上述观点直启清儒的"因声求义"理论,意义当极为深远。可以说,从方以智开始,雅学研究被赋予了新的内涵并焕发了新的光彩。《通雅》中还收录了大量的唐宋元明词汇,如"堂老""阁老"等,值得汉语词汇史的研究者给予关注。在解释词义时既举书证又加驳议,也是《通雅》的一大特色,其中有的条目就相当于一篇词语考释专论。清儒对明人的学问一向嗤之以鼻,但对《通雅》则颇多首肯,因为《通雅》确实无可厚非,其质量丝毫不比清代的雅学著作逊色。

清代的雅学著作如林,非前代所能比。这些著作大致可分为两类:一类是考订注释性的,主要是以《尔雅》和《广雅》为研究对象。《尔雅》最受清儒的热捧,光是《尔雅古义》就有胡承珙、钱坫、黄奭等三家,其他如臧镛堂的《尔雅汉注》、余萧客的《尔雅古经解钩沉》、卢文弨的《尔雅音义考证》、阮元的《尔雅注疏校勘记》、龙启瑞的《尔雅经注集证》、邵晋涵的《尔雅正义》、郝懿行的《尔雅义疏》等,不一而足。有关《广雅》研究的成果不多,著名的有王念孙的《广雅疏证》、钱大昭的《广雅疏义》和俞樾的《广雅释诂疏证拾遗》;另一类是创作性的,即内容上属于增广、续补之作,如吴玉搢的《别雅》、洪亮吉的《比雅》、史梦兰的《叠雅》、夏味堂的《拾雅》和刘灿的《支雅》等,它们大致遵从《尔雅》的体例或部居,在条目和释义方面多有摭拾、弥补之功。实事求是、注重考证是清代雅学研究的一大特长。例如,邵晋涵精于史学,所以书中时时表现出史学家求实的功夫,不少地方对《尔雅》本文、郭璞注、邢昺疏多有匡补。又如,郝懿行在撰写《尔雅义疏》过程中十分看重第一手资料,自称:"余田居多载,遇草木、虫鱼有弗知者,必询其名,详察其形,考之古书,以证其然否。今兹疏中,其异于旧说者,皆经目验,非凭胸臆,此余所以别乎邵氏也。"[1] 不限形体、就古音求古义则是清代雅学研究的又一强项。王念孙的《广雅疏证》在大逞校订、辨正之功的同时,着力因声求义,在探

---

① 赵尔巽等撰:《清史稿》,中华书局 1977 年版,第 13245 页。

明词源和词族方面屡有创获,令人大开眼界。另外,别出心裁、填补空白也是清代雅学研究的特色所在。《别雅》专事搜集经籍史传中的异形词,如"空同""空桐"与"崆峒"、"拾没"与"什么"等。《比雅》专门训释古代的同义词,所引资料多出自汉代的传注,如"男曰觋,女曰巫"(何休《公羊传注》)、"背曰负,荷曰担"(王逸《楚辞章句》)等。《叠雅》则以收录古代各种各样的重言词或叠字词为能事,范围涉及象声词、形容词和名词,其中有的为叠音词(如"依依""霏霏"等),有的则为词的重叠式(如"兄兄""爸爸"等)。《拾雅》旨在拾取《尔雅》《广雅》等书中失收的先秦两汉词语,补其缺漏。《支雅》是一部体例仿照《尔雅》、内容重新撰写的著作,书中另立"释人""释舟""释车""释词""释学""释官""释礼""释兵""释岁""释物"等十篇作为《尔雅》的支脉,仅"释物"一篇就设有22个子目。

(二) 古语词研究

古语词的研究是指专门考释汉魏之前古籍中的疑难语词。元明学者厚今薄古,对此类研究倾力有限,只在私家笔记中有零星的撰述。清代是集大成时期,出现了黄生的《字诂》和《义府》、王念孙的《读书杂志》、王引之的《经义述闻》、俞樾的《群经平议》和《诸子平议》等一系列训诂名著。清儒之所以能取得如此佳绩,何九盈认为是他们掌握了以下两大法宝的结果①。

第一个法宝是寻求声源,因声求义。此法宝虽然元明学者(如方以智)就已知晓,但运用不多,基本停留于纸上谈兵的阶段,真正祭起这个法宝并且屡试不爽的是清儒。清儒凭此直接破译了上古语词习见的假借现象,并且在很大程度上避免了望文生训的弊端。清儒的研究神通源于此法宝,而此法宝的威力则得自清儒创建的科学的上古音系统。例如,对《说文解字·爪部》"为,母猴也"中的"母猴",不少人往往按字面理解,段玉裁和王念孙则从古音出发,指出"母猴"即"猕猴""沐猴"。又如,钱大昭《广雅疏义》谓:"'安''干'声相转,以声为义也。""阳之训向,犹阴之训闇,以声寄义也。""赠之为称,以音取义。"②可见,因

---

① 何九盈著:《中国古代语言学史》,广东教育出版社2000年版,第347页。
② 刘永华校注:《〈广雅疏义〉校注》,社会科学文献出版社2015年版,出版说明第2页。

声求义已成为清儒考释疑难词的基本方法。

第二个法宝是推究体例和文例,以例求义。古人行文,讲究规律。掌握了规律,就可以驭简求繁、举一反三。段玉裁最擅总结体例,他的《周礼汉读考》就清楚地揭举了汉儒注经方法的内涵:"读如、读若"是注音问题,"读为、读曰"是以本字破假借字问题,"当为"是纠正讹误问题。与段玉裁做法不同,清儒似乎更加擅长从原典行文之中的平行句法、上下文语境等方面入手考释疑难词语。例如:

> 腼,面见人也。……面见人,如今人言无面目相见,其义彼此相成。此许例也。(段玉裁《说文解字注·面部》)

> 樾谨按,高注曰"陴,脚也,音杨子爱骿一毛之骿"。然"陴"不训"脚",亦不音"骿",音训均有可疑。以下文"有蜮集其国"例之,则"陴"字仍当从"城上女墙"之本义。《说文·𨸏部》:"陴,城上女墙俾倪也。""投其陴","集其国",文正一律,高读殆非。(清俞樾《诸子平议》卷二十二)

就内容而言,清儒对反训、同义连文的现象尤为关注,所获也甚丰。例如:

> 敛为欲而又为与,乞丐为求而又为与,贷为借而又为与,稟为受而又为与,义有相反而实相因者,皆此类也。(清王念孙《广雅疏证》卷三)

> 《襄三十一年传》:"寇盗充斥。"按:充、斥二字同义。充,大也……斥亦大也……充、斥并为大,故并为多。充斥,言多也。杜注曰:"充满斥见。"失之。(清俞樾《古书疑义举例》卷七)

统观近代语义研究,可以从中提取出三个方法方面的共同点:一是讲究因声求义,二是注重考源溯流,三是力求旁征博引。这是近代语义研究取得成功的关键所在。

■三、近代的语源研究

语源研究一直是中国古代语言研究的传统保留项目,近代也不例外,元明清三朝都有学者不遗余力地进行探讨。清代由于古音学特盛,语源研究不仅参与者众多,而且水平极高,在整个语言研究中所占的分量自然也不轻。黄侃曾经指出:"清代小学之进步,一知求本音,二推求本字,三推求语根。"①黄氏所谓的"推求语根"即语源研究。

(一)"右文说"的余绪

元明的语源研究大致继承了宋代右文说的余绪,仍旧将关注点置于词义分化和字形演变之间的联系。元代戴侗的《六书故》以及明代黄生的《字诂》中就有不少相关的论述。例如:

> 张,弓施弦也。张之满曰张,去声。……张帷幕亦曰张。……后人加"巾"作"帐"。肌肉膜起亦曰张……别作"胀"。水张盛亦曰张,别作"涨"。(元戴侗《六书故》卷二十九)

> 物分则乱,故诸字从分者皆有乱义。纷,丝乱也;雰,雨雪之乱也;衯,衣乱也;鳻,鸟聚而乱也;棻棻,乱貌也。(明黄生《字诂》)

到了清代,"右文说"还在某种程度上得到了发扬光大。清儒黄承吉的《字义起于右旁之声说》就是一篇相关的力作。黄氏特别强调声旁的作用,称声旁为谐声字的"纲":"谐声之字,其右旁之声必兼有义,而义皆起于声,凡字之以某为声者,皆原起于右旁之声义以制字,是为诸字所起之纲。"不过,黄氏的理论并不局限于谐声字的右声旁:"并有不必举其右旁为声之本字,而任举其同声之字即可用为同义者。盖凡字之同声者,皆为同义。"将右声旁扩展到各个位置的声旁,这是黄氏对宋人的超越。说所有的声旁都与字义有关,这同样犯了扩大化的毛病。由于不懂上古音,黄氏在解释语源的过程中不免想入非非,例如他在寻找"招、標、杓"三字之源时就说:"'招'字则起于刀之上指,'標'字则起于火之上飞,'杓'字则起于勺之曲出。"联想之曲折、奇特简直匪夷所思,荒唐之处丝毫不让于刘熙。

---

① 黄侃述,黄焯编:《文字声韵训诂笔记》,上海古籍出版社 1983 年版,第 12 页。

（二）"转语说"的提出

在清代语源研究中名重位高的并不是"右文说"，而是所谓的"转语说"。何九盈按研究方式将我国古代语源研究分为三类：汉代的"声训"为一类，宋人的"右文说"为一类，清儒的"转语"又为一类①。

"转语"或"语转"说最早出自汉儒扬雄的《方言》，郑玄改称为"声转"。"转语"建立在词语派生的机制上，这个机制的发生基础就是约定俗成后的音义关系。王卫峰指出："派生以音位交替、文字形体演变来派生新词，以语音屈折、声调交替来区分语法意义，这些语音变换是有意识的、积极的造词、构词手段。"②因此，何九盈认为："转语既不像刘熙的'声训'那么泛滥无边，又不像右文说那样仅局限于文字的声旁。"③其实在清儒的"转语"说之前，明人杨慎就提出了"古音转注"论。他在《答李仁夫论转注书》中指出："原古人转注之法，义可互则互，理可通则通，未必皆互皆通也。如'天'之字为天、忝、舔、铁，是其四声也；他年切之外有铁因切，是其切响也。"对杨氏的"切响"一说，李开加按语道："声转、转语之意。"④遗憾的是，杨氏的"古音转注"论主要是针对宋人的"叶音"说而发，兴趣并不在于语源研究。真正从理论和实践两方面研究语源问题的还是清儒。戴震是其中当之无愧的开路先锋。作为古音学的宗师之一，戴氏早就提出了阴、阳、入相配的理论，这是他创立"转语"说的基础和条件。戴氏关于"转语"说的中心思想，主要载于他的《转语二十章序》和《声类表》。声类和声位是戴氏"转语"说的音理基础。声类是按发音部位划分出来的，如"喉、舌、腭、齿、唇"即是戴氏所谓的五个声类。每个声类再按发音方法分成四个声位，如"清、次清、次浊、浊"等。从声类声位出发，戴氏构建了自己的转语系统，此系统被何九盈用表显示如下（见表 3-1）⑤：

①　何九盈著：《中国古代语言学史》，广东教育出版社 2000 年版，第 374—377 页。

②　王卫峰著：《上古汉语词汇派生研究》，百家出版社 2001 年版，第 65 页。

③　何九盈著：《中国古代语言学史》，广东教育出版社 2000 年版，第 365 页。

④　李开著：《汉语语言研究史》，江苏教育出版社 1993 年版，第 176 页。

⑤　何九盈著：《中国古代语言学史》，广东教育出版社 2000 年版，第 365 页。

表 3-1 《转语二十章》声类、声位对照表

章数	声类	声位	发音方法		三十六声母	
1		一	清		见	
2	喉	二	次清	浊	溪	群
3		三	清	次浊	影	喻微
4		四	清	浊	晓	匣
5		一	清		端	定
6	舌	二	次清	浊	透	泥
7		三		次浊		来
8		四		浊	（实为次浊）	
9		一	清		知照	
10	腭	二	次清	浊	彻穿	澄床
11		三		次浊		娘日
12		四	清	浊	审	禅
13		一	清		精	
14	齿	二	次清	浊	清	从
15		三		次浊		疑
16		四	清	浊	心	邪
17		一	清		帮	
18	唇	二	次清	浊	滂	並
19		三		次浊		明
20		四	清	浊	非敷	奉

戴氏之所以要建立此系统，目的是要避免重蹈汉代声训和宋代"右文说"之覆辙，从根本上消除声训和"右文说"的弊端。不过，戴氏转语系统的缺陷也很显著，那就是他完全置韵部于不顾，也许正是由于这一点，《转语二十章》终究胎死腹中。

（三）清代语源研究的代表性成果

清代在语源研究方面未有大部头的专著问世，但出现了几篇高质量的论文：一篇是程瑶田的《果臝转语记》，一篇是王念孙的《释大》，一篇是阮元的《释门》，此三文被后人誉为清代语源学的代表作。其他如戴震的《释车》、程瑶田的《释

虫小记》、宋翔凤的《释服》、任大椿的《释缯》、刘宝楠的《释谷》等也都可归入此列。为了让读者一窥究竟,在此不妨介绍一下三篇代表作的内容。

程作原有四篇,但存世的仅《果臝通义说》一文。此文共搜集了 200 多个与"果臝"音形近同的词语,诸如"蜾臝(细腰土蜂)、毂辘、蝼蛄、峱嵝(山名)、偊旅(曲躬貌)、离娄"等,这些词均是"果臝"的转语,不仅音从"果臝",并且皆有"圆形"之义,属于一组同族词。显然,程氏主要从语词的现实音义关系入手来钩求双音节词乃至多音节词之间的同源关系,他的"转语"更注重音义的通转之理和事物命名的规则。程氏在卷首语中强调:"声随形命,字依声立;屡变其物而不易其名,屡易其文而弗离其声。"因此,程氏的"转语"与戴氏的"转语"不尽相同。李开认为:"程氏的转语说与戴震的转语说是不同的,戴震从古今历史音变的音理入手研究转语机制,如前所说,本质上应是古音学的研究,程瑶田的转语说……本质上是词汇学研究……是词汇词源学。"[①]

王作也是一部不完整的著作,今存 8 篇。王氏将《尔雅》等书中的几乎所有与"大"义相关的字(也是词)搜罗于一处,按上古声母之序排列成篇,每篇之中再按四声编排。先列出字群,再逐字进行释义、注音、举例、引证是王作的基本体例。例如:

> 冈,山脊也;亢,人颈也。二者皆有大义。……强谓之刚,大绳谓之纲,特父谓之犅,大贝谓之魟(音冈。《尔雅·释鱼》:"贝大者魟。"《说文》读若冈),大瓮谓之瓨(音冈),其义一也。(《高邮王氏遗书·释大第一》)

> 空、孔、康,声之转,故虚谓之空,亦谓之孔,亦谓之康。(《高邮王氏遗书·释大第二》)

由于王氏精熟古音,加之考证严密,因而结论十分可靠。与戴氏一样,王氏的语源研究也是只重声母而不看韵部的。

阮元的《释门》则既重声母,又重韵部,其中有言:"凡事物有间可进,进而靡已者,其音皆读若'门',或转若'免'、若'每'、若'敏'、若'孟',而其义皆同。其

---

① 李开著:《汉语语言研究史》,江苏教育出版社 1993 年版,第 277 页。

字则展转相假,或假之于同部之叠韵,或假之于同纽之双声。……双其声则为'黾勉',收其声则为'蠠没',又为'密勿'。"先从单音词的同源现象入手,再逐步推广到复音词(如"黾勉、密勿、勉勉、勿勿、文莫")的同源现象,阮氏不仅触摸了语词的源头,还把握住了语词的分化轨迹,这显然可视为阮元在语源研究方面取得的新突破。

另外,清儒在语义研究和文字研究中也常常要辨析名物,其中自然少不了语源探索。可以不夸张地说,清代的语言文字学几乎处处贯穿着语源研究。例如:

丘、胸、曲,一声之转也。(清段玉裁《说文解字注·虫部》"蜃"字)

夸者,《说文》:"夸,奢也。从大,于声。"《方言》:"于,大也。"夸、訏、芌并从于声,其义同也。(清王念孙《广雅疏证·释诂一》"夸"条)

"嫌疑""狐疑""犹豫""踌躇"皆双声字,"嫌疑"与"狐疑"一声之转耳。(清王引之《经义述闻·通说》)

从总体情况看,清代语源研究的主流是积极而健康的,既脚踏实地、理据充足,又富于联想、充满灵动,实现了创新性与科学性的完美结合。就此而论,清代的语源学与前代的语源研究有着质的不同,这个质指的是科学的理论、严谨的方法和可靠的结论。因此,将清代语源学整体纳入历史比较语言学的范畴无疑是适宜的。

■四、近代的方言研究

方言研究为中国学者首创,这一点也为国际语言学界所公认。但是必须看到,秦汉学者开辟的这条学术之途并不顺畅,以致在中古遭遇了严重的梗阻。近代,俗文学的蓬勃发展再次激起了学者们关注方言的热情,终于使沉寂已久的方言研究再度复活。这种复活绝不是简单的再造,而是一种全新的重建。因为,无论是就广度和深度来说,近代的方言研究都与秦汉的方言研究不可同日而语。

(一)方音研究

方音研究是近代方言研究开辟的一块新天地。其实,早在南北朝时期,学者就对方音有了较为深切的感悟。颜之推在《颜氏家训·音辞篇》中就指出："南方水土和柔,其音清举而切诣,失在浮浅,其辞多鄙俗。北方山川深厚,其音沉浊而鈋钝,得其质直,其辞多古语……其谬失轻微者,则南人以钱为涎,以石为射,以贱为羡,以是为舐;北人以庶为戍,以如为儒,以紫为姊,以洽为狎。"出于督正雅音的初衷,他们往往将方音视为人们发音的讹失现象而加以鄙夷和贬斥。这种状况一直持续到唐宋。例如:

> 今荆襄人呼提为堤……关中人呼稻为讨,呼釜为付,皆讹谬所习,亦坊中语也。(唐李肇《国史补》卷下)

> 四方之音有讹者,则一韵尽讹。……蜀人讹"登"字,则一韵皆合口。吴人讹"鱼"字,则一韵皆开口。(宋陆游《老学庵笔记》卷六)

相比之下,近代学者对方言的态度要理性得多。他们不仅将方音视为一种正常的音变现象,而且试图捕捉其中的一些规律。像明代的张位就在《问奇集》中提到了燕赵、江北、江南、闽粤等地一些典型而有规律的音变,如蜀语中声母 n、l 不分的现象等。"官话"一说最早即出自张位之口。

近代学者关注方音的一个重要动机就是为了推广官话。为此,他们不遗余力编著了大量的等韵著作。近代林林总总的各类韵图大多因此而来。有人甚至还专门为特定地区的人编撰了学习官话的语音教材,如莎彝尊的《正音咀华》专供广东人学习官话用,潘逢禧的《正音通俗表》则专供福建人学习官话用。在推广官话的同时,近代学者也比较在意对方音的记录和保存,如戚继光的《戚参军八字音义便览》、林碧山的《珠玉同声》、富知园的《闽音必辨》、黄谦的《汇音妙悟》、樊腾凤的《五方元音》等,这些类似手册的著作都兼有记录方音和教授方音之效,堪称汉语方音调查的第一批结晶,对后人研究近代方言概况大为有用。

(二) 方俗语词研究

汉语方俗语词的研究自扬雄之后即告中断,整个中古几乎无人问津,只有唐宋文人的笔记中有一些东鳞西爪的记录。例如:

今之交床,制出塞外。其始名胡床。(宋程大昌《演繁露》卷十四)

市井有补治故铁器者,谓之"骨路",莫晓何义。……余按:骨路正是锢字反语。(宋陆游《老学庵笔记》卷一)

近代则在重新撷拾的基础上大力推进,同样取得了佳绩。近代方俗语词的研究有两种表现:一种是不成系统的研究,散见于私家笔记之中;一种是专门的、系统研究,以相关的辞书为代表。近代前期的研究以私家笔记为主,如陶宗仪的《南村辍耕录》、李治的《敬斋古今黈》、焦竑的《焦氏笔乘续集》都记载了一些方俗词语并对它们的意义和用法作了描写。例如:

娘字,俗书也。古无之,当作孃。……南方谓妇人之无行者亦曰夫娘。谓妇人之卑贱者曰某娘,曰几娘,鄙之曰婆娘。(元陶宗仪《南村辍耕录》卷十四)

乖角犹言乖张。盖俗语也。(元李治《敬斋古今黈》卷七)

明代后期,俗语词辞书纷纷问世,如杨慎的《俗言解字》、岳元声的《方言据》、陈士元的《俚语解》、周梦旸的《常谈考误》、李实的《蜀语》等。这些著作主要训释的是唐宋元明时期的方俗语词,不仅收词有讲究,而且体例完备,注音、释义、举证兼顾,有很强的时代性和实用性。

岳元声的《方言据》共收 261 条目,基本做法是用活的方言口语词来考证前代诗文中的词语。例如:

雾凇,音梦送。混混不明了,谓之凇雾。……齐鲁之间谓之雾凇。……又吴歌云:"霜凇打雪凇,贫儿备饭瓮。"(明岳元声《方言据》卷上)

父谓之罢,入声。唐人诗:"不如长在郎罢前。"闽人谓父曰"郎罢"。《随隐漫录》吴一斋诗:"新诗却要多拈出,突过郎罢张我军。"江右人亦有此说,不独闽也。(明岳元声《方言据》卷上)

李实的《蜀语》作为第一部地方性俗语词典,尤具开创性意义。此书其实是一部考释方言词语的札记,既不分卷,又不分类,内容只涉及三类实词:名词(人物称谓)、动词和形容词。其中的不少条目仍活跃于今天的四川方言中。例如:

　　小儿女曰幺。幺，音腰。俗作么，误。

　　村市曰场。入市交易曰赶场，三六九为期，辰集午散。犹河北之谓"集"，岭南之谓"墟"，中原之谓"务"。

　　凡戏玩曰耍。耍，音洒。

　　谓人形短曰矮矬矬。

　　清代方俗语词研究盛况空前，研究面铺得很开，几乎覆盖了俗语词的各方面。李开将之归为以下四类情况 ①。

　　第一类是扬雄《方言》的续作，如杭世骏的《续方言》、戴震的《续方言》、程际盛的《续方言补》、徐乃昌的《续方言又补》、程先甲的《广续方言及拾遗》等，上述著作大多以搜罗、注释历代典籍中的古方言语词为能事，对当下口语反倒置若罔闻，这一状况的形成与清儒的复古主义倾向不无关联。像杭、戴等人的著作所依据的材料不外乎《说文解字》《释名》《公羊传》《穀梁传》《汉书》等上古文献以及汉唐时期的注疏。例如：

　　　　郑玄《礼记·檀弓》注：居，读如姬，齐鲁之间语助也。（清程际盛《续方言补》）

　　　　颜师古《汉书·郊祀志》注：古谓之娣姒，今关中俗呼为先后，吴楚俗呼之为姒娌，音轴里。（清杭世骏《续方言》）

　　第二类是研究现时某地方俗语的著作，如胡文英的《吴下方言考》、茹敦和的《越语释》等。此类书应视为明人李实《蜀语》的推广之作，但编写质量要明显高出一个档次。以《吴下方言考》为例，此书既重现实描写，又讲历史探源，完全称得上是共时描写和历时解释相结合的产物。例如：

　　　　抄，匙举物也。吴中以匕匙类取物曰抄。（清胡文英《吴下方言考》卷五）

　　　　《田家五行》：雨水节烧干镬以各稻爆之，谓之孛娄花。案今吴中惟糯稻可爆孛娄（音泼楼）（清胡文英《吴下方言考》卷六）

---

① 李开著：《汉语语言研究史》，江苏教育出版社 1993 年版，第 302—309 页。

第三类是训释诗词中方俗语词的著作,如李调元的《方言藻》就收录、训释了诗词中的 108 条俗语词。于诗词语境中求得词语的实际意义是李氏采取的成功做法,此举不仅可以揭示出语词的词汇意义,有时也能发掘出语词的语法意义。今人张相编著《诗词曲语辞汇释》恐怕就受到了《方言藻》的一定影响。另外,刘淇的《助字辨略》也收录、解释了唐宋以来诗词中的一些带方俗性质的虚词或词头。例如:

> 南人称阿,犹北人称老。如白香山诗"每被老元偷格律"是也。(清李调元《方言藻》)
>
> 争,俗云怎,方言如何也。李义山诗:"君怀一匹胡威绢,争拭酬恩泪始干。"(清刘淇《助字辨略》卷二)

第四类是研究俗语、谚语和成语的著作,如翟灏的《通俗编》、梁同书的《直语补正》、钱大昕的《恒言录》和陈鳣的《恒言广证》等。《通俗编》共收 5 000 余条俗语,有的采自文献,有的录自口语,搜罗宏富,考证精详,其中的若干条目对现代方言语汇研究仍具参考价值。《恒言录》共收俗语 800 余条,书证丰富,源流分明,只是未作释义。《直语补正》《恒言广证》则分别是以上二作的补编。例如:

> 《祝闻录》:"杭俗出殡前一夕,大家则唱戏宴客,谓之煖丧。吴中小民家亦用鼓乐竟夜,亲邻毕集,谓之伴大夜。"(清翟灏《通俗编》卷九)
>
> 俗以女子破身为破瓜,非也。"瓜"字破之为二"八"字,言其二八十六岁耳。(清翟灏《通俗编》卷十八)
>
> 《朱子语录》:"克己者是从根源上一刀两断,便斩绝了,更不复萌。又云:圣人发奋便忘食,乐便忘忧,真是一刀两断、千了百了。"(清翟灏《通俗编》卷二十六)
>
> 《梦粱录》:"杭城户口繁夥,街巷小民之家多无坑厕,只用马桶,每日自有出粪人塞去,谓之倾脚头。"……或以铜为马形,便于骑以溲也。俗云马子,盖沿于此。(清钱大昕《恒言录》卷五)

以上情况充分表明,方言研究已成为近代语言学中一个富有活力的板块。

这个板块自此成为汉语语言学方阵中不可或缺的重要组成部分。

■ 五、近代的语法研究

近代以前,汉语语法研究大致停留于具体材料的分析阶段,不仅零散,而且感性成分居多。理论与方法的双重欠缺一直桎梏着语法研究的发展,由此造成了其系统性的缺失。这也是人们不怎么看好古代语法研究、将古代语法研究视为前科学阶段的症结所在。

毫无疑问,上古和中古以来形成的语法研究传统在近代得到了延续,元代的语法研究就是如此展开的。金末元初人王若虚撰写的《滹南遗老集》尽管被归为诗文别集,其实是一部学术杂著,其中不少讲“辨惑”的内容就时常涉及语法问题。例如:

> “学则不固。”旧说以“固”为“蔽”,而新说曰:“固,坚也;不能敦重,则学亦不能坚。”以语法律之,旧说为长。(元王若虚《滹南遗老集·论语辨惑一》)
>
> 古人言“底事”“底物”“底处”“有底”“作底”,“底”训“何”也,今人或认为“此”字之义,误矣。(元王若虚《滹南遗老集·谬误杂辨》)
>
> 《曲礼》云:“若夫坐如尸,立如齐。”“若夫”云者,止是语辞,而注云“若欲为丈夫”。……郑氏之谬妄如此。(元王若虚《滹南遗老集·五经辨惑下》)

孙良明指出:“书中不仅明确提出按语法标准分析语句的语法错误,而且这种分析也是多方位的。”[1] 不过,该书虽有“以语法律之”“内法亦自不顺”之语,但具体分析路子基本沿袭唐宋人的旧有做法,并无创新。稍值一提的是,王氏首次将助词从虚词中分列出来,使助词成为虚词属下的一个类,只可惜言之不详,使人无从分辨。

(一)虚词研究

代表近代语法研究早期成果的是元代卢以纬的《助语辞》(本名《语助》),这是汉语语法研究史上第一部文言虚词专著。卢作的出现不是偶然,而是历代单个

---

① 孙良明著:《中国古代语法学探究》,商务印书馆 2002 年版,第 279 页。

虚词研究不断累积的必然结果。在语序和虚词两大语法手段中,语序相对稳定,虚词变化多端,后者自然更容易引起人们的关注。从先秦至唐宋,虚词一直处于学者研究视域之中。唐宋学者不仅能大致从性质入手区分虚词,而且也初步认识到了虚词在成句方面的特殊作用,这就更加促成了汉语语法以虚词为本位的研究格局。所有这些,都为卢作的问世作好了充分的铺垫。当单个虚词研究达到一定量的程度,类和范畴的研究就会势在必行。《助语辞》的诞生正意味着近代学者语法研究系统观的形成与明晰。卢氏不仅用"语助"作为自己著作的名称,而且明确将"语助"正式作为虚词的通称。它首先以"不为语助"(或"非语助")"为语助者"的标注方式区分了实词和虚词,还通过对虚词不同用法和意义的阐释揭示了虚词的某些次范畴。就内容而言,卢书的容量不大,全书共计 66 个条目,仅收词或固定短语 135 个(按何九盈的统计),但范围涉及语气词、代词、介词、连词、副词等。由此可见,卢氏所谓的"助语"或"语助"的外延大略等同于虚词。因此,《助语辞》不妨视为一本小型的文言虚词词典。作为一代塾师,卢氏时时注意从教学角度、语用角度对虚词进行诠释,何九盈和李开两位一致将《助语辞》视为中国修辞派语法研究的扛鼎之作[①]。在诠释虚词过程中,卢氏紧扣住以下几个着眼点:一是语音性质,例如"也、矣、焉"条:"'也'意平,'矣'意直,'焉'意扬,发声不同,意亦自别。"二是语法位置,例如"而"条:"是句中转折,带此声以成文见意。句首有'而'字,亦是承上文转说下意。句末有'而'字,却是咏歌之助声,与'兮'相类。"三是语法意义,例如"或"条:"有带疑辞者;有带未定之意者;有不指名其人、指名其事,但以'或'字代之者;有未有此事,预度其事物设若如此者;有言其事之多端,连称几'或'字以指陈之者。"四是联系口语,例如"乎、欤、邪"条:"'乎'字,多疑而未定之辞,或为问语,只是俗语'么'字之意。"无论扣住哪一个点,卢氏采用的基本做法似乎都只有一个:先行比较,再行归纳。比较法创自古人,但先前的比较重在求同,从《尔雅》《方言》直到宋本《玉篇》都是如此。《助语辞》有了转变,开始将比较的重点转到辨异,其"同语义助语之比较""相近语义助语之比较""不同语义助语之比较""近形助语之比较""同字形之语助和非语助之比较"的目的不在求同而在辨异。中国

---

① 　何九盈著:《中国古代语言学史》,广东教育出版社 2000 年版,第 280 页;李开著:《汉语语言研究史》,江苏教育出版社 1993 年版,第 207 页。

语言学的比较研究法运用之娴熟与普遍，大概自卢以纬始。

明代是语法研究的沉寂时期，这种局面直到清代才被彻底打破。清代是中国古代语法学的鼎盛时期。首屈一指的依旧是虚词研究。清儒的虚词研究是在前代所提供的坚实基础上展开的，前人在虚实观念、虚词的分类、虚词的训释方法等方面的见解让清儒受益良多。整个虚词研究在清代呈现出一片崭新的气象，其主要标志是：①专著蜂起，名家辈出。清代研究虚词的学人之众、发表的专著之多，令人咋舌。除了《助语辞》的两本续作——陈雷的《助语辞补义》和魏维新的《助语辞补》外，大部分都是重起炉灶之作，其中值得称道的就有袁仁林的《虚字说》、刘淇的《助字辨略》、王引之的《经传释词》、张文炳的《虚字考》、课虚斋主人的《虚字注释》、王鸣昌的《辨字诀》、吴昌莹的《经词衍释》、伍兆鳌的《虚字浅解》等，不下 20 家。高邮王氏号称硕儒巨匠，他们的参与从另一侧面反映出清代虚词研究的不同凡响之处。②观念更新，认知明晰。例如，"虚字"在清代基本被选为虚词的定称。历史上，虚词曾先后出现过"辞""词""语助""助语辞"等名称，内涵不一，外延歧异，常常令人莫衷一是。清儒权衡利弊，舍弃种种不当的名称，明确以"虚字"对"实字"，这种处理结果既有效显示了汉语词类的对立性，又有助于人们对虚词属性的把握和体认。③研究领域大为拓展。拓展的表现有两种：一是层面的追加，研究的对象不再囿于文言，唐诗宋词中带俗语性质的虚词也进入了清儒的研究视野；二是数量的增加，《助字辨略》收词 467 个，数量是《助语辞》的三倍以上。另外，清儒还十分注重对复音虚词的研究。④宏观研究上的超越突破。袁仁林《虚字说·序》首次给虚词以较为明确的界说："虚字者，语言衬贴，所谓语辞也。"王引之则强调："字各有义，而字之为语词者，则无义之可言，但以足句耳。"[①] 清儒大多认识到虚词没有实在的词汇意义，只在句中起衬贴作用，表示实词之间语法关系或语法意义，这已十分接近现代语法学对虚词所作的诠释。在分类问题上，清儒则试图通过对虚词的全面划分来构建一种完备的体系，《助字辨略》和《经传释词》给虚词分出的小类有三四十种之多，只是难免芜杂烦琐。另外，清儒还在虚词的训释方法上作了改进，除了常规的比较归纳法外，清儒还启用了声韵考源法，即多从语音入手来探明词的

---

① 〔清〕王引之著：《经传释词》，岳麓书社 1985 年版，第 247 页。

来源,如《经传释词》"用"条:"用,词之以也……'以''用'一声之转。"声韵考源法之所以在清代大行其道,显然与清儒的古音学功底密不可分。⑤微观研究中的推陈出新。清儒在虚词的个案研究方面成绩卓著,既能匡正前人的谬误,又能发前人之未发,《经传释词》在这方面尤为出类拔萃。如虚词"爰"《尔雅·释诂》训为:"爰,曰也。""爰,于也。""爰,於也。"此后从郑笺、孔疏到宋本《玉篇》陈陈相因,《经传释词》则首次新增了两说:"爰,於是也。""爰,犹'与'也。"清代的虚词研究对后世产生了深远的影响,受惠最多的莫过于《马氏文通》。在界说和分类、研究方法和个案训释诸方面,《马氏文通》都借鉴和吸收了清儒的成果。

(二) 实词研究

实词由于意义实在,前人一向疏于研究,近代则稍有改观。首先,词性转变是近代学者的一个关注点。元代刘鉴的《经史动静字音》将实词分动、静两类,并以大量实例论证字音与词性之间的互动性。明代袁子让的《字学元元》同样通过列举实例来证明实词的读音、意义与用法之间的共变关系,明确指出:"字义从音转。此一字也,变一声则异一义。"不过,清儒对之持有异议,如王夫之在《说文广义》中就力主:"凡一字之体用、能所,义相通而音不必异。"此说得到了顾炎武和袁仁林的附和与赞同。比元明学者更进一步的是,清儒还考察了实词的具体运用情况,力图从意义和功能的角度来阐明词性。王筠的《说文释例》《说文句读》在这方面可谓功不可没。孙良明认为王氏主要做了三方面的研究工作[①]:其一确定实词的类别,他按照词义划分出了静字(名词)、动字(动词)和形容字(形容词)等三类实词;其二说明词的兼类现象,例如他指出"好事稼穑"中的"稼"是"动字"而"一曰禾在野曰稼"中的"稼"是"静字",这与俞樾在《古书疑义举例》中提及的"实字活用例"其实是一回事;其三揭示词类转化,例如他指出"君之所履"中的"履"是"以静字为动字也"。

(三) 句法及语法理论研究

在句法研究方面,清儒也有所建树。清儒的"经解"和训诂书中除了习用"句

---

① 孙良明著:《中国古代语法学探究》,商务印书馆 2002 年版,第 334—338 页。

法"名称外,"文法"之说也频频现形。例如,俞樾在《群经平议·大戴礼记·哀公问五义》的批语中,动辄曰"与此文法正同",或曰"与此文小异而句法正同"。从出现的语境看,"文法"与"句法"在内涵上并无二致。孙良明指出:"清人广泛使用'文法',说明产生于汉代、表示'法制、法令条文'的'文法',经过表示'作文方法'义,到了清代有了'句法'义,指句子的结构方式或语词的配置法则。"①在树立文法观的同时,清儒还对各种句法结构进行具体的解析,王氏父子的《读书杂志》和《经义述闻》、俞樾的《群经平议》和《古书疑义举例》堪称这方面的杰作。例如,俞樾称"野于饮食""室于怒市于色"为"倒句例",称"之子于钓,言纶之绳"为"错综成文例",其实谈的就是语序问题。不过,就基本情况看,清儒的句法研究还十分薄弱,特别是过分依赖于训诂,成系统的、独立的句法研究几无所见。这也难怪有人认为《马氏文通》之前的语法研究都不是"grammar"意义上的②。

除了致力于具体语法事实的研究外,近代在语法理论方面也颇有值得夸耀之处。当今世界语言学界正热议不断的"语法化"理念即萌生于此期。这一历史事实已得到了中西方学者的广泛认可。"语法化"在中国传统语言学中被称为"实词虚化"。这个概念最早是由中国元代学者周伯琦于13世纪提出来的。周氏在《六书正讹》中指出:"今之虚字,皆古之实字。"语虽简短,却十分精辟地揭示了古今语言演变的大势。不过,周氏的这一结论大致基于文字"假借说"范畴,并未真正触及历史语言学的精髓。直到清初袁仁林的《虚字说》才将语音假借从虚实关系中剥离出来,使"实字虚化"具有了语法学上的意义③。西方直到19世纪才开始有人谈论并使用"语法化"这一术语。据称,德国语言学家葆朴(Franz Bopp)和法国语言学家梅耶是其中的先行者。

■■六、近代的文字研究

文字研究是近代语言研究的重头戏和强项,特别是在清儒手上,几乎达到登

---

① 孙良明著:《中国古代语法学探究》,商务印书馆2002年版,第326页。
② 李开著:《汉语语言研究史》,江苏教育出版社1993年版,第338页。
③ 刘永华:《"今之虚字,皆古之实字"考察》,《语言科学》2013年第2期。

峰造极的地步。

(一)《说文解字》研究

近代文字研究一开始就是以革新姿态出现的,第一个吹响改革号角的先驱是元代的戴侗。戴氏的《六书故》就致力于对《说文解字》的改造,此书废许慎的540部而改立479目,其中189个是文,45个是疑文,245个是字。戴氏还仿《尔雅》的意义分类法将479目分为九大义类:一数、二天、三地、四人、五动物、六植物、七工事、八杂、九疑。这种做法虽说对《说文解字》的意义层次和文化内涵有所揭示,但不便检索,不利实用,因而算不上是成功之举。此外,戴氏还将《说文解字》的9 353个字按六书系统重新进行编排,并确立新的六书次第:指事、象形、会意、转注、谐声、假借。戴氏在文字学方面的突出贡献主要有两点:一是否定许慎的"圣人造字"说,主张"六书不必圣人作也",认为文字是随着"契"的发展创造出来的。戴氏对文字的起源过程作了如下的描述:"文字未兴也,其类滋,其治繁,而不可以,莫之征也,然后结绳之治兴焉;治益繁,巧益生,故有刻画竹木以为识者,今蛮夷与俚俗不识文字者,犹或用之,所谓'契'也;'契'不足以尽变,于是象物形、指事之状而刻画之,以配事物,而简牍刀笔兴焉,所谓'书'也。"(《六书故·六书通释》)二是吸收宋人"右文说"的合理处,提出"因声求义"的理论,即主张通过声音的联系去推求、考证语词的意义,而不是简单地依据声旁下结论。戴氏有言:"夫文字之用莫博于谐声,莫变于假借。因文求义而不知因声求义,吾未见其能尽显文字之情也。"(《六书故·六书通释》)从"因文求义"到"因声求义",这是戴氏的惊人之见、精辟之论。这一识断完全建立在将语言和文字既严加区别又紧密联系的基础上,所谓"夫文,生于声音者也,有声而后形之以文。义与声俱立,非生于文也"(《六书故·六书通释》)。尽管戴氏尚未将此理论用于实践,但在思想上直接启发了后人,从方以智到清儒,可谓一脉相承。可见,戴氏的理论之功远在实践之上。唐兰由衷称赞戴氏:"其实,他对于文字的见解,是许慎以后,唯一的值得在文字学史上推举的。"[①]元明之际,文字研究方面稍具影响的

[①]　唐兰著:《中国文字学》,上海古籍出版社1979年版,第22页。

著作还有周伯琦的《六书正讹》、李文仲的《字鉴》、赵宧光的《说文长笺》等，其中颇可一提的是明代赵宧光的《说文长笺》。赵著卷帙浩繁，全书共224卷，分为述、作、体、用等四部，征引宏富，说解详尽。书中最为引人注目的地方是有一个可以跟段玉裁的《古十七部谐声表》相媲美的《谐声韵表》，其中采取了"以声统字"的做法。不仅如此，赵氏还提出了"谐其声即同其韵"的观点，比段玉裁的"同声必同部"说领先了一百六七十年。

随着汉学的复兴，文字研究在清代达到了前所未有的昌盛。清代的文字研究主要是以《说文解字》为中心展开的，气象万千，蔚为大观。据统计，清代研究《说文解字》的专著达200多种，著名的有数十家。嘉庆、道光两朝是《说文解字》研究的鼎盛时期，赫赫有名的"说文四大家（段玉裁、桂馥、王筠、朱骏声）"就出现于此期，他们各自的皇皇巨著《说文解字注》《说文义证》《说文释例》《说文通训定声》一直是后学叹为观止的四座高峰。何九盈将《说文》学在清代兴盛的原因归结为三点①：一是古音学系统的基本确立，二是优良的社会风气，三是持久、深入的专题研究。从总体看，清儒的《说文解字》研究有五个主攻方向：

其一，立足校勘，复原《说文解字》。除了段玉裁的注外，徐灏的《说文解字注笺》、钮树玉的《说文考异》、姚文田和严可均的《说文校议》、顾广圻《说文辨疑》和惠栋的《读说文记》等都是这一方面的力作。流行日久而面目驳杂的大徐本《说文解字》由此得到了匡正，许书的原貌也得到了很大程度的修复。在这方面，段氏尤其技高一筹，其校补的不少内容与后来发现的唐写本《说文》往往暗合。

其二，联系多元，阐释字义。段玉裁特别注意区分字的本义和引申义。据马景仑的统计，段注中谈到引申义的地方约有1 100余条，其中由词义特征所产生的引申义的条目约近1/3②。段氏在阐释字义的过程中，并不一味扣住字形，而是从多方面进行求证。例如，段氏探求本义的切入点就有字形、字音、古书古注、古代文法等若干方面。因此，段氏对本义的说解大多确凿可信，不少与后世见到的

---

① 何九盈著：《中国古代语言学史》，广东教育出版社2000年版，第395页。
② 马景仑著：《段注训诂研究》，江苏教育出版社1997年版，第196页。

甲骨文形体相吻合。可见,何九盈称"段注是一部真正的语言学著作"①绝非夸饰之辞。

其三,洞幽察微,揭示体例。《说文解字》的体例隐而不显,段玉裁、王筠细加探求,多所发明,为后人通读《说文解字》的解说内容、把握《说文解字》的训释思路扫清了障碍。例如,段氏花大力气寻绎了《说文解字》的列字原则:"凡部之先后,以形之相近为次;凡每部中字之先后,以义之相引为次。"(《说文解字注·一部》)对许慎的说解之例,王筠则作了精到的阐发:"许君说解,必先字义而后字形。其说形也,或此字形属会意,则先举本部首而后及别部之字,如'天'在一部,云'从一大',先'一'后'大'是也;如字义重'大',则必入大部,而说曰'从大从一'矣。"(《说文释例》卷10)

其四,详加举证,注疏内容。《说文解字》内容古奥,后人难以读懂,段玉裁、桂馥、朱骏声的著作都在这方面勤于用力,并且各有特色。段著注重许书原义的发掘,桂著侧重书证的补苴,朱著长于对转注、假借之例的破解。以桂著为例,在给《说文解字·一部》"吏,治人者也。从一从史。史亦声"这段文字作注时,桂氏先引《尚书》《孟子》《左传》等10种资料证明"吏"的意义,然后再引《周礼》《韩非子》《潜夫论》等8种资料证实许慎的说解,搜证之富,确为他人不逮。王筠的《说文句读》还首次给《说文解字》加上句读,尤便于初学。

其五,以声统字,重排《说文解字》。《说文解字》的9 000余字首先按540部分列,这是"以形相统";各部之内的字再按意义之亲疏排列,这是"以义相统"。段玉裁则另辟蹊径,试图对《说文解字》"以声相统",可惜未能如愿。他的心愿最终在其弟子江沅的手上化为现实,江氏撰写的《说文解字音韵表》就是按照"以声为纲,声复生声"的次第编排的。

除了上述五个方面外,清代还有一些《说文》研究专著颇具特色,如沈涛的《说文古本考》、邵瑛的《说文解字群经正字》、饶炯的《说文解字部首订》等。

(二) 古文字研究

近代的古文字研究也是如火如荼。元代的戴侗就曾利用金文材料来校正

① 何九盈著:《中国古代语言学史》,广东教育出版社2000年版,第392页。

《说文解字》中的小篆,力图使人知晓古人的"制字之本"。戴氏的此举开以出土文献证传世文献之新风。到了乾嘉时期,随着青铜器的大量出土,金石之学备受推崇。梁诗正的《西清古鉴》和阮元的《积古斋款识》都集录了大量的青铜器材料。清代中期的文字学家大多留意过金石文字,如桂馥、段玉裁、王筠、严可均等人,但目的不在古文字研究而在于《说文解字》研究或经学研究,借以"通六书之条理,为六经辅翼"①。例如,段玉裁利用金石材料来注《说文解字》,阮元利用金文来讲经学。真正以古文字研究为务的是晚清的一些学者如吴大澂、刘心源、孙诒让诸人,吴氏的《说文古籀补》、刘氏的《奇觚室吉金文述》、孙氏的《古籀拾遗》和《古籀余论》都是这方面的力作。19世纪末,殷墟的发现使得甲骨文重见天日,清儒随即展开了相关的研究。刘鹗的《铁云藏龟》是最早的一部著录甲骨文的书,共收甲骨计1 056片。本书虽以材料收集为主,但也考订了为数不多的几个字。而第一部全面研究甲骨文的著作当推孙诒让的《契文举例》。孙书仅三卷,共考释了卜辞中的334个单字,内中有180余字得到了正确的释读。孙氏采用将甲骨文与金文、小篆和上古文献相互印证的研究法,诚可谓领甲骨文研究之先声。另外,孙氏还写了《名原》一书,利用甲骨文、金文和石鼓文等古文字材料与《说文解字》中的古籀进行比勘,一方面显示古文字形体的演变轨迹,同时廓清《说文解字》在字形分析方面的诸多误区,这种做法同样具有开创性意义。就总体而言,清儒所做的上述工作只能视为甲骨文研究的一种前奏或铺垫。

思考题

1. 试剖析清代成为近代语言学高峰阶段的根本原因。
2. 简述清儒在上古韵部分立和上古声母考证方面的历史贡献。
3. 简述清代虚词研究的发展状况。
4. 简述清代在《说文解字》研究方面的主要成就。

---

① 〔清〕段玉裁撰:《经韵楼集:附补编·两考》,赵航、薛正兴整理,凤凰出版社2010年版,第146页。

第二节 欧洲近代语言研究

　　从 17 世纪后期开始直至整个 18 世纪是欧洲语言学积蓄力量、待机而发的时期,此期被罗宾斯形容为"现代时期的前夕"。与中世纪和文艺复兴时期相比,此期的欧洲语言学发生了巨大而深刻的变化。造成这种变化的因素有两个:一个来自欧洲内部,主要是哲学和科学的发展状况;一个来自欧洲外部,主要是印度的梵语及其研究成果。相比之下,外部因素的作用更大,它不仅调整了欧洲语言学的航向,而且加快了其发展进程,直接将之导入现代的学术平台。

　　哲学作为一切学科之母,其发展和影响都会或多或少地在其他学科中得到体现。17 至 18 世纪是欧洲哲学的兴盛时期。在认识论研究领域,经验主义哲学与唯理主义哲学一直互为对峙,对峙的焦点之一就是人类知识的起源问题。以洛克(John Locke)为代表的经验论者认为感性经验是客观世界的反映,是人类知识的唯一源泉,人类的一切知识只能在后天习得或感知。与之相对,以斯宾诺莎(Baruch de Spinoza)为首的唯理论者则否认感性经验的可靠性,强调自然界的一切都是必然的,人类知识来源于理性认知,只有理性才能把握规律并获取真知。由于这两派哲学家都认为语言是思想的标记和知识的载体,因此他们探讨知识起源的同时就不可避免地要触及语言起源的问题。

　　17 至 18 世纪也是欧洲自然科学强劲崛起的时期,整个欧洲几乎都沉浸在科学革命的热潮之中。波义耳(Robert Boyle)化学和牛顿(Isaac Newton)力学是当时最为世人瞩目的两大新潮学科,其影响面正日趋扩大。以唯物主义为精髓的科学思想对以唯心主义为内核的宗教观念产生了极大的冲击作用,并且逐渐占据了上风。尽管科学理念与宗教信仰在当时尚未发生正面的激烈的冲突,尽管科学还未强大到取代宗教的程度,尽管牛顿等人还是虔诚的基督徒,但欧洲的思想与文化正逐渐从宗教的桎梏中解脱出来,正显示出勃勃生机。对语言学而言,此期意义非凡的一件大事就是现代人类学的兴起。现代人类学首先是从生物角度研究人类的体质特征与类型及其发展变化的规律,它的突出贡献在于它把人视为自然界的一种动物,而不仅仅是超凡脱俗的上帝创造物(尽管当时人们仍普遍持"上帝造人"的观点)。

　　不仅如此,人们还开始对人类与其他灵长类之间的关系产生了浓烈的兴趣。尽管达尔文(Charles Robert Darwin)的《物种起源》尚未问世,但生物进化的思想在当时已经深入人心。现代人类学所有的事实和观念也在促使语言学家们对人类和语言的关系进行再思考。

　　正当欧洲人对科学真谛进行不懈探求的时候,海外世界又刮来了一股神奇而清新的语言学之风。这股罡风吹自迷人的东方文明之邦——印度,散发着古老的语言和语言研究传统的气息。应该说,印度的语言和语言学进入欧洲人的视野经历了一个漫长而曲折的过程。据历史记载,早在亚历山大时代,印度曾一度受到希腊人的统治。由于希腊人自身的文化优越感作祟,印度被看作蛮夷之邦,印度的语言和文化自然就被拒于欧洲大门之外。到了16世纪,欧洲学者就开始注意到印度语言中的一种——吉卜赛语,但是人们一直以为该语言的发祥地是埃及而非印度。稍后,由于罗马教廷的传教士涉足印度,梵语才引起了欧洲人的注意。据称,16世纪末的意大利学者萨塞蒂(Filippo Sassetti)是第一个提到梵语的人,他不仅称赞梵语的优雅,还指出了梵语与意大利语在词语方面的诸多相似之处。后来的德国人舒尔茨(Schulze Benjamin)和法国人科尔杜(Coeurdoux Gaston Laurent)也谈论到了梵语与欧洲的一些语言之间的共同点,但只是就事论事,未作更深的探究。随着欧洲殖民化进程的加剧,从16世纪起,葡、法、英等国相继侵入印度,西方开始了与印度的全面而直接的交通。在英国取得了对印度的最终控制权以后,英国学者凭借得天独厚的优势实现了与梵语和印度语言学的亲密接触,并将相关知识引进了欧洲大陆。印度的语言和语言学传统立时让众多的欧洲学者为之痴迷、为之倾倒,他们开始把目光投向历史语言学的研究。

　　受上述气候的左右,近代的欧洲语言学在不断开阔视野的同时,努力垦殖新的研究领域,最终呈现出一派欣欣向荣的大好局面。

■一、语言起源的探索

　　哲学思潮的持续论争以及对人类起源的科学认识再次唤起了人们探讨语言起源的热情。因此,语言的起源问题首当其冲地成为此期语言研究的聚焦点。

这种探讨已不是"名实论"的历史翻版,而是注入了新的时代内涵。对学者们而言,语言的古老面目已变得不那么重要,语言的产生条件和发展动因则愈来愈成为关注的焦点。显然,语言起源问题在当时已不仅仅是个语言学问题,而是一个带有全局性的重大学术问题。无论在内容还是方法上,17、18世纪有关语言起源的研究都与当时的哲学、科学和人类学的进展无法分离。

(一) 哲学界对语言起源的探索

语言起源问题最先引起哲学家的关注,当时欧洲哲学界的不少顶尖人物都深陷其中,如英国哲学家洛克、培根,德国哲学家莱布尼茨(Gottfried Wilhelm Leibniz,一作莱布尼兹),法国哲学家孔狄亚克(Etienne Bonnot de Candillac)和卢梭(Jean-Jacques Rousseau)等。洛克在其名著《人类理解论》中专门阐述了人类知识的起源和范围等问题,明确主张思维先于语言、观念先于名称。他声称:"我自然承认,在语言初创时,原是先有了观念,然后才有名称;我自然承认,就是现在,也是先形成了新的复杂概念,然后才有新的名称,然后才有新的文字。"[①]在论及抽象语词的来源时,洛克也表达了类似的观点:"许多名称所表示的事物虽然不是被感官所知觉的,可是如果我们追溯它们的来源,就会看到,它们亦是由明确而可感的观念出发的。"[②]可见,洛克希望通过事物的名称来探寻人们观念的起源。在洛克的观点问世后不久,莱布尼茨写成了《人类理智新论》一书。莱布尼茨是著名的唯理论者,其创作此书的动机之一就是对洛克进行辩驳。此书有两点意见明显与洛克相左:一是否认洛克关于抽象语词也起源于明确而可感的观念的说法,认为几乎所有的语词都起源于一般名称而非特有名称;二是反对洛克关于所有语词都为一种自然的必然性所决定的观点,认为精神因素也在语词的选择方面发挥作用。孔狄亚克和卢梭都非常热衷于语言起源问题。孔狄亚克在其《人类知识的起源》的第二部分专门讨论了语言起源问题。卢梭先在其《论人类不平等的起源》中涉及了相关问题,后来又专门写了一本《论语言的起源》。就内容看,二人对语言起源的总体认识非常接近,基本承袭了洛克的思想。

① ［英］洛克著:《人类理解论》,关文运译,商务印书馆2017年版,第453—454页。
② ［英］洛克著:《人类理解论》,关文运译,商务印书馆2017年版,第414—415页。

如他们都认为：语言离不开思维，语词源于观念；语言起源于指点和模仿的手势以及自然的呼声，由于手势在交际方面的限制太多和效果欠佳，后来才被语音取代；语音是随着人类思维能力的增强而逐渐在人类语言中占据主要地位的。孔狄亚克甚至还设想过一个语音与手势并用的混合期，认为自然的音节凭借独特的优势最终取代了手势。卢梭则根据社会契约论的观点，认为语音取代手势是通过协商的方法实现的。和孔狄亚克不同的是，卢梭将语言起源分为两个阶段：一个是自然阶段即"呼声"阶段，另一个是理性阶段即"契约"阶段。有意思的是，卢梭对早期阶段的语言情有独钟，他称赞原始的语言是充满激情和活力的"自由的语言"，并认为："这些语言声音洪亮，韵律丰富，和谐悦耳，从远处一下就能听清听懂。而我们的语言只能用于客厅里的嗡嗡乱语。"①

（二）赫尔德的《论语言的起源》

为了促进对语言起源的研究，1769 年普鲁士皇家科学院还专门设奖征文。赫尔德（Johann Gottfried Herder）的《论语言的起源》在 30 篇应征论文中脱颖而出，一举夺魁，不仅获得了科学院奖，而且由科学院指定出版。《论语言的起源》是一篇充满才情和激情的佳作，使用的惊叹号之多在学术论文中恐怕独占鳌头。论文开头的第一句话就非同凡响："当人还是动物的时候，就已经有了语言。"有人指出，这句语言思想史上的名言暗含着三个论点："①人与动物有某种共同的东西；②动物也可以有语言；③人类语言从动物语言演化而来。"② 论文有两个重点内容。第一个重点是论述人的语言与动物语言的同源性。赫氏明确指出："语言最初为人和动物共享。"③ 他把这种人与动物曾经共享的语言称为"自然的自发语言"。对这种语言的来源，赫氏作了形象的描绘："我们面前存在着一个有感觉的动物，它不可能把它的任何生动的感受禁闭在自身之中，即使不具任何意志和目的，它从一开始就必须把每一种感受用声音表达出来。……这类呻吟，这类声音，便是语言。所以，存在着

---

① ［英］R.H. 罗宾斯原著：《简明语言学史》，许德宝、冯建明、胡明亮译，中国社会科学出版社 1997 年版，第 149 页。

② ［德］J.G. 赫尔德著：《论语言的起源》，姚小平译，商务印书馆 1998 年版，译序 iv 页。

③ ［德］J.G. 赫尔德著：《论语言的起源》，姚小平译，商务印书馆 1998 年版，第 3 页。

一种感觉的语言,它是自然规律的直接结果。"①这实际上是否定了语言神授说,把语言视为人类获得的一种自然禀赋。他大胆断言:语言神授说什么也说明不了,同时也不能自圆其说。应该说,从理论和事实上彻底推翻语言神授说是赫氏写作此文的目标之一。第二个重点是描述了人类语言与动物语言的区别以及人类语言的进化过程。赫氏指出:"语言是人的本质所在,人之成其为人,就因为它有语言。"②他十分强调理性能力或悟性在人类语言进化中的作用,认为理性能力或悟性是人的"种属特性",代表了"人身上相对感性和本能而言的全部思维力量"。他指出:"当人处在他所独有的悟性状态之中,而这一悟性初次自由地发挥了作用,他就发明了语言。"③"悟性的所有状态都以语言为基础,人的思想的链带也即语言的链带。"④赫氏的以上言论触及了语言和思维之间的关系以及两者孰先孰后的问题,其主旨是:语言和思维是不可分离的,二者有共同的起源,是平行发展起来的;思维不仅是区别人与动物的尺度,也是人类语言从动物语言中分化出来的前提条件;思维是人类的内在属性,语言则是人类的外在标记。另外,赫氏还把语言看成是个人心灵的创造行为,认为民族语言和民族精神紧密相关,这些看法对后来的洪堡特(Wilhelm von Humboldt)产生了不可低估的影响。在论述过程中,赫氏还提出了听觉中心论,认为:"人从自然这位老师那里接受语言,完全是经由听觉,没有听觉他就不可能发明语言。所以,听觉在一定程度上便成为他的中介感官,成为通往心灵的门径,成为所有其他感官的联系纽带。"⑤"自然的本性决定了语言的第一个教师只能是听觉。"⑥赫尔德本人还是世界语言同源论者,并且试图从现存的"原始语言"寻找到人类早期语言的特征。他指出:"发声的动词(tönen de Verba)是语言中最早的生命要素。……它们是语言的根基。……所有古老、原始的语言都有大量这种来源的词。"⑦赫尔德的这篇论文尽管才气横溢、新意迭出,但总体上是申述、辩驳多于论证,其科学性自

① [德]J.G.赫尔德著:《论语言的起源》,姚小平译,商务印书馆1998年版,第3页。
② [德]J.G.赫尔德著:《论语言的起源》,姚小平译,商务印书馆1998年版,第21页。
③ [德]J.G.赫尔德著:《论语言的起源》,姚小平译,商务印书馆1998年版,第26页。
④ [德]J.G.赫尔德著:《论语言的起源》,姚小平译,商务印书馆1998年版,第76页。
⑤ [德]J.G.赫尔德著:《论语言的起源》,姚小平译,商务印书馆1998年版,第50页。
⑥ [德]J.G.赫尔德著:《论语言的起源》,姚小平译,商务印书馆1998年版,第38页。
⑦ [德]J.G.赫尔德著:《论语言的起源》,姚小平译,商务印书馆1998年版,第41页。

然要打些折扣。

综上，在语言起源的问题上，欧洲的学者尽管所见不一，但还是具有两个难以磨蚀的共性：其一是一切均植根于特定的哲学立场，一切都是自身哲学观的告白与流露；其二是猜测多于论证，抒情多于说理。所有这些都表明此期有关语言起源的研究只称得上是一场荡涤尘埃的思想启蒙，还算不上是科学层面的深度探讨。

■二、语言类型学理论的形成

（一）语言类型研究的起步

欧洲学者对语言类型的研究早在 16 世纪末就开始了。语言类型的划分与语言的亲缘比较有着千丝万缕的联系。1584 年，希伯来语学者拉维林根（Frans van Ravelingen）在给荷兰莱顿大学首席教授利普修斯（Justus Lipsius）的信中，提供了一份展示日耳曼语和波斯语具有强烈相似性的词表，并认为这种相似性可能是由源头上的密切关系造成的。利普修斯并不否认拉维林根的观点，但他认为拉丁语与波斯语的关系更密切。荷兰学者乌尔卡纽斯（Bonaventura Vulcanius）则完全认同拉维林根的观点，并在 1597 年发表的《盖蒂或哥特人的文学和语言》中举了 22 个例子，提出："依据双方语言有如此之多的共同词事实，可以证明波斯语与荷兰语具有一定的亲缘关系。"[①] 此后，越来越多的学者看到了波斯语与德语在词汇上的诸多共同点。1639 年，德国学者艾利奇曼（Johann Elichmann）在研究中发现，德语与波斯语之间不仅词语相似，而且还有"相同的屈折词尾"及"相同的形态结构"。在艾利奇曼构拟的语言关系模型中，波斯语起着关键作用。他不仅用很多资料证明了波斯语在整个语言关系中的重要性，还指出冰岛的始源语与波斯语有着强烈的密切关系，认为冰岛语可以视为波斯语的方言。其后的萨尔马修斯（Claudius Salmasius）则于 1643 年在《希腊文化评论：希腊语衰落之争及希腊语方语起源的探讨》中，重点比较了希伯来语与日

---

① 李葆嘉：《普遍语法、对比语言学及语言类型学的由来》，《常熟理工学院学报》2021 年第 1 期。

耳曼语、希腊语和波斯语,同时把北印度语也纳入了"印欧语系"画卷[①]。就总体而言,当时的人们更倾向于"波斯语假说",也有人简单地认为波斯语就是一种日耳曼语。这种浅尝辄止式的研究与当时语言学界弥漫着的轻浮之风大有干系,其状况诚如裴特生所言:"谁也不肯细心钻研所有可以利用的全部材料来追究语言间的亲缘关系:学者们偶然碰上了什么,就觉得心满意足了。"[②]

　　当时在语言类型研究领域最有影响的人物是法国学者斯卡利杰(Joseph Justus Scaliger,又译斯卡列格)。1599 年,他在《欧洲语言论集》中首次将欧洲的语言划分了四大群和七小群共 11 个语群,初步建立了"母语—子语"模式,即每一远古母语分化为若干子语而形成不同的语群。四大群语言分别以"上帝"的名称作为代表:deus- 语言、theos- 语言、gott- 语言和 bog- 语言,这其实就是所谓的拉丁语与罗曼诸语言、希腊语、日耳曼语和斯拉夫语。不过,斯卡利杰几乎没有引用任何具体的语言材料来证明他的分类结果,他甚至还断然否定这 11 群语言之间的亲缘关系,而将它们显露出的一些共同点一律解释为语言之间的借用现象:拉丁语借自希腊语,欧洲各近代语言借自拉丁语等。他甚至试图证明这些语言均源于古希伯来语。1615 年,立陶宛学者米加仑(Michalon Lituanus)倒是指出了立陶宛语与拉丁语之间的亲缘关系,但他把其中的原因归结到立陶宛人的拉丁血统上,一下子又误入了歧途。

　　17 世纪 40 年代开始,语言类型研究有所改观。莱顿大学多位学者所论证的斯基泰(Scythian)语系,已经包括希腊语、拉丁语、日耳曼语、凯尔特语、波罗的语、斯拉夫语、印度—伊朗语等,这些语言具有大量的共性特征。作为荷兰学派的集大成者,伯克斯洪(Marcus Zuerius Boxhorn)创立了历史比较语言学的本体论和方法论,其 57 种论著中至少有 6 种涉及历史比较语言学和语言类型学。而论文《库尔斯记录的波斯词语和与日耳曼语词的亲属关系》(约 1644～1646)和《论希腊语、罗曼语和日耳曼语的和谐》(1650)堪称其中的经典。文章先考订古波斯语和与日耳曼语之间在类型上的亲属关系,再论证希腊语、罗曼语和日耳曼语之间的亲属关系,最后通过日耳曼语把希腊语、罗曼语与波斯语关联起来,

---

① 　李葆嘉:《普遍语法、对比语言学及语言类型学的由来》,《常熟理工学院学报》2021 年第 1 期。
② 　[丹麦]裴特生原著:《十九世纪欧洲语言学史》,钱晋华译,科学出版社 1958 年版,第 8 页。

较完美展示了其主张的斯基泰语系假说（Scythisch，即印欧语系假说）及历史比较方法。通过对语言之间的亲属关系的考察，伯克斯洪解释了多种语言在类型上的异同，为类型学的研究提供了借鉴。

（二）语言类型研究的推进

在 16、17 世纪，许多语言学家还特别醉心于追溯一切语言的源头，但这种追溯行动往往仅凭对个别语言的粗浅了解，不但于事无补，甚至还将人们引入误区。例如，希伯来语是最早映入欧洲学者眼帘的一种异型语言，《圣经》的翻译者圣·杰罗姆（Saint Jerome）早在 5 世纪前后就宣称，全部古代文献证明，写成《旧约》的希伯来语是人类最早的语言。后来的语言学家大多对之深信不疑。为了支持和推销"希伯来语母语"说，他们往往不顾语言实际情况，采用一些怪异手法来进行证明，有的甚至就以《圣经》中的传说来作为自己的佐证材料。

在 18 世纪之初，著名哲学家莱布尼茨首先开始向希伯来语是其他语言共同渊源的假说进行发难，并试图建立起一个综合性的语言谱系。他在《人类理智新论》第三卷第二章第一节中提出了一个令人耳目一新的论点："一切民族都是同源的并且有一种原始的根本语言。"① 这就意味着当时为人所知的欧洲语言、亚洲语言乃至埃及语言都是一个原始语言的后裔。1710 年，莱布尼茨在收入《柏林研究院论文集》的一篇名为《略论根据语言证据确定的种族起源》的文章中尝试将欧洲大陆语言分为闪语组和雅弗语组，随后又在雅弗语组下再分出斯基泰语组和克尔特语组。但是，缺少丰富具体的材料和对材料的理性分析使得莱布尼茨的观点同样没有摆脱假想的毛病，自然他也未能从根基上摧垮"希伯来语母语"说。

由此看来，开展科学的语言类型研究必须要首先进行一场材料和方法的革命。只有通过革命，才能达到语言类型研究的两个先决条件：材料的扩充和方法的改进。让欧洲学者引以为豪的是，这两个条件在 18 世纪后半期和 19 世纪初期终于告成了。

---

① ［德］莱布尼茨著：《人类理智新论》上册，陈修斋译，商务印书馆 1982 年版，第 308 页。

材料的扩充应该是第一位的,也最先引起了学者们的重视。莱布尼茨本人就意识到了搜集活语言材料的重要性,不仅大力倡导并且身体力行。他利用与世界各地学者的广泛联系,发起了全球范围内的语言调查运动,此举得到了各国学者尤其是当政者的响应与支持。在多方的努力下,预期的效果很快就产生了。1786—1787 年,在叶卡捷琳娜二世女皇的策划和推动下,俄国出版了由巴拉斯(P. K. Pallas)主编的第一部多语言词典 ——《全球语言比较词汇》。全书采用的是调查表的格式,表中共收录了 286 个最常用的俄语词,并同时记载了 200 种其他语言和方言(欧洲 149 种、亚洲 51 种)中的对译词。本书 1791 年的修订版则增至 280 种语言,其中包括了几种非洲和美洲的语言(印第安语)。这是一部名副其实的汇集世界多种语言标本的比较词典。1800 —1805 年,西班牙教士海法斯(Lorenzo Hervasy Panduro,又译赫尔伐斯)又编写了类似的巨著——《各民族语言目录》,涉及面包括亚洲、欧洲和美洲的 300 余种语言,而拥有大量的印第安语材料是本书的最大亮点。紧接着,德国学者阿德龙(Johann Christoph Adelung)又于 1806 年编写了《语言大全》一书,内中搜罗的语言和方言样品多达 500 种。丰富而系统的材料不仅拓宽了欧洲学者的研究视野,同时也使语言间的亲缘关系一步步地由暧昧走向分明,从而不断地激发起人们探寻语言关系奥秘的兴趣。

应该承认,材料也会在一定程度上影响并改变方法。在不断积累材料的同时,欧洲学者的研究方法也发生了潜移默化的变化。为了论证对某些语言的亲缘关系的猜测,他们开始注意寻找这些语言在形态变化方面的相似性,像海法斯就谈到了词形变化对证明语言亲缘关系的重要性。寻找语言的共性或相似性必须依赖比较,这样一来,比较语言学的方法就开始崭露头角了。当然,必须承认,早期的比较工作还是局部的,主要侧重于个别词的比对。在材料和方法的双重革命的推动下,18世纪的语言学家们开始在小范围内进行语言亲缘关系的求证工作。例如,1713 年英国学者沃顿(William Wotton)在《巴比塔语言变乱论》一文中揭示了条顿语(即日耳曼语)、罗曼语和希腊语之间的亲属关系,并对希腊语、拉丁语和梵语作了进一步的比较;1769 年瑞典学者伊勒(Johan Ihre)在其《瑞典哥特语词源词典》中,着重对瑞典语与其他语言的同根词加以比较,以追溯古瑞典语的词源。在求证语言亲缘关系的基础上,当时的学者还对语言进行了分类,但很多人(如阿德龙)的分类并没有完全贯彻语言发生学的原理,而是遵循地理学的原则按各大洲进行分片,由此产生的结果当然难如人意。

(三) 洪堡特的语言类型研究

不过,随着力量的积蓄和条件的成熟,欧洲语言学的发展契机已呼之欲来了。18 世纪,语言类型学终于等来了一位真正的时代巨子,那就是当时默默无闻、后世名声大噪的威廉·冯·洪堡特。洪堡特一生跨越了 18、19 两个世纪,在语言学史上,他既是 18 世纪的殿军,又是 19 世纪的开路先锋。对洪堡特,罗宾斯有如下的评价:"洪堡特是 19 世纪普通语言学问题的最深刻、最富创见的思想家之一……如果他的学术风格不是那么宽泛,如果他的观点阐述得更加详细,例证更为丰富,如果他的鸿篇巨著流传得更广,读者更多,那么,他作为现代语言学创始人之一的地位,将不亚于索绪尔。"[①] 洪堡特一生见闻洽博,兴趣广泛,其学术研究活动覆盖政治学、人类学、美学和语言学等多个领域,由此形成了洪堡特式语言研究的特点:"人类学、民族学的探索与语言哲学的讨论相融贯,宏观理论的阐发与具体入微的分析相结合,印欧语言的研究与非印欧语言的研究相补益。"[②] 洪堡特极具语言天赋,既熟悉印欧语系的语言,又了解非印欧语系的语言。为了掌握确凿可靠的一手材料,洪堡特本人还多次对活语言进行调查与分析。从公开发表的论著看,洪堡特研究过多种不同类型的语言:希腊语、匈牙利语、塔塔尔语、梵语、汉语、日语、太平洋南岛诸语言、美洲诸语言等。所有这些,都为他进行普通语言学理论的研究奠定了坚实的基础。进入晚年后,洪堡特将所有的精力和兴趣都转移到语言学方面,着重对语言与精神的关系、语言与文化的关系、语言与民族的关系以及语言的符号特性、语言的多样性等问题展开了持久而深入的思考,最终写出了凝聚其毕生心血的理论结晶——《论人类语言结构的差异

---

① [英]R.H. 罗宾斯原著:《简明语言学史》,许德宝、冯建明、胡明亮译,中国社会科学出版社 1997 年版,第159 页。

② [德]威廉·冯·洪堡特著:《论人类语言结构的差异及其对人类精神发展的影响》,姚小平译,商务印书馆1999 年版,译序第 47 页。

及其对人类精神发展的影响》一书。此书被布龙菲尔德誉为"第一部关于普通语言学的巨著"①。

洪堡特首先将语言视为人类的一种独特的创造活动,指出说话的能力是人所固有的普遍能力,这种能力施展得成功与否,决定了语言的差异;语言绝不是产品,而是一种创造活动;人脑天生有着创造语言的能力,正因如此,人才能运用有限的语言手段创造出无限的语言行为;语言就是说话者产生语言和听话者理解语言的能力,而不是说话或写字所产生的那种可观察到的结果;语义结构和语法结构是内在语言形式,语音只是构成内在语言形式的被动材料,语音发音基础对整个人类都是一样的。基于上述认识,他否认语言是静止不变的事物,认为:"语言就其真实的本质来看,是某种连续的、每时每刻都在向前发展的事物。即使将语言记录成文字,也只能使它不完善地、木乃伊式地被保存下来,而这种文字作品以后仍需要人们重新具体化为生动的言语。"②为此,他极力主张从话语链的角度和生成的角度去研究语言。

洪堡特十分强调语言与民族思维和民族精神之间的一致性,并因此提出了语言的相关性原理。在洪堡特看来,说话者的语言系统紧系着本族文化,并最终决定了他的世界观。他声称:"语言仿佛是民族精神的外在表现;民族的语言即民族的精神,民族的精神即民族的语言,二者的同一程度超过了人们的任何想象。"③"我们也可以把每个有个性的人看作世界观的一个独特的出发点。但个人更多地是通过语言而形成世界观……每一语言都包含着一种独特的世界观。"④可以说,语言的主观性是洪堡特语言理论体系中的一个重要核心。正是凭借这一核心理念,洪堡特解释了世界语言多样性以及人类语言结构差异的产生根源。当然,洪堡特并非这一观点的首位发明者。从柏拉图到孔狄亚克再到赫尔德,上

① [美]布龙菲尔德著:《语言论》,袁家骅、赵世开、甘世福译,商务印书馆 1980 年版,第 19 页。
② [德]威廉·冯·洪堡特著:《论人类语言结构的差异及其对人类精神发展的影响》,姚小平译,商务印书馆 1999 年版,第 56 页。
③ [德]威廉·冯·洪堡特著:《论人类语言结构的差异及其对人类精神发展的影响》,姚小平译,商务印书馆 1999 年版,第 52 页。
④ [德]威廉·冯·洪堡特著:《论人类语言结构的差异及其对人类精神发展的影响》,姚小平译,商务印书馆 1999 年版,第 72 页。

述思想都曾有所流露。例如,孔狄亚克就说过:"每一种语言都显示出说这种语言的民族的特性。"不过,真正将语言的主观性发挥到极致的还是洪堡特。洪堡特的这一学说对后来的萨丕尔(Edward Sapir)和沃尔夫(Benjamin Lee Whorf)影响至深,可以看成是著名的"萨丕尔-沃尔夫假说"的滥觞。萨丕尔和沃尔夫后来都被归在了新洪堡特主义的名下。

　　关于语言的发生机制,洪堡特也作了较为详细的阐述。他指出:"语言产生自人类的某种内在需要,而不仅仅是出自人类维持共同交往的外部需要,语言发生的真正原因在于人类的本性之中。"[①]在探讨语言发生机制的过程中,洪堡特还提出了"语言的内部形式"这一重要概念。他认为在人的语言活动中存在一些恒久不变的同形元素,这些元素构成了语言的形式,而语言的形式属于语言的内在特征。必须指出,洪堡特所谓的"语言的内部形式"并不是通常意义上的语法形式,"它指的实际上是一种语言的语法结构和语义结构的系统"[②]。洪堡特关于人的语言能力和语言的内在形式的论述无疑对转换生成语法学的创始人乔姆斯基产生了极大的触动,乔氏声称他的学说主要得益于两位前辈:笛卡儿和洪堡特。随着乔姆斯基学说的影响日盛,洪堡特的理论愈来愈受到欧美现代语言学家推崇。因此,有人说是乔姆斯基重新发现并捧红了洪堡特。

　　洪堡特在语言理论方面的另一个重大贡献是根据词的结构形式区分了三种语言类型:孤立语、黏着语和屈折语,其中黏着语的提法为洪堡特所创。语言类型的三分学说既是洪堡特在语言学界博取声名的关键一着,也是后人特别关注的一个兴趣点。洪堡特一直认为:"语言是精神活动所必需的工具,也是精神活动持续进行所循的轨道。"[③]他区分语言类型的目的就是要证明语言与民族精神之间存在着密不可分的联系。洪堡特研究语言类型是从词形着手的,他指出:"起着积极促进作用或消极阻碍作用的语言特性,就是人们通常所说的词的孤立、屈

[①] 〔德〕威廉·冯·洪堡特著:《论人类语言结构的差异及其对人类精神发展的影响》,姚小平译,商务印书馆1999年版,第25页。

[②] 徐志民著:《欧美语言学简史》(修订本),学林出版社2005年版,第60页。

[③] 〔德〕威廉·冯·洪堡特著:《论人类语言结构的差异及其对人类精神发展的影响》,姚小平译,商务印书馆1999年版,第299页。

折和黏着。这种特性决定着语言有机体的完善程度。"①所谓孤立就是用一个词代表一个意思,所谓黏着就是用简单词组成复合词而词形和意义都不变,所谓屈折就是用词形变化来表示词义和词性。另外,他还根据句子结构的类型将语言分为四类:第一类语言的语法关系主要依靠词序来表达(如汉语),第二类语言的语法关系完全借助词形变化来表达(如梵语),第三类语言的语法关系则安插在一个单词之中(如印第安语),第四类语言的语法关系则通过语言成分的自由组合来表达(如土耳其语)。为了显示不同类型语言之间的差异,他还刻意比较了三种可能的语言形式:屈折形式、黏着形式和复综形式,并认为:"在以上三种抽象形式中,屈折形式可以被称为唯一恰当的形式。"②屈折形式为何如此受到青睐,洪堡特作了解释:"只有屈折方法才能够一方面使词获得意义上和语音上的名副其实的内在稳定性,另一方面则按照思想联系的需要把句子的组成部分可靠地分离出来……只有该方法才最具备纯正的语言结构原则。……屈折方法能够最好地体现出语言的原初本质,也即语言的分节性和象征性。"③洪堡特接着认为孤立语、黏着语和屈折语代表了语言发展的三个阶段,并以此来判定语言的先进与落后,即屈折语最先进,黏着语次之,孤立语最落后。梵语作为屈折语的完美代表受到了洪堡特的高度赞誉,其理由是:"在梵语型语言里,由于词的统一性被固定了下来,屈折形式不仅避免了混同于黏着形式的可能,而且在语言的所有领域中都能够高度自由地发挥作用。"④相反,汉语作为孤立语的典型遭到了洪堡特的贬低,他始终视汉语为"偏离高度规律的形式的语言"并置汉语于梵语的对立面:"在所有已知的语言中,汉语与梵语的对立最为尖锐,因为汉语排斥所有的语法形式,把它们推诿给精神劳动来完成,梵语则力图使语法形式的种种细微的差别在语音中得到体现。这两种语言的区别显然在于,前一种语言缺乏语法标

---

① ［德］威廉·冯·洪堡特著:《论人类语言结构的差异及其对人类精神发展的影响》,姚小平译,商务印书馆1999年版,第129页。
② ［德］威廉·冯·洪堡特著:《论人类语言结构的差异及其对人类精神发展的影响》,姚小平译,商务印书馆1999年版,第297页。
③ ［德］威廉·冯·洪堡特著:《论人类语言结构的差异及其对人类精神发展的影响》,姚小平译,商务印书馆1999年版,第193页。
④ ［德］威廉·冯·洪堡特著:《论人类语言结构的差异及其对人类精神发展的影响》,姚小平译,商务印书馆1999年版,第193页。

记,后一种语言有明确显示出来的语法标记。"①"至于所有其他的语言,我们可以认为,它们都介乎汉语和梵语这两个极端之间,因为它们要么倾向于像汉语那样不让词携带语法关系的标记,要么倾向于像梵语那样把表示语法关系的语音稳固地与词联结起来。"②尽管洪堡特也肯定汉语有很大的优点(诸如结构的高度一致性、始终如一的基本结构规则等),但他一直坚持认为汉语"作为语言、作为精神的工具逊色于梵语型语言及闪米特诸语言"③,由此导致的必然结果是:"汉语没有把精神活动确立为真正的中心,使得诗歌、哲学、科学研究和雄辩术以精神活动为出发点同样成功地繁荣起来。"④由此,我们不难看出隐藏在洪堡特内心深处的那种过分的印欧语言优越感。

洪堡特的语言优劣论绝非天外之音。大约从 18 世纪开始,欧洲语言学界泛起了一股语言进化思潮,学者们普遍认为语言由于进化程度的不同而有优劣和强弱之分。洪堡特的语言类型学说正是在这一块土壤中孕育而生的。把语言等同于文化,试图以语言优劣来评定文化优劣乃至种族优劣曾经是欧洲语言学者长期奉行的思维逻辑。可以说,洪堡特强加在汉语头上的上述恶名开西方学者藐视、诋毁汉语和汉文化之先例,后来的种种语言优劣论概源于此。直到 1887年,以思想家著称的美国学者钱伯斯(Robert Chambers)还发表了一篇对汉语充满无知和偏见的文章,内中有言:"中文句子充满了互不相连的单词或短语,好像我们的婴孩在尝试表达自己的需要及意念……"⑤世界语言的演进史实是:完美的屈折语——梵语早已死亡,不少非完美的屈折语或黏着语也正步入词形不断凋零之境地,而孤立语或分析性语言的生命力倒是日盛一日。这些都有力地证明洪堡特之辈以形态评定语言优劣是一种褊狭和虚妄的做法。

---

① [德]威廉·冯·洪堡特著:《论人类语言结构的差异及其对人类精神发展的影响》,姚小平译,商务印书馆 1999 年版,第 314 页。
② [德]威廉·冯·洪堡特著:《论人类语言结构的差异及其对人类精神发展的影响》,姚小平译,商务印书馆 1999 年版,第 317—318 页。
③ [德]威廉·冯·洪堡特著:《论人类语言结构的差异及其对人类精神发展的影响》,姚小平译,商务印书馆 1999 年版,第 316 页。
④ [德]威廉·冯·洪堡特著:《论人类语言结构的差异及其对人类精神发展的影响》,姚小平译,商务印书馆 1999 年版,第 299 页。
⑤ 王士元著:《王士元语言学论文集》,商务印书馆 2002 年版,第 305 页。

除了洪堡特,19世纪初期还有一些学者也曾致力于语言结构的分类研究,如著名的施莱格尔兄弟。1808年,弗里德里希·施莱格尔(Friedrich Schlegel)率先提出了语言类型的二分法,即把世界上已知的语言分为两类:一类是通过内部词形变化来表示语法关系的语言;另一类是借助词序和附加词来表示语法关系的语言。另外,他还首次明确区别了语言的结构类型和历史谱系。1818年,他的哥哥奥古斯特·施莱格尔(August Schlegel)则提出了语言类型的三分法,即把全球的语言分为三类:没有任何语法结构的语言(孤立语)、使用词缀的语言(词缀语)和具有屈折变化的语言(屈折语)。根据是否有形态变化,奥古斯特·施莱格尔又提出了综合语(纯粹的屈折变化)和分析语(屈折变化+迂回方式)的概念。不过,他所谓的综合语和分析语与后世所谓的“综合语”(运用形态变化,如俄语)和“分析语”(不用形态变化,如汉语)概念不同。通过拉丁语与其衍生的罗曼诸语的比较,奥古斯特·施莱格尔进一步指出,从综合语过渡到分析语可能是某个语系特定的历史演化现象。

不难看出,借助语言结构形式来对语言进行类型划分在当时的欧洲已经蔚然成风,正日益成为语言学家们的共识。

■ 三、语言进化论思想的形成

1863年,德国学者施莱歇尔(Andreas Schleicher)在《达尔文学说和语言学》中谈到了生物进化的自然选择问题,认为语言有机体类似于自然有机体。据此,学界普遍将19世纪的历史比较语言学视为生物进化论思想影响下的产物。不过,生物进化论的核心思想究竟从何而来? 是生物进化论早于语言进化论,还是语言进化论早于生物进化论? 这些问题一直在拷问着学术界。

其实,早在达尔文于1859年发布物种起源学说之前,一批活跃于苏格兰爱丁堡大学的学者就已致力于阐明生物的自然选择原理。而蒙博多(Lord James Burnett Monboddo)就是其中的领路人和拓荒者。蒙博多早年曾求学于荷兰格罗宁根大学,期间深受以伯克斯洪为首的荷兰学派的影响,并且接受了斯基泰语(Scythisch)假说(即印欧语系假说)。作为爱丁堡大学的前辈学长、苏格兰启蒙运动的先驱之一,蒙博多一反“上帝创造人类说”,直言“人类的祖先可能曾是猩猩",其惊世骇俗的思想和特立独行的风格,致使当时的人们视之为"反常人"。在六卷本的《语言的起源和进化》(1773—1792)中,蒙博多创立了包括语言、人类体质与心智起源在内的一系列的哲学思想或进化理论。基于语言的结构分析和比较方法,蒙博多提出人类语言的进化过程就是其对环境变化和社会结构的适应过程。为此,蒙博多追溯了欧洲乃至西亚、中亚和南亚语言的进化历程。他不但讨论了希腊、拉丁、日耳曼、波斯诸语言之间的亲缘关系,而且也论证了梵语与希腊语之间的亲缘关系。蒙博多认为,语言并非人类的固有能力,而是基于人类的可获得性能力,人类语言存在一个"起源—进化"的过程。而与之密切相关的人类体质与心智,也应当存在这一过程。① 由此,蒙博多推导出了"体质起源—进化论""心智起源—进化论"。这三个密切相关的"起源—进化论",可以统称为"人类起源—进化论"。自此,作为哲学思想和科学理论的进化模式—— 一种全新的世界观也就诞生了。

蒙博多的"起源—进化"学说,尽管基于人类语言的历史比较研究,但又与比较语言学有所不同,因为他的研究并非只着意于语言的起源进化,而是要进一步探索与语言密切联系的人类心智和人类体质的起源进化。在蒙博多的理论中,"进化"不仅可以用来指人类起源于灵长类动物的过程,也可以用来指物种通过"对环境的适应"来改变其特性的过程。蒙博多提出,"语言进化论"只是人类从低级灵长类动物逐渐向高级灵长类动物进化过程的一部分。他甚至公开声称,动物为了生存而适应、而改变,所有人类都起源于居于地球上某个热带地区荒野的赤身裸体的四足动物,而猩猩则是人类的早期形态。

在蒙博多之后,进化论学说大致在地质学和生物学两个领域交织发展。在他的引领下,18 世纪的爱丁堡大学涌现出了一批批对世界产生重大影响的杰出思想家。1788 年,哈顿(James Hutton)在爱丁堡皇家学会上,首次将进化模式具体化为地质均变论。1794 年,他又专门撰文阐明了生物的自然选择原理,提出了生物进化论的思想。哈顿的地质进化论和生物进化论学说,不仅被在爱丁堡大学求学的莱伊尔(Charles Lyell)所继承,并且还得到了进一步的传播。莱

---

① 李葆嘉、孙晓霞:《爱丁堡之谜——进化的适应性改变》,张玉来主编:《汉语史与汉藏语研究》(第四辑),中国社会科学出版社 2019 年版,第 1—28 页。

伊尔强调"现在是认识过去的钥匙",他在名著《地质学原理》中大力弘扬了地质进化及环境变化导致生态变迁的思想,被后人誉为"现代地质学之父"。莱伊尔的学说深深打动了达尔文,直接熔铸了达尔文的生物进化观。从蒙博多、哈顿、莱伊尔到达尔文,"爱丁堡的进化论思想"的影响在不断放大。[1]

不难看出,语言进化论的提出早于生物进化论。正是基于语言进化论,人们进一步推导出人类进化论和心智进化论,并由此形成进化模式。可以说,在达尔文发表生物进化学说之前,他已经接受并拥有稳定而清晰的语言进化观。[2]

毫无疑问,蒙博多提出的语言进化论以及由此而形成的人类进化模式,在缔造一种新的科学观和世界观的同时,也顺理成章地把超自然力的特创说转成了自然的自创论,在很大程度上动摇了宗教在人类问题上的主导地位。可以认为,基于自然选择的物种起源说,不过是基于蒙博多语言进化模式的一个新变种而已。[3]

四、历史比较语言学的萌芽

历史比较语言学在欧洲的兴起绝非空穴来风,它同样是内外因素交合的产物。这里的"内"指的是欧洲学者自文艺复兴以来在历史比较语言学方面已经进行的可贵探索和已经积累的可观知识,这里的"外"指的就是印度的语言和语言学。另外,语言标本的大量搜集和有效整理也在无形中给语言学者提供了进行比较和归类的足够便利。因此,17、18 世纪对历史比较语言学而言是一个内外条件兼备的时代。

(一)荷兰学派的早期探索

从史料来看,系统的历史比较方法可能发轫于历史比较语言学,然后再逐渐

---

[1] 李葆嘉、孙晓霞:《爱丁堡之谜——进化的适应性改变》,张玉来主编:《汉语史与汉藏语研究》(第四辑),中国社会科学出版社 2019 年版,第 1—28 页。

[2] 李葆嘉、孙晓霞:《爱丁堡之谜——进化的适应性改变》,张玉来主编:《汉语史与汉藏语研究》(第四辑),中国社会科学出版社 2019 年版,第 1—28 页。

[3] 李葆嘉、孙晓霞:《爱丁堡之谜——进化的适应性改变》,张玉来主编:《汉语史与汉藏语研究》(第四辑),中国社会科学出版社 2019 年版,第 1—28 页。

向自然科学界渗透的。从 16 世纪开始，风靡欧洲的环球航行与探险使得众多的自然科学家接触了许多新奇的动植物和新型的地形地貌，于是比较动物学、比较植物学、比较地理学应运而生并蒸蒸日上。

受欧洲人文科学领域广泛运用的历史分析法的影响，语言学界最先开启了对语言史的探求，这种探求首先建立在对不同民族语言进行比较的基础之上。毋庸置疑，最初的比较工作是从欧洲的内部语言开始的，比较的重点是日耳曼语族、罗曼语族和斯拉夫语族之间的关系。

大约在文艺复兴时期，欧洲语言学者就陆续启动了对语言亲属关系的探索，开始仅涉及有限的几种语言，论证的材料无非是一些零散的词语。从 16 世纪下半叶开始，相关的理论和方法渐趋成熟。在历史比较语言学的诞生和壮大过程中，17 世纪的荷兰学派发挥了至关重要的作用。所谓荷兰学派，是指 16—18 世纪以当时的莱顿大学为中心，从事语言历史比较研究的一批学者（以荷兰籍为主，但不限于荷兰籍），他们或为同事，或为师友。贝卡努斯（Johannes Goropius Becanus）堪称这一领域的先驱。他最先运用词语比较方法，发现了拉丁语、希腊语和北印度语（相当于梵语）以及其他语言之间的亲属关系，强调这些语言拥有一个共同的来源，从而开创了把印欧诸语言作为一个语系来加以识别的先例。可以说，贝卡努斯叩开了荷兰学者探求印欧语的大门，因而不失为"历史比较语言学的奠基人"[①]。当然，荷兰学派的集大成者当属第一个勾画出印欧语系蓝图的莱顿大学教授伯克斯洪。伯克斯洪基于不同语言的比较，指出欧洲以及毗邻亚洲（不包括阿拉伯地区的语言）的某些语言都源自一个现已消亡的唯一祖语，他用荷兰语将这一原始祖语命名为斯基泰语。由此，伯克斯洪创立了全新的"语言家族同源论"即斯基泰语假说。伯克斯洪提出的斯基泰语成员包括希腊语、罗曼语、日耳曼语、波斯语、斯拉夫语、波罗的语、凯尔特语、北印度语等，几乎涵盖了如今印欧语系的所有语族。尤其难能可贵的是，在论证斯基泰语系的过程中，伯克斯洪确定了科学的"历史比较法"，其科学性主要表现在：①区分承传词和外来词。②区分系统特征和貌似同源。③兼顾词汇比较和语法

---

① 李葆嘉、王晓斌、邱雪玫著：《尘封的比较语言学史：终结琼斯神话》，科学出版社 2020 年版，第 47 页。

比较。④区分远古形态和革新形态。⑤关注不规则变化的价值。可以说,伯克斯洪第一次将语言关系研究置于现代科学精神和比较方法之下,不仅全面论证了斯基泰语系,而且彻底摆脱了《圣经》框架内的"一切语言源自希伯来语说",此举在语言学史上具有划时代的意义。①

(二)威廉·琼斯对历史比较语言学的贡献

正是在这种蓄势待发的态势下,另一位时代的巨子和宠儿再次脱颖而出,这就是活跃于 18 世纪后期的一位杰出的语言学家威廉·琼斯(William Jones)。琼斯早年是英国出色的古典语言学家,精通英语、法语、希腊语、波斯语和阿拉伯语等多种语言。1771 年,他出版了《波斯语文法》一书,广受好评,此书因此共推出了九个英文版和两个法文版。后来,琼斯出任印度的孟加拉高等法院法官一职,不久即在印度的加尔各答创办了"皇家亚洲学会"。在印度生活期间,琼斯有机会接触了更古典的语言——梵语。而印度悠久的语言记录和研究传统更给琼斯以极大的帮助和启迪。1786 年,琼斯在该学会召开的加尔各答年会上宣读了一篇题为《三周年演说》的论文,此文载于同年出版的学会刊物《亚洲研究》第一卷中。在文中,琼斯以无可置疑的口吻确定了梵语与拉丁语、希腊语和日耳曼诸语言之间的亲属关系,从而揭开了历史比较语言学的序幕。下面的一段经典性话语即出自此篇论文:

> 梵语尽管很古老,但是它具有令人惊讶的奇妙结构,比希腊语更完美,比拉丁语更丰富,比这两种语言中的任何一种都更为优雅精练,它同这两种语言无论在动词词根还是在语法形式上都有如此亲密的亲属关系,绝非偶然。它们是那么相似,任何研究过这三种语言的学者都会相信三者是来自某个共同的起源,这个源头或许已经不复存在。我们有理由(纵使理由不那么有力)相信并且推断:哥特语(即日耳曼语——引者注)及凯尔特语虽然已经渗入了一些不同方言的词语,但都应与梵语同出一源。另外,古老的波斯语也可以一并归入此一语系内,假如这里有足够的篇幅来讨论波斯语史的话。

---

① 李葆嘉、王晓斌、邱雪玫著:《尘封的比较语言学史:终结琼斯神话》,科学出版社 2020 年版,第 88 页。

　　琼斯文中所指的"某个共同的起源"就是我们今天所说的印欧语系,也即伯克斯洪声称的"斯基泰语"。印欧语系涵盖数百种语言,包括当今的英语、西班牙语、俄语及印度语。这个语系的前身被琼斯假想成一个曾经存在过的单一语言,之后由于种种原因才逐步分化为多种语言。这些语言经过长时间的变化积累,最后达到不能互相交流的地步。以下图表中(见表 3-2)的材料当能证实琼斯的假说①。

表 3-2　琼斯假说材料对比表

英语	哥特语	拉丁语	希腊语	梵语	汉语
one	ains	unus	Heis	Ekas	yi
two	twai	duo	Duo	Dva	er
three	threis	trs	Treis	Trayas	san
four	fidwor	quattuor	Tettares	Catvaras	si
five	fimf	quinque	Pente	Panca	wu
six	saihs	sex	Heks	Sat	liu
seven	sibun	septem	Hepta	Sapta	qi
eight	ahtau	octo	Okto	Asta	ba
nine	niun	novem	Ennea	Nava	jiu
ten	taihun	decem	Deka	Dasa	shi

　　当然,琼斯的意见也有一些值得商榷的地方,例如他过分夸大了语言之间的借用或掺混现象,又如他的观点中仍有较多的假设成分。但无论如何,琼斯的结论是建立在对语言事实的观察和比较的基础上的,因而具有很强的说服力。琼斯的观点一经发布,立刻在欧洲学术界激起了巨大的反响并很快得到了一群志同道合者的支持。自琼斯之后,欧洲涌现出一大批杰出的历史比较语言学家。1799 年,匈牙利语言学家贾尔马第(Samuel Gyarmathi)推出了巨著《语法上证明的匈牙利语同芬兰语起源上的亲属关系》,进一步启动了在欧洲内部探求语言亲属关系的伟大工程。稍后采取行动的是德国的施莱格尔兄弟。1803 年,弗里

---

① 王士元著:《王士元语言学论文集》,商务印书馆 2002 年版,第 306—307 页。

德里希·施莱格尔即开始了对梵语的研究并于 1808 年印行了《论印度人的语言和智慧》一书。在兄弟二人的推动下,德国的大学纷纷设置梵语课并扶持相关的研究工作。法国也成为当时欧洲的另一个梵语研究中心,像施莱格尔兄弟就都曾旅居法国从事梵语研究。19 世纪初,柯尔布鲁克(H.T.Colebrooke)用英文撰写了第一部梵语语法书,这是一部对欧洲的梵语研究具有奠基意义的重要著作。这些人无一例外地被奉为历史比较语言学的先驱。历史比较语言学领域的一些后起之秀如德国的葆朴(Franz Bopp)、格里姆(Jakob Grimn)、施莱歇尔以及丹麦的拉斯克(Rasmus Kristian Rask)等,也都曾深受琼斯的影响。

越来越多的史料表明,琼斯在发表《三周年演说》之前,就已经通过英国的沃顿、蒙博多等人的论著知晓斯基泰假说。琼斯还与蒙博多一直保持密切的联系,双方曾在信中多次探讨过语言起源与进化的问题。不过,尽管在琼斯之前,贝卡努斯、伯克斯洪等已经推测过欧洲诸语言与梵语之间的关系,但只有琼斯等人的研究取得了系统性的突破,并在欧洲学界掀起了巨大的波澜,最终促使历史比较语言学在 19 世纪达到鼎盛。

总之,从 18 世纪末到 19 世纪初,梵语研究热以及语言寻亲热在欧洲迅速蔓延,用历史比较法来探寻梵语与其他语言间的亲属关系成为当时许多语言学家义不容辞的神圣使命。他们通过不懈的努力,终于在 19 世纪掀起了一股历史比较语言学的惊涛巨浪。罗宾斯指出:"梵语研究是激发 19 世纪早期历史比较语言学的主要因素。"[①]

琼斯的论述还有一点值得推崇,那就是他对东方语言的由衷赞美之情,这种感情只有在摘掉种族与文化的有色眼镜之后才能发生。近现代时期是欧洲文明优越论和中心论甚嚣尘上的时期,欧洲学者一直以欧洲文明为世界文明的高峰,一直以欧洲语言为人世间最完美的语言,对一切域外语言文化大多抱有鄙夷的态度。就此而言,琼斯堪称当时西方学者中的睿智之士,他对梵语的赞美多少有点振聋发聩的意义。

---

① [英]R.H. 罗宾斯原著:《简明语言学史》,许德宝、冯建明、胡明亮译,中国社会科学出版社 1997 年版,第 180 页。

■五、普遍语法观的确立

除了以上几大块领域，近代欧洲语言学还给普遍语法理论留下了一片生存空间。和历史比较语言学不同，普遍语法理论否认语言的历史发展性，认为语言的普遍性和多样性都是由人们的精神状态决定的，于是有不少学者都试图以一种具有高度概括性和覆盖性的形式来提取人类语言的基本要素。不可否认，普遍语法与比较语法并非截然对立，二者之间其实是一种相辅相成的关系：普遍语法孕育了比较语法，比较语法充实了普遍语法。

（一）关于普遍语法的早期探索

在欧洲，直到 12 世纪，亚里士多德哲学才被学界完全吸收，由此开启了逻辑和语法紧密联系的时期。① 人们对语法理论的兴趣已经超过对实践的兴趣，普遍语言的概念已隐藏在语言的理论基础中。在中世纪后期，先后有三位著名的普遍语法学家——德国的萨克森·约旦（Jordan of Saxony）、英国的罗伯特·基尔沃德拜（Robert Kilwardby）和罗杰·培根（Roger Bacon）问世。约旦首次融合语法和逻辑术语，引入"普遍语法"这一概念。基尔沃德拜在《新兴科学》中提出，语言研究应努力发现"通用语言"的本质。培根则强调："所有语言的语法在实质上都是相同的，而差异只是偶然的。"②

1630 年，德国哲学家阿尔斯特（Johann Heinrich Alsted）最先使用"普遍语法"这一术语，区别于具体语法。1660 年，法国波尔·罗瓦雅尔学派的哲学家阿尔诺（Antoine Arnauld）和语言学家朗斯洛（Claude Lancelot）合作出版《普遍唯理语法》，第一次以"普遍语法"作为书名。1719—1721 年，英国学者亨利（John Henley, M.A.）编有《现存重要语言的普遍语法》一书。1737 年，德国学者坎兹（Israel Gottlieb Canz）刊行《普遍语法教程》。

英国政治经济学的奠基人亚当·斯密（Adam Smith）在其所著的《论语言的原始构成及原始语言和复杂语言的精神差别》中就设计了一条人类语言的发展

---

① 李葆嘉：《普遍语法、对比语言学及语言类型学的由来》，《常熟理工学院学报》2021 年第 1 期，第 61 页。
② 李葆嘉：《普遍语法、对比语言学及语言类型学的由来》，《常熟理工学院学报》2021 年第 1 期，第 62 页。

路径:由个别的单词句逐渐过渡到复杂的语法范畴和语句形式。欧洲历史哲学的开拓者意大利学者维科(Giam-battista Vico)则认为人类的一切语言都经历了三个共同的阶段:神的语言、英雄的语言和人的语言。①

(二) 英国学者对普遍语法的研究

18 世纪,致力于普遍语法研究的主要是一批英国学者,代表人物有詹姆士·哈利斯(James Harris)、霍恩·托克(Horne Tooke)和詹姆士·伯内特(James Burnett)等三人。哈利斯在 1751 年发表的《赫尔墨斯:或关于语言和普遍语法的哲学研究》中强调了语言的普遍性,认为人的语言能力与自身识别事物、进行抽象思维的能力密切相关。哈利斯反对经验主义,主张能力天赋观念。哈利斯的这一观点显然继承了文艺复兴时期唯理语法学派的思想精髓。在坚持语法普遍性的同时,他又非常注意和重视各种语言的表层差异,提倡人们深入地探索这些差异,发现蕴含其中的普遍语法范畴和语法关系。他赞同亚里士多德的约定俗成论,指出语言是"一个通过规约获得意义的分节音系统"。另外,他还专门给句子和词下了定义:句子是"有意义的一些语音的结合体,其中的某些部分本身也具有意义";词是"有意义的语音,但其组成部分本身却没有意义"。哈利斯的语法体系有两类"主要词"(名词和动词)和两类"辅助词"(限定词和连接词)。②这些观点大多与亚里士多德近似,缺乏新意。哈利斯的观点受到了伯内特的高度赞扬,却在托克那里遭遇了猛烈抨击。伯内特曾著有《论语言的起源和发展》一书,认为社会在语言出现之前就已长期存在、具有普遍特征的抽象概念在词语发明之前就已存在,这种先有思维、后有语言的观点显然不如赫尔德的思维与语言同步论那么有说服力。托克对哈利斯的批驳几乎是全方位的,他的《名言集》简直就是声讨哈利斯的檄文。例如,哈利斯认为词的阴阳性源于自然的类推,托克就颇不以为然,指出词的阴阳性与其所代表的事物的雌雄无关。又如,哈利斯只承认语言有前置词,对匈牙利语和土耳其语里的后置词予以否认,由此也招致了托克的攻讦。托克还在《名言集》中阐述了个人的其他一些语言观。他认为

---

① ［丹麦］裴特生原著:《十九世纪欧洲语言学史》,钱晋华译,科学出版社 1958 年版,第 121 页。
② 李葆嘉:《普遍语法、对比语言学及语言类型学的由来》,《常熟理工学院学报》2021 年第 1 期。

语言起源于自然的呼叫,不论古代的还是现代的语言都是从孤立的喊叫逐渐演变来的。他还指出词类主要有两种:名词和动词,其他词都是它们的缩写或变异,例如形容词和分词即来自动词在词序及句法中表现出的形容用法(形容词化)。平心而论,尽管哈利斯的观点确有破绽,但托克的理论本身也不是无懈可击,因而双方并没有明显的高下之分。

(三) 洪堡特等学者的普遍语法观

除了英国学者,法国学者博泽(Nicolas Beauzée)、谢贝兰(Antoine Court de Gébelin)、萨西(Silvestre de Sacy)和德国学者梅纳(J. W. Meiner)、梅尔提安(I. Mertian)、施米特黑讷(F. Schmitthenner)、伐特(Johann Severin Vater)也都在普遍语法研究领域颇有建树。

要研究语法的普遍性,就必须采取比较方法,由此形成了“比较语法”。第一个对普遍语法和比较语法加以专门论述的是谢贝兰。从 1774 年和 1776 年,他在《语言的起源和普遍语法》等论著中不但揭示了具体语法与普遍语法的关系,而且进一步阐明了创立“比较语法”的必要性,认为特定语法规则仅仅是普遍语法和基元语法被每种语言的特定天赋所修改的结果,它们通常都可以转化为一般规则。[①]

另外,洪堡特在一定程度上也是个普遍语法论者。1810—1811 年,洪堡特在《总体语言研究导论》中建议展开“普通比较语法研究”,认为只有在最广泛意义上进行比较的语法才称得上“普通”语法。他指出:“语音形式的运用取决于思维对语言提出的要求,由此而形成了语言的一般规律;这些规律就其初始的活动而言,对所有的人来说是共同的,虽然人们的精神禀性或者其日后的发展各有特点。”[②] 他还强调:“思想、发音器官、听觉同语言之间密不可分的联系,无疑出自无法进一步加以解释的人类本性的原始安排。”[③] 显然,洪堡特认为语言中的共同因素是由人的共有天性决定的。不过,洪堡特又十分看重人类语言的结构差

---

① 李葆嘉:《普遍语法、对比语言学及语言类型学的由来》,《常熟理工学院学报》2021 年第 1 期,第 66—67 页。
② [德]威廉·冯·洪堡特著:《论人类语言结构的差异及其对人类精神发展的影响》,姚小平译,商务印书馆 2017 年版,第 64 页。
③ [德]威廉·冯·洪堡特著:《论人类语言结构的差异及其对人类精神发展的影响》,姚小平译,商务印书馆 2017 年版,第 65 页。

异。他本人也意识到了普遍语法和结构差异之间的矛盾,并力图用人类的一致性来加以解释,可惜并未如愿。这构成了洪堡特学说中的一个颇为明显的含混之处。

作为洪堡特的追随者和施莱歇尔的学生,波—俄语言学家博杜恩(Baudouinde Courtenay)在 1902 年问世的《斯拉夫语言比较语法》中提出可以从语言的语音、词汇和语法等三方面加以比较,最终目的是通过比较来揭示不同语言的结构差异,以寻求人类语言的普遍原理,即人类共有的语言理念或语言世界观。[①]

■ 六、西方传教士对汉语的研究

自 16 世纪下半叶开始,在大约三百年的时间里,西方传教士纷纷来到东亚地区传教。为了便于传教,他们不断研习、认知汉语,提出了诸多与中国本土学者不同的理论或观点,进而在欧洲和中华大地上引发了一阵阵的汉语研究热。

(一) 汉语是否始源语的探讨

这一阶段为 16 世纪到 17 世纪,主要致力于汉语是否始源语的探讨。16 世纪下半叶,西方传教士(如罗明坚、利玛窦、高母羡等)首先来到东南亚地区,在菲律宾马尼拉和中国东南沿海一带宣扬基督教,同时学习和研究中国语言文字,并且把相关的知识带回欧洲。17 世纪下半叶,汉语不同于欧洲语言的独特性,引起了那些志在寻找人类始源语的欧洲学者的关注。德国耶稣会士基歇尔(Athanasius Kircher)尽管没有到过中国,但根据利玛窦等人传回来的信息,写了一本《中国图说》,推测中国人的语言源自古埃及的祭司。1669 年,英国建筑师约翰·韦伯(John Webb)在《历史探索:试论中华帝国的语言是原始语的可能性》一书中直言汉语就是《圣经》上所说的"始源语",并以此来驳斥"古希伯来语是人类的始源语"以及贝卡努斯提出的"荷兰语假说"。[②]

---

① 潘文国、谭慧敏著:《中西对比语言学——历史和哲学思考》,华东师范大学出版社 2018 年版,第 43—47 页。
② 李葆嘉:《汉语亲缘关系:西方学者研究史(17—20 世纪)述要》,《汉语史研究的材料、方法与学术史观国际学术研讨会论文集》,中国南京,2020 年 11 月。

在论证过程中,注重对汉语特点的揭示成为一些传教士们乐此不疲的工作。由于学习目标与教学方式的差异,他们逐渐形成了不同的研究范式和研习流派。以意大利人为主的耶稣会士注重语音记录符号,旨在制订汉语罗马字;以西班牙人为主的多明我会士则注重话语结构的分析与理解,着重研究汉语文法。二者相辅相成,由此形成了研习汉语的"耶稣会语音学派"和"多明我文法学派"。①据记载,最早的汉语语法专著出自被誉为西洋汉语文法学的开拓者的西班牙多明我会士高母羡(Juan Cobo,音译胡安·柯伯)之手,其所著《中语文法》约成于1592年,惜已失传。现存最早的汉语语法著作可能是成稿于1620年的《漳州话文法》。李葆嘉推测这个未署作者的抄本很可能是沿袭高母羡的《中语文法》而来。此后,真正对汉语进行系统研究的当首推意大利传教士金尼阁(Nicolas Trigault)。1626年,金尼阁的《西儒耳目资》真实地记录了明代汉语官话的概况,提出了汉语不同于欧洲语言的一些特点:缺少必要的系列形态变化;用音高的差异来区别词语;方言差别惊人却存在统一的书面语等。由西班牙人弗朗西斯科·瓦罗(Francisco Varo)于17世纪下半叶写就的《华语官话(指南京一带的官话——引者注)语法》称得上是现存最早的汉语语法著作,此书原用西班牙文撰成,曾在广州木刻印行,又先后被译成拉丁文和英文。全书共分16章:第一章总论汉语特点;第二章论声调;第三章至第六章论名词和代词;第七章论叹词、连词、否定词和疑问词等;第八、九两章论动词;第十章论介词、副词;第十一章论造句方法;第十二、十三章分论数词和助词;最后三章则描写汉族的礼俗及相关语词。②在书中,瓦罗区分了汉语的三种语体:雅言(文言)、通语(官话)和俗言(日常口语),通语和俗言是他描写与分析的主要对象。瓦罗还注意到了汉语构造的三要素:词项、声调和词序,强调把握三要素是学好汉语的关键。依据古典拉丁语的8大词类范畴,瓦罗也将汉语的词分为8类:名词、代词、形容词、数词、动词、副词、介词、连词和叹词,并逐一进行了讨论。同样从拉丁语语法出发,瓦罗还将汉语的名词和代词定为6个格:主格、属格、与格、宾格、呼格、夺格。另外,对汉语动词的时体以及句子类型等,瓦罗也作了较为详细的考察与研究。从上述内

---

① 李葆嘉:《西洋汉语文法学三百年鸟瞰》,《华东师范大学学报(哲学社会科学版)》2020年第3期,第2—5页。
② 姚小平:《现存最早的汉语语法著作》,《中国语文》2001年第5期。

容可以看出,瓦罗建立的汉语语法体系其实是一种以汉语为材料的"拉丁语法"。这种语法体系和后来《马氏文通》采用的语法体系当有一定的相通之处。

(二) 汉语与远距离语言关系的探讨

这一阶段为 18 世纪,主要致力于汉语与远距离语言的关系探讨。1692 年,荷兰学者威特森(Nicolaas Witsen)在《鞑靼的北部和东部》一书中首次提出亚洲语言的多源发生论,其所搜集的材料就包括汉语词表在内。1717 年,瑞典学者奥·鲁德贝克(Olof Rudbeck)提出"汉语—日耳曼语言同源说"。1755 年,俄国学者罗蒙诺索夫(Михаи́л Васи́льевич Ломоно́сов)在《俄语语法》的第一部分系统比较了斯拉夫语、波罗的海语、伊朗语、芬兰语以及汉语。1759 年,法国东方学家德经(Joseph Deguignes)的《试证中国人是古埃及移民》则通过中国与古埃及语言文字的比较,推测两者之间存在相关性。英国东方学家威廉·琼斯也先后多次发表演讲,推测中国人和印度人起源于同一种群,认为中国语和印度语之间存在关联,并指出藏语源自印度语、藏语的语音结构受到汉语的影响。

(三) 汉语语系归属的探讨

这一阶段为 19 世纪,主要致力于汉语所属语系问题的探索。1800—1805 年,西班牙学者海法斯在《各民族语言目录》中,分析了汉语与其他印支语的亲属关系,同时提出了"汉藏语—乌拉尔语同源说"。1814 年,英国汉学家马士曼(Joshua Marshman)的《中国言法》通过和希伯来语的比较,否定了琼斯关于汉语和梵语之间存在联系的臆测。1823 年,德国汉学家克拉普罗特(Heinrich Julius Klaproth,中文名柯恒儒)在《亚洲语言通晓》中提出藏语、缅语、汉语以及与这三种语言存在同源关系的语言应当组成一个独立的语系。[①] 1853 年,英国东方学家霍奇森(Frances Burnett Hodgson)发表《论蒙古语与高加索语的亲缘关系》,首次提出蒙古语、汉藏语与高加索语存在亲属关系。1878 年,英国学者史密斯—福布斯(Charles James Smith-Forbes)发表《论藏缅语系》,正式提出"藏缅语系"

---

① 李葆嘉:《汉语亲缘关系:西方学者研究史(17—20 世纪)述要》,《汉语史研究的材料、方法与学术史观国际学术研讨会论文集》,中国南京,2020 年 11 月。

这一术语。1871 年,英国汉学家艾约瑟(Joseph Edkins)发表《语文学中的中国位置》,将汉语视为一个与印欧语系和闪米特语系并行的独立语系。1872 年,荷兰汉学家施古德(Gustaaf Schiegel)发表《汉语—雅利安语原始词根的研究》,提出"汉藏—印欧语言同源论"。

在探讨汉语语源和汉语语系的过程中,西方学者不乏独到而睿智的眼光。1860 年,德国考古学家莱普修斯(Karl Richard Lepsius)在《关于印度语的转写和语音特性》一文中认为,汉语在历史上的某一阶段曾经存在形态变化,是后来的历时演变造成了内部屈折要素(如词首辅音和韵尾辅音)的部分或全部脱落。他甚至指出,就历史语音而言,与其说古代汉语是"原始语言",不如说是一种更进化了的语言。①

除了汉语,汉字也时时成为西方学者探索汉语谱系归属的重要凭据。基歇尔就是从中国和埃及的象形文字体系来论证中华文明和埃及文明之间渊源关系的。1856 年,法国亚述学家和比较语言学家奥佩尔(Julius Oppert)在《亚述和巴比伦王朝年表》中认为汉字和迦太基文字之间具有某种关联。1869 年,英国埃及学家古德温(C.W.Goodwin)在《象形文字:中国和埃及》中同样将汉字和埃及的象形文字加以关联。1913 年,英国东方学家鲍尔(C. J. Ball)发表《汉语和苏美尔语》,试图论证汉字和苏美尔语楔形文字的同源关系,以此表明中华文明与古巴比伦文明之间的共通性。

尽管西方学者非常热衷于汉语起源和类型的探讨,但多数汉学家只是把汉语和西语的相似之处罗列出来。至于汉语到底属何种语系,并未取得定论或达成共识,因为他们用来比较的语言都不是各自语系的最初形式。

必须指出的是,近代西方学者有关汉语的研习著作还有很多,但其中的大部分都是非汉语文本,流传范围有限,能在中国大陆刊行的更是少之又少。这些著述往往沉睡于域外的图书馆和教堂之中,束之高阁,无人问津,在等待着后人去发掘。

综上,欧洲近代语言学和之前语言研究的最大不同在于:研究的兴趣已不再

① 李葆嘉:《汉语亲缘关系:西方学者研究史(17—20 世纪)述要》,《汉语史研究的材料、方法与学术史观国际学术研讨会论文集》,中国南京,2020 年 11 月。

局限于个别语言的语法描写,而是着眼于各种语言的整合研究;跳出民族语言的圈子,寻找支配世界语言的共同性或规律;从具体事实入手,揭示语言的来源和语言的发展进程;树立大系统观,探索语言与思维、文化、社会之间的关系。一句话,此期语言学的眼界更为开阔,宏观研究成为主流。这些研究尽管难免种种的矛盾和疏漏,但毕竟实现了视角的拓展和层次的提升,特别是为现代语言学作了充分而必要的铺垫和酝酿。在近代语言学风云的激荡下,欧洲的现代语言学如一轮红日喷薄欲出了。

思考题

1. 略述欧洲近代语言学与自然科学之间的相关性。

2. 威廉·洪堡特语言类型学有哪些主要观点? 应该如何看待他的语言优劣论?

3. 生物进化论与语言进化论之间是什么样的关系?

4. 欧洲近代学者在汉语研究方面取得哪些主要成就? 他们的研究有何积极意义?

第三节　中西方近代语言学的共性与个性

如前所述,近代是中西方语言学拉大差距的时期。这一时期双方语言研究的总体表现为:共性面日趋狭窄而个性面日益广泛。可以说,除了创新的研究氛围和研究气象,我们已经很难再寻找到彼此更多的共性所在了。因此,此期是中西方语言学积累异质、弘扬个性的关键阶段。自此,中西方语言研究步入两条迥然不同的研究道路。这一切是随着本体研究的不断深入而必然出现的,因为只有触及本体研究并深化本体研究,语言的特质才能充分显露,它对语言研究的制导作用才会更趋强烈。当语言研究在本体之外打转时,人类思维的相似性往往发挥着重要作用,从而产生出较多的表层共性,这种共性大多与语言自身的特征无关或关系不大。中西方语言研究在萌芽和奠基时期所显示出的诸多共性正好说明了这一点。

　　此期中西方语言研究道路的差异主要表现在四个方面:一是研究视角,二是研究方法,三是研究对象,四是研究内容。

■ 一、研究视角的差异

　　研究视角的差异是此期中西方语言研究所显示出的最大个性差异,决定了各自的研究走向。当然,这种个性差异的形成绝非一朝一夕之功。只要对源头稍加追溯,我们就会发现:无论是中国还是西方,最初的语言研究无不是从最具体的语言事实——词句开始的,因此,微观研究是中西方早期语言研究的主流。进入近代以后,中西方语言研究的视角发生了实质性的分化:中国语言学依然偏重微观研究,而西方则基本转向宏观研究。在元明清三朝,几乎所有的中国学者都着意于语言事实的研究,有的甚至唯事实为务。语法研究本来是最易从宏观入手也最易出宏观成果的领域,但是中国的近代学者竟然在这方面无所作为。从卢以纬到刘淇、王引之,他们只把虚词当作语法研究的唯一重点,并且一味逐词训释,没有分类说明,没有概念阐释,没有规律概括,所以他们的虚词著作充其量都只能算作虚词词典。俞樾的《古书疑义举例》尽管对句法多有涉猎,但大致停留于现象的归类与举例层面,没有任何理论的提取与概括。语音学是近代最可夸耀的研究领域,也是颇有理论结晶的领域,但学者们主要做的还是分分合合、增增减减的琐碎工作。至于语义学和文字学,清儒更是细致入微,尤其缺乏对荦荦大端的把握了。这种倾向似乎在清代中期之后尤为引人注目。何九盈对此有所批评:"乾嘉以后的语言学家,统观全局的能力,分析的能力,越来越差。有的人终其身只会爬梳材料,堆砌材料,引不出科学的结论。"[①] 当然,近代中国学者并非全无宏观的研究,孔广森的"阴阳对转"说、戴震的"转语"说、潘耒的"四呼"说、王氏父子的"因声求义"说尽管理论性远胜出前人,但本身均有很大的局限性,都是专为某一门类研究而特设,缺乏渗透性和普遍性。和欧洲学者相比,中国学者所创立的学说往往欠缺应有的理论广度与深度,系统性不强,这就意味着理论本身的含金量不高。特别需要指出的是,中国语言学者开展宏观研究的根本目的不在于提出什么理论框架,而是服从、服务于微观研究,是为了更

---

① 何九盈著:《中国古代语言学史》,商务印书馆 2013 年版,第 435 页。

好地挖掘事实和分析事实。所谓的"因声求义"与其说是一种研究理论,不如说是一种研究方法。这种实用性的理论观对理论本身的妨碍作用是毋庸置疑的。与之同时,欧洲学者的宏观研究是日甚一日。他们早已跨越了大规模的、对某一民族语言进行具体描写的阶段(这一工作已在中古告就),而把研究的目标定位于更高的层次,力图寻找到人类语言的共性。从语言起源的追溯、语言亲属关系的求证到语言类型的确立,欧洲学者刻意在语言学领域塑造起一个适用于全球语言状况的理论框架。因此,他们几乎无一例外地将考察的范围扩充至整个语言世界,像赫尔德、洪堡特等人的名著就都是以人类语言为着眼点的。他们的这种努力为普通语言学的兴起奠定了厚实的基础。当然,此期欧洲学者也有微观研究的一面,不过他们的微观研究主要集中在两个地方:一个是欧洲境内过去尚未得到详细描写的语言如俄语,像俄罗斯学者罗蒙诺索夫于 1755 年出版的《俄语语法》就被视为用俄语写就的第一部俄语语法;另一个是欧洲境外的语言如亚洲语言、美洲语言等,这些微观描写的成果除了少量被公之于世外,大部分仍尘封于欧洲各国的图书馆里。同样需要指出的是,欧洲学者的微观研究基本围绕宏观研究而展开,目的是给宏观研究作注脚或支撑。像前面提到的《全球语言比较词汇》《语言大全》就全然是为了比较各地语言的异同并弄清它们的亲疏关系。

二、研究方法的差异

受文化背景、学术风气、认知理念的左右,此期中西方语言学在方法上各趁其便,其中的最大差异是:中国基本采用归纳法,西方则时时采用演绎法。中国近代语言学重视微观,立足事实。当越来越多的事实呈现在人们的面前时,就需要进行整理和归拢,提取共性的东西,这就是归纳。归纳法是中国近代学者特别是清儒从事语言研究的一大法宝。梁启超更是直呼清儒治学"纯用归纳法"。李开对清儒的归纳做法作了如下描述:"清儒是以复兴汉学为旗帜,复古是为了求真。从他们的实际做法看,复古多半是充分利用古代文献资料,包括经书、传记、子书、史书等,详细地占有有关材料,尽量不遗留,在此基础上作出归纳判断,以求确解。"[①] 例如,清儒研究古韵分部一般是这样操作的,他们先查找出尽可能多

---

① 李开著:《汉语语言研究史》,江苏教育出版社 1993 年版,第 220 页。

的韵脚字和谐声字,然后根据这些字之间的关系进行归类,先粗后细,韵部也随之由少而多。当然,其中还渗透了清儒的音理分析。又如,段玉裁在研究《说文解字》时揭示了此书的若干体例,这同样是依据许慎的释字条目而总结出来的。在开展语法研究时,清儒也是大逞自己的归纳之功。俞樾的《古书疑义举例》整个就是归纳的产物,所谓"倒句例""倒序例""错综成文例""以大名冠小名例""实字活用例"完全是从一条条事实归结而来。西方语言学界此时则更多是依赖演绎法。所谓演绎,即由已知的结论去推未知的事实。由归纳到演绎,这是欧洲语言学由传统转入现代的预兆。例如,洪堡特在确认了语言的三种类型后,即认为全世界的语言概莫能外,并且还进一步推断孤立语、黏着语和屈折语代表了语言发展的三个阶段。在研究语言的亲属关系时,欧洲学者也往往借助推理。如莱布尼茨以人类语言同源说为出发点,提出大多数的欧洲和亚洲语言乃至埃及语言都是一个原始语言的后裔。在探讨语言的起源问题时,欧洲学者也是先提出假说,然后再进行推理。例如,卢梭和孔狄亚克就都假定人类语言起源于"自然的呼声",都主张语言源于人的心智。赫尔德尽管强调语言起源问题只能用经验的、归纳的方法来解答,但他的《论语言的起源》一书却几乎处处布满推理,他的所谓论证被姚小平定性为:"与其说是在辩驳,不如说是在声讨,与其说在论证一种观点,不如说是在申述一个信念。"[①] 当然,任何事情都不是绝对的。中国学者也有使用演绎法的时候,例如在归纳上古韵部时江永的审音做法、段玉裁的"谐声类推"就属于典型的演绎案例。同样,西方学者也有运用归纳法的时候,像洪堡特提出的三种语言类型当首先离不开对众多语言现象的归纳。必须申明的是,归纳和演绎绝不是彼此抵触的两种方法,在实际研究中往往可以配合使用。例如,历史比较语言学在探讨不同语言间的亲缘关系时就是先行归纳再行演绎的。

■ 三、研究对象的差异

中西方研究对象的差异依然表现为活语言与死语言的对立,这一局面自中古业已形成,近代则有所加剧。在文艺复兴之后,异彩纷呈的域外语言吸引了欧

---

① ［德］J.G. 赫尔德著:《论语言的起源》,姚小平译,商务印书馆 2017 年版,译序第 10 页。

洲学者的眼光,使得他们毫不犹豫地放弃了对古典语言的研究,而把全部的精力转移到了现时的活语言之上,寻求各种语言之间的亲属关系,并作相应的归类。只有在需要历史证据的时候,古典语言才会作为材料被征引。因此,可以认为,近代欧洲在开展活语言研究方面的力度得到空前的强化。相比之下,近代中国语言学则经历了一个突破传统又回归传统的过程。应该说,元明时期的语言学对当时的活语言是颇为关注的,北音学的迅速兴起以及俗语辞书的频频问世就是一个明证。但是到了清代,出于对明人空谈"性灵"的切齿之恨,清儒一开始就采取了矫枉过正的措施,彻底摧毁了元明学者的努力,从而又将中国语言学拉回了爬梳故纸堆的老路。何九盈毫不客气地指出:"清代语言学的复古主义倾向,还表现在他们对现实语言问题漠不关心。多数语言学家在故纸堆中讨生活,甚至对汉以后清以前一些研究活语言的著作,评价也非常之低。他们在活语言研究方面的成绩最差,远不如元明二代的语言学家。"[①]确实,清儒尽管语言研究成就巨大,但在活语言研究方面无足称道,像胡文英的《吴下方言考》、茹敦和的《越语释》以及翟灏的《通俗编》充其量只是一种点缀而已。

■四、研究内容的差异

毫无疑问,研究视角、研究方法和研究对象的差异注定了中西方语言研究内容的巨大反差。由于反差太大,我们不得不对原先统一的叙述模式进行调整:对中国语言学采用旧有的微观模式,而对欧洲语言学则改用新兴的宏观模式。这两种叙述模式已将中西方语言研究内容的差异清晰地呈现在人们的眼前,毋庸赘言。如前所述,欧洲不是没有微观研究。若仍从微观领域着手,中西方语言研究内容的不平衡性依旧分明:在欧洲,语法学依然无可匹敌,而语音学仍是弱项之一;在中国,语音学依然盛极一时,语法学始终不成气候。

最后需要澄清的一点是,以上对中西方语言研究视角、方法、材料和内容进行对比的目的是揭示此期中西方研究的个性,绝无厚此薄彼、分出高下之意。无论微观研究还是宏观研究,无论归纳法还是演绎法,无论死语言研究还是活语言

---

① 何九盈著:《中国古代语言学史》,商务印书馆 2013 年版,第 435 页。

研究,本身都不失独特的学术价值,关键是如何掌握分寸、实现良性结合的问题。显然,过度偏向或倚重哪一方对整个语言研究都是不利的。关于这一点,近代中西方语言研究的史实已作出了回答。

思考题

1. 中西方近代语言学的创新特质体现在哪些地方?

2. 清代语言学盛极一时,有没有受到西方语言学的影响? 请举例说明。

3. 为何中国的传统语言学未能成为现代语言学的主流?

延伸阅读

第四章
升华时期的中西方现当代语言学

本章导读

从 19 世纪开始，随着历史比较语言学的诞生，语言学彻底摆脱了哲学或经学的附庸地位，成为一门真正独立的学科，从此进入理论纷呈、学派林立的快速发展期。

诞生于 19 世纪的历史比较语言学主张借助生物学方法来研究语言演变，综合运用跨语言比较法、内部拟测法来揭示多种语言或方言在历史演变过程中的关系，构拟其共同的始祖语。几乎与历史比较语言学同步产生的普通语言学则以人类所有语言为研究对象，着重讨论语言学理论问题，诸如语言的本质、起源、演变等，语言与思维、交际、社会的关系等。普通语言学奠基人洪堡特及其后继者的语言学思想，以及由此而形成的不同学派自然应该成为语言学史上的重要一页。

由索绪尔开创的结构主义语言学占据了 20 世纪上半叶世界语言学舞台的中心位置。秉承"语言是符号系统"的理念，索绪尔厘清了语言和言语、共时和历时、组合和聚合、内部语言学和外部语言学等一系列二分概念，从而界定了语言学的研究对象和根本任务。在索绪尔为代表的日内瓦学派之后，结构主义又涌现出了布拉格学派、哥本哈根学派、美国描写主义学派等。

20 世纪下半叶起，乔姆斯基开创的转换生成语言学异军突起、后来居上，成为形式语言学领域的主流派别。生成语言学信奉"语言是一种能力"，主张区分语言能力和语言运用，提出了语言能力天赋说、模块论、句法自主论、普遍语法假设等理论，给传统语言学和结构主义语言学造成了巨大的冲击。

20 世纪七八十年代起，认知语言学从无到有，从弱到强，从美国走向欧洲乃至世界各地。认知语言学家信奉"语言是思维工具"，主张从认知角度来研究语言的结构、功能、使用和演变，提出了语言能力经验说、连续统主义、句法依存论等主张，坚持从认知角度解释一切语言规律,追求解释的概括性和实证性。

欧美语言学的迅猛发展对现当代的中国语言学产生了深远影响。中国现当代语言学在合理借鉴西方语言理论和研究方法的同时,始终注意从国情和传统出发,努力在各个领域彰显自己的个性,取得了不俗的成就。除了风起云涌的语文现代化运动,语法研究、方言研究和民族语言研究尤其可圈可点。

在研读本章的过程中,必须打破学科壁垒和国别界限,应该围绕主要语言学流派展开系统学习,以语言观和方法论作为学习的出发点,并以此来检验现当代语言学各流派的理论和方法的信度与效度。

中国语言学的现代化进程始于 19 世纪末,至今约 100 年;西方语言学的现代期从 19 世纪初开始起步,历时约 200 年。尽管各自时段长短不一,但该时段的语言研究在中国和西方语言学史上所拥有的地位是类似的。所谓"升华"是指在原有基础上的提高,带有后出转精的性质,本书称此期为中西方语言学的升华期主要出于以下几点理据。

其一,学科的前沿性和开放性突出。现当代语言学的前沿性和开放性主要表现在它与自然科学的联系越来越密切。一方面,语言学不断汲取自然科学的养分,并由此来充实和改进自身的研究,例如借助生理学来研究语言的发音原理、借助物理学来研究语言的音响传递和词语的语义关系(语义场)、借助化学来研究语法成分之间的组配关系(配价语法)、借助心理学来研究语言的信息接受过程等;另一方面,语言学的方法和成果又为自然科学所看重,成为自然科学发展的增长点或激发点,像结构主义的理念就曾在物理学界、化学界等引发了一场革命,推动了这些学科的迅猛发展。可以说,愈到后来,语言学与自然科学之间的渗透与借鉴愈加全面和及时。学科的前沿性和开放性使得语言学产生了诸多新型分支,如心理语言学、数理语言学、神经语言学、计算语言学、情报语言学等,这些交叉性的应用学科几乎覆盖了现代生活的各个方面。显然,现当代语言学已很难用社会科学或自然科学这样的学科体系来作机械的定位。

其二,理论和方法的更新节奏加快。理论和方法的更新是语言学发展的晴雨表,语言学在任何时代的发展都是以新理论和新方法为切入点的。推陈出新尽管是语言学史的永恒主题之一,但古今差异明显。在古代,一种理论或方法的生命力往往能历时数百年乃至上千年;而在现代,再高明的理论和方法似乎也只能风行数十年,快节奏、高频率正成为现代语言学脉动的一个缩影。从历史比较语言学到结构主义语言学,再到转换生成语言学和认知语言学,语言学的理论是一浪盖过一浪,一浪快似一浪。推进速度之快、间隔时间之短,往往出乎人们的意料。与之相应,研究方法也是日新月异,单就句法分析而言,就经历了直接成分分析—线形分析—转换分析—功能分析的变迁。理论和方法的更新给现代语言学注入了强大的活力,使得语言学愈来愈成为现代学科体系中耀眼的一极。

其三,学术的国界被打破,学术交流空前繁荣。随着世界贸易壁垒和政治壁垒趋于瓦解,现代的学术壁垒也逐渐归于消失。语言学由于远离上层建筑,其交流尤其不易受到人为的阻碍和牵制。语言学的无国界化进程恐怕要早于一般的社会科学乃至自然科学。就世界范围而言,欧洲、美国先后成为语言学的学术研究中心和人才培养基地;就欧洲范围而论,德国和法国则成为现代语言学的两个最早的策源地。国界的模糊和淡化使得语言资源的共享和语言研究成果的借鉴十分畅顺。学术交流的畅顺又使得语言学家的信息更灵通、视野更开阔、思路更全面。相比之下,中国语言学可谓受益多多。现当代时期是中国语言学史上的第二次"西学东渐的时期",西方语言学由此开始了对中国语言学的长远而深刻的影响。中西方语言学的全面接触改变了汉语语言学的研究传统,使原本个性分明的中西方语言研究呈现出一定的趋同倾向。随着域外学者(如高本汉、马伯乐)对汉语研究兴趣的与日俱增,汉语研究的国际化程度也在加深。同样,中国学者(如赵元任、李方桂)有关域外语言(如英语、印第安语等)研究的成绩也颇为可观。无论从哪个方面看,中西方语言研究的合流似乎已成为现当代语言学一个无法避免的趋势。

不过,应该承认,语言学现代化步伐的快慢绝不仅仅意味着语言学里程的长短,它还毫不隐讳地透露出中西方语言学量的多少与质的高低。鉴于中国现当代语言学一直处于西方现代语言学的辐射之下,本章的叙述格局将据此作如下调整:先讲述欧美的语言研究状况,后讲述中国的语言研究状况。这样做既符合历史事实,又便于事实的展开。考虑到欧美语言学的实际差异,本章特将欧美语言学分而述之。对中国现当代语言学而言,前期受欧洲的影响最大,后期则受美国的影响较多。

第一节　欧洲现当代语言研究

19 世纪是欧洲学术和教育纷纷迈入现代化的时期,新型大学的组建、学术刊物的创办、受教育人数的激增都为语言学的发展提供了充足而适宜的外部条件。特别值得一提的是,此期是西方自然科学的空前繁荣时期,自然科学爆发出的巨大能量不仅掀起了改变人类历史进程的工业革命,而且彻底摧垮了长期盘踞在学术研究领域中的宗教势力和迷信情结,使整个学术研究焕发出新的生机。科学领域的新思潮、新学说的诞生往往会引起语言学的联动。在当时风起云涌的诸多科学思潮中,达尔文在《物种起源》中阐述的生物进化学说对之后语言学的影响似乎尤为明显,直接造就了普通语言学中的自然主义学派。例如,施莱赫尔(August Schleicher)的《达尔文学说和语言学》一书就把达尔文的学说移植进了语言学领域。在施莱赫尔的眼里,自然科学中的物种与语言学中的语系相当,同一物种中的类别与同一语系中的语言相当,亚种与方言土语相当。施莱赫尔甚至认为,物种分化和生存竞争的现象在语言领域内也能看到。另外,我们不应忽略的是:自身良好的语言研究传统、异域丰富多彩的语言材料以及印度精湛高超的语言研究水平也为欧洲语言学的发展注入了巨大的原动力。在此情势下,欧洲现当代语言学展露出前所未有的盛况。其主要标记有如下几点。

(1)新说纷呈。从 19 世纪到整个 20 世纪,欧洲语言学界一直是新说屡兴。不妨以印欧语发生学分类法的变迁为例来作一些说明。1863 年,施莱赫尔首次绘就语言谱系树形图。1871 年、1873 年,费克(August Fick)和缪勒(Friedrich Max Müller)分别提出自己的树形图,对施莱赫尔确定的谱系进行修订。此三家体系的基本依据是有关印欧人的移居和迁徙理论。1872 年,施密特(Ernst Johannes Schmidt)一反上述理论,提出了著名的“波浪”理论,他以横轴表示地理空间,以纵轴表示表示社会空间,以波纹表示语言变化的影响力,认为原始语言从发源地呈波浪状向四周扩散,离发源地距离越远,其影响力就越小。

(2)流派蜂起。思想和学术的多元化必然催生不同的学术流派。现当代时期,西方语言学流派之多,有时简直令人瞠目结舌。普通语言学领域堪称各种流派的王国,这里面既有按世界观或认识论划分出的心理主义学派、自然主义学派、社会心理学派、结构主义学派,也有按地域划分出的哥本哈根(Copenhagen)学派、布拉格学派、日内瓦学派、伦敦学派,还有按年龄段划分出的新语法学派(即"青年语法学派")。派系交叉、派中有派是欧洲现代语言学流派的显著特点,如新语法学派中的有的成员又属于心理主义学派,而哥本哈根学派、布拉格学派则是结构主义语言学在欧洲的两个主要派别。众多的流派又必然引发轮番的学术交锋,而学术交锋既是学术繁荣的标志,也是推动学术进步的动力之一。

(3)学者林立。现当代的欧洲语言学界之所以会有名目繁多的学术流派,在于它们拥有一支庞大的基础学者队伍,这支队伍分布于欧洲各国,分布于各个研究层面,它们属于语言学的金字塔身,能够向金字塔尖源源不断地输送学科各方面的精英。这种人才辈出、代有其人的机制保证了语言学的持续兴旺与发达,保证了大师级学者的脱颖而出。还有一点必须指出,欧洲的语言学者有很多是国际化的学者,他们四处游学,足迹遍布欧洲以及欧洲以外的地方,他们的阅历和见识极其有补于语言研究,像拉斯克、葆朴、索绪尔就是其中的代表。在语言学人才培养方面,欧洲的大学发挥了摇篮的作用。罗宾斯指出:"许多十九世纪语言学家的名字,就是对于那些还没有认真学习语言学史的大学生来说,都已经非常熟悉。"[1]罗宾斯的这句话一方面告诉我们 19 世纪是涌现语言学名家的年代,另一方面也暗示:语言学在当时的高等教育中占有何等重要的地位,许多初级语言学者就是在大学的课堂中孕育而生的。

在现当代欧洲,语言学的微观研究尽管收获甚丰,但与气势磅礴的宏观研究相比,似乎已显得微不足道。有鉴于此,我们在这里将主要展示欧洲宏观语言学的概况,内中适当穿插介绍一些微观语言学的成果。

---

[1] 王建军编著:《中西方语言学史之比较》,黄山书社 2003 年版,第 199 页。

■一、历史比较语言学的兴盛

历史比较语言学最早被称为"比较语法",足见历史比较语言学是从比较语法起步的。像弗里德里希·施勒格尔(Friedrich Von Schlegel)的《论印度人的语言和智慧》一书主要从事的就是比较语法的研究。如前所述,以历史的方法或比较的方法研究语言是 18 世纪乃至更早时期的学者就已具备的一种素质。不过,在 19 世纪之前,此类研究是零乱而分散的,没有系统的理论,缺乏严谨的方法,更未形成巨大的声势与效应。因此,19 世纪之前所开展的历史比较研究(如威廉·琼斯等人的研究)属于历史比较语言学的孕育期或前奏期,而整个 19 世纪才是历史比较语言学真正大成的时期。布龙菲尔德称历史比较语言学是"十九世纪欧洲科学中主要工作之一,而且是最成功的工作之一"①。历史比较语言学的诞生不仅改变了欧洲语言学的格局,更改写了世界语言学的历史。在历史比较语言学家的心目中,历史比较语言学才是真正意义上的语言学,此前的一切语言研究都只能划归到语文学之中。

对历史比较语言学而言,从 19 世纪初至 20 世纪初的一百年是个辉煌灿烂的黄金世纪。这一时期的历史比较语言学大致可分为三段:第一段是奠基期,时间限于 19 世纪的头 20 年;第二段是拓展期,时间介于 19 世纪的 30 年代至 70 年代;第三段为成熟期,时间为 19 世纪的后 30 年和 20 世纪的早期。

在历史比较语言学的传布和发展过程中,德国学者成为当之无愧的中坚力量,他们不仅身体力行,而且培养了一大批国外学者,为历史比较语言学的长足进展作了人才上的充分准备。其中包括著名的格里姆、葆朴、施莱赫尔以及新语法学派人士,他们分别在历史比较语言学的不同阶段发挥了组织者和领头羊的作用。为此,威廉·汤姆逊曾说:"在语言学的发展上,一般应当多多感谢德国"②。

(一)奠基时期的历史比较语言学

此期的代表人物有三位,他们是被罗宾斯誉为"科学的历史语言研究的奠

---

① ［美］布龙菲尔德著:《语言论》,袁家骅、赵世开、甘世福译,商务印书馆 2017 年版,第 14 页。
② ［丹麦］威廉·汤姆逊著:《十九世纪末以前的欧洲语言学史》,黄振华译,世界图书出版公司 2009 年版,第 71 页。

基人"①的丹麦人拉斯克、德国人格里姆和葆朴,堪称拉动历史比较语言学的三驾马车。

　　拉斯克被视为历史比较语言学的第一位奠基人,其杰作是作于1814年而出版于1818年的《古代北方语或冰岛语起源研究》一文,此文曾获得丹麦科学院的奖励。威廉·汤姆逊极其推崇拉斯克在历史比较语言学方面的开创之功,指出:"在整个语言学领域内,他是过渡到新时代的首倡者之一,完全有资格站在新时代语言学奠基者之列。"②在文中,拉斯克首先对语源学的实质、任务和方法作了重新确认,然后将研究的重点放在语言比较上面。他认为,靠经验证明词汇的对应是极不可靠的,只有语法上的对应才是表明语言亲属关系或原始母语的最可靠标记。为此,他确定了判明语言间亲属关系的指导原则:如果两种语言的最基本词语之间所呈现的词形对应,达到了可以用规则来解释其语音差异的程度,那么这两种语言就具有了基本的亲属关系。依据此原则,拉斯克比较成功地区分了语言的接触关系和亲缘关系。为了找到冰岛语的语源,拉斯克依次比较了冰岛语与格陵兰语、凯尔特语、巴斯克语、芬兰语、斯拉夫语、立陶宛语以及拉脱维亚语之间的异同,否定了冰岛语与格陵兰语、凯尔特语、巴斯克语、芬兰语之间的亲属关系,肯定了冰岛语与斯拉夫语、立陶宛语和拉脱维亚语之间的亲属关系,并且指出:冰岛语、斯拉夫语、立陶宛语和拉脱维亚语的语源是希腊语和拉丁语。可惜的是,拉斯克的比较研究主要限于欧洲西北部的斯堪的纳维亚诸语言,对亚洲诸语言如梵语的材料则视而不见。也许是用丹麦语写作的原因,拉斯克的著作当时在丹麦之外几乎不为人知,因而得不到应有的重视,以致在后来相当长的时期内人们一直将历史比较语言学第一奠基人的桂冠戴在葆朴的头上。

　　葆朴有关历史比较语言学的第一部著作是出版于1816年的《论梵语动词的变位系统,与希腊语、拉丁语、波斯语和日耳曼语的比较》。由于此书的实际出版时间早于拉斯克的著作两年,所以葆朴有时也被当作历史比较语言学的最

----

① ［英］R.H. 罗宾斯原著:《简明语言学史》,许德宝、冯建明、胡明亮译,中国社会科学出版社1997年版,第190页。
② ［丹麦］威廉·汤姆逊著:《十九世纪末以前的欧洲语言学史》,黄振华译,世界图书出版公司2009年版,第63页。

早创建者。将梵语材料纳入比较研究的范围是葆朴的先见之明,此举对历史比较语言学的意义尤其重大。同拉斯克一样,葆朴进行语言比较的着眼点是语法结构,考察的重点只有一个——动词的屈折形式。葆朴既不相信希腊语、拉丁语和其他欧洲语言源自梵语,也不相信梵语由这些语言演变而来,而是认定它们都出于一种共同的原始语。葆朴还认为梵语比其他欧洲语言更古老,因而保存有更多的原始形式。葆朴的这些观点无疑受到了历史比较语言学的拓荒者——威廉·琼斯的深刻影响。基于上述认识,葆朴以梵语动词为出发点,试图通过与希腊语、拉丁语、波斯语和日耳曼语相关动词的比较,归纳出这些动词形式上的共同点,以此证明它们具有同一的来源。葆朴的研究几乎只从形态出发,对不同语言之间的语音关系和句法关系则很少触及,偶有涉猎也是随意性的。法国语言学家梅耶对之早有定评:"它(指葆朴的著作——引者注)所致力的差不多只限于形态学,在形态学中又只限于形式变化的分析,而忽略了语音的发展及其确切的规律;它没有考察过这些形式的用法,也没有考察过句子的结构"[①]。葆朴后来还写过一部比较语法方面的专著《梵语、禅德语、阿尔明尼亚语、希腊语、拉丁语、立陶宛语、古斯拉夫语、哥特语和德语比较语法》和几篇相关的论文,只是可取之处不多。

　　格里姆是以 1819 年出版的《德语语法》而饮誉语言学界的。格里姆所谓的"德语"意义相当宽泛,实际涵盖所有的日耳曼语。《德语语法》与一般的德语语法书性质不同,其重点是观察德语与它的同族语言之间的关系。此书系统地论述了日耳曼语与其他印欧语之间的辅音的一致性,这种一致性被后人命名为"格里姆定律",这是格里姆在历史比较语言学中的最大贡献。例如,格里姆认为希腊语、拉丁语的清塞音[p]、[t]、[k]先变成哥特语的送气清音[f]、[θ]、[x],再变成高地德语的浊塞音[b]、[d]、[g],前一阶段为"第一次语音变化",后一阶段则为"第二次语音变化"。据此,格里姆将德语分为两块:经历了第二次语音变化的德语分布于德国中部和南部的高原或山区,被称为"高地德语";未经历上述语音变化的德语分布于地势平坦的北部地区,被称为"低地德语"。不仅如此,

---

① 岑麒祥编著:《语言学史概要》,岑运强评注,世界图书出版公司 2011 年版,第 135 页。

格里姆还将研究范围进一步扩大,着意在日耳曼语与其他印欧语之间建立起一整套语音变化规律。例如,他指出:古日耳曼语里的有些长元音和短元音与希腊语、拉丁语完全一样,即使有的音素已发生了变化,而长短却维持不变。另外,格里姆还对元音音变现象(指一个元音因受下一个音节的元音的影响而发生的变化)及其条件作了说明,这样就能使人们找到音变现象与非音变现象之间的对应关系,为不同语言之间的对比研究提供更丰富的材料。与拉斯克和葆朴不同,格里姆学说的要义是借助语音分析与描写来寻找出各种语言之间的语音对应,进而确定它们的语源联系。

(二) 拓展时期的历史比较语言学

历史比较语言学在经过拉斯克、格里姆和葆朴等三人的大力弘扬后,立时在欧洲各国掀起了一股研究热潮,不仅范围扩大,而且程度加深,取得的成果也更加丰硕。历史比较语言学自此进入了拓展时期。就研究范围而言,除了前面提到的斯堪的纳维亚语、梵语和日耳曼语外,有关古典希腊语和拉丁语、罗曼语族、斯拉夫语族、凯尔特语族以及非印欧语的历史比较研究也都蓬勃兴起,研究的成果主要有古尔替乌斯(Georg Curtius)的《希腊语词源学基础》、柯尔森(Wilhelm Corssen)的《论拉丁语中的发音、元音系统和重音》、狄兹(Friedrich Christian Diez)的《罗曼语族诸语言的语法》、米克洛斯(Franc Miklošič)的《斯拉夫语比较语法》、邱斯(Johann KasparZeuss)的《凯尔特语法》等。此期还出现了一些颇富影响的专业期刊,如库恩(Franz FelixAdalbert Kuhn)主编的《比较语言学杂志》、库恩和施莱赫尔合编的《比较语言学集刊》以及古尔替乌斯主编的《希腊语和拉丁语语法研究丛刊》等。此期的领军人物是德国学者施莱赫尔,他的代表作《印度日耳曼语言比较语法纲要》一直被视为历史比较语言学的重要名著,该书的副标题是"印度日耳曼语的语音和词形概说"。因此,既注重语音发展的规律性又注重形态发展的规律性是施莱赫尔对前代学者的超越之处。与洪堡特一样,施莱赫尔也把世界上的语言分为三种类型:孤立语、黏着语和屈折语,认为这三种类型构成了语言发展的三个阶段,只有印欧语和闪含语经历了完整的三个阶段。接着,施莱赫尔把"语言的生命"划分为两个时期:语言的发展时期(史前期)和语言的分化时期(有史期)。在此基础上,施莱赫尔详细描述了印欧语及其内部关系,并最终以谱系树形图的模式对这种关系给予直观显示。在图中,施莱赫尔用树干表示原始的基础语或共同语,它首先分化出两大支。第一大支是亚细亚—南欧语族,后又分为两小支:一支为印度-伊朗语支,一支为南欧语支(含希腊语、意大利语和凯尔特语);第二大支是北欧语族,后来也分为两小支:一支为斯拉夫—立陶宛语支,一支为日耳曼语支。以下是施莱赫尔精心描绘的语言谱系图(图 4-1):

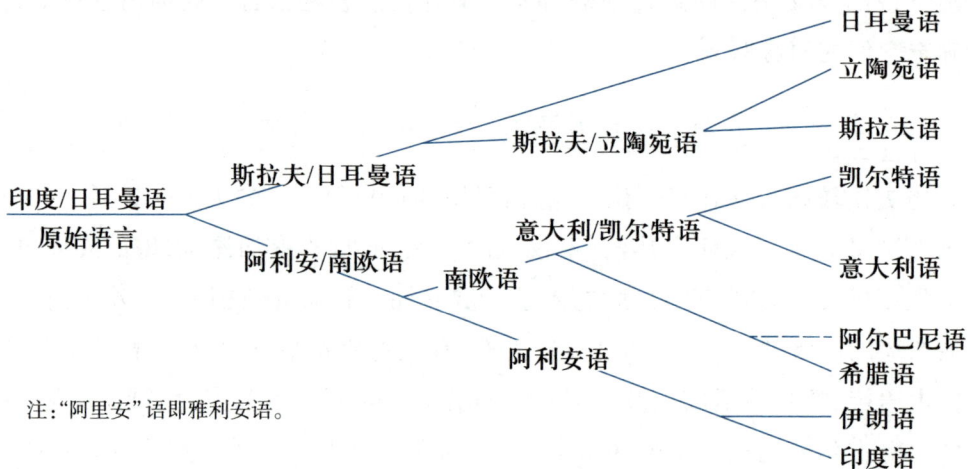

注:"阿里安"语即雅利安语。

图 4-1 施莱赫尔语言谱系图

通过谱系树模式,施莱赫尔形象地展示了语言的生物突变性,演绎了语言的发生学原理。作为一种全新的演示方法,语言谱系树在当时显然意义非凡。刘润清即指出:"施莱歇尔(即施莱赫尔——引者注)的语言谱系图是历史语言学研究上的重大发展,它是展示一个语系所包括的各种语言的巧妙手段,以使这些语言的演变和历史关系一目了然。"[①] 不过,语言谱系树的缺陷也是十分显豁的,那就是把复杂的语言关系过于简单化,尤其是割断了语言分化后的内在关系。为此,施莱赫尔遭到了自己的学生施密特的强烈质疑,后者提出了著名的"波浪"理论来对树形图进行修正。施密特"波浪"理论的核心在于强调语言分化的渐进性和复杂性。

施莱赫尔并不满足于对语言亲属关系和语言谱系分类的研究,还想方设法

---

① 刘润清编著:《西方语言学流派》,外语教学与研究出版社 1995 年版,第 61 页。

对古印欧语进行重建或构拟,此项工作被看成他对历史比较语言学作出的最大贡献。"所谓'重建'就是就所比较的语言材料用历史统计的方法为每个形式、每个词构拟出一个对每种语言来说都适合的'一般历史性的公分母',用来代表那最原始的形式,并表明各有关的个别语言以后的演变。"① 例如,根据梵语的 mātā(母亲)、希腊语的 mātēr、拉丁语的 mɑter 和立陶宛语的 mātē(妇人)这几个词,可以推导出 mātē 为该词的原始形式。在重建过程中,施莱赫尔同样立足梵语,经常把那种在梵语当中存在的形式看作印欧语的原始形式。依据这种方法,施莱赫尔构拟出了原始印欧语的语音系统、词的结构以及名词的变格、动词的变位等现象。由于这种方法直观有效,于是很快得到推广,并因此而成为历史比较语言学的看家本领。当然,必须认识到,重建或构拟仅是寻求不同语言之间语音对应的一种手段,其结果也只是一种象征性或模糊性的东西,绝不能代表原始共同语的真实状况,比如,对那些在语言发展过程中业已消失的语音和词形,后人是无论如何也构拟不出的。因对语言的原始形式认识有误,施莱赫尔在具体的构拟过程中往往难免疏漏。有意思的是,施氏本人对自己的构拟十分自信,他不仅为原始印欧语构拟出一个由 9 个元音和 15 个辅音组成的语音系统,而且还照此系统创作了一篇名为《山羊与马》的寓言。

(三)成熟时期的历史比较语言学

处于奠基时期和拓展时期的历史比较语言学具有一个致命的错误,这个错误用索绪尔的话说就是:"它完全是比较的,而不是历史的。毫无疑问,比较是一切历史重建所必不可少的条件。但是单靠比较不能作出结论。"② 这一状况在历史比较语言学进入了成熟期之后才逐步得以改善。

成熟时期的历史比较语言学可谓人才济济,相关学者几乎遍布欧洲各国,其中的杰出者有意大利的阿斯戈里(GraziadioIsaia Ascoli)、丹麦的维尔纳(Karl Verner)、瑞士的索绪尔、法国的梅耶等人。另外,以德国的布鲁格曼(Karl

---

① 岑麒祥编著:《语言学史概要》,岑运强评注,世界图书出版公司 2011 年版,第 143 页。

② 〔瑞士〕费尔迪南·德·索绪尔著:《普通语言学教程》,高名凯译,岑麒祥、叶蜚声校注,商务印书馆 1980 年版,第 22 页。

Brugmann)和奥斯托夫(Hermann Osthoff)为首的"新语法学派"在该领域内也十分活跃。这一代学者无疑属于历史比较语言学的殿军,他们的最大使命就是对前代学者在历史比较工作中出现的种种偏差和疏漏进行纠正或弥补,使历史比较语言学在理论和方法上臻于完善。以维尔纳为例,他的代表作《第一次语音变化的一个例外》除了证明日耳曼语的语音变化中有许多腭化现象外,最受世人好评的地方就是修正格里姆定律。格里姆定律尽管得到了很多语言事实的支持,但也遇到了一些例外的挑战。比如拉丁语的同一个音[p],在哥特语或高地德语中有时变为[v],有时则变为[b]。又如拉丁语的同一个音[t],在哥特语或高地德语中有时变为[p],有时则变为[d]。如此等等,不一而足。这种现象一直困扰着许多历史比较学者,一定程度上削弱了格里姆定律的可信度。维尔纳在无意中发现,所有与格里姆定律合与不合的现象其实是由重音位置决定的:凡与格里姆定律相合的词的重音位置都在该变化音([b]、[d])之后,而所有的例外词的重音位置则在该变化音([v]、[p])之前。由此,他断定:希腊语和拉丁语的同一个音之所以会在哥特语和高地德语中有不同的变化,是因为古代重音位置不同的缘故。维尔纳的发现告诉人们:一切语音的演变都是有规律的,那些表面上的例外也是有规律的,只是人们一时找不到它的内在规律罢了。维尔纳的这个发现被语言学界称为"维尔纳定律"。新语法学派同样富有破旧立新的精神,他们激烈反对前辈学者对原始印欧语所作的种种无谓的假想或推测,主张以书面文献和当代方言中的实际语言材料作为历史比较研究的重点,声称:"历史比较语言学家只有离开那个制造原始印欧语词根的、笼罩着空想气氛的车间,回到实实在在的现实生活的阳光中,到这里寻找那些模糊的理论从来也不能提供的材料,才能正确地描述语言形式的历史和变化。"[①] 新语法学派十分看重方言在历史比较中的价值,认为方言可以揭示语言变化,是语言研究的一个极为重要的方面。在研究中,新语法学派始终坚持两个基本原则:一是语音定律无例外原则,二是语音变化的类推原则。由前一个原则,他们修正了施莱赫尔所构拟的古印欧语的元音系统。由后一个原则,他们推出古希腊语的动词词尾 -o [如

---

① [英]R.H.罗宾斯原著:《简明语言学史》,许德宝、冯建明、胡明亮译,中国社会科学出版社1997年版,第202—203页。

phēr-o（我带）］其实就是梵语中的那个表示第一人称单数的动词词尾 -mi［如 bhārā-mi（我带）］的最古形式。试图用类推原则去解释一切语言形式的变化是新语法学派的一大创举，此举对语言史的研究具有革命性的意义。尽管新语法学派因对前辈学者的过度抨击而招致了不少批评之声，但他们对历史比较语言学所作的贡献是显而易见的，并为此而博得了索绪尔的好评。索绪尔指出："他们的功绩是把比较所获得的一切成果都置于历史的展望之下，从而使各种事实联成自然的顺序。"[①] 不可否认，阿斯戈里的《语言学教程》、索绪尔的《论印欧语元音的原始系统》、梅耶的《历史语言学中的比较方法》也都是历史比较语言学方面屈指可数的上乘之作，带有学术总结的性质。另外，他们还致力于说明历史比较语言学的原则。如梅耶认为，要证明两种语言是否有亲属关系，最重要的是研究其语法形式（包括音位排列的方式和语法功能的表现），因为语法形式的证据最可靠。如果在许多情况下两种语言的语法形式都相同，那肯定不是偶然的。无论从哪一方面看，后期学者的研究都较前更具说服力和可信度，他们的成就给盛行百年的历史比较语言学画上了一个圆满的句号。

在历史比较语言学的呼吁和推动之下，现代欧洲开始了声势浩大的方言调查、方言研究和方言地图的绘制工作，从而促使了方言地理学的诞生。从 1876 年开始，德国语言学家温克（Georg Wenker）即逐步在德国全境展开大规模的方言调查，并绘制出了第一张旨在说明词语分布状况的方言地图。通过地图，温克发现：每个词都有自己的界限，并不受特定语音变化的统一制约。这一发现推翻了新语法学派关于语音变化的一些观点。又如，法国语言学家吉耶龙（Jules Gilliéron）和埃德蒙（Edmond Edmont）通力合作，在 1897—1901 年间共调查记录了法国境内的 639 个方言点，最终汇集出版了《法国语言地图集》（内含 1920 张图）。该图集显示了语言的地域分布规律，以及语言与地理之间的制约关系。

值得一提的是，此期还兴起了有关语言接触的理论，奥地利语言学家舒哈特（Hugo Ernst Mario Schuchardt）被视为该理论的创始人。作为施莱赫尔的另一位弟子，舒哈特意识到了历史比较语言学的偏颇之处，尤其对新语法学派"语音

---

① ［瑞士］费尔迪南·德·索绪尔著：《普通语言学教程》，高名凯译，岑麒祥、叶蜚声校注，商务印书馆 1980 年版，第 25 页。

规律无例外"的观点深感不满,于是提出了著名的"地理变异论"。舒氏认为,相邻的语言和方言之间互相接近,彼此过渡,根本不存在明显的界限。由此,舒哈特发明了"混合语"概念,并从多方面论证了语言混合的必然性,想以此来解释语言的变化。应该说,舒哈特的观点颇富新意,对历史比较语言学的确起到了一定的纠偏作用,但其自身存在的偏激之处丝毫不亚于新语法学派。

■ 二、普通语言学的形成

19世纪欧洲语言学的另一成果就是在历史比较研究的过程中产生了普通语言学,用康德拉绍夫的话说就是"历史比较语言学为普通语言学的产生奠定了基础。"[①]"普通语言学就是把各种语言的历史比较的结果加以概括化而成的。普通语言学之所以区别于历史比较语言学,是在于它是就整个人类的语言从理论方面去进行研究的。"[②] 其实,人们对普通语言学问题的研究早就开始了,例如古希腊罗马时代对名实问题的探讨、18世纪学者对语言起源问题的探讨都可作如是观。不过,这些研究涉及面窄、科学性差,特别是缺乏语言的全面发展(空间)观和历史发展(时间)观,因而形不成系统而科学的理论。

洪堡特是普通语言学的拓荒者,他的许多著作就是从整个人类语言的高度来谈论语言学问题的。例如,他在《论人类语言结构的差异及其对人类精神发展的影响》一书中就论述了普通语言学的不少重要问题:语言的发生和发展问题,语言与个人行为的关系问题、语言的内部形式(实质)和外部形式的问题。尽管他在这些问题上所发表的见解不一定正确,但开创之功不可没,对后世的影响可谓巨大而深刻,19世纪乃至20世纪的不少学者都因此而获益匪浅。

早期的普通语言学几乎完全沉浸在哲学的氛围之中,其理论框架往往受到特定哲学思潮的主导。像洪堡特的语言观就完全受康德(Immanuel Kant)哲学的左右,他把不同的语言在表现形式上的不一致归结为民族精神发展的差异就是彻头彻尾的康德主义。受其影响,后来的普通语言学家大多信奉某一哲学观,并由此形成了形形色色的学说与流派。

---

① [苏]H·A·康德拉绍夫著:《语言学说史》,杨余森译,祝肇安校,武汉大学出版社1985年版,第270页。
② 岑麒祥编著:《语言学史概要》,科学出版社1964年版,第232页。

心理主义语言学是普通语言学领域较早诞生的一个流派,其创始人物就是被称为新洪堡特主义第一人斯坦达尔(Heymann Steinthal)。此人自命为洪堡特思想与学说的传人,毕生从事洪堡特语言学说的研究与推广,但二者的观点其实并不完全一致。斯坦达尔在普通语言学方面的代表作有《语法、逻辑和心理学——它们的原理和相互关系》和《心理学和语言学导论》。这些书的主旨就是力图从人类较低级的心理活动去解释语言的起源与发展问题。斯坦达尔不仅否认语言与思维之间的密切关系,并且也否定社会因素在语言产生与发展中的基础地位,主张把研究的注意力汇集到个人的言语行为之上。在他看来,民族精神存在于个人精神之中,而个人精神则与个体心理状态和个体言语行为息息相关。因此,通过个人言语行为分析个体心理,由个体心理达到个体精神,再借助个体精神去诠释民族精神,并进而建立起语言类型与民族心理类型之间的联系是斯坦达尔的目标。说到底,在斯坦达尔眼中,语言学就是民族心理学。耽于空洞的说教、缺乏具体的事例是斯坦达尔理论的致命不足。因此,斯坦达尔的学术影响不是太大。属于新语法学派一员的保罗(Hermann Paul)也是心理主义语言学的倡导者,他的《语言史原理》就是一本关于语言发展原理的著作。保罗十分强调语言的类推作用,认为类推是语言更新的基本方式,跟说话者的个人心理密切相关。他指出:"每个人说话时都不断地制造类推的形式。'由于记忆的复制'和'利用联想构成新的形式',就是它的两个不可缺少的因素。"[1] 显然,保罗是着重从个人心理方面去解释语言的应用与发展的。

与斯坦达尔等人的心理主义相对立,自然主义语言学则完全视语言为一种自然的结构,主张按自然科学的方法加以研究。拉斯克早在1834年就指出:"语言是一种自然的物体,它的研究很像自然历史"[2]。葆朴也在其1836年出版的《元音系统》一书说过:"语言将被看作有机的自然物体,它们是按照确定的规律形成的,它们好像具有生命的内部原则而发展着,并且将不再被人了解而逐渐死亡"[3]。拉普(K. M. Rapp)的《语言生理学试探》一书则干脆提出要按照"生理学

---

① 岑麒祥编著:《语言学史概要》,岑运强评注,世界图书出版公司2011年版,第265页。
② 岑麒祥编著:《语言学史概要》,岑运强评注,世界图书出版公司2011年版,第252页。
③ 岑麒祥编著:《语言学史概要》,岑运强评注,世界图书出版公司2011年版,第252页。

的基本原则"去探求西方诸语言的历史发展。但是,此期真正采用自然主义的方法研究语言的大概只有德国的施莱赫尔和缪勒二人。施莱赫尔是著名的历史比较语言学家,但同时又是一名表现不俗的语言学理论家,他的相关著作《论语言的形态学》《达尔文学说和语言学》《论语言对于人类自然历史的意义》曾经名噪一时。施莱赫尔是达尔文学说的崇拜者,对自然科学尤其是植物学很感兴趣,因此他的语言学学说体系中处处贯穿着植物学的思想。例如,他把语言比作植物,认为语言的发展如同植物的生长,有成长也有衰落。当语言处于成长期时,它的结构形式由简单而趋于复杂;当语言处于衰落期时,情况则正好相反。据此,他把语言的生命分为两个时期:语言形式的发展期和语言形式的衰败期。他还把世界上的语言分为三个类型:孤立语、黏着语和屈折语,并认为这三个阶段正好代表了"语言进化的三阶段"。施莱赫尔发明的印欧语的谱系树形图简直可以说是语言学与植物学紧密结合的产物。由于过分注重语言的自然属性,施莱赫尔完全忽略了语言的社会本质,其后果是抹杀了语言的交际工具职能。缪勒是施莱赫尔理论的坚定支持者,其言论主要见于他的《语言科学讲话》一书。和施莱赫尔一样,缪勒把语言学和历史科学加以对立,认为语言学应该属于自然科学,因此"语言或任何其他自然界的产物,严格地说,没有历史,而只有增长"[1]。缪勒的观点虽然在当时遭到了不少人(如美国学者辉特尼)的反对,但还是得到了广泛的传播。尽管自然主义学派完全无视语言的社会属性,整个理论有很大的片面性,但他们将语言看成是一种结构、一种有机体的观点却很有价值也颇受重视,并在当时已经深入人心。因此,有人将自然主义定为19世纪语言学的主要特征。[2] 后来名声显赫的结构主义语言学也不能说与自然主义毫无瓜葛。

　　新语法学派在普通语言学领域中也颇有建树,他们被学界视为该领域的心理生理学派,代表作有布鲁格曼的《论语言学当前的情况》和奥斯托夫的《语言形式结构中的生理和心理因素》。在他们看来,语言具有心理和生理双重属性。如前所述,新语法学派有两条原则:语音定律无例外原则和语音变化的类推原则。所谓语音定律无例外原则是说任何语音变化都是由生理因素引起的,语音

① 岑麒祥编著:《语言学史概要》,岑运强评注,世界图书出版公司2011年版,第258页。
② [丹麦]威廉·汤姆逊:《十九世纪末以前的欧洲语言学史》,黄振华译,科学出版社1960年版,第132页。

定律跟物理学的定律一样,不允许有例外;所谓语音变化的类推原则是说语言中的新词和新的形式是由某些旧有词和旧形式推导出来的,这种推导作用的内在力量是心理联想。尽管新语法学派口头上反对自然主义,其实并没有彻底摆脱自然主义。就此而言,新语法学派的观点可以说成是自然主义学派和心理主义学派的混合物。新语法学派的理论大致围绕语音学而展开,较少涉及句法学和形态学,因此影响有限。

现代欧洲在普通语言学领域最具影响的学派是社会心理学派,该派又被称为法兰西学派,核心人物有索绪尔、梅耶、房德里耶斯(Joseph Vendryès)。社会心理学派的理论基础是法国社会学家迪尔克姆(Émile Durkheim,一作涂尔干)、勒蓬(Gustave Le Bon)等人提出的关于社会、社会发展、民族和原始社会的性质等方面的一系列学说,其基本观点是:社会是概念的总体,社会学是关于集体心理的全部知识,社会学就是集体心理学。受此影响,索绪尔等人都不约而同地视语言为一种"社会事实",并且认为这种社会事实其实就是一种心理现象。一个从个体心理出发研究语言,一个从集体心理出发研究语言,这大概是心理主义学派与社会心理学派的分水岭。索绪尔早年属于新语法学派,曾致力于历史比较语言学的研究,后来由于受到法国社会学学说的影响,学术思想发生了重大转向,晚年则专攻普通语言学。他的不朽名著《普通语言学教程》是普通语言学领域的最伟大的成果之一。索绪尔关于语言学的理论主要是从心理和社会两个方面建立起来的,他的许多理论创见都以此为出发点和归结点。例如,他把言语活动分为语言和言语两个层面,并对之作了解说:言语是个人的意志和智能的行为,个人是它的主宰;语言是言语活动的社会部分、个人以外的东西,个人不能独自创造或改变语言,它只凭社会成员之间的契约而存在。由此,索绪尔指出:"言语活动有个人的一面,又有社会的一面;没有这一面就无从设想另一面。""言语活动是多方面的、性质复杂的,同时跨着物理、生理和心理几个领域,它还属于个人的领域和社会的领域。"[①] 再如,索绪尔称符号学为"一门研究社会生活中符号

---

① [瑞士]费尔迪南·德·索绪尔著:《普通语言学教程》,高名凯译,岑麒祥、叶蜚声校注,商务印书馆2017年版,第15、16页。

生命的科学",并认为"它将构成社会心理学的一部分"[①]。另外,在区分能指和所指、共时和历时等一系列二分概念时,索绪尔也念念不忘心理和社会这两个关键性的要素。不过,必须指出,社会和心理这两个砝码在索绪尔的心目中绝非等量齐观的,社会往往要从属于心理。索绪尔如下话语似乎是个明证:"语言中的一切,包括它的物质的和机械的表现,比如声音的变化,归根到底都是心理的。"[②]梅耶的语言学理论是在索绪尔学说的基础上形成和发展出来的,他的相关论点多见于其《历史语言学和普通语言学》一书。梅耶也承认语言发展的基本原因有两个:心理的和社会的。较之索绪尔,梅耶似乎更为突出社会的作用。在他看来,语言是社会行为,是文化的一部分,有什么样的文化,就有什么样的语言。他认为,在语言学的一般规律由可能性转化为必然性的过程中,唯一起作用的不是心理因素而是社会因素。他指出:特定的语言结构与特定的社会结构相当,社会结构的变化势必会在语言结构中反映出来,因此语言的变异是社会变化的结果。梅耶曾写过一篇《词怎样改变意义》的论文,文中将引起词义改变的原因归纳为三个:一个是句子结构的特殊作用,一个是词所表示的事物的改变,一个是社会成员所构成的阶级和集团,而第三个原因是最重要的。他甚至认为,每一个阶级、每一种职业乃至每一个团体都有它的特殊用语,这些特殊用语与普通用语经常互相交流,并由此而产生变化。房德里耶斯师承梅耶,其普通语言学方面的代表作是《语言》。他除了对索绪尔、梅耶的观点作进一步的发挥和整理外,还讨论了语言学的其他一些问题:语言和思维的问题、外部语言学的问题。房德里耶斯认为句子包含意义单位和形态单位两种成分:意义单位是表示概念的;形态单位表示概念之间的关系,包括词形变化、重音、声调、零形式、词序等。他的形态学说曾对我国语言学界产生重大的影响,方光焘等人提出的汉语"广义形态说"即源于此。

---

① ［瑞士］费尔迪南·德·索绪尔著:《普通语言学教程》,高名凯译,岑麒祥、叶蜚声校注,商务印书馆 2017 年版,第 24 页。

② ［瑞士］费尔迪南·德·索绪尔著:《普通语言学教程》,高名凯译,岑麒祥、叶蜚声校注,商务印书馆 2017 年版,第 13 页。

■三、结构主义语言学的勃兴

（一）结构主义语言学的缘起

结构主义不仅是一种思潮，同时还是一种思维方式或思维模式，可以用来解读社会、历史、文化、语言、艺术等诸多现象，因而自诞生之日起就具有某种哲学层面上的意义。

结构主义语言学的兴起是语言学史上具有里程碑意义的一件大事。罗宾斯称："20 世纪与 19 世纪最主要的、最明显的区别，就是相对于历史语言学的描写语言学得到迅速发展，并上升为今天的主导地位。"①结构主义语言学是一个内涵复杂的概念。从广义角度看，把语言视为一个独立系统而加以研究的语言学就可称为结构主义语言学。狭义的结构主义语言学指的是自布拉格学派以来形成的重视对语言现象的如实描写的欧美语言学，描写语言学因之成为结构主义语言学的别称。无论从哪个方面看，结构主义语言学都是现代语言学的流派之一，应该纳入普通语言学的框架。但是鉴于结构主义语言学在欧洲现当代语言学史上无与伦比的地位和影响，人们通常将它单列一块，以示推重。

（二）结构主义语言学的鼻祖——索绪尔

索绪尔尽管号称结构主义语言学的鼻祖，但他早年却是新语法学派中的一员，曾长期从事历史比较语言学的研究与教学工作。在积累了丰厚的语言事实研究之后，晚年的索绪尔开始了深邃的理论思考，将研究重心转到普通语言学之上。从总体上看，索绪尔的语言学说由两块基石构成：一块是社会心理观，一块是语言系统观。例如，索绪尔就强调指出："语言是一种表达观念的符号系统"②。所谓系统就是结构或组织，而结构是凭借种种关系形成的。因此，索绪尔系统论

---

① ［英］R.H. 罗宾斯原著：《简明语言学史》，许德宝、冯建明、胡明亮译，中国社会科学出版社 1997 年版，第 213 页。

② ［瑞士］费尔迪南·德·索绪尔著：《普通语言学教程》，高名凯译，岑麒祥、叶蜚声校注，商务印书馆 2017 年版，第 24 页。

其实就是关系论,他特别申明:"在语言状态中,一切都是以关系为基础的"①。由此,他认为:语言学的真正的对象不应当是声音和意义本身,而是声音和意义间的各种联系。他提出的一系列著名的二分法如"能指"与"所指"、"组合"与"聚合"等无不建立在关系的基础上。索绪尔的上述观点无疑成为结构主义语言学的理论之源。罗宾斯指出:"尽管19世纪晚期已经有人提出关于结构分析的一般观点,然而是索绪尔通过课堂教学和1916年发表的《普通语言学教程》,第一次把结构看作一个基本概念。从这个意义上说,他应该享有现代语言学创始人的光荣称号。"②日本当代的符号学家丸山圭三郎(Maruyama Keizaburou)则认为:"索绪尔不是单纯学科意义上的语言学家,而是从语言研究出发探索并发现了人与自然、人与文化之间本质关系的哲学家。"③

结构主义语言学还在方法论上进行了一场变革,那就是进一步优化欧洲传统语言学所擅长的归纳法,使之无懈可击。为此,结构主义的语言学家们提出了著名的研究三原则:同类性原则、一贯性原则和统一性原则。同类性原则是指理论所适用的对象必须具备同类的性质,不能用理论去解释非同类的事实;一贯性原则是指在同一理论的范围内不允许出现某些原理与其所引出的结论之间的矛盾;统一性原则是指任何理论都要把它所关涉的各个方面统一起来并从中找出共同的规律。

(三) 结构主义语言学的流派

结构主义语言学作为一种流派的出现是20世纪二三十年代的事情。此期先后诞生了著名的四大学派:布拉格学派、哥本哈根学派、伦敦学派和美国的描写主义学派。在此,先介绍一下与欧洲相关的三个学派。

布拉格学派始于1926年成立的布拉格语言学会。1929年出版的《布拉格语言学会会报》则标志着该学派思想与理论的成熟。该派的核心人物是俄国

---

① ［瑞士］费尔迪南·德·索绪尔著:《普通语言学教程》,高名凯译,岑麒祥、叶蜚声校注,商务印书馆2017年版,第165页。

② ［英］R.H.罗宾斯原著:《简明语言学史》,许德宝、冯建明、胡明亮译,中国社会科学出版社1997年版,第215页。

③ 卢德平:《日本当代主要符号学家及其学术观点》,《当代语言学》2005年第1期,第62—63页。

人雅各布逊(Roman Osipovich Jakobson)、特鲁别茨科依(Nikolai Sergeyevich Trubetzkoy)和英国人丹尼尔·琼斯(Daniel Jones)。该学派的最大贡献是首先将索绪尔的关于声音和意义关系的学说应用于语音研究,由此开创了音位学。因此,布拉格学派又常常被称为布拉格音位学学派。该派的主要学术成果除了一系列发表于会刊的论文外,最重要的专著要数特鲁别茨科依的《音位学原理》了。在布拉格学派看来,语音和音位不是一回事:语音属于言语,音位属于语言。他们指出:每一个音位由若干个不同的区别性特征组成,而每一个区别性特征至少会同另一个音位中的一个特征构成对立关系,例如英语里的[p]和[b]、[t]和[d]、[k]和[g]三对辅音就是在相同的发音位置上形成了清浊的对立,清浊就是这三对辅音的区别性特征。将语音实体分解为一个个具体的发音特征是前人特别是古印度人早已做过的事情,但是借助音素单位、依据语音功能让原本不相关的特征之间构成一组组的对立关系,这不能不说是布拉格学派在语音学理论和方法方面实现的一次质的飞跃。在音位分析的过程中,雅各布逊和特鲁别茨科依最先将有标记和无标记加以对立,并由此创立了传统的标记理论。布拉格学派的音位理论开始只适用于音段(如元音和辅音),后来逐渐扩展到非音段(如音长、音强、音高)。愈到后来,音位理论的适应面愈广。雅各布逊首先将之引入形态学领域,后来的转换生成语法也在句法学分析中加以吸收和利用,现今流行的义素分析法似乎也没有摆脱音位学理论的辐射。布拉格学派的音位学理论对西方语音学特别是英国语音学起到了极大的推动作用。如前所述,自文艺复兴以来,英国语音学一直红红火火、有声有色,并逐渐成为欧洲语音学的领头羊。19世纪下半叶以来,英国语音学在吸收了生理学、声学等相关学科的成果之后,又增加了实验手段,由此进展神速。斯威特(Henry Sweet)成为此期最伟大的语音学家,他的《语音学手册》不仅教会了欧洲人语音学,而且也使英国成为现代语音学的发源地。作为一名杰出的学者,斯威特曾试图解决当时语音标记中存在的宽严两难问题。尽管他已经具有了音位的意识,尽管他已创制出一套宽式罗密克标音系统,但总体效果是不理想的。从20世纪初期开始,随着音位学理论的深入人心,音位及区别性特征等基本概念开始占据英国语音学的核心部分。属于布拉格学派重要一员的丹尼尔·琼斯在其《英语语音概要》一书中首次将音位作为区分宽式和严式语音标记法的根据,从而使英国语音学再现勃勃生机。现行的国际音标草创于斯威特之手,但真正的完成者是琼斯。

　　哥本哈根学派由斯堪的纳维亚语言学界的一批学者组成,领军人物有乌尔达尔(Hans Jorgen Uldall)、叶尔姆斯列夫、布龙达尔(Viggo Brøndal)等,他们也组织了一个语言学学会,并主办有《语言学学报》,许多重要论文即刊载于其上。该学派的代表性著作有三部:布龙达尔的《结构语言学》、叶尔姆斯列夫的《语言理论导论》和乌尔达尔的《语符学纲要》。与布拉格学派不同,该学派继承了索绪尔关于语言是一个符号系统、语言是形式而不是实体等观点,因此有人称之为语符学派。叶尔姆斯列夫认为,"语言现象是一种格式塔"[1],是一个被分离的整体,而整体并不等于部分的总和,它先于部分而存在,并且还制约着部分的性质与意义。因此,在叶尔姆斯列夫看来,结构语言学实质上就是格式塔语言学,不应该搞所谓的语言元素的分析,而应该注重对语言整体组织的研究。叶尔姆斯列夫还主张语言理论必须建立在演绎的基础上,他甚至提出:"语言学理论应当寻求经常性的、跟任何'非语言的现实'无关的东西。当这种经常性的东西被找到并得到描写之后,就可以把它投射到'非语言的现实'中去。"[2]由索绪尔的"语言是形式,不是实体"的观点出发,叶尔姆斯列夫彻底否定语言的实体性,认定语言是由关系构成的。他把语言关系归为三种:相互依存关系、决定关系和并存关系,并提出语言学的任务就是分析这些关系。对布拉格学派在分析音位时采用的提取区别性特征的做法,哥本哈根学派是不赞成的,他们认为这种做法已经涉及语言的实体(物理属性),已不属于结构主义语言学。哥本哈根学派还有一个惊人之举,那就是要把所有的科学都集中在语言学的周围。换言之,他们想创造或制定出作为科学的一般理论的语言学,这种非同寻常的语言学被定名为"语符学"。根据乌尔达尔在《语符学纲要》中所作的阐释,语符学既是语言理论,又是符号学,还是科学的一般理论。这种夸大语言学的功能、试图将语言学凌驾于其他科学之上的做法无疑是行不通的。

　　伦敦学派以一批曾先后供职于伦敦大学的语言学家而得名,领军人物有弗

---

[1]　冯志伟编著:《现代语言学流派》,陕西人民出版社1999年版,第69页。

[2]　冯志伟著:《现代语言学流派》,商务印书馆2013年版,第103页。

斯、韩礼德、莱昂斯（John Lyons）和罗宾斯等。弗斯是伦敦学派的创始人，语言学造诣深厚，尤以韵律分析观和情境意义观著称于世。首先，在语音研究中，弗斯首倡韵律分析法。弗斯认为，人的话语是一个连续的语流，不能切分出一个个独立的单位。因此，他主张语音分析不能只探讨聚合关系，而应重点关注组合关系，即从连音、音节、词、短语、语调等方面入手去寻找音位的韵律特征。由此，弗斯的音位学被称为韵律音位学，以区别于布拉格学派的音段音位学。从单系统进化到多系统，从音段分析扩展到跨音段分析，这是弗斯音位理论对前人的超越之处。弗斯的韵律研究观对后来的韵律语法学产生了深远的影响。弗斯语言研究的另一大贡献是创立了语义学理论。弗斯不仅深受索绪尔关于语言"聚合关系"和"组合关系"的观念的影响，而且也接受了波兰人类学家马林诺夫斯基有关"语言环境"和"语义情境"的理论，主张对语言进行社会学的研究即语义研究。弗斯所谓的语义包罗甚广，除了形式意义（如词汇意义和语法意义）之外，还涵盖情境意义，包括社会的习俗、文化、信仰以及参与者的身份、历史、社会关系等。韩礼德是弗斯学说的继承者和发展者，思想深邃，见解新颖，在诸多方面大大超越了自己的前辈，一向被奉为新弗斯学派的领袖。例如，他进一步发展了弗斯的"语言情境"说，指出语言的情境可由场景、交际方式和交际者三部分构成，其中任何一部分的改变都能引起语言的变异。由此，韩礼德提出了"语域"的概念，认为正是场景、交际方式和交际者的不断变化催生了各种各样的语域。韩礼德还赋予"系统"以新的内涵，并最终创立了作为伦敦学派标志的系统语言学。系统语言学既重视语言的社会特征，又重视语言的个别特征，认为语言是一个连续体，具有绝对的模糊性。在此基础上，韩礼德提出了"系统语法"观。顾名思义，在整个"系统语法"观的框架中，"系统"居于核心地位，具有特殊的含义，并不是通常所谓的条理和组织的意思。韩礼德认为，"系统"既是一张由各种特点构成的网络，又是一份可供说话者进行选择的清单，它存在于所有的语言层（如音位层、语义层、语法层）之中，而言语行为就是对大量的可供选择的成分同时进行选择的过程。后来，韩礼德还提出了著名"功能语法"理论，认为语言功能和语言系统之间具有直接关系，语言是在履行其功能的过程中不断发生变化的。他还归结出了儿童语言的七种功能（工具、控制、交往、个人、启发、想象和信息）和成人语言的三种功能(观念、人际和篇章)。韩礼德并不满足于语言的功能分析,接着又转向对语言与社会结构的关系的探讨,并启用了语言变体、时代方言、社会方言等一系列新说,由此揭开了社会语言学的序幕。

思考题

1.试论哲学上的理性主义和经验主义之争对现当代语言理论的影响。

2.洪堡特在语言类型学研究方面有哪些理论贡献? 请结合具体语言现象对其理论主张加以评价。

3.历史比较语言学兴起的背景和条件是什么? 有哪些代表人物和主要成就? 其历史局限何在?

第二节　美国语言研究

"美国语言学,总的说来,有自己的独特的历史和传统,它虽然跟欧洲的其他地区的语言学有某种程度的联系,但却根据本国的历史条件和文化特点走自己的道路。"[①] 美国是一个后起的移民国家,没有悠久的历史文化和学术传统。从19世纪下半叶算起,美国语言学史不过百余年。但就是在这区区百年之中,美国语言学从无到有,由微而著,开创了一个辉煌的时代。从20世纪30年代以后,世界语言学的中心开始由欧洲移师美国,美国语言学由此成为世界语言学界的风向标。与其他地区的语言学相比,美国语言学具有如下几个引人注目的特色。

第一,起点与层次求高。毋庸讳言,美国语言学一开始是从欧洲嫁接进来的,美国学者引进的不是欧洲的陈年旧说,而是处于学术前沿的历史比较语言学和结构主义语言学。被称为美国语言学祖师的辉特尼(William Dwight Whitney)就曾经游学德国的柏林大学数年,期间先后师从韦伯(Albrecht Weber)、葆朴诸人学习历史比较语言学,回国后也一直从事相关的研究。另外,高端人才(如雅可布逊等)的引进也为欧洲语言学进入美国提供了一条自由便捷的传播通道。

---

① 赵世开编著:《美国语言学简史》,上海外语教育出版社2013年版,第1页。

缺乏古老的语言研究传统一方面使美国语言学显得基础薄弱,但另一方面也使美国语言学避免了旧框架的束缚。于是,从零起步的美国语言学一起步就迈进了现代的门槛。

第二,事实与理论并重。与欧洲现代语言学注重理论的倾向不同,美国语言学普遍面向事实,注重对事实的研究,这一点在美国描写语言学学者的身上体现得尤为分明。在开展印第安语的研究过程中,他们大都不受欧洲语言学的局限,不带任何偏见,一切从实地调查入手,从而发现了印第安语的独特价值,为非印欧语的研究开辟出一片崭新的天地。以事实为依据,美国学者也进行了一系列理论概括,形成了不少著名的学说如萨丕尔-沃尔夫假说等。

第三,理念与方法出新。美国语言学尽管源自欧洲,但并没有墨守欧洲的理念与方法。面对异样构造的语言——印第安语,美国学者很快摆脱了旧有的研究模式,创立了一套全新的理念与方法。例如,鲍阿斯和萨丕尔都把语言学视为民族学的一个分支,并由此形成了人类语言学的理念。又如,关于音位学的分布理论,关于语法分析的直接成分分析法都是美国学者的发明。理念和方法的不断创新,终于使美国语言学练就了自身的传统。

第四,科研与教学相长。在大力推进学术研究的同时,美国的语言教学也开展得如火如荼。除了在高校开设必要的语言学课程外,美国语言学会还主办了名目不一的语言学讲习所或培训班,并逐渐形成了制度,历数十年而不衰。第二次世界大战期间,出于战争的需要,美国又创办了许多军事语言学校,对军人实施语言训练计划。无论是语言学讲习所还是语言学校,担任教学任务的都是当时著名的语言学家。他们在倾力传授语言描写与分析技巧的同时,也真切感受到语言教学的特殊性和挑战性,并从中发现了不少语言研究的新课题。美国语言学会的这一做法后来被其他国家纷纷仿效。

美国语言学史虽不长,但如何分期并非易事。赵世开按代表人物将它分为四个时期[①]:①鲍阿斯和萨丕尔时期(1911—1932);②布龙菲尔德时期(1933—1950);③海里斯时期(1951—1956);④乔姆斯基时期(1957—　　)。这种划分方法虽反映了美国

---

① 赵世开编著:《美国语言学简史》,上海外语教育出版社 2013 年版,第 2 页。

语言学各个时期的主流,但并未将20世纪以前的美国语言研究包括在内,略有遗漏。本书从理论与方法的总体特征入手,将美国语言学划分为四段:历史比较语言学和普通语言学时期、描写主义语言学时期、唯理主义语言学时期、认知语言学时期。后三个阶段堪称美国语言学的黄金时期。正是在这近百年的时间内,美国语言学获得了飞速的发展和急剧的上升,并牢牢占据了世界语言学的高地。

■一、历史比较语言学和普通语言学时期

这一时期主要是指19世纪下半叶和20世纪初期。美国早期的历史比较语言学和普通语言学起源于欧洲,它的代表人物是辉特尼。辉特尼是一位曾经受到索绪尔关注和称赞的美国学者[①],他在欧洲接受了良好的梵语教育和严格的历史比较语言学训练,然后回到美国加以推广运用,由此揭开了美国语言学的序幕。因此,辉特尼被奉为美国语言学的第一人。其实,在辉特尼之前,美国就拥有了自己的语言学家:威廉姆斯(R. Williams)、爱德华兹(J. Edwards)、吉布斯(J. W. Gibbs)和索尔兹伯里(E. E. Salisbury)。他们或从事印第安语与英语的对比研究,或致力于北美语言关系的比较研究,或投身于英语、梵语、阿拉伯语的语文教育。不过,辉特尼倒是第一位具有国际影响的美国语言学家。特别值得一提的是,辉特尼在梵文研究方面成绩斐然,其《梵文语法》一书曾经为美国培养了一代梵语学者。辉特尼在语言学理论方面的杰作是《语言和语言研究》《语言的生命和成长》,后者曾被译成德文、法文、意大利文、瑞典文和丹麦文在欧洲发行并受到索绪尔的好评。辉特尼学术声名能播于海外,说明他在当时属于非同凡响的学者。对于这么一位知名学者,后来的美国语言学界似乎关注不够,没有给他以应有的地位和相当的评价。

辉特尼尽管是历史比较语言学方面的教授,但他的成就却集中在普通语言学领域。辉特尼的学说在显示欧洲传统(如长于理论性)的同时,已逐渐呈现出背离的倾向。在学科归属上,他将语言学纳入人文科学领域,这跟施莱赫尔的观点格格不入,因为施氏认为语言学属于自然科学。辉特尼主张给语言学以独立

---

① ［瑞士］费尔迪南·德·索绪尔著:《普通语言学教程》,高名凯译,岑麒祥、叶蜚声校注,商务印书馆1980年版,第24页。

的学科地位,他指出:"一方面是心理学,一方面是物理学,二者都力图占领语言学。但实际上,语言学既不属于物理学,也不属于心理学。"[①]独立的学科要有独特的研究方法,辉特尼认为语言学应该以经验的概括为基础,因此他十分推重归纳法,主张对语言事实加以分类和排列,反对欧洲语言研究中盛行的无限制的演绎法。在语言的结构分析中,他注意到了位置的作用,认为位置是构成语句形式差别的重要方式。辉特尼的这些认识对后世美国语言学的走向是有导引作用的。赵世开指出:"辉特尼讲究实际的气质,面向语言事实并注重归纳法,以及他表现在《梵文语法》一书中的共时描写,还有在语言描写中强调对语言现象的分类和排列,把'位置'看作是形式的重要特征,这些都显示了美国式语言学的早期特点。"[②]

就总体而言,美国早期的语言研究势单力薄,缺乏系统性与全面性,尚停留于开发与积累的阶段。他们过多注重与欧洲语言研究传统的衔接,对自己身边的语言事实往往无暇顾及。也许是出于这一原因,辉特尼很快被他的后辈们忘却了。

二、描写主义语言学时期

这一时期从 20 世纪初期一直持续到 50 年代。在这短短几十年里,美国语言学异军突起,缔造了一个语言学的黄金时代。必须指出,描写语言学并不是此期美国语言学的全部。从美国语言学会会刊《语言》(创刊于 1925 年)所发表的早期著作来看,内中有不少出自新语法学派人士如肯特(Roland Grubb Kent)、格雷(Louis Herbert Gray)、柏克(Carl Darling Buck)等之手,研究的主要对象是印欧系语言如希腊语、拉丁语、德语和英语等。描写语言学的不少学者都受过新语法学派的影响或历史比较语言学的训练,其中包括描写语言学的集大成者布龙菲尔德。但是可以肯定的是,描写语言学是此期美国乃至世界语言研究领域里最出彩并且最重要的部分,它的成就和影响使它在结构主义的几大流派中超然卓立、无与伦比。

描写语言学是在调查研究印第安语的长期工作实践中产生与发展起来的。

① 赵世开编著:《美国语言学简史》,上海外语教育出版社 2013 年版,第 6 页。
② 赵世开编著:《美国语言学简史》,上海外语教育出版社 2013 年版,第 7 页。

由于这一特殊的人文背景,描写语言学一开始就呈现出与欧洲的结构主义诸流派分道扬镳之势。在描写语言学那里,我们几乎找不到布拉格学派或哥本哈根学派的任何蛛丝马迹。

(一) 美国描写语言学的三个阶段

1. 草创阶段

鲍阿斯和萨丕尔是描写语言学的先驱人物,他们是为着人类学而从事语言研究的,因为属于戴着人类学家头衔的语言学家。另外,二人都深受洪堡特思想的熏陶和影响,是新洪堡特主义的中坚人物。鲍阿斯在经过长期的实地调查之后于1911年出版了著名的《美洲印第安语手册》,是书被视为继洪堡特之后第一部研究印第安语的杰作。在本书的序言中,鲍阿斯对语言和语言研究提出了新的看法,由此扯起了描写主义语言学的大旗。在这篇纲领性的序言中,鲍阿斯着重讨论了以下几个问题:①种族和语言问题。鲍阿斯认为人类的生理类型、语言和文化三者之间没有必然的联系,因为根据这三个标准划分出来的种族很不一样,说明种族分类是人为的产物。②语言的特性问题。鲍阿斯主要从语音、语法、言语单位、语法范畴等方面对各种语言的特点进行了剖析,指出各种语言的表达手段是有限的但又是有区别的,因此不能拿此种语言的特点去套彼种语言,不能拿此种语言的分类原则去约束彼种语言。③语言的分类问题。鲍阿斯指出,语言间的相互影响增加了语言分类的复杂性,语言间的相似现象可能出自一个来源,也可能出自好几个来源,这些需要历史的证据来解释。④语言学和民族学的关系问题。鲍阿斯认为语言是民族学现象中的一个部分,通过语言研究可以了解人的心理状态。他指出:"语言研究应当看成民族学研究中最重要的一个分支;因为,一方面,如果没有语言的实际知识就不能获得对民族学的深透的了解,另一方面,人类语言体现的基本概念在性质上跟民族学的现象并无显著的差别;此外,还因为语言的特殊性质明显地反映了世界上各种人的观点和习俗。"[①]⑤美洲印第安语的特点。鲍阿斯指出,印第安语表现出来的不少特点是其他语言所

---

① 赵世开编著:《美国语言学简史》,上海外语教育出版社2013年版,第16页。

不具有的,如将动词分为主动和中性两类、辅音系统特别发达、男女发音不同、在组词造句时广泛运用附加成分等,由此他认为学术界将印第安语列入多式综合语(即把各种不同的成分合并成一个词的形式的语言)的做法与事实不符。鲍阿斯的观点告诉我们:"描写一种语言只能根据它自己的结构,不能也不应该用其他语言的结构来套这种语言。"[1] 因此,鲍阿斯没有照搬印欧语的现成理论和方法,而是独辟蹊径,从而开创了美国语言学的新时代。萨丕尔在语言理论方面的代表作是《语言论》,本书从人类学的角度出发,以语言类型学为中心议题阐述了语言的本质及其发展。在整个论述过程中,萨丕尔十分注重语言实例的引证,书中引用的语言多达 60 余种,特别是其中提供的印第安语材料让人大开眼界。萨丕尔始终强调心理模式的作用,这在他给语言所下的定义中就有体现:"语言是纯粹人为的,非本能的,凭借自觉地制造出来的符号系统来传达观念、情绪和欲望的方法。"[2] 萨丕尔还将语言形式所表达的概念分为四大类:基本概念、派生概念、具体关系概念和纯关系概念。根据这些概念类型,参照形式表达的手段以及词根和附加成分的融合程度,他将世界上的语言也分为四类:A 型(简单的纯关系语言)、B 型(复杂的纯关系语言)、C 型(简单的混合关系语言)、D 型(复杂的混合关系语言)。萨丕尔的这种分法是一种新型的纯结构分类,它完全立足于语言的语法层次,彻底摆脱了时间、空间和亲缘等因素的束缚,因而特别适用于美洲印第安语的实际状况。作为一位人类学和语言学的双料大师,萨丕尔还十分睿智地跳出了欧洲学者的文化偏见,断然否认语言类型与民族发展、文明进化之间的联系。在萨丕尔的语言理论中,影响最大的莫过于他和弟子沃尔夫共同提出的萨丕尔-沃尔夫假说。该项假说讨论的中心是语言与思维的关系问题,这是一个老生常谈的问题,之前的不少哲学家和语言学家都进行过探索,但似乎并未引起人们过多的关注。萨丕尔和沃尔夫对此发表了个人独到的见解,由此引起了学术界的广泛争议。萨丕尔曾经指出:"人并不是独自生活在客观世界之中,也不是像平常理解的那样独自生活在社会之中,而是受着已经成为社会交际工具的那种语言的支配。认为自己可以不使用语言就能适应现实情况,认为语言是

---

[1] 赵世开编著:《美国语言学简史》,上海外语教育出版社 2013 年版,第 19 页。
[2] [美]爱德华·萨丕尔著:《语言论》,陆卓元译,陆志韦校订,商务印书馆 1985 年版,第 7 页。

解决交际中具体问题或思考问题时偶然使用的工具,那是非常错误的。事实上,所谓客观世界在很大程度上建筑在社团的语言习惯上。"① 这段话意在说明:语言是认识社会现实的指南,人类认识客观世界不能脱离语言形式,必须受到语言形式的支配。显然,萨丕尔的这一观点直接延续了洪堡特的"民族语言关乎民族精神"的思想。沃尔夫全盘继承了萨丕尔有关人的思维、经验和行为受制于语言的观点,并且大加发展,把语言和思维的关系进一步绝对化。他指出:"没有任何人能够不受任何限制地、不带偏见地来描写大自然。任何人都受着某种理解方式的制约,即使他自己认为是自由的。在这方面接近自由的人是那些懂得许多截然不同语言的语言学家,而到现在还没有一个语言学家能做到这一点。……世界上的观察者对于宇宙的同一外貌并不能得到相同的材料,除非他们的语言背景相似或能用某种方法校正。"② 显然,沃尔夫更加肯定人的世界观是由语言注定的。对萨丕尔-沃尔夫假说的基本内涵,刘润清作了如下解说:"语言形式决定着语言使用者对宇宙的看法;语言怎样描写世界,我们就怎样观察世界;世界上的语言不同,所以各民族对世界的分析也不相同。"③ 由于观点趋于偏激,特别是过分了夸大语言的神奇力量,萨丕尔-沃尔夫假说遭到了不少人,特别是描写语言学派内部学者的反对。但是,由于该假说涉及的语言模式和思维模式的关系命题横跨语言学和哲学两个领域,又一直悬而未决,所以至今仍为学界所关注。作为描写语言学的创始人,鲍阿斯和萨丕尔虽然意识到了对语言事实进行描写的重要性和必要性,但并没有在具体操作方面创立一套完整而适用的方法。换言之,他们只知道应该去做,而不知道如何去做。

2. 奠基阶段

应该如何对语言事实进行描写的问题是在布龙菲尔德的手里解决的。因此,布龙菲尔德被视为描写语言学历史进程中承前启后式的中坚人物。1933—1950 年是布龙菲尔德学术的鼎盛时期,此期在美国语言学史上被称作"布龙菲尔德时代"。布龙菲尔德早年信奉德国构造派心理学家冯德(Wilhelm Maximilian Wundt)的学说,后来

---

① 刘润清编著:《西方语言学流派》,外语教学与研究出版社 1995 年版,第 179—180 页。
② 刘润清编著:《西方语言学流派》,外语教学与研究出版社 1995 年版,第 182 页。
③ 刘润清编著:《西方语言学流派》,外语教学与研究出版社 1995 年版,第 179 页。

转到美国心理学家瓦特生(John Broadus Watson)的行为主义心理学立场。从此立场出发,布龙菲尔德不再把语言看成是与生理和心理相关联的表达活动,而是将语言视为一连串刺激和反应的结果,主张根据形式结构来分析语言。不难看出,布龙菲尔德学说与萨丕尔学说之间存在着严重的对立:一个是行为主义,一个是心灵主义,这是两张分别粘贴在布龙菲尔德和萨丕尔身上的、难以撕扯的标签。自从改奉行为主义后,布龙菲尔德走上了新型结构主义语言学的康庄大道,他的名扬四海的大作《语言论》因此而成为描写语言学的经典。《语言论》是布龙菲尔德1914年写就的《语言研究导论》的修订本,但二者之间的反差颇大:《语言研究导论》站在冯德学说的立场,用联想的心理活动来解释语言现象;《语言论》则完全是瓦特生学说影响下的产物,阐述的是一种行为主义的语言观。在此书中,布龙菲尔德采用瓦特生的"刺激—反应"学说来详细分析、说明言语行为中的"刺激—反应"过程。他虚拟了一个"杰克为琪儿摘苹果"的故事,认为这件事情包括三个部分:A. 言语行为之前的实际事项;B. 言语;C. 言语行为之后的实际事项。他指出:"作为研究语言的人,我们所关心的恰恰正是言语的事项(s…r)。它本身虽然没有价值,但却是达到某种巨大目的的手段。"[①] 显然,A、C等实际事项因为代表意义而被布龙菲尔德排除在语言研究之外了。布龙菲尔德语言研究的原则是:"语言研究必须从语音形式开始而不是从意义开始。"[②] 但有时布龙菲尔德又把意义纳入语言研究的范围,例如他就曾说过:"在人类的语言里,不同的声音具有不同的意义。研究一定的声音和一定意义如何配合,就是研究语言。"[③] 对意义的处理态度模棱两可是布龙菲尔德学说的一处软肋。音位的特征和类型是布龙菲尔德讨论的另一重点。他指出,在任何一段话语所包含的声响特征中,一部分属于无关紧要的即非区别性特征,另一部分则跟意义相联系,对于交际必不可少,属于区别性特征。他进一步区分了三种音位:单纯的主音位(音段音位)、复合音位和次音位(超音段音位)。布龙菲尔德还十分注重语法描写与分析,创制了不少重要的概念和方法,例如将语言形式区分为"自由形式"和"黏附形式",在结构分析中引进"直接成分"的概念等。在语法研究中,布龙菲尔德对语言形式的配列方式给予了特别的注意,认为

---

① [美]布龙菲尔德著:《语言论》,袁家骅、赵世开、甘世福译,商务印书馆2017年版,第32页。
② [美]布龙菲尔德著:《语言论》,袁家骅、赵世开、甘世福译,商务印书馆2017年版,第221页。
③ [美]布龙菲尔德著:《语言论》,袁家骅、赵世开、甘世福译,商务印书馆2017年版,第33页。

在每一种语言里,各种形式的有意义的配列构成了该种语言的语法,这些配列方式包括词序、变调、变音、形式的选择等。布龙菲尔德还着意区分了两种语言形式:一种是由音位组成的词汇形式,一种是由语法单位组成的语法形式,并对这两种形式的单位逐一进行了对比。在布龙菲尔德手中,完整、科学的学科术语和描写方法终告形成,这实际意味着描写语言学的真正确立。

3. 提升阶段

布龙菲尔德之后的描写语言学被称为"后布龙菲尔德结构主义"。扛起这杆大旗的主要人物基本都是布龙菲尔德的学生。他们在传承导师思想的同时,也从语言描写的技术层面作了许多卓有成效的改进,使描写语言学更趋成熟。例如,"分布"和"替换"这两种重要分析法就是在"后布龙菲尔德学派"手中奠定的。这一时期的学者因对意义的处理态度不同而分为两个阵营:第一阵营以海里斯为首,主张排除意义,搞纯形式的描写。属于该阵营一员的沃格林(Charles Frederick Voeglin)就断言:"语言学家在分出音素和语素的时候,不应求助于意义。"[1]但在实际研究过程中,他们有时又不得不联系意义。第二阵营以奈达为首,认为不考虑意义的描写与分析是不可思议的。其中的成员弗里斯(Charles CarpenteFries)就说过:"不兼备词汇意义和结构意义的话语是不能理解的。"[2]不过,在他们的眼里,形式为主、意义为辅的格局并未改变。奈达即声称:"脱离开形式的意义是不存在的。"[3]冯志伟指出:"这两派虽有分歧,但在注意形式描写这一点上,则是完全一致的。"[4]与布龙菲尔德相比,后来的描写语言学家确实在诸多研究方面有了深化,因此被称作"美国新语言学"。不妨以"美国新语言学的发言人"——海里斯为例来作一番说明。海里斯的代表作是《结构语言学的方法》(后更名为《结构语言学》)。在书中,海里斯交代了语言结构分析的一些基本精神:语言结构分析的任务是划分话语的单位,划分话语单位的基本手段是切分与归类;说明话语单位之间的关系主要是依据这些单位在话语里的分布情

---

① 冯志伟编著:《现代语言学流派》,陕西人民出版社 1999 年版,第 100 页。
② 冯志伟编著:《现代语言学流派》,陕西人民出版社 1999 年版,第 101 页。
③ 冯志伟编著:《现代语言学流派》,陕西人民出版社 1999 年版,第 102 页。
④ 冯志伟编著:《现代语言学流派》,陕西人民出版社 1999 年版,第 102 页。

况;话语分析的程序是先语音分析再语法分析,分析的方向是从小到大,即先分析语素,再分析语素序列,最后分析语素序列组合成的模式;话语分析要跟形式特征相联系并对这些特征出现的规律加以揭示。上述这些精神都是对布龙菲尔德学说的发展,而把语音分析的原则和方法移植到语法分析之中则可视为海里斯的最大创举。再如,派克(Kenneth Pike)也是一位善于创新的学者,他借鉴音位概念,在语法研究领域提出了"法位"说。派克认为语言不仅有独立的语音等级系统,还有独立的语法等级系统和所指等级系统,它们都是由小到大,由下到上,由简单到复杂,由部分到整体构成若干等级,这三种等级系统中的每一个层次都由具有轨位、类别、作用和接应四个特性的单位构成,这种基本的单位就是语法单位,简称"法位"。为了显示以上四种特性在法位中的实际状况,派克还专门设计了法位公式。例如,在语音等级系统中,一首诗的韵脚的法位公式是:

轨位:一行诗的结尾	类别:元音辅音结构
作用:韵脚	接应:

尽管法位术语始创于布龙菲尔德之手,但形成系统而有条理的法位学却是派克的功劳。即便是被看成布龙菲尔德忠实继承人的霍凯特对布龙菲尔德的学说也不是全盘照搬的,例如他对布龙菲尔德只注重 IA("项目与配列")这样的语法描写模型就颇为不满,认为不应忽视 IP("项目与变化")语法描写模型,因为语言中确实存在某些基本形式,而另一些形式则是由基本形式经过一定的变化而产生的派生形式。

(二) 美国描写语言学的分析方法

凡是接触过描写语言学的人都知道,描写语言学有一套复杂但又实用的语言分析方法,其中主要的有四种:①替换分析法;②对比分析法;③分布分析法;④直接成分分析法。替换分析法就是"用一个语言片段中出现的某一断片,去替换另一个语言片段中出现的另一断片,看替换之后得到的新的语言片段是不是具体语言中存在的事实。如果是,就说明两个或更多能够这样彼此替换的断片,是语言中同一现象或单位的变体,或是具有同样功能的某种单位。"[①]替换分析是

---

① 冯志伟编著:《现代语言学流派》,陕西人民出版社 1999 年版,第 102—103 页。

进行语音或语法归类的有效手段,例如确定一个音位有多少音位变体等。对比分析法就是"比较两个或两个以上的语言片段,找出其相同的部分和不相同的部分,从而确定这些部分的性质"①。像确定语词中的语素与非语素就经常需要借助对比分析。分布分析法为描写语言学所独创,海里斯给"分布"所下的定义是:"一个单位的分布就是它所出现的全部环境的总和,也就是这个单位的所有的(不同的)位置(或者出现的场合)的总和,这个单位出现的这些位置是同其他单位的出现有关系的。"②分布定义中所谓的"位置"还包括周边环境即该单位的邻近位置。关于分布,还有一种叫作"互补分布"的特殊情形,这是指两个对象在不同环境中出现的可能性正好相反或对立,即甲对象不在乙对象的环境里出现,乙对象也不在甲对象的环境里出现,这样就可以将它们归结为一个单位,而甲乙对象则可看成是该单位的变体。互补分布的观点经常被用于说明音位分布的特点或分析语素。由此可见,分布分析法是"一种以寻找同类环境为原则的归类法。"③分布分析法在描写语言学的方法体系中至关重要,以致有人称美国的描写主义者为"分布主义者"。直接成分分析法也是描写语言学的看家本领之一,此法主要源自描写语言学家对句子结构的如下认识:"句子不是一个简单的线性序列,它是由若干个直接成分的层级构成的,而每一个较低层级的成分是较高层级的成分的一部分。"④显然,直接成分分析法主要适用于句法结构的分析。在对句子进行直接成分分析的过程中,描写语言学者还时常提到"扩展"的概念。所谓扩展,就是以一个序列为基本模型扩充出一个更长序列的过程。简言之,扩展就是由简单到复杂、由已知到未知的推导过程。应该说,正是凭借着以上几种行之有效的语言分析方法,描写语言学树立了自己的声誉和影响。必须指出,上述方法是在描写语言学的成熟期和提升期内形成的。

---

① 冯志伟编著:《现代语言学流派》,陕西人民出版社 1999 年版,第 104 页。
② 冯志伟编著:《现代语言学流派》,陕西人民出版社 1999 年版,第 108 页。
③ 冯志伟编著:《现代语言学流派》,陕西人民出版社 1999 年版,第 109 页。
④ 冯志伟编著:《现代语言学流派》,陕西人民出版社 1999 年版,第 112 页。

■三、唯理主义语言学时期

20 世纪 50 年代后期,美国语言学界掀起了一场革命。发动这场革命的就是乔姆斯基及其所倡导的转换生成语法学说。该学说致力于语言的思辨研究以及研究结论的形式化,理论和方法均明显区别于结构主义语言学。其实,乔姆斯基早年是一位结构主义的语言学者,一度对海里斯的《结构语言学方法》十分痴迷。但在用海里斯的方法研究希伯来语的过程中,他逐渐发现了描写语言学在分析语言结构方面的局限性,于是立志创建一种全新的理论和方法以彻底取而代之。1957 年,他的成名之作《句法结构》问世,立时在美国语言学界引起了轰动。此书在宣告一个语言学新时代到来的同时,也标志着描写语言学时代的终结。鉴于乔姆斯基学说给美国以及世界语言学界带来的巨大冲击作用,这一学术思想的新生过程被后人命名为"乔姆斯基革命",这场革命至今仍未完结。

乔姆斯基发动这场革命的目的是解决两个历史遗留问题:语言的本质问题和人的语言能力问题。通过对儿童习得语言过程的观察与分析,乔姆斯基认为儿童天生有一种学习语言的能力,他把这种能力称为"语言习得机制"。这种机制是与生俱来的,是由遗传决定的。由此,他推测人脑的初始状态应该包括人类一切语言具有的共同特点,这类共同特点就是"普遍语法"或"语言的普遍现象"。他进一步解释道:普遍语法是一切人类语言必须具有的原则、条件和规则系统,代表了人类语言最基本的东西。乔姆斯基并不否定或轻视后天因素的重要性,指出从普遍语法到个别语法需要经验的触发,这实际上反映了语言能力与语言运用之间的区别:语言能力是潜在的、稳定的、长久的,语言运用是外在的、易变的、短暂的。基于上述认识,乔姆斯基认为应该建立一种能够反映人的语言能力的生成语法,生成语法应该是一种模式,即可以通过一套公式将语言能力描写出来。在《句法结构》里,乔姆斯基提出了三种语法模式:有限状态语法、短语结构语法和转换语法。有限状态语法是指这样一种情形:在生成一个句子时,说话人在起始状态先说出句子的第一个词,接着转入第二个状态,这一状态就限制了第二个词的选择,依此类推。这就意味着句子经过的每一个状态都代表了若干语法上的限制条件。短语结构语法比有限状态语法具有更大的生成能力,可以直接生成句子。短语结构语法的基本生成规则就是扩展规则,可以受上下文限制,也可以不受上下文限制。相比之下,转换语法具有更大的自由度和灵活性,可以增减语词(如否定转换),也可以改变词序(如被动转换),因而具有最强的生成能力。通过转换,句子的语义关系能够得到一定程度的揭示。

从根本上看,乔姆斯基的生成语法理论代表的是一种心智主义语言观,它十分强调心智(即大脑)在语言能力中的地位和作用。在生成语法学派家的心目中,语言就是一种受基因控制的生理现象,人脑中有一组专门掌控语言的基因,它与后天的语言经验共同作用形成了各式各样的语言系统。和以往唯理主义语言观不同的是,生成语法学派一开始就确立自己的主攻方向——揭示普遍语法的生理基础。不难发现,生成语法与结构主义在认知基础方面存在着巨大的反差:前者突出内在因素对语言的作用,后者则注重外部环境对语言的作用。当然,乔姆斯基革命的价值和意义远不止此。

乔姆斯基革命还是一场语言认识论的革命。结构主义的哲学背景是经验主义,美国的描写语言学则主要建立在逻辑实证主义的基础上。以反叛者面目出现的乔姆斯基则是不折不扣的理性主义者,深受笛卡儿理性主义哲学思想的浸润。例如,他认为,语法是人的大脑或心智的一部分;人的大脑内有一种语法装置,它能生产出所有合乎语法的句子;依靠该装置,人们获得了语言能力,能够习得一种或数种语言。这种观念直接促成了他的面向理论而无视事实的语言研究立场。在乔姆斯基的著作中,几乎所有的用例都是他根据自己拟定的规则造出来的,因而没有出处。这些句子有的甚至在现实语言中根本就不存在,但乔姆斯基不以为意,肯定其合法性。

乔姆斯基革命又是一场语言研究方法论的革命。描写语言学注重的是形形色色的语言事实,采用的是严谨的归纳法。而乔姆斯基则主张采用演绎法,强调要对语言现象作出解释。例如,由深层结构和表层结构这两个概念,他解释了部分歧义现象。为了展示语法的转换和生成过程,乔姆斯基动足脑筋,运用了许多符号,发明了许多公式,绘制了许多图表,编写了许多规则,确实让人耳目一新。这样做的唯一目的就是演绎,就是解释。

乔姆斯基革命也是一场语言学学科性质的革命。乔姆斯基的学术生涯极其丰富,除了接受过正规的语言学训练外,他还精通哲学、逻辑学和数学。20世纪50年代,计算机科学、信息论、数理逻辑以及认知心理学的发展都对语言学产生了不小的影响,乔姆斯基更是深受沾染。据他本人声称,"生成"这一术语就是借自逻辑学。另外,他还视语言学为认知心理学的一部分,并在语言分析演示中广泛运用数学模型,如此等等。所有这些,都使人们很难再将语言学锁定在人文科学领域内。在乔姆斯基那里,语言学与自然科学之间的界限已经完全消融。

乔姆斯基转换生成语法理论绝非空穴来风和天外来物,而是有着深远的历史渊源。乔姆斯基曾经在其1966年出版的《笛卡儿语言学》一书中公开承认他的学说有两个来源:笛卡儿主义和洪堡特的理论。笛卡儿主义强调语言运用的创造性,认为这种创造性是人类语言的本质特征。洪堡特不仅宣称语言是一种精神创造活动,而且还把语言形式看成一种"生成原则",他认为这种生成原则是普遍的,它构成了所有民族和个人的语言的共同基础,人们正是凭借该原则以有限的手段创造出了无限的运用可能。另外,洪堡特发明的两个术语"内在形式"和"外在形式"也对乔姆斯基的"深层结构"和"表层结构"不无影响,这一点也为乔姆斯基本人所认可。如果再往前推的话,乔姆斯基学说实际上能跟欧洲更早的思辨语法和唯理语法挂上钩。例如,文艺复兴时期法国著名的波尔-罗瓦雅尔学派的语法学家就曾经尝试过普遍语法书的编写,其中的两位——阿尔诺和兰斯洛还使用转换的方法来分析过句子,乔姆斯基对他们的做法大加赞赏。因此,说乔姆斯基学说是思辨语法、唯理语法、洪堡特理论在现代条件下的一种延续与发展并不为过。需要点明的是,乔姆斯基学说中的"语法学"是一个宽泛的概念,包括语音学和语义学在内。而现代大众意义上的语法学则在乔氏那里则被改称为句法学。这在某种程度上可视作乔姆斯基学说对古典语法观的一种有意回归。

任何一种新理论的提出都不可能尽善尽美,无懈可击。乔姆斯基的早期理论更是如此,其中受到非难的地方不少,约举如下:一是核心句与非核心句说不仅提法不妥,而且也很难操作;二是忽视语义关系,以致转换后的句式往往在语义上无法搭配;三是转换及生成规则烦琐、公式复杂,使人望而生畏;四是按照生成公式所造的句子大多生硬僵化,人为拼凑痕迹明显,缺乏自然的合法性。因此,他不断地修正自己的学说,有时不惜全盘推翻,由此导致学习者难以跟进,不胜其烦。像核心句、深层结构、表层结构这样至关重要的概念,乔姆斯基自己后来都放弃了。自转换生成语法理论之后,乔姆斯基又先后推出了标准化理论、扩充式标准理论、踪迹理论、管辖与约束理论(简称"管约论")和最简方案理论。其中,20世纪80年代提出的管约论、90年代提出的最简方案在生成语言学领域中应用较广。这些后起的理论尽管不断翻新,其实并未从根本上摆脱早期的框架,也没有彻底纠正过去的缺陷,因而难以达到起死回生的涅槃境界。理论的不断更新一方面固然反映出一个现代学者否定自我、超越自我的胸襟与精神,同时也说明其学说存在着无法弥补的不足或缺陷。事实上,乔姆斯基的理论越修订,其影响反而越小。不仅如此,在当今美国保守主义势力抬头的局势下,乔姆斯基及其学说也遭到了前所未有的围剿。2004年,美国出版了一部由柯利尔(Peter Collier)和霍洛维茨(David Horowitz)编辑的《反乔姆斯基读本》,此书在攻讦乔氏意识形态观的同时,也把矛头指向了他的学术研究,指责他大量捏造事实与篡改数据,并宣称乔姆斯基的面具已被揭穿。

应该承认,乔姆斯基学说在给现代语言学注入活力的同时,也对语言学传统(特别是结构主义语言学的传统)造成了过度的冲击,从而产生了一些难以消除的副作用,其状况诚如霍凯特在为《现代语言学教程》中译本所写的序中所言:"学术传统的继承性确实被切断了,目前有不少青年语言学家对前几代研究者的得失一无所知。这是很可惜的。因为无视前人的工作就不免重蹈覆辙。"[1] 与辉煌而荣耀的过去相比,美国语言学的今天多少显得有些落寞,这可能正是乔姆斯基革命留下的后遗症。

■ 四、认知语言学时期

认知语言学是语言学的一门分支学科,它以第二代认知科学和体验哲学为理论背景,在反对主流语言学——转换生成语法学的基础上诞生。认知语言学横跨人工智能、语言学、心理学、系统论等多种学科,反对生成语言学的天赋观,

---

① ［美］霍凯特著:《现代语言学教程》,索振羽、叶蜚声译,北京大学出版社1986年版,中译本序第6页。

主张认知能力是人类知识的根本,认为语言的创建、学习及运用都必须通过人类的认知方能得到解释。

(一) 认知语言学的形成和发展

认知语言学于 20 世纪 70 年代中期至 80 年代中期在美国萌芽,20 世纪 80年代末 90 年代初初具规模,20 世纪 90 年代中期开始进入稳步发展期,成为宽泛意义上的语言学流派。更准确地说,认知语言学是一种语言研究范式,一个新兴的学科。王寅在其《认知语言学》一书封底的"内容简介"中将之定义为:"以身体经验和认知为出发点,以概念结构和意义为研究中心,着力寻求语言事实背后的认知方式,并通过认知方式和知识结构对语言作出统一解释的、新兴的、跨领域的学科"。简言之,认知语言学是从认知角度来研究语言的结构、功能和使用的学科。当然,认知语言学还肩负着透过语言的结构、功能、使用和演变来洞察人类认知奥秘的任务。它是在反对语言研究形式主义倾向的运动中兴起的,所以是对基于理性主义哲学的生成语法学和形式语义学研究的一种反动。认知语言学是以经验主义哲学、认知心理学为基础的语言学流派。它试图使语言学家走出只对语言进行形式描写的藩篱,以期达到对语言现象的深刻解释。认知语言学起初很可能受到了从生成语法学阵营中"叛逆"出来的美国语言学家菲尔默(Charles Fillmore)等人创立的格语法和生成语义学理论的启发。

因"认知语言学之父"莱科夫(George Lokoff,一作"莱果夫")、兰盖克(Ronald Langacker,一作"朗盖克")和泰尔米(Leonard Talmy)等人都是美国人,故此把认知语言学的相关介绍归入美国语言研究之中。其实,认知语言学还有一位创始人,那就是德国学者德汶(René Dirven)。他们共同在 2007 年 7 月召开的第 10 届国际认知语言学大会上被确认为该学科的四位创始人。

认知语言学的兴起和发展大致经历了以下三个阶段:第一阶段是认知语言学的萌芽期(20 世纪 70 年代中期至 80 年代中期)。1975 年,美国加州大学伯克莱分校语言学系举办了语言学夏令营活动。在该夏令营活动中,保罗·凯(Paul Kay)、罗斯科(Eleanor Rosch)、泰尔米、菲尔默分别作了关于色彩词、范畴理论、空间关系、框架语义学的演讲,从而为后来的认知语言学的发展奠定了基础。1975 年,泰米尔发表论文《复杂句中的图形和背衬》;1976 年,兰盖克涉足认知语法研究,并分别于 1987 年、1991 年出版了两卷本的《认知语法基础》的上下卷。1977 年,莱科夫等人发表论文《语言学中的完形》。三人各有所长:泰尔米长于认知语义学研究,兰盖克长于认知语法学研究,莱科夫长于语言中的隐喻及其与人类认知关系的研究。第二阶段为认知语言学的初步成熟期(20 世纪 80 年代中期至 20 世纪 90 年代中期)。1989 年,国际认知语言学协会(ICLA)于德国正式成立。1990 年,该协会创办了期刊《认知语言学》。在这一阶段,认知语言学共有五部代表作出版,即兰盖克的《认知语法基础》、莱科夫的《女人、火和危险事物:范畴揭示的心智》、约翰逊(Mark Johnson)的《心中之身:意义、想象和推理的身体经验基础》、福柯尼耶(Gilles Fauconnier)的《心理空间:自然语言意义构建面面观》、戈德堡格(Adele E.Goldberg)的《构式:论元结构的构式语法研究》。这些领军人物及其同事、合作者和学生的研究渐成气候,形成了认知语言学发展的第一个冲击波,其相关主张也在欧美语言学界得到了广泛的传播。第三阶段是认知语言学的蓬勃发展期(20 世纪 90 年代中期以来)。随着泰尔米两卷本《走向认知语义学》的出版,认知语言学理论体系更趋完善。自此,认知语义学、认知语法学逐渐发展成为认知语言学最为成熟的两个分支。此外,认知语言学的理论和研究方法还逐渐向语用学、语音学、儿童语言习得、二语习得研究领域扩散,并不断向世界各地进行渗透。

(二) 认知语言学的语言观和方法论

跟生成语言学家主张语言能力天赋说相反,认知语言学家主张语言能力经验说,认为语言能力不是自主自足的,必须通过后天经验逐渐培养出来,并不跟人脑特定模块对应,人脑中根本不存在所谓的语言习得装置。语言能力只是人类普遍认知能力的一部分,来源于主体的认知经验(身体经验)。同理,语言习得过程也不是自给自足的,其遵循机制和所受限制跟人类的其他认知活动相似,人们的语言学习和研究从一开始就受到认知可行性的限制。

与生成语言学家主张语言模块论相反,认知语言学家主张连续统主义,认为语言系统中词汇、词法(形态)、句法、语义、语用构成一个连续的统一体,它们之间并不存在清晰的界线。众所周知,生成语言学家主张模块论,认为语言由语音、语法、语义等彼此相互独立的模块组成,每个模块内部都通过自己不同于其他模块的原则、规则来限制相关运作。所以,生成语言学家研究语言时往往分而治之,将语言学分成语音研究、词法研究、句法研究等,并把所有不能用一般规则来描写的语言表达(如词、习语甚至特殊句型)归入词库这个独立模块,从而忽视了对语音、句法、语义、语用之间的界面(接口)研究。而认知语言学家在符号主义假设之下主张习语、句型、句式跟语素、词一样是形式(含语音、语形)和意义的统一体,无论分析对象是否具有特异性,都可以用一种统一的表征方法和研究手段来分析它们所承载的语言知识,如合成词的语音结构、词法结构、语义结构及其相互关系,句子的句法结构、语义结构、信息结构及其相互关系。美国语言学家菲尔默、戈德堡格等人于20世纪八九十年代提出了语法研究的构式主义路子,把词、习语、句型、句式甚至语篇统一成广义构式,采用统一的研究方法,比如关注部分对整体的语义贡献和整体对部分的语义强迫。构式语法理论的提出标志着认知语言学家与生成语言学的语言模块论彻底划清了界线。

与生成语言学家主张句法自主论(认为语法是一个独立于词汇和语义的表征系统,语法描写需要一套专门的初始概念)相反,认知语言学家主张语法不是自主的,语法结构跟语义结构从而也跟概念结构之间存在象似关系。认知语言学的多元识解理论主张,对同一客观事物或场景的主观识解可能会因认知主体选择的视点、视角、观察侧面、注意焦点以及心理扫描方式(是总体扫描还是顺序扫描)的差异而有所不同。比如,"启明星""长庚星"指称的对象都是金星,但是前者凸显的观察侧面是金星在黎明时分的特征,而后者凸显的观察侧面是金星在夜晚的特征。再如,"屡战屡败"和"屡败屡战"描述的可能是同样的客观事实,但凸显焦点不同,前者凸显主体的无能,后者凸显主体的不屈不挠。认知语言学家强调,语言的形式和结构研究不能完全脱离语言的意义和功能研究,因为意义并非一种客观存在,并非语言表达式与自在世界中的事体之间的一种对应,而是一种心理实体和概念。而概念总是存在于概念网络之中,节点相邻且距离较近的概念之间存在着扩散激活关系。比如"斜边"这个概念的激活往往也会连带着"三角形"概念的激活。同样,概念的形成也离不开以人的身体经验为基础的一系列范畴化操作。具体而言,人的感知和运动系统对事物的颜色、形状和空间、事件的发生、持续和结束时间等概念的形成具有重要作用。

与生成语言学家主张语法结构是通过转换得来、语法分析要侧重揭示语法规则不同，认知语言学家主张语法结构是语言学习者从无数实例中概括出来的，语法基于语言使用，语法分析应该集中在结构而不是所谓的转换规则上。因此，语言使用对语符(串)的心理表征具有重要影响。越是经常一起出现的语符，越容易被当作一个整体来记忆或使用，从而促进其词汇化或构式化。当然，语符(串)的意义也会在具体语境中产生变异，这种意义变体本来是一种语用意义，但可能因为某语言表达式经常用在某种类型的语境中而演变为该语言表达式相对稳定的意义(即规约意义)。也就是说，新义可能是旧义的语境变体(即义面)经历社会规约化而形成的产物。

认知语言学在研究方面有两个本体论承诺：一是概括性，即承诺对语言现象的解释足够概括。认知语言学旨在揭示支配语言各方面(包括词汇、语法、语义等)的普遍原则，认为这种揭示是使语言研究成为科学研究的必然要求。比如，范畴化(categorization)理论可以用来解释词类范畴的形成(例如，名词、动词、形容词等词类之间为什么界线模糊)、句型和句式范畴的形成、词语多义性的形成等。概念隐喻(metaphor)理论可以统一地解释文学作品中相关辞格的使用、科学作品中新概念的提出、日常语言生活中词语比喻义的获得等多种现象。二是认知性，即承诺对语言规律的解释最终要回到认知上。认知语言学家主张对语言现象的描写和解释要跟从语言学及其他相邻学科获得的关于人脑和心智的一般认识相一致，坚信在感觉、注意、范畴化、概念化、情感、记忆、推理与语言学习和使用之间存在根本的统一性和互动关系。他们在语义研究过程中尤其注重意义的心理可及性，并借以提出了认知模型、心理空间、活动区等概念。

(三) 认知语言学的主要研究课题

认知语言学研究的核心课题包括范畴化、概念隐喻和转喻(metonymy)、句法象似性(syntacticiconicity)。

第一，范畴化研究。认知语言学家试图通过语言研究来证明：范畴是以典型成员为样本,其他成员则是根据与典型成员相似度高低而依次由近及远地聚集在典型成员周围,从而形成了内部成员地位不平等、外部边界不清晰的类别。语言范畴(如词类、句型等)跟其他范畴(如蔬菜、水果等)一样是原型范畴,会呈现出原型效应。所以,自然语言中元音与辅音之间有半元音,词与短语之间有短语词,单句与复句之间有紧缩句。另外,甲词类和乙词类之间也存在边界模糊问题。

第二,概念隐喻和概念转喻研究。认知语言学家认为,概念隐喻和概念转喻是普遍存在的思维方式,是表征和理解概念所不可或缺的,并非一种可用可不用的修辞手段,也不同于传统修辞学中所说的比喻、借代等辞格。概念隐喻和概念转喻分别以事物之间的相似性和相关性(如空间邻接关系、时间先后关系、事理因果关系等)为基础,分别以概念的跨认知域投射和同一认知域内概念的扩散性激活为机制。概念隐喻(又称"死隐喻")与修辞隐喻(又称"活隐喻")相对。比如,"时间是金钱"是概念隐喻,是用跟金钱互动而形成的认知经验来感知和表征跟时间的互动,把时间看作像金钱一样可以花费、节省、转让。而语句"一寸光阴一寸金,寸金难买寸光阴"所体现出的"时间是金钱"观念则是一种修辞隐喻。认知语言学家还把概念隐喻分为结构性隐喻(structural metaphor)、方位隐喻(orientiational metaphor)、本体隐喻(ontological metaphor)。比如,"辩友""论敌""论点""论据"这些表述背后的概念隐喻是"辩论是战争",属于结构性隐喻;"上 / 下"有时跟"高兴 / 悲哀"之间存在生理关联,是参照空间方位而构建的隐喻,属于方位隐喻。把事件、状态等理解为容器的隐喻重在将抽象的概念理解为实体的隐喻,属于本体隐喻。概念转喻则是用同一认知域内显著度高的概念来转指显著度低的概念的思维方式。比如,"生面孔"代指陌生人是以脸在人体形象识别中的高显著度为认知基础的;"帆"代指船(如"沉舟侧畔千帆过""孤帆远影碧空尽")是以船帆在远距离视域中的高显著度为认知基础的。

第三,句法象似性研究。认知语言学家主张句法结构的形成既受到语义结构也受到概念结构的促动,认为在句法结构和语义结构之间存在一定程度的相似性,即句法结构在一定程度上对语义结构具有临摹作用。海曼(John Haiman)在《自然句法:象似性和蚀失》一书中考察了句法象似性原则和语言经济原则之间的互动,认为语言经济原则的作用导致常用表达式发生形式磨损,从而使得语法结构对语义结构的临摹受损。不过，他又认为经济原则和象似性原则之间存在博弈。他提出的句法象似性原则主要包括数量象似原则（Iconic Principle of Quantity）、顺序象似原则（Iconic Principle of Sequential Order）、距离象似原则（Iconic Principle of Proximity）等。比如，英语单音节形容词或副词的比较级、最高级的规则变化形式分别是在原级基础上添加两个字母 -er 和三个字母 -est，词形越来越长，表达的程度越来越高，其中体现的就是数量象似性。汉语"小猴子跳在马背上"和"小猴子在马背上跳"内部的语序差异与它们表达的语义差异（小猴子是先跳还是先在马背上）之间存在相似关系，体现的就是顺序象似性。而汉语"我不认为他是个很优秀的学生"中的"不"可以分别移动到"是"前、"很"前、"优秀"前，随着它离"优秀"的位置越来越近，对"优秀"的否定力越来越强，全句否定评价语气也越来越强。蕴含其中的就是距离象似性。

值得一提的是，认知语言学的基本理论和研究方法还被海因（Bernd Heine）、特劳戈特（Elizabeth Closs Traugott）等历史语言学家运用到当下对语言演变尤其是词汇化（如自由短语习语化、短语单词化、语素单词化）、语法化（如复句单句化、实词虚化、词根词缀化）研究之中。他们认为，语言表达式的语义演变跟概念隐喻和概念转喻有关，形式演变（方向）可能跟句法象似性与经济原则的博弈有关。

思考题

1. 乔姆斯基开创的转换生成语言学与 17 世纪法国波尔 - 罗瓦雅尔学派的唯理语法学研究有什么关系？

2. 略述转换生成语言学的哲学基础、基本假设、核心理论和研究特点。

3. 结合实例，归结历史比较语言学、结构主义语言学、转换生成语言学、系统功能语言学和认知语言学在语言观和方法论上的分歧。

第三节　中国现当代语言研究

中国现当代语言学始于 1898 年刊布的《马氏文通》。《马氏文通》是在西方语法观的影响下写就的,因此可以这么认为:中国现当代语言学是在西方语言学说的影响下发展起来的。一百年来,中国语言学虽然不断自励、自新,但总体上仍处于欧美语言学理论与方法的辐射下,跟进的局面未有根本性的改观,因而创建中国特色的现当代语言学目前还停留在意识阶段和摸索阶段。但毋庸置疑,在照顾自身传统、借鉴外来新知的基础上,依靠本国学者的力量,中国现当代语言学始终以顽强的生命张力向前迈进,并在以下几个主要方面取得了令人瞩目的进展。

第一,实现重点转移。中国古代语言研究一向以文字、音韵、训诂为重,语法研究则偏于一隅,属于弱项。《马氏文通》的问世则激活了沉寂数千年的语法研究领域,使中国语言研究的重心首次置于语法之上。在中国现代语言学史上,语法研究始终是一个重点、亮点和学术增长点。语法研究重点地位的取得对中国语言学的影响是全局性的,从根本上加大了中国语言学的科学内涵。李开道出了其中的奥妙:"语法,简言之就是语言的法则。音韵、文字、训诂也是从特定的角度揭示语言文字的规律性认识即法则的,但语法这一规律性具有更高的抽象性和概括性。"①

第二,施行语文改革。语言文字的应用问题关涉社会生活的各个方面。在中国社会处于剧烈变革的紧要关头,语言文字要与现代化进程相适应的呼声自然日趋高涨。以白话文运动、汉语拼音化运动、国语统一运动为主流的语文改革运动推动了中国社会的全面现代化进程,语言学当然也深得其惠。何九盈指出:"三大语文运动的产生不仅在客观上为现代语言学的发展开辟了道路,提出了许多新课题,而且对整个中国的社会发展、文化发展,也有重要意义。"②

第三,充实理论内涵。理论的欠缺始终是困扰中国语言学发展的顽症,也是制约中国语言学发展的瓶颈。清儒虽在这方面有所改进,但他们提出的理论还是以实用为主,而实用性的理论往往是不够系统和深入的,适应面也狭窄。随着西方普通语言学、历史比较语言学、描写语言学和生成语言学的引进,中国语言学的理论内涵得到了充实。用理论来指导事实研究成为各分支学科的通则。

---

① 李开著:《汉语语言研究史》,江苏教育出版社 1993 年版,第 342 页。
② 何九盈著:《中国现代语言学史》,广东教育出版社 2000 年版,第 14 页。

第四,推进特色研究。西方语言学的框架加上汉语的事实一直是中国现代语言学的基本格局。对这一格局,中国学者中的多数是颇为不满的,总想加以摆脱,以便早日走上独立发展之路。这种努力在《马氏文通》之后就一直在积聚着,20 世纪 30 年代后期的文法革新讨论可视为一次力量的总爆发。新中国成立后开展的关于汉语词类、主宾语等问题的大讨论也是这方面的有益尝试。中国特色的语言研究尽管尚未完全成型,但取得的成效还是显而易见的,这在音韵学、文字学、训诂学和方言学领域体现得尤为分明。

另外,专业学会的建立也是此期中国语言学值得记述的一件盛事。党的十一届三中全会召开以后,在思想解放和学术繁荣的大背景下,各种专业学会始如雨后春笋纷纷问世。1979 年,中国民族语言学会率先成立。1980 年,代表着中国语言研究最强阵容的学术组织——中国语言学会宣告诞生。之后,中国音韵学会、中国训诂学会、中国方言学会、中国古文字学会、中国修辞学会等相继成立。在各级学会的组织和推动下,名目繁多、层次不一的学术会议也频频召开。中国语言学由此迎来了一个政通人和、蓬勃发展的新时代。

一、普通语言学的引进与研究

普通语言学是衡量一个国家语言研究总体能量与基本水平的重要参数。令人遗憾的是,在如此显要的领域,在相当一段时间内,中国可谓进展甚微,其状况诚如何九盈所言:"在整整半个世纪之内,中国没有产生一位具有中国特色的普通语言学家。"[①] 造成这一状况的原因很多,既有理论意识的淡薄,也有基础研究的薄弱,还有其他一些因素的干扰。因此,在普通语言学领域,中国学者所做的事情是:介绍为主,研究为辅。承担这一任务的学者大多曾留学国外,他们普遍接受过西方语言学理论的熏陶。

(一) 20 世纪初期

最早对西方语言学理论进行系统介绍并有意构筑汉语语言学理论框架的是胡以鲁。胡氏是章太炎的嫡传弟子,早年曾留学日本并专攻语言学。其于 1923

---

① 何九盈著:《中国现代语言学史》,广东教育出版社 2000 年版,第 61 页。

年出版的《国语学草创》被视为"中国现代语言学史上第一部汉语概论性质的著作"①，此书论述了语言的起源、发展、语言规则、方言和共同语等问题，并阐明了汉语在世界语言中的地位。在书中，胡氏分别引用了西方语言学界的一些著名人士如抱浦氏（即葆朴）、麦斯牟勒氏（即缪勒）、亨抱而的氏（即洪堡特）和耶斯彼善氏（即叶斯泊森）的观点。例如，在论及语言的起源时，胡氏十分强调语言的自然主义性质，这与赫尔德和缪勒的语言进化论十分吻合。但作者同时又认为语言是社会心理的产物，这显然源自洪堡特的精神学说。胡氏还把世界上的语言分为综合的和分析的两大类，并将汉语定为分析的语言。胡作尽管可商之处不少，但开创之功不可没。

1930 年，世界书局出版了王古鲁的《言语学通论》，此书虽出自日本学者安藤正次（Ando Masatsugu）的《言语学概论》，但介绍的却是索绪尔（书中译作"苏秀儿"）的学说。1931 年，商务印书馆一下子推出了三部普通语言学的著作：沈步洲的《言语学概论》、张世禄的《语言学原理》和雷通群的《言语学大纲》。这几本书都是教材，基本内容取自国外的普通语言学著作，属于改写本或缩编本。例如，张作的原本是美国布龙菲尔德的《语言研究入门》，雷作的原本是日本安藤正次的《言语学大纲》。张世禄后来还编著了《语言学概论》(1934)，翻译了《语言学通论》(1937)。其中《语言学概论》是胡以鲁之后又一部全面论述语言基本问题的力作。作为一部试用于高校的专业教材，该书内容广泛，涉及语言的本质、构造、组织、起源和变化等，同时还介绍了语言学的各个门类以及相关概念甚至研究方法。可以说，该书为后来的同类教材树立了编写范例。

在传播西方语言学理论方面，还有三位功绩卓著的学者不可不提：一位是岑麒祥，一位是高名凯，还有一位是方光焘。此三人均留学法国，得到过房德里耶斯、梅耶等人的真传，曾先后将索绪尔、房德里耶斯、梅耶等人的学说在国内加以介绍和推广，并为高校培养了一批批普通语言学方面的教学与研究人才。

必须指出，早期中国学者引进西方普通语言学理论的过程并不全然是被动接受的过程。对其中的一些感兴趣问题，他们往往也会联系汉语的实际发表自

---

① 何九盈著：《中国现代语言学史》，广东教育出版社 2000 年版，第 62 页。

己的见解。例如,关于语言的起源问题,西方学界流行过感叹说、摹声说等几种不同的学说。中国学者即就此展开了争论:胡以鲁提出了"发语词说"来补证感叹说和摹声说;潘尊行赞成摹声说并列举了汉语里的六种"模仿语"以为佐证;张世禄则反对摹声说而支持"身势进化说"。西方学界一度盛行的名词、动词何者为第一性的论争,也在中国学者中间引起了争议:章太炎以为名词先出而动词、形容词后出,而胡以鲁的观点恰好与之相反。在介绍语言类型学思想的过程中,中国学者则表现出一种可贵的批判精神。例如,对西方学者奉行的屈折语进步、孤立语落后说,胡以鲁都进行了驳斥。在驳斥过程中,胡氏始终注意联系汉语实际,不仅阐述了汉语自成一统的特性,而且还列举了汉语在词法和句法方面的一些具体特点,诸如词义不靠形式变化、句子有习惯的语序等。为了驳倒汉语低劣说,他还引述了叶斯泊森观点,指出印欧语走的是一条由屈折到分析的进化之路,认为分析语乃是人类语言进步的表现。可见,在对待西方语言学理论方面,中国学者在大力引进的同时,已显露出不盲从的一面。

(二) 20 世纪中期

20 世纪五六十年代,我国的普通语言学较多受到苏联的影响。开始是马尔的学说盛行,后来则是斯大林(Иосиф Виссарионович Сталин)的语言理论占主导。斯大林的《马克思主义和语言学问题》、契科巴瓦的《语言学概论》、布达哥夫(Рубен Александрович Будагов)的《语言学概论》和兹维金采夫(В. А. Звегинцев)的《普通语言学纲要》几乎是此期国内仅见的几部具有国外语言学背景的著作。从高名凯编写的《普通语言学》和《语言学概论》中,我们不难感受到苏联学说的印记。与之同时,国内有关西方语言学理论的译介工作则陷入停滞。

(三) 20 世纪后期

20 世纪 80 年代以后,我国的普通语言学进入新的发展阶段。一方面,西方不同流派的普通语言学著作纷至沓来,除了被收入商务印书馆"汉译学术名著"之中的《普通语言学教程》(索绪尔著)、《语言论》(萨丕尔著)、《语言论》(布龙菲尔德著)、《语言》(房德里耶斯著)、《论人类语言结构的差异及其对人类精神发展的影响》(洪堡特著)、《论语言的起源》(赫尔德著)和《语法哲学》(叶斯泊森著)外,还有霍凯特的《现代语言学教程》、帕默尔(Leonard Robert Palmer)的《语言学概论》、莱普斯基(Giulio C. Lepschy)的《结构语言学通论》、卢利亚(A. P. Лурия)的《神经语言学》和戈德堡格的《构式:论元结构的构式语法研究》等。另一方面,以西方语言学说为背景、带有自创性质的普通语言学著作在国内不断问世,如叶蜚声、徐通锵的《语言学纲要》遵循的是结构主义框架,李兆同、徐思益的《语言学导论》则采纳了转换生成语法的学说,马学良的《语言学概论》则大量运用我国少数民族语言资料来阐述普通语言学的有关理论和范畴。再则,普通语言学的各个分支学科也屡有进展,相关的著作有陈原的《社会语言学》、桂诗春的《心理语言学》、伍铁平的《模糊语言学》、冯志伟和胡凤国的《数理语言学》等。所有这些都表明,中国的普通语言学已经由早期的"无我"阶段上升到了后期的"有我"阶段。

二、现当代语文改革运动

清末的中国社会风云震荡,社会改革的呼声日趋激烈。语言文字作为全民的交际工具,由于涉及思想与文化诸多方面的问题,很快在当时成为一个众所关注的焦点。把语言文字问题与国家和民族的命运相联系,把语言文字工作摆进全社会的议事日程,几乎成为社会共识和集体行动。在此情势下,中国的语文改革运动风起云涌,成为中国半个多世纪来文教事业中最惊心动魄的一幕。

(一)白话文运动

白话文运动是语文改革浪潮中声势最大、波及面最广的一项运动。自东汉以来,汉语的书面语与口语的脱节现象日甚一日,文言牢不可撼的正宗地位一直延续了数千年,文言早已沦为制约社会发展、文化进步的关隘。19世纪末,随着变法维新思潮的兴起,一大批有识之士开始喊出了"废文言,兴白话"的口号。黄遵宪、裴廷梁、陈荣衮诸人堪称白话文运动的先驱。黄氏是"言文合一"的提倡者与实践者,他21岁时写就的一首《杂感》诗至今为人称颂:"我手写我口,古岂能拘牵! 即今流俗语,我若登简编。五千年后人,惊为古斑斓。"稍后的裴廷梁则较为激进,他在《论白话为维新之本》这篇名文中,列数文言之弊端,直接发动了对文言的批判,响亮地提出了"崇白话而废文言"的主张。言行合一,裘氏还创办了中国现代报刊史上的第一份白话文报纸《无锡白话报》。随后的陈荣衮也发表了另一篇讨伐文言的檄文《论报章宜改用浅说》,重申白话的利与文言的弊。把废文言与兴白话提到救民救国的高度,是晚清白话文运动的一大特色。这场运动虽说没有取得实质性的胜利,但动摇了文言文的正统地位,为"五四"白话文运动作了充分的舆论准备。"五四"白话文运动肇始于1917年,胡适、陈独秀、钱玄同、鲁迅、刘复等是其中的急先锋。胡适于1917年1月在《新青年》杂志上发表的《文学改良刍议》一文是揭幕之作。在文中,胡适不仅喊出了改良的口号,而且还提出了八条改良主张。其后,陈独秀的《文学革命论》更以"革命"的姿态出现,标志着白话文运动的深入。紧接着,钱玄同、鲁迅、刘复等人也纷纷响应,壮大声势。刘复还注意到了白话文的建设问题,提出要"破除旧韵重造新韵",申明新韵要"以京音为标准"。显然,"五四"白话文运动的成就要大大超出晚清,原因在于这时的参与者个个身体力行,例如胡适出版了第一部现代白话诗集《尝试集》,鲁迅创作了第一部现代白话小说《狂人日记》。自1918年5月起,《新青年》也全部改用白话。新文化运动主将们的种种努力终于荡涤了历史的尘埃,为人们的懵懂头脑引来了一泓思想清泉。在思想转换之余,人们的情感也随之发生变迁。作为新旧文化的象征,白话文和文言文在当时曾分别被冠以"人话文"和"鬼话文"之名。在运动的推动下,1920年,当时的教育部明令国民学校将"国文课"更名为"国语课"。任何新事物的崛起都不会一帆风顺的。在白话文运动势如破竹的同时,抱残守缺的封建卫道士也大有人在,他们竭力维护文言的正统地位,力图将获得新生的白话文加以扼杀,以章士钊为首的"甲寅派"、以吴宓为首的"学衡派"以及林纾之流均属此列。章士钊在任教育总长时甚至号令天下尊孔读经并禁止使用白话体。文白之争一直延续到20世纪30年代方告尘埃落定,白话文的主导地位至此始得以真正巩固。

(二) 汉字拼音化运动

汉字的标音问题也是长期困扰我们民族的一大难点。自反切注音法产生以来,汉语的标音方法历千年而不变,极大地妨碍了汉字功效的发挥。在中国社会的现代化进程中,汉字积久的问题日益显露,汉字的命运也受到了日益严峻的挑战。曾经为中华民族延续了数千年文脉的汉字此时突然遭遇了本不该承受的历史之重,沦为中国社会进程问题的替罪羊。一时间,举国上下到处充斥着对汉字的挞伐之声,有人甚至喊出了"汉字不死,中国必亡"的愤激之语。汉字拼音化运动正是在汉字命运的生死存亡之秋孕生并推广开来的。

其实,用表音字母来拼写汉语读音的做法元朝即已开始。八思巴文的功能之一就是给汉字注音,因此可以视为汉语拼音的源头,只是行之不远即告废弃。晚明往后,西方的一些传教士和外交官员如金尼阁、威妥玛等先后尝试用拉丁字母来拼读汉语语音,这些先见之举在很大程度上开阔了中国学者的视野,触动了他们的感觉神经。

晚清救亡图存的实际需要则一下子使一项本可以从长计议的文字改革瞬间变成了疾风骤雨式的政治运动。清末的切音字运动是自反切法之后汉字拼音化历程中出现的又一次高潮,何九盈对其起因作了解释,认为:"清末切音字运动的兴起,也是中西两种文化相比较的结果。"[①]这场运动实际由两派人物在操纵:一派是激进派,一派是温和派。激进派主张废除汉字而改用拼音文字,如谭嗣同就呼吁"改象形为谐声"[②],谭氏所谓的"谐声"即拼音文字。一批曾留学海外的学者如刘师培、吴稚晖则在号召"废除汉字"的同时,响亮地发出了使用"万国新语(即世界语——引者注)"的心声。温和派在当时属于主流派,大多由维新派人士组成,他们主张保留汉字而改进汉字的注音方法也即"造切音文字",如梁启超就提倡在汉字之外另创一种拼音文字,弥补汉字"美观而不适用"的缺陷。清末的文字改革运动有主张,更有行动,许多人不惜倾注全力去设计拼音方案。据统计,在清末的 21 年里,提出的拼音方案有 28 种之多,这些方案按类型可分为汉字笔画或偏旁式、速记符号式、拉丁字母式和数码式,按拼法则可分为声韵双拼制、音素制和音节制。早期的方案多为某一方言(一般是南方方言)而量身定制,后期的方案则以拼写官话为主,其中影响较大的有卢戆章的"中国切音新字"(属于

---

① 何九盈著:《中国现代语言学史》,广东教育出版社 2000 年版,第 40 页。
② 谭嗣同著:《仁学》,中华书局 1958 年版,第 62 页。

汉字笔画式)和王照的"官话合声字母"(属于汉字偏旁式)。特别是王照的方案,不但在拼法上做到了"言文一致",而且还以官话音作为标准,可谓兼有注音识字和统一语言之效。正因如此,王照的方案在当时最受推重,曾在全国推行了10年,几近成功。可惜由于时局动荡不宁和保守势力的打压,这些方案最后都无果而终。辛亥革命以后,产生了注音字母,这是第一套由国家正式颁布并且在中小学普遍推行过的拼音方案。注音字母总数为40个,其中声母24个,介母3个,韵母13个。此方案是由吴稚晖领衔的国语读音统一会创制而成,是在章太炎设计的"纽韵文"方案的基础上博采众家之长而来的。方案采用的是汉字笔画式符号,既不经济,又不方便,具有明显的守旧意识,张世禄因此认定"注音符号只是从反切中演化出来的东西"[1],何九盈则进一步指出:"选择注音字母,即使不是一种错误的选择,至少也是一种极不高明的选择。"[2]但是,由于该方案迎合了国人的文化心态和民族情感,加之行政系统和教育部门推行有力,尽管问题多多,依旧顽强地生存下来,以致在全国通行了40余年(1918—1958),台湾地区则一直沿用至今。因为不被人看好,注音字母在一开始就饱受质疑和挞伐,否定的呼声一直不断。1925年,由钱玄同、黎锦熙、赵元任、林语堂等人组成的"数人会"制定了《国语罗马字拼音法式》(简称"国罗"),此方案经教育部审议通过后于1928年正式向社会公布。然而由于推广不力,先进的"国罗"并没有能取代落后的注音字母,但是以罗马字(即拉丁字母)来拼写汉字的做法却日渐深入人心。在苏联汉学家的协助下,1930年前后,瞿秋白、吴玉章、林伯渠等人制定了《中国的拉丁化新文字方案》。该方案主要用于拼写北方方言,被人简称为"北拉"。该方案有"子音"(即声母)22个、"母音"(即元音)35个,已与后来的汉语拼音方案十分接近。由于政治因素的影响,"北拉"受到了国民党政府的排斥,因而推广的面也较为有限。不过,无论"国罗"还是"北拉",其对汉语拼音化运动的贡献都是不言而喻的。

　　1958年2月11日由第一届全国人民代表大会第五次会议批准并通行至今的《汉语拼音方案》其实就是"国罗"和"北拉"的一种修正案。该方案是按照口

---

[1] 张世禄著:《张世禄语言学论文集》,学林出版社1984年版,第74页。

[2] 何九盈著:《中国现代语言学史》,广东教育出版社2000年版,第52页。

语化、音素化和拉丁化的原则创制出来的,无论在国内和国际,都被视为拼写汉语的唯一标准。半个多世纪以来,《汉语拼音方案》在积极履行给汉字注音、推广普通话两大职能的同时,其应用范围已由语文领域逐渐扩展到了技术领域,从制订少数民族文字、设计特殊语文、互联网上传输,到文献检索、中文信息处理、汉语国际教育,诚可谓作用巨大,功德无量。如果从 1269 年的八思巴文算起,汉语拼音化至少已经走过了 750 年的历史。

(三) 国语统一运动

　　国语统一运动和白话文运动是相辅相成的两项运动,白话文运动解决的是书面语问题,国语统一运动则旨在解决口语问题。在白话文运动开始不久,国语统一运动即摆上了教育界的议事日程。与历史上的雅言、通语、官话一样,国语的核心是标准音问题。对标准音的讨论,清末就已启动,当时不少参与拼音方案的制定者都发表了意见。1903 年,清政府在《学堂章程》中明令"以官音统一天下之语言"。1911 年,清廷又在一次教育会议的决议案中指出:"各方发音至歧,宜以京音为主。京话四声中之入声,未能明确,亟应订正,宜以不废入声为主。"[①]一会儿是"官音",一会儿又是"京音","京音"中还要保留入声,足见"标准音"之不标准。由于政府无暇、无力去推行,清末的国语统一运动收效甚微。民国建立后,标准音问题再起争议。由于分歧较大,1913 年由教育部国语读音统一会通过的"国音"实际上是一个南北杂糅的产物。就声调而言,其中既有以北京音为标准的阴平、阳平、上声、去声,也有以南京音为标准的入声。这种混合性质的"国音"由于脱离了特定的方言基础,不仅引起了纷纷的非议,而且推行的难度也极大。面对此形势,教育部不得不于 1926 年召集会议对旧国音进行修订,特别明确:"凡字音,概以北京的普通读法为标准。"这个由赵元任、黎锦熙等人拟定的方案被称为"新国音"。从清末的"官音"到民国初年"老国音"再到后来的"新国音",这是国语统一运动的三部曲。尽管如此,北京话作为标准话的地位并未真正确立,不和谐的声音此起彼伏。胡适就声称:"国语不是单靠几本国语教材

---

① 　文字改革出版社编:《清末文字改革文集》,文字改革出版社 1958 年版,第 143 页。

和几部国语字典就能造成的。若要造国语，必须造国语的文学。有了国语的文学，自然有国语。"① 但是，20 世纪 30 年代的国语文学具有浓重的欧化倾向，在当时就引起了不少有识之士（如瞿秋白）的反感。此外，还有一些公开唱反调的人士，他们对北京音心存偏见，横加贬斥，一心想另起炉灶。像胡以鲁就主张以湖北武汉话为标准语，乐嗣炳则主张以上海话为标准语，章太炎则主张以"夏声"（江汉方音与古代雅音的混合体）为标准语。新中国成立后，随着国家统一局面的形成和各项建设事业的展开，标准语的问题再次成为全社会关注的焦点，而斯大林在《马克思主义和语言学问题》中关于民族共同语的有关论述也使标准语的建立愈显紧要。刊登于 1951 年 6 月 6 日《人民日报》上的一篇社论《正确地使用祖国的语言，为语言的纯洁和健康而斗争！》从维护汉语规范化的角度又一次将问题症结引向了标准语。至此，现代汉语标准语已经到了呼之欲出的地步了。基于"低级形式的方言"必须服从"高级形式的共同语"这一认识，北方方言最终被确定为标准语，北京音最终被确定为标准音。1955 年，在中国科学院召开的现代汉语规范问题学术会议上，"普通话"被确定为现代汉民族共同语的专称。1956 年 2 月，国务院发布《关于推广普通话的指示》，明确普通话是"以北京语音为标准音，以北方话为基础方言，以典范的现代白话文著作为语法规范"。这实际上是对国语统一运动成果所作的最终确认与完善。补充说明一点，"普通话"之说最早出于拼音方案的早期制定者之一朱文熊之口。朱氏在《江苏新字母》一书中将汉语分为"国文""普通话""俗语"三类，其中的"普通话"意为"各省通行之话"。

■ 三、现当代语法研究

语法研究是中国现代语言研究中最为亮丽的一道风景。语法研究在现代中国步入繁荣的原因主要有三点：一是教育救国、科学救国的情结。马建忠交代写作《马氏文通》的动机时即说："斯书也，因西文已有之规矩，于经籍中求其所同所不同者，曲证繁引以确知华文义例之所在，而后童蒙入塾能循是而学文焉，其成就

---

① 胡适：《建设的文学革命论》，《新青年》1918 年第 4 卷第 4 号。

之速必无逊于西人。"① 孙中山也在著名的《建国方略》中专门阐述"文法之学"的重要性,呼吁"所望吾国好学深思之士,广搜各国最近文法之书,择取精义,为一中国文法,以演明今日通用之言语,而改良之也。"② 二是西方先进的语法研究模式和语法理论。自《马氏文通》发端,西方的语法研究模式(如拉丁语法模式、英语语法模式)首先进入中国。接着,各种相关理论纷至沓来,对汉语语法研究影响较大者有丹麦叶斯泊森和法国房德里耶斯的语法理论。这些模式与理论开启了中国学者的心智与眼界,激起了他们探索汉语语法的兴趣与热情。三是底蕴深厚的古代语法研究传统。从先秦以来,本土学者逐渐积累起语法研究的意识、手段和成果,对具体语法事实的分析更是精细有加。所有这些,都为汉语语法学的崛起作了充分的物质与精神方面的双重准备。

中国的现当代语法研究历时一个多世纪,大致分为三个阶段:1898—1938 年为模仿与探索阶段,主要引进的是西方的语法研究模式;1939—1949 年则为革新与深化阶段,主要引进的是西方的语法研究理论;新中国成立之后则为全面兴盛阶段,力图在借鉴西方语法学说的同时闯出一条中国特色语法研究之路。

(一)模仿与探索阶段的语法研究

这一阶段的汉语语法研究历时约 40 年,产生的重要专著有马建忠的《马氏文通》(1898)、章士钊的《中等国文典》(1907)、胡适的《国语文法概论》(1921)、王应伟的《实用国语文法》(1921)、许地山的《语体文法大纲》(1921)、陈承泽的《国文法草创》(1922)、金兆梓的《国文法之研究》(1922)、黎锦熙的《新著国语文法》(1924)、杨树达的《高等国文法》(1930)、王力的《中国文法学初探》(1936)以及何容的《中国文法论》(1937)等,总数不下数十种。其中马、陈、金、黎、杨、何等六人之作后来入选商务印书馆出版的"汉语语法丛书"十种之列。从研究内容看,上述著作可分为三类:第一类是文言语法著作,如《马氏文通》《中等国文典》《国文法之研究》《高等国文法》等,以《马氏文通》为代表;第二类是白话语法著作,如《国语文法概论》《实用国语文法》《语体文法大纲》和《新著国语

---

① 马建忠著:《马氏文通》,商务印书馆 2017 年版,后序第 8 页。
② 《孙中山选集》,人民出版社 2011 年版,第 149 页。

文法》等,以《新著国语文法》为代表;第三类是通论性质的著作,如《国文法草创》《中国文法学初探》《中国文法论》等,以《中国文法论》为代表。

这一时期语法研究的基本特点是以西洋语言(拉丁语和英语)的语法模式为蓝本构筑汉语语法体系。例如,《马氏文通》是仿拉丁语法的模式而成,《新著国语文法》是仿英语语法的模式而成。平心而论,在创建一门学科之初,借鉴乃至模仿的做法应该是值得提倡与首肯的。况且,马建忠和黎锦熙式的模仿并不等于生吞活剥、照搬照抄,他们的模仿过程是一个有所取舍、有所创新的过程,属于智者所为,绝非愚者之举。先以《马氏文通》为例。此书"虚字卷第九"在提及助字(语气词)时就有一段精辟之论:"泰西文字,原于切音,故因声见意,凡一切动字之尾音,则随语气而为之变。古希腊与辣丁文(拉丁文——引者注),其动字有变至六七十次而尾音各不同者。今其方言变法,各自不同,而以英文为最简。惟其动字有变,故无助字一门。助字者,华文所独,所以济夫动字不变之穷。"[①]助字完全是马氏根据汉语语法特点划分出来的,他在对西洋诸语言作了比较后,得出了"助字者,华文所独"的结论。这是对汉语词类特点的重要揭示,大大超出了古人的研究视域。但马氏并不满足于此,他还进一步探究"华文所独"的深层因素。他认为:西方文字是表音文字,西方语言是形态语言,它的语气是通过动词的形态变化来表达的;而汉语基本没有形态变化,所以它的语气需要凭借助字来表达。把助字的有无跟形态变化相联系,由微观而宏观,正反映出马氏敏锐的观察力和分析力。这实际上是对汉藏和印欧两大语系间区别性特征的一个独到发现。《新著国语文法》也因模仿而遭受了过多的非议,其实黎氏以英语语法为参照对象要比马氏以拉丁语法为参照对象更为贴近汉语实际。张拱贵和廖序东两位指出:"拉丁语是典型的形态语言,词法在语法中占主导地位;英语在长期的演变过程中逐渐丧失了形态语言的重要特征,因而句法在语法中占主导地位。比之于其他印欧语,英语在类型学的意义上最接近汉语,因此英语语法学对汉语语法体系的建立最具有参考价值。黎锦熙先生正是从这一点出发,参考了英语语法书……确立了句本位思想。这显然不是生硬地模仿,而恰恰表明了黎先生

---

① 马建忠著:《马氏文通》,商务印书馆 2017 年版,第 329 页。

对汉语本质特点的深刻认识。就词类说，黎先生另立了助词一类，和马建忠一样；又在名词中立了量词一目。这也都表明了黎先生没有生硬地模仿英语语法。"①

　　作为文言语法学和白话语法学的开山之作，《马氏文通》和《新著国语文法》的最大贡献是分别为古今汉语创建了完整、系统的语法体系，设立了汉语语法研究的基本框架或格局。例如，按词性将词分为虚实两大类，大类下再分次类，把汉语语法分为词法和句法两大块。与之同时，这些著作都努力寻求并揭示出古今汉语语法的一些规律。例如，文言里疑问句和否定句中代词宾语的前置现象就是《马氏文通》第一次加以阐明的。又如，变式句和省略句现象是《新著国语文法》最先讨论到的。与《马氏文通》相比，《新著国语文法》在语法分析法方面还有创举，首次建立了一套"中心词分析法"并配以图解。此法长期应用于语法教学，简便实用，颇受好评。《新著国语文法》因之被奉为国内教学语法的先驱。作为汉语系统语法的草创之作，《马氏文通》和《新著国语文法》的缺陷也是显而易见的，像马氏"字无定类"说和黎氏的"依句辨品"说就一直成为众矢之的。

　　在描写事实的基础上，理论探索的增强和自我意识的觉醒开始成为此期语法研究一个值得注意的倾向。陈承泽的《国文法草创》是最早的一部"注重于纯理的研究"的短小精悍之作，其中的第二、三、十三诸章堪称全书之精华所在，主题是反对模仿、提倡独创。在第二章"研究法大纲"中，作者首先批评了"近日通西文者，乃承袭外国文法，施诸汉文之研究"的现状，接着提出了研究汉语语法的三个原则："其一，说明的非创造的，其二，独立的非模仿的，其三，实用的非装饰的。"② 这三个原则在今天仍不失指导意义。金兆梓的《国文法之研究》同样是一部革新派的著作，全书三章内容只有两个主旨：一是批评自《马氏文通》以来国文法研究中存在的"削足适履的毛病"；二是主张语法研究要从民族语言的历史和习惯出发，立足于语法与逻辑的关系。在模仿成风的当时，陈、金二氏的言论充满远见卓识，对学界无疑起到了振聋发聩的作用。这一时期最具理论价值的语法著作要数何容的《中国文法论》，此书被龚千炎誉为"我国第一部、也是 1949 年以前唯一的语法学评论著作"③。作者在概要介绍了语

① 　张拱贵、廖序东：《重印〈新著国语文法〉序》，《语言教学与研究》1985 年第 3 期，第 27、28 页。
② 　陈承泽著：《国文法草创》，商务印书馆 1982 年版，第 7、9 页。
③ 　龚千炎著：《中国语法学史》，语文出版社 1997 年版，第 81 页。

法学的一些基本理论之后，着重讨论了以往语法研究中的几个根本性问题，诸如研究方法、词类划分、语句分析、位次、复句等。该书适时跟进学术动态，研究视野十分开阔，当时稍有影响的语法著作均在评论之列，其中《马氏文通》和《新著国语文法》属于重点评述对象。由于站在普通语言学的高度，作者的理论见解往往睿智可取，所作评判也大致公允可信。例如，作者呼吁建立中国文法学的新系统，这个新系统应该由Morphology(形态学)和Syntax(句法学)构成。又如，在论及"字(词)有定类"与"字(词)无定类"两种看似对立的词类观时，作者一针见血地指出了二者之间的相通之处：划分的依据都是义类。鉴于"词的类是从语言自身的表意方式上表现出来的，或者说各类词都有其共同的形式上的特征以别于他类词"[①]，作者因此主张按词的形式特征来给词分类。何氏这种既述又评、既破又立的做法为后来的语法研究评论树立了典范。不过，上述几本著作都有一个共同的不足，即未将各自的语法理论观化为完整而新颖的语法体系。这种状况暴露出他们在描写语法事实方面的严重欠缺，因此他们的创新之举并不能从根本上改变此期语法研究的面貌。

另外，此期还出现了一系列比较语法学的著作，如刘复的《中国文法通论》(1920)、黎锦熙的《比较文法》(1933)、杨伯峻的《中国文法语文通解》(1936)、谭正璧的《国语文法与国文文法》(1938)。其中有的侧重文言语法与白话语法之间的比较(如《中国文法通论》)，有的侧重古今语法之间的比较(如《比较文法》)。特别值得一提的是《比较文法》，内中比较的材料已不局限于汉语自身，因为作者经常拿英语与汉语进行对比。所有这些都揭示出这么一个令人惊喜的事实：历时比较与共时比较的方法已在汉语语法研究中悄然兴起。当然，此期的比较研究还只限于具体语言事实，尚未在理论和方法上有所突破。

(二) 革新与深化阶段的语法研究

为了扭转自《马氏文通》以来形成的汉语语法研究的模仿局面，1938年以陈望道、方光焘为首的部分学者在上海发起了文法革新大讨论，由此揭开了后期语法研究的序幕。此期研究约历时十年，产生的重要成果有陆志韦的《国语单音词

---

① 何容著:《中国文法论》,商务印书馆 1985 年版,第 42 页。

词汇》(1938)、陈望道和方光焘等人的《中国文法革新论丛》(1943)、王力的《中国现代语法》(1943)、吕叔湘的《中国文法要略》(1944)、高名凯的《汉语语法论》(1948)、赵元任的《国语入门》(1948)。参与此期语法研究的学者几乎都曾接受过西方现代语言学的系统训练,他们纷纷把欧美流行的新理论、新方法引回国内,然后结合汉语特点进行研究,由此形成了迥别于前期研究的一些特点。此期语法研究的概貌被陈望道描述为:"根据中国文法事实,借镜外来新知,参照前人成说,以科学的方法谨严的态度缔造中国文法体系"①。

　　如前所述,革新中国语法研究的呼声自 20 世纪 20 年代以来就一直此起彼伏。这些呼声尽管在当时听起来较为微弱,但至少起到了一定的唤醒作用,为中国语法学在后来的猛醒埋下了重要的伏笔。例如,王力在 1936 年发表的《中国文法学初探》即被龚千炎视为"文法革新的宣言书"②。这篇载于《清华学报》第 11 卷第 1 期的长文在批评了"专恃比较语言学为分析中国文法的根据"的做法之后,明确指出:"此后我们最重要的工作,在乎努力寻求中国文法的特点。"该文随之列举了汉语的一些特点,诸如词序较为固定、虚词作文法成分、词性变化多端、汉语的"时"不同于西方语言等。王氏的这些观点可以说是文法革新讨论的前奏。在经过长期的酝酿与积蓄之后,1938 年 10 月,文法革新大讨论终于应运而生了。此次运动历时四年余,影响波及中国南部。这次讨论除了涉及一些语言学的理论、原则和方法问题外,争议的焦点是词类问题即汉语有无词类以及如何划分词类。傅东华从汉语无形态变化的特点出发,主张将词类名称与句子成分名称合二为一,这就是所谓的"一线制"。与傅氏相反,陈望道和方光焘则认为"分部"与"析句"建立在不同的原理基础上:前者以词为对象,后者以句为对象,因此主张将词类和句子成分分而治之,这就是所谓的"双轴制"。同样是从汉语无形态变化这点出发,傅氏否认汉语词本身有分类的可能,提出:"词不用在句中便不能分类。"③由此滑入了词无定类的泥潭。针对傅氏的观点,方光焘提出了"广义形态说",认为:"词与词的互相关系,词与词的结合,也不外是一种广义的

① 《陈望道文集》,《〈中国文法革新论丛〉序》,上海人民出版社 1981 年版,第 465 页。
② 龚千炎著:《中国语法学史》,语文出版社 1997 年版,第 100 页。
③ 陈望道等著:《中国文法革新论丛》,商务印书馆 1987 年版,第 27 页。

形态,中国单语本身的形态,既然缺少,那么辨别词性,自不能不求助于这广义的形态了。"①方氏的这一观点虽然起源于他的老师房德里耶斯的形态学说,但并未墨守,而是作了一定的引申与发展。陈望道则主张根据词的功能给词分类,"所谓功能就是字语在组织中活动的能力"②。方、陈二位不拘泥于西方的词类划分标准,而从语法关系和语法功能着眼给汉语词分类,这种做法显然既参照了西方理论,又顾及了汉语事实,着实胜人一筹。

文法革新讨论在词类问题上余波未平,由此引发了 20 世纪 50 年代的词类问题大讨论。在整个文法革新讨论过程中,以陈望道、方光焘为代表的主流学者非常注意对西方语言理论的借鉴,因而新意迭出。除了前面提及的形态学说外,索绪尔的学说也经常被引用。例如,方氏论述"双轴制"就是从区别语言和言语入手的:"'语'是言语(language)的单位,隶属于言语世界的。'句'是'言'(speech)的单位,隶属于'言'世界的。"③这里所谓的"语"和"言"后来译作"语言"和"言语"。又如,为了反对傅东华企图建立的一个通用于文言和白话的泛时语法体系,方氏阐述了历时语言学和共时语言学的主张:"历时语言学所讨论的是要素交替的事实;而共时语言学所研究的,却是体系的事实。"④文法革新讨论进行得轰轰烈烈,收获固然不少,但也有致命的弱点:"主要是掌握的汉语材料不多,因而讨论中既未能提出成熟的独创性的方案,也未能及时写出反映汉语特色的语法著作,这就不能不使讨论的影响有所削弱。"⑤

真正在汉语特色研究和系统研究方面作出贡献的是所谓的"北派革新学者"如王力、吕叔湘、高名凯、陆志韦、赵元任等,他们不事张扬,埋头耕作,最终取得了骄人的实绩,从而将汉语语法研究引入了一条平实之途。

王力的《中国现代语法》和吕叔湘的《中国文法要略》称得上是中国现代语法学史上光彩夺目的双璧。二书各具特色,共同的地方是都接受了丹麦语言学家叶斯泊森"三品说"理论的影响。依据"三品说",王氏将汉语的词和仂语(短语)

---

① 陈望道等著:《中国文法革新论丛》,商务印书馆 1987 年版,第 50 页。
② 陈望道等著:《中国文法革新论丛》,商务印书馆 1987 年版,第 275 页。
③ 陈望道等著:《中国文法革新论丛》,商务印书馆 1987 年版,第 50 页。
④ 陈望道等著:《中国文法革新论丛》,商务印书馆 1987 年版,第 91 页。
⑤ 龚千炎著:《中国语法学史》,语文出版社 1997 年版,第 106 页。

分为首品、次品和末品,吕氏则将汉语的词分为甲、乙、丙三级。词品或词级不等于词类,而是按照词在句中的语法地位而定,如名词一般是首品(或甲级),有时则是次品(或乙级),有时又是末品(或丙级)。不适当地套用"三品说"是二书的主要败笔(吕著在后来修订时干脆将"词的等级"一节予以删除),这也从一个侧面说明西方的语法理论是一把双刃剑,稍有不慎就可能引起负面效果。

与以往语法研究所不同的是,《中国现代语法》是一部偏重句法研究的著作,全书的六章内容大致按照造句法展开,其中值得关注的地方是:①按谓语的性质将句子分为叙述句(以动词作谓语)、描写句(以形容词作谓语)和判断句(主语与谓语之间加"是");②系列探讨了八种特殊句式如能愿式、使成式(动词＋结果补语)、处置式("把"字句)、被动式、递系式(兼语句)、紧缩式(紧缩复句)、次品补语(类似连动式中的后一动词性成分)和末品补语(动补结构中的补语);③注意到了一些句法特殊形式如叠字、叠词、对立语、并合语、化合语、成语、省略法、倒装法、插语法等;④首次触及了汉语中的欧化句式。以上所论,大多发前人之所未发。由此可见,本书的体系是独创的,在很大程度上体现了汉语句法结构的特点。全部语料采自《红楼梦》也是本书的特色之一。就此而言,《中国现代语法》不妨视为一种专书语法研究之成果。

《中国文法要略》属于文言语法和白话语法的比较研究之作。全书由词句论和表达论两部分构成。前者讲词、词类和句子结构,后者则是以语法范畴为纲,着重说明各种语法表达形式。作为一部具有划时代意义的语法著作,本书可谓特色多多。特色之一是首次采取了由内而外的研究方法,对汉语的八个重要范畴如"数量""指称""方所""时间""正反·虚实""传信""传疑""行动·感情"作了深入的探讨。吕氏的这一方法也源自叶斯泊森。叶氏曾提出了语法的两种研究法:一种是由外部形式到内部意义($O \rightarrow I$),另一种是由内部意义到外部形式($I \rightarrow O$)。以往的汉语语法研究只注意从$O \rightarrow I$,吕著则两者兼顾,真可谓尽得其妙了。特色之二是注重探讨句子与词组之间的变换关系,堪称汉语句法变换研究方面的先驱。例如,表态句"山高"可以转换为词组"高山",叙述句"水流"可以转换成词组"流水"。特色之三是从语法和语用双管齐下分析句子,主语和谓语是由语法位置而定,起词(施事)和止词(受事)则依语用关系而定。特色之四是对文言语法和白话语法进行详细而系统的比较,多所发现。例如,《中国文法要略》指出:"文言里联合的形容词,往往用'而'、'且'来连系;白话里多用'又……又'连系。"① 与《中国现代语法》相比,《中国文法要略》似乎缺少一个完整、严密的语法体系。何九盈对此有独到的看法:"《要略》成就和价值,主要不在体系方面,而是表现在对语法事实的详细描写和文白语法的精确比较这两点上。这两点是同时代其他语法著作所不能比拟的。"②

高名凯是中国现代语法学史上与方光焘齐名的理论家之一。他的《汉语语法论》明显有别于吕、王二氏的著作。龚千炎指出:"这部书根据西方语言学者的理论,比较中外语言的异同,给汉语语法整理出了一个新的科学系统。跟以往不同的是,本书偏重理论探讨,从一个角度看,也可以认为是一部语法理论著作。"③ 高氏早年留学法国,深得法国语言学家房德里耶斯和马伯乐(Henri Paul Gaston Maspero)的真传。马伯乐还是著名的汉学家,他有关汉语的认识如汉语是单音节的孤立语、汉语无形态变化、汉语的次序十分重要、汉语语法研究应当以句法为主等直接影响了高氏的语法研究观。《汉语语法论》共有四个部分:绪论、第一编"句法论"、第二编"范畴论"、第三编"句型论"。重视句子和句法研究显然也是本书的特色之一。在第一编"句法论"中,作者在明确了两大句子类型——名词句和动词句之后,着重分析了句子中语词之间的各种关系如"规定""引导""对注""并列""联络"等,这些关系已超越了纯粹的语法关系,其中蕴涵着明显的语义和语用因素。高氏所谓的语法范畴也较为宽泛,除了替代、称数外,还有动词的态、性、体以及量词(实际指的是副词)等。高氏的"句型论"研究的不是一般的句式,而是所谓的表情语法如"否定命题""询问命题""疑惑命题""命令命题""感叹命题"等,采用的也是从内部意义到外部形式的研究方法。由此可见,本书的研究思路新颖,研究角度独特,处处体现出作者不囿于成见的意愿。在研究过程中,作者特别注意开展两种类型的比较:一是历时比较,比较的对象是古今汉语,例如"范畴论"前三章在讨论指示代词、人称代词和

① 吕叔湘著:《中国文法要略》,商务印书馆 1982 年版,第 19 页。
② 何九盈著:《中国现代语言学史》,广东教育出版社 2000 年版,第 164—165 页。
③ 龚千炎著:《中国语法学史》,语文出版社 1997 年版,第 140 页。

数词时,往往讨源溯流,很像词类演变简史;二是共时比较,比较的对象是中外语言,例如"范畴论"的四、五、六、七、八章在讨论辅名词(量词)和动词时就时时将汉语与西方诸语言进行对比,以凸显彼此的异同。同样,《汉语语法论》的价值不在于对具体事实的认定,而在于它的研究思路、研究方法和研究体系上。

(三) 新中国成立以来的语法研究

新中国成立以后,汉语语法研究一路渐入佳境,尽管期间一度出现过短暂的停滞,但发展势头并未受到致命的遏制。从内容和性质来看,此期的语法研究大致可分为三个相互交融的阶段。

第一阶段为规范语法研究阶段。在《人民日报》1950年5月21日的短评《请大家注意文法》和1951年6月6日的社论《正确地使用祖国的语言,为语言的纯洁和健康而斗争!》的感召下,全国掀起了语法学习的热潮。为了帮助人们提高语文水平并纠正语文应用中的种种缺失,《人民日报》还专门连载由吕叔湘和朱德熙执笔撰写的《语法修辞讲话》,此举堪称史无前例。与此同时,《中国语文》《语文学习》和《语文知识》等刊物也相继问世,其创刊的宗旨无一不是为了普及语法知识、宣传语法规范。这种全民学语法、用语法的繁荣景象旷世未有,无疑极大地推进了原本冷寂的语法研究。不过,就规范语法研究本身而言,效果并不大理想。在基础研究严重不足、各家观点明显分歧的情况下,所谓的规范研究最终只能化为一场急功近利式的徒劳。事实上,当年被《语法修辞讲话》裁定为不规范的现象后来有不少都得到了社会的认可。

第二阶段是教学语法研究阶段。学校是传播语法知识的主阵地,规范全社会的语法知识当然必须先从学校的语法教学抓起。鉴于当时的语法学界存在着严重的语法体系的分歧,编写一本公认的语法教材就显得尤为紧要。而要使教材得到公认,就必先拥有一套可接受度高的语法体系。在教育部的主持下,语法学界和语文教学界通力合作,于1956年制订了《暂拟汉语教学语法系统》(简称"暂拟系统"),以此作为中学和高校语法教学的根本依据。后来出版的《汉语课本》和《汉语知识》均由"暂拟系统"而来。1984年,在广泛征求意见的基础上,《暂拟汉语教学语法系统》修订为《中学教学语法系统提要(试用)》。"暂拟系统"作为一个纲领性的语法系统,在全国施行数十年,为国家培养了几代学子,其意义和价值在今天仍不可低估。

第三阶段是科学语法研究阶段。科学语法研究是衡量语法研究整体水平的标杆,也是推进规范语法和教学语法的阶梯。20 世纪 50 年代以来,有关汉语的科学语法研究大致可分为如下几方面:

第一,传统语法研究。其特点就是把语法分为词法和句法两部分,同时注重词和句子成分之间的对应关系,注重语法体系的归结与规范。传统语法研究肇始于《马氏文通》,在语法学界历数十年而不衰,早已根深蒂固。此期出版的一批通俗语法读物如吕叔湘的《语法学习》、张志公的《汉语语法常识》、曹伯韩的《语法初步》都属此列。

第二,结构主义语法研究。上文提及的陆志韦的《国语单音词词汇》(后更名为《北京话单音词词汇》)和赵元任的《国语入门》(后编译为《北京口语语法》)是美国结构主义影响下的最早产物。前者以构词法研究为重,后者以造句法研究为主,二书的共同特点是偏于结构形式的分析而忽视词句意义的探求。在研究方法方面,二书也都有所创新:陆著发明了同形替代法来鉴别词与非词,赵著则首次将直接成分分析法成功应用于汉语结构分析。二书对后世的汉语语法研究起了良好的示范作用。以"中国科学院语言研究所语法小组"名义发表的《语法讲话》(后更名为《现代汉语语法讲话》)更是一部将结构主义和汉语事实加以有机结合的杰作,"以体系新颖、方法科学、例句典型、分析精细而著称于世"[1]。自此,结构主义语法研究大盛,朱德熙的《语法讲义》、侯竞存和吴学超的《现代汉语句法分析》等都是其中的佼佼者。特别是朱德熙的语法思想占据了当时语法学界的主导地位。朱氏不仅提出"短语本位"观念,而且强调"语法研究的最终目的是弄清楚语法形式和语法意义之间的联系"[2]。另外,朱氏还大力倡导加强共时的方言语法研究以及历时的比较语法研究。

第三,转换生成语法研究。受国内学术气候的影响,乔姆斯基的转换生成语法理论直至 20 世纪 70 年代始传入中国大陆。内地最早介绍乔氏学说的是黄长

① 龚千炎著:《中国语法学史》,语文出版社 1997 年版,第 185 页。
② 邵敬敏著:《新时期汉语语法学史(1978—2008)》,商务印书馆 2011 年版,第 4 页。

著、林书武、庞秉均、邢公畹1979年翻译出版的乔氏的成名作《句法结构》。李临定1988年推出的《汉语比较变换语法》即在吸收乔氏理论的前提下,第一次对汉语句法结构作了全方位的比较与变换分析,从而把汉语语法研究提到了一个新的层次。徐烈炯是汉语形式语法研究的代表性人物,他的《生成语法理论》深入浅出地结合汉语实例进行探讨说明,被誉为最忠实于乔氏理论的译著。20世纪90年代起,在徐烈炯的影响和带领下,香港形成了汉语生成语法研究的主力队伍,如石定栩、潘海华的研究等。相比之下,沈阳和徐杰的研究更具新意,并且能够密切结合汉语语法实际。徐杰的《普遍语法原则与汉语语法现象》运用乔氏的"管约"理论分析汉语语言现象,提出了"原则本位",这种尝试和开拓尤其具有启发性。总之,转换生成语法理论与汉语语法研究之间经历了从译介、评述到运用、结合的逐渐深入过程。不过,由于这一理论需要数理逻辑和语言哲学的背景支撑,对汉语研究者来说,困难是显而易见的。

第四,功能语法研究。韩礼德的系统功能语法是对我国影响比较大的功能语法流派。以胡壮麟、徐盛桓、朱永生、张德禄、黄国文等为代表的外语学界研究者首先闻风而动。他们在译介、评述的基础上,注意结合汉语进行相关的研究和探讨。汉语学界早期运用功能语法理论进行汉语研究的代表是廖秋忠和陈平。廖秋忠主要从事汉语篇章分析,角度新颖,理论性强,是汉语篇章语言学的奠基人,其论文后来由吕叔湘编辑为《廖秋忠文集》。陈平主要从事话语分析研究,有关论文后结集为《现代语言学研究——理论、方法与事实》。20世纪90年代以后,张伯江、方梅成为汉语功能语法研究的代表人物,二人合著的《汉语功能语法研究》重点结合北京口语语料对"主位结构""焦点结构""语法化""词类功能与句法功能"进行了研究,对疑问句、语气词、指称、易位等从功能的角度进行了分析。总之,汉语功能语法研究注重语言的社会性和语言的交际功能,强调从语义、语用的角度对汉语语言现象进行解释。

第五,认知语法研究。认知语法有关理论一直到20世纪80年代才引入国内语法学界。叶蜚声和黄河译介开启了汉语认知语法研究的序幕,包括戴浩一的《时间顺序和汉语的语序》(黄河译)和《以认知为基础的汉语功能语法刍议》(叶蜚声译)、谢信一的《汉语中的时间和意象》(叶蜚声译)。20世纪90年代以后,赵艳芳译介的《认知语言学概论》比较系统地介绍了认知语言学的基本理论与主流观点。此后,外语学界和汉语学界日益注重结合汉语实际进行认知语法研究,产生较大影响的成果有陈忠的《认知语言学研究》、沈家煊的《不对称和标记论》、袁毓林的《汉语语法研究的认知视野》、石毓智的《肯定和否定的对称与不对称》《语法的认知语义基础》等。因研究倾向和研究目标的差异,认知语法研究逐渐形成了三个流派:以戴浩一、张敏为代表的"认知功能语法"研究;以沈家煊、石毓智为代表的"认知心理语法"研究;以袁毓林为代表的"认知计算语法"研究。① 总体来看,汉语学界主要偏重运用相关认知理论来结合汉语语法事实进行专题性研究。

第六,语义语法研究。"语义语法"又叫"语义功能语法"。长期以来,国内汉语语法研究学者继承并发扬吕叔湘和朱德熙分别倡导的"从形式到意义,从意义到形式""形式和意义相互验证"的优良研究传统,并以此作为语义语法的理论基础,在胡裕树和张斌的"三个平面"理论、邢福义的"两个三角"理论、陆俭明的语义特征和语义指向的研究以及胡明扬的"语义语法范畴"的启发和影响下,进一步吸收传统语法、结构主义语法、格语法、功能语法、认知语法和语义学等理论的长处,逐步建立起以语义研究为出发点和归结点的语法研究范式。马庆株和邵敬敏是该研究领域的代表人物。马庆株第一次提出了"语义功能语法",主张语法研究要从形式结构转向语义范畴,这种研究转型在他的两部著作《汉语动词和动词性结构》《汉语语义语法范畴》中得到了充分的展现。邵敬敏则认为汉语语法研究更适合从语义出发,语义应该成为汉语语法研究的重点,并由此提出了著名的"双向选择原则"。他在这方面的代表作有《汉语语法的立体研究》《汉语语义语法论集》。②

在研究中如何显示中国特色一直是萦绕在语法学者心头的情结。文法革新讨论虽然意在开辟一条适合汉语的研究之路,但浅尝辄止,以致收效甚微。从20世纪50年代开始,语法学界又陆续开展了几次颇有声势的大讨论,分别是:1953—1955年的关于汉语词类问题的讨论、1955—1956年的关于汉语主宾语

---

① 邵敬敏著:《新时期汉语语法学史(1978—2008)》,商务印书馆2011年版,第64—65页。

② 邵敬敏著:《新时期汉语语法学史(1978—2008)》,商务印书馆2011年版,第52—56页。

问题的讨论、1957 年的关于汉语单复句问题的讨论、1959 年的关于形式与意义相结合问题的讨论、1981—1982 年的关于汉语析句方法的讨论。上述讨论均涉及汉语语法研究中的若干敏感问题，无一不与汉语语法特点纠结在一起，无一不与创建独特的汉语语法学的构想串联在一起。吕叔湘 1979 年出版的《汉语语法分析问题》在系统梳理了汉语语法研究的诸多疑难问题之后，也对汉语语法学的未来走向贡献了许多真知灼见。所有这些都表明：走有中国特色的语法研究之路正在由共识化为行动。

　　总之，现当代语法研究是此期中国语言学领域最有活力的一个板块。但是，必须清醒地看到，在赢得发展契机的同时，如何应对新技术革命的挑战、走出有特色的汉语语法研究之路正日益拷问着当下的汉语语法学。我们无法否认的是，过去所作的一切努力至今仍未能从根本上消除汉语语法学所面临的历史窘境："过去，中国没有系统的语法论著，也就没有系统的语法理论，所有理论都是外来的。外国的理论在那儿翻新，咱们也就跟着转。"[1]

■ 四、现当代音韵研究与方言研究

　　现当代时期也是音韵学与方言学蓬勃发展的时期。鉴于现当代方言研究是以方音研究为主导，而方音研究又与音韵研究在理论与方法方面具有相通性，因此现当代方言学与音韵学之间始终有一种共存共荣的依存关系，一个方言学家往往也是音韵学家。高本汉为了重建上古音系，就曾对我国的 24 种方言进行过调查。其他如王力、董同龢、罗常培、丁声树辈也是一身兼二职，在两个领域里均卓有建树。方言学为音韵学提供材料、音韵学为方言学提供路径似乎已成为当时学者们的一种共识。鉴于上述原因，本书特将二者合而论之。需要申明的是，此举绝不意味着要抹杀音韵学与方言学的各自特色。

　　音韵学和方言学在现代步入繁荣也有几个关键性的因素：其一是历史比较语言学和描写语言学理论的传入。此期的音韵学家和方言学家大都受过专门而系统的训练，具有丰厚的语言学素养和语音学知识；其二是音标与实验手段的启

---

[1]　龚千炎著:《中国语法学史》，语文出版社 1997 年版，原版吕序第 1 页。

用,有了这两样利器,学者记音和辨音的水平大为提高,语音的自然属性自此得到了科学的揭示;其三是新材料的发现,例如对音资料的使用、敦煌韵书残卷的整理,大大推进了汉语语音史和方言史的研究。

(一) 音韵学的进展

现代音韵学大致分为前后两个阶段。前一个阶段是所谓的旧音韵学阶段,代表人物是章太炎、黄侃等,他们承接清儒的余绪,继续致力于上古声纽和上古韵部的研究。在古声纽研究方面,章太炎撰著了《古音娘日二纽归泥说》,后又陆续提出"喉音无喻""牙音无群""齿音无邪"等观点。他初定古声19纽,再定古声为21纽。黄侃由《广韵》求古本声,考得古本纽为19纽。曾运乾的《喻母古读考》则利用经传的异文和异读来考证喻母的古读,提出了"喻三归匣""喻四归定"的创见,而"喻三归匣"已被学界奉为不刊之论。钱玄同进一步对章、黄的声纽系统进行归并,将全清(影母除外)一律归入全浊,结果弄出了一个无全清声母的14纽体系。与清儒一样,章黄学派对古韵部的研究依旧只是分部。章太炎首先从王念孙的21部中的东部分出冬部、脂部分出队部(即灰部),由此得出古韵23部。另外,章氏还察觉了脂、微之间的区别,但一直没有一分为二,脂、微分部是在王力手上完成的。黄侃则又据章氏的23部,把5个入声韵从相应的阴声韵里析出,增加了屑、锡、铎、屋、沃5部,进一步奠定了上古韵部阴、阳、入鼎足而三的格局。章、黄等人尽管在具体研究方面不失创见,但在总体上沿袭了清儒的套路,特别是未在材料与方法方面实现突破,这在一定程度上限制了他们的成就。

现当代音韵学的后一个阶段是所谓的新音韵学阶段。此阶段始于20世纪20年代,代表人物是瑞典著名的汉学家高本汉,他的《中国音韵学研究》在中国音韵学史上具有里程碑的意义。鉴于高本汉对中国现代音韵学的巨大贡献,有人称此阶段为中国音韵学的"高本汉时代"[①]。在此阶段,中外音韵学家主要做了以下五件大事。

第一件大事是对历代韵书的搜集与整理。首先是关于唐五代韵书残卷的整

---

① 何九盈著:《中国现代语言学史》,广东教育出版社2000年版,第234页。

理。王国维在对敦煌韵书的写本作了全面系统的研究后,将唐宋的韵书分为两类:一类为承袭六朝正音之作,如《切韵》和《唐韵》;一类为反映唐代方音之作,如《天宝韵英》《韵诠》。为了便于人们对韵书残卷的利用,20 世纪 30 年代,刘复、罗常培、魏建功等人又将《切韵》《刊谬补缺切韵》《唐韵》等韵书的残卷或刊本连同《广韵》一起合编为《十韵汇编》。此后,魏建功和周祖谟又分别出版《瀛涯敦煌韵辑》和《唐五代韵书辑存》。这些成果为上中古的音韵研究奠定了坚实的基础。在近代韵书方面,学者们也做了不少挖掘工作。例如,《中原雅音》长期湮没无闻,赵荫棠曾断然否认。邵荣芬的《中原雅音研究》则在辑录相关材料的基础上,重建了《中原雅音》的语音系统。

　　第二件大事是对上古的声母和韵母进行全面的构拟。最早从事此项工作的正是高本汉。在研究上古声时,高本汉根据汉语的谐声资料和中古声母,从语音的系统性出发,最后拟定出一个由 34 个声母构成的系统。由于取材不慎以及过分照顾系统性,高本汉所拟的声母不尽合理,假设性的成分较多。例如,基于清声母有送气与不送气的对立,高本汉将浊声母也区分为送气与不送气。针对高本汉系统的缺陷,董同龢对上古声母作了重新拟测,提出了一个由 36 个声母构成的新系统。在上古声母研究中,争议最大的是复辅音问题。高本汉、林语堂、吴其昌、董同龢、陆志韦等均主张上古有复辅音声母并作了相应的构拟,唐兰则坚决反对。何九盈指出:"根据谐声、又音、异文、声训、联绵字以及汉藏语系其他语支的情况来看,远古汉语存在复声母,这是肯定的。至于这种声母究竟是所谓 A 式、B 式或是 C 式,或是其他什么式,一时难以定论。"[1] 在上古韵母系统的建立和音值的构拟方面,高本汉同样是第一人,此后则有钱玄同、董同龢、陆志韦等人。构拟的重点是上古韵母的主元音和韵尾。关于韵母的主元音,高氏认为有 14 个,钱玄同、董同龢、陆志韦诸人则分别定为 10 个、20 个、13 个。无论构拟的差别多大,各人构拟的出发点似乎只有一个:《切韵》的主元音。在区分主元音时,中古韵图中的"等"往往成为分界线。关于韵尾,争议主要集中在阴声韵辅音韵尾的有无。高本汉认为上古汉语的阴声韵有 - g、- d 尾,胡适、李方桂、董同龢、陆志韦诸位也主张阴声韵有辅音韵尾,只是具体结果与高氏不相一致;钱玄

---

① 何九盈著:《中国现代语言学史》,广东教育出版社 2000 年版,第 262 页。

同则主张阴声韵无辅音韵尾,这一观点与中古的韵尾格局大致衔接,因而较为合理,后来的王力就基本依照钱说。在整个构拟过程中,历史比较法和内部拟测法无疑成为两大法宝。

第三件大事是对中古音系的构拟以及对《切韵》音系性质的认定。在这一方面,高本汉也是当仁不让的开路先锋。例如,高氏认为《切韵》有 47 个声类,并在构拟时把它们分为单纯的与 j 化(软化)的两类。又如,高氏归纳出《切韵》的韵类为 283 个,并进而构拟出《切韵》的主元音系统和介音系统。高氏的构拟结果不论是否合理,都是其他学者所无法逾越的。以高氏的体系为靶子来研究中古音几乎是这些学者的唯一选择。高本汉也首次谈到了《切韵》音系的性质及其对汉语方言的影响。他认为《切韵》反映的是单一音系,代表的是长安话,现代汉语方言都是由《切韵》音系演变而来。高氏的观点不一定正确,但却引起了人们对这些问题的思考,这在某种程度上要比一个正确的结论来得更富有意义和价值。

第四件大事是北音学的深化。北音学又称近代语音学,主要研究《中原音韵》系韵书所反映的近代北方话的语音。北音学完全由本国学者独力打造,赵荫棠是该学科的现代奠基人,他的《中原音韵研究》一直是该学科的奠基作,后继之作则有杨耐思的《中原音韵音系》(1981)、李新魁的《〈中原音韵〉音系研究》(1983)、宁继福的《中原音韵表稿》(1985)等。在北音学研究中,考订《中原音韵》的音系自然是首要的工作。对《中原音韵》的声母,罗常培、赵荫棠、陆志韦都作了考求,结果分别是 20 声类、25 声类和 24 声类;对《中原音韵》19 个韵部所包括的韵母,赵荫棠、陆志韦也从韵图、八思巴译音及现代国语等材料入手进行推求,分别得出了 50 个韵母、64 个韵母的结论;对于《中原音韵》的声调,赵、陆二氏也进行了研究,赵氏认为只有阴平、阳平、上声、去声共 4 个声调,陆氏则认为有阴平、阳平、上声、去声、阴入、阳入共 6 个声调。此外,其他北音派的韵书如《洪武正韵》《中州音韵》《韵略易通》《韵略汇通》《五方元音》,现当代学者也多有研究。

第五件大事是实验语音学的创建。刘复是中国实验语音学的创始人,他不仅创办了中国的第一座语音实验室,而且撰写了第一部专著《四声实验录》。在书中,作者指出,决定汉语声调的主要因素是音的高低,音的高低是复合的,高低变化采取的是滑动而非跳跃形式。书中还专门记录了北京、南京、长沙、武昌等12个地方的方言声调,以显示调类与调值之间的关系。王力的《博白方音实验录》也是实验语音学的早期代表作。初始阶段的实验语音学尽管设备简陋,精确性不高,但毕竟揭开了覆盖在音韵学表面的神秘面纱,廓清了长期笼罩在音韵学上空的迷雾,因而意义非凡。

(二) 方言学的进展

自扬雄以来,中国古代的方言研究传统一直断断续续,萎靡不振,近代虽有所恢复,但重视程度不够并且偏重考古,这一状况到现代始有根本的改观。可以说,西方的历史比较语言学和描写语言学直接刺激了汉语方言学,使之焕发了新的活力。赵元任的《现代吴语研究》(1928)就是历史比较语言学和描写语言学在中国的成功尝试。本书调查了吴语区33个点的方言,大致以江苏为重。调查的重点是语音,全书六章中就有四章描写的是吴音。作者既注意吴方言点的描写,又注意吴方言面的描写。在描写过程中,作者采用了共时比较和历时比较相结合的做法,绘制了一系列《广韵》、国音(即国语音)和吴音的对照表。赵氏的这一做法几乎成为后世方音研究遵循的模式。为了精确记音,赵氏还引进了严式的国际音标,从而大大提高了描写的精细度与可信度。本书的后两章则重点讨论词汇与语法问题,作者列出了30处75个词的词汇对照表和22处56种用法的语助词对照表,这绝对属于历史比较语言学的看家本领。

与过去相比,现代方言学同样做了几件具有历史意义的大事。

第一件大事是发动全国范围内的方言调查。此期方言调查有两种形式:一种是个人形式,一种是集体形式。个人形式的调查自高本汉开始,之后中国学者陆续加入。调查的成果除了《现代吴语研究》外,尚有赵元任的《钟祥方言记》(1939)和《中山方言》(1948)、罗常培的《厦门音系》(1931)和《临川音系》(1941)、陶燠民的《闽音研究》(1930)、白涤洲的《关中方音调查报告》(喻世长整理,1954年正式出版)、黄锡陵的《粤音韵会》(1941)、董同龢的《华阳凉水井客家话记音》(1948)等,另外还有不少单篇论文问世。集体形式的调查是由前中央研究院历史语言研究所组织的，从 1928 年至 1936 年前后进行过六次，参加者有赵元任、丁声树、杨时逢、吴宗济、董同龢等人，但整理出版的成果却只有《湖北方言调查报告》(1948)。抗战时期，历史语言研究所和北京大学文科研究所又联合对云南全境的方言进行了一次调查，参加者有罗常培、丁声树、杨时逢、董同龢等人，基本摸清了云南方言的概况。尽管现代阶段的方言调查为期不长，调查的点也有限(许宝华、汤珍珠统计为 170 多个点)，但毕竟为旷古未有之壮举。这次调查不仅使学界对全国的方言分布略有了解，同时也为方言分区提供了依据。

　　第二件大事是进行了大致的方言分区。章太炎最早将现代方言分为 9 种，黎锦熙则以水域为界将全国方言先分为 12 系，后来又归为五大口音：北方口音、广东口音、福建口音、江浙口音、湘赣口音。上述分区由于缺乏深入调查的基础，因而相当笼统而粗疏。赵元任的《语言区域图》先将全国方言定为九区：北方官话区、上江官话区、下江官话区、吴方言、皖方言、闽方言、潮汕方言、客家方言、粤方言，后来又增加了湘方言和赣方言两个区。20 世纪 30 年代，王力将汉语方音分为五大音系：官话音系、吴音系、闽音系、粤音系和客家话，同时确立了五大音系的区别性特征。王氏分法相对科学合理，基本奠定了汉语方言区的格局。

　　第三件大事是形成了一系列方言研究的方法和门径。在此方面，赵元任可谓功勋卓著。他设计的五度制标调法一直是方言学界记录声调的理想手段，他于 1930 年编制的《方言调查表格》简便实用，实为后来《方言调查字表》之雏形。特别值得一提的是，赵氏还归结了方言调查的一些技术要领，非常具有实际指导价值。为了防止虚假或失真的方音信息，赵氏告诫说："方言调查方法当中最要紧的一层就是要叫发音者用本地自然的语言读字跟说话。"[1] 当发音者出现国语化的意识时，赵氏还根据自己的经验总结出能够应对的一招："在这个情形之下，最好的自卫的方法就是充本地话，能充几分就充几分，充到后来，发音者觉得肯放心说自己的话了就好了。"[2]

　　第四件大事是启动了方言史的研究。方言史研究主要是从现代方言和历史文献出发去考证、描写方言的历史状况。此期的方言史研究大致可分为两个阶

---

[1]　赵元任著：《现代吴语的研究》，商务印书馆 2017 年版，第 28 页。
[2]　赵元任著：《现代吴语的研究》，商务印书馆 2017 年版，第 29 页。

段。前一阶段属于方言考古,研究的对象主要是方言词语,研究的目的是沟通古今语的关系,章太炎的《新方言》、黄侃的《蕲春语》、杨树达的《长沙方言考》、丁惟汾的《俚语证古》是这方面的代表作,这些著作或以古证今(如《新方言》),或以今证古(如《俚语证古》),虽说具体结论不无可取,但因忽视了方言的历史变迁,整个研究的风险还是相当大的。后一阶段属于历史描写阶段,描写的对象是古代方音,描写的立足点是现代语言学知识和新材料。法国汉学家马伯乐首开其例,他的《唐代的长安方言》运用天竺高僧不空的梵汉读本材料讨论了唐代长安方言的状况。罗常培的《唐五代西北方音》历来被奉为此类研究的杰作,此书利用从敦煌发现的汉藏对音、藏文译音以及注音资料,采用历史比较的方法,详细描写了自《切韵》至 10 世纪西北方音的演变历史,揭示了唐代西北方音的一些重要特征。另外,周祖谟的《宋代汴洛语音考》也是一篇力作,广泛运用汴洛文士的诗文用韵材料是周氏研究的特色所在。

综上,现代时期的方言研究可谓成绩斐然,但存在的问题也显而易见,整个研究几乎完全围绕方音中心,方言词汇研究乏善可陈,方言语法研究更少人问津,尤显冷清。

新中国成立以后,方言研究挟顺风顺水之势,着重在五个方面取得了跨越式的进展。具体如下:

一是为了配合普通话的推广,在全国范围内(除西藏外)开展方言普查工作。此项工作历时近三年,共普查了 1 849 个方言点,写出 1 200 份调查报告,编订各种学话手册 300 余本。为了使普查工作有条不紊、有案可据,科学院语言所编制了多种带有工具性质的著作,如《方言调查字表》《方言调查简表》《方言词汇调查手册》《汉语方言调查手册》等。此外,语言所还举办了若干期普通话语音研究班,其中的学员大部分成为后来方言研究界的生力军。

二是积极编写方言志和综合报告。在方言普查的基础上,不少地方认真加以汇总,拿出了一批学术价值颇高的方言志和综合报告。方言志如《昌黎方言志》《苏州方言志》和山西省方言志丛书(计 30 余种)等,综合报告如《江苏省和上海市方言概况》《四川方言音系》《安徽方音辨正》《福建方言概况》等。至此,方言的综合研究已经水到渠成。袁家骅编写的《汉语方言概要》成为我国第一部系统阐述汉语方言的集大成著作。

三是启动方言地图的编制工作。叶祥苓的《苏州方言地图集》是第一本单独成书的方言地图集,书中收图 50 幅,详细标出了有关语音和词汇条目在苏州地区 263 调查点的分布情况。而中国社会科学院语言所与澳大利亚国立大学共同编制的《中国语言地图集》则是第一部反映全国方言概况的地图集,全书共收地图 36 幅,内容涵盖中国的民族分布、少数民族语言分布和汉语方言分布。这些方言地图的绘制与出版意义重大,实际上宣告了方言地理学在中国的真正诞生。

四是不断拓宽方言研究面。方音研究在继续推进静态的音系描写的同时,连读变调的研究和方言本字的考索成为新的亮点。特别值得一提的是,方言的词汇研究和语法研究在此期受到重视,并且成绩骄人。就方言词汇研究而言,除了数量可观的单篇论文外,方言词典的编撰尤为红火,既有单个方言词典如《广州话方言词典》(1981)、《衡阳方言词典》(1984)、《北京方言词典》(1985)、《简明吴方言词典》(1987)、《四川方言词典》(1987)等,又有工程浩大的历史长卷如李荣主编的《现代汉语方言大词典》(1999 年出齐 41 分卷,2002 年出版综合本)和许宝华主编的《汉语方言词典》(1999)。方言语法研究也别开生面,有不少可圈可点之作,如李小凡的《苏州方言语法研究》(1998)、乔全生的《晋方言语法研究》(2000)等。

五是对全国的方言分区进行重新思考和修正。方言研究在微观和宏观两个层面所取得的累累硕果不仅使得各方言之间的比较研究成为可能,也为全国方言的分区和分级研究提供了充足的依据。如何让方言分区更趋精细合理,一直是方言研究者所面临的重要议题之一。自然,方言分区的标准问题和层级问题是方言分区研究中的关键点。在划分标准方面,盛行多年的单一语音标准已被语音、词汇和语法三结合的标准所取代。既要考虑语言特征,又要联系社会背景,既要照顾历史沿革,又要看重现实状况,正日益成为方言分区的一种共识。方言的层级关系前人甚少关注,或至多做点粗疏的分级如方言、次方言等,这样就无形中抹杀了方言外部和内部的亲疏关系。1987 出版的《中国语言地图集》首次将汉语方言分为"大区—区—片—小片—点"五个层级,深化了相关研究。另外,个别方言（如晋方言）的地位问题也在此期引起了学术界的关注和热议。

透视现当代方言研究的历史，可以看出，跨角度、跨层次、跨学科正成为汉语方言学未来的研究模式。

■五、现当代民族语言研究

与古代语言研究不同的是，中国现代语言研究的园林中还新开了一朵奇葩，这朵奇葩就是非汉语的语言文字研究。非汉语就是指中国境内的少数民族语言，它们不但历史悠久，而且语言学价值不菲。由于种种原因，这些语言自古以来饱受语言学家的冷遇，相关的研究几乎一片空白。

（一）民族语言研究的历史回顾

即便是在元朝和清朝，占据官方语言地位的蒙古语和满语的研究情况似乎也不那么景气，后世很少见到相关的研究资料。据记载，中国的明清两代的翻译机构都曾编订过《华夷译语》之类的著作。如明初出版的《华夷译语》其实是一部"蒙汉词典"，而清代傅恒、陈大受等奉敕编纂的《华夷译语》则是一本名副其实的多语词典，内中收录的欧洲语种（如英、法、拉丁、意、葡、德语）、东南亚以及我国四川、云南、广西三省的少数民族语种（如藏、缅甸、暹罗、苏禄、琉球等语）达42种之多，各语种分为天文、地理、时令、香药、花木、人事、宫殿、饮食、衣服、方域、珍宝、经部、身体、人物、器用、文史、鸟兽、数目、通用等门类。此书对于研究三百年前的西欧、东南亚及我国西南地区民族语言文字及考察我国翻译学史，都称得上是罕见的珍贵资料。不过，这些著作都有明显的缺陷，或词汇不多，或记音不准，都算不上真正的语言研究。此外，阿拉伯语和波斯语也在近代得到了一定的研究。明末清初之际，山东人常志美撰写的《米诺哈志》（书名意为"学习门径"）是国内第一部系统讲述波斯语语法的教材。此书被视为近代少数民族语言研究方面的代表作。

现代最早对国内民族语言开展研究的是西方的传教士，他们的一些成果如法国人李埃达（Alfred Liétard）的《阿细彝语语法概要》、英国人戴维斯（C.R.Davis）的《云南各夷族及其语言研究》为国内学者树起了标志，但这些成果大致停留在注音或资料搜集阶段，谈不上科学的分析与归纳。从20世纪二三十年代开始,本土学者李方桂、罗常培、赵元任等人率先介入民族语言研究,被何九盈誉为"汉藏语系研究的奠基人"①。丁文江的《广西僮语的研究》、李方桂的《广西凌云瑶语》、赵元任的《广西瑶歌记音》代表了国内民族语言研究的最早成果,他们率先采用国际音标,在调查方法上也有创新。抗日战争时期,大批语言学者云集西南,西南诸民族语言再次成为语言研究的热点之一。在他们的共同努力下,一向无人问津的侗台语、藏缅语、白语、苗语等得到了较为系统的整理与研究。可惜的是,由于时局动荡和物资匮乏,其中的不少成果未能及时公开发布。在整个现代时期,民族语言研究的成绩主要体现在四个方面:一是进行科学的谱系分类,如李方桂 1937 年在《中国的语言与方言》中首次将汉藏语系分为四个语族:汉语族、侗台语族、苗瑶语族和藏缅语族,这一结果基本为国内学界所接纳。二是进行广泛的语言调查,收集语言资料,发布详略不等的调查报告。被调查的民族语言有壮语、莫语(壮侗语之一支)、摆夷语(傣语)、彝语、羌语、独龙语和瑶语等。这些调查首先是记录音系,次及词汇和语法特点的归结,有时还灌制音档,其最大的价值是为后世的研究保存了第一手的珍贵资料。三是进行历史比较研究,对汉藏语系诸语言的语音以及个别词类(如人称代词、数词)作现实的类比和历史的考源。这是一项起步性的工作,相关的成果只有区区几篇论文。四是进行综合研究,将语言学与人类学、历史学、文化学、考古学和民族学加以糅合,开辟新的研究领域。在早期对民族语言开展研究的学者中,有很多人是以历史学家、民族学家的身份出现的。罗常培的《语言与文化》一书一直被奉为此方面的经典之作。此书着重从语词(借词、地名、姓氏、亲属称谓等)入手,通过大量的实例论证了语言与文化之间的互动关系,详细解析了文化接触、民族迁徙、宗教信仰、婚姻制度等在语言中的印迹,开中国文化语言学之先河。另外,一批民族语言研究的新人马学良、袁家骅、邢公畹、傅懋勣、张琨等也在此期脱颖而出,他们后来均成为国内民族语言学界的中坚力量。

(二) 新中国成立以来的民族语言研究

新中国成立以后,出于维护国家统一、确保政局稳定的需要,国家出台了一

---

① 何九盈著:《中国现代语言学史》,广东教育出版社 2000 年版,第 583 页。

系列促进民族和解、保护民族文化的政策,民族语言研究由此大受重视,并得到了空前的发展,形成了以傅懋勣、马学良、邢公畹、王均、孙宏开、戴庆厦、照那斯图为主体的强大研究阵容。就大面而言,此期民族语言研究可分为四个中心板块:

其一,积极推动少数民族文字的创制和改进工作,着力提高少数民族文化水平。例如,苗族历史上一直无文字。民族语文工作者根据苗族分布广、方言多、差异大的状况,先后为之创制了四种不同的拼音文字。壮族原有自己的文字"古壮字",是壮族人民为了书写壮语而借用汉字的字形或结构创造的文字,不太成熟,主要用于记录民间流传的经文、诗词等书面材料。1957 年,国家专门为壮语制作了以拉丁字母为材料的新型壮文,古壮字逐渐被废弃。

其二,大力开展民族语言的普查与研究工作。1955 年后开展的大规模语言调查工作,不仅基本摸清了国内民族语言的基本状况,而且积累了极其丰富的语言资料。特别值得一提的是,原先被忽略的西北和东北的少数民族语言如锡伯语、塔吉克语、赫哲语、鄂伦春语进入了学者的视野。这些调查的成果经整理后由国家民委以"中国少数民族语言简志丛书"的名义于 1980 年出版,全套共 57本。在普查中,一大批新的民族语言被发现,如广西的佯语、海南的回辉话、云南的布兴语、四川的嘉绒语、甘肃的唐汪话、新疆的艾努语等。迄今为止,由孙宏开主编的"中国新发现语言研究丛书"已出版 48 种之多。

其三,精心编著各种规模的单语词典和双语词典。单语词典如《格西曲扎藏文词典》(1957)、《藏文大词典》(1985)、《德宏傣语同音字典》(2005)等。双语词典则为少数民族语言和汉语的对译之作,如《哈(哈尼语)汉对照小词汇》(1959)、《汉蒙对照词汇》(1975)、《汉藏对照词汇》(1975)、《蒙汉词典》(1976)、《朝汉词典》(1978)、《哈萨克汉词典》(1980)、《彝汉词典》(1980)、《维汉词典》(1982)、《景汉词典》(1983)、《壮汉词典》(1984)等。另外,多语词典也间有问世,如《维汉俄词典》(1953)、《汉藏蒙对照佛教词典》(2003)。

其四,潜心从事系统描写和比较研究。和以往相比,此期整个研究范围大为拓展,除了传统的语言描写之外,有关语言接触、双语和混合语现象的研究正日益成为新的学术增长点。在所有的研究中,语法研究最受关注,成果也最为丰硕,著名的有《彝语语法研究》(1951)、《布依语语法研究》(1956)、《壮语语法研究》(1957)、《景颇语语法纲要》(1959)、《傈僳语语法纲要》(1959)、《现代蒙古语法》(1980)、《藏文文法教程》(1981)等。此时的比较研究有两个主攻方向：一个是汉藏语系诸语言之间的比较研究，重点在于语音、词汇、语法范畴，如《藏缅语族语言词汇》(1992)、《汉藏语同源词研究(1—4)》(2000、2001、2004、2011)、《汉语与少数民族语言语法比较》(2006)等；一个是阿尔泰语系诸语言的比较研究，重在揭示语言接触的过程及影响，如《满语蒙古语比较研究》(2005)、《阿尔泰语系语言文化比较研究》(2006)等。

方兴未艾的民族语文研究，不仅对保护和传承少数民族语言意义重大，而且对扩大中国语言学的视野、充实中国语言学的内涵尤其具有独到的价值。

■ 六、现当代文字研究

文字研究一直是中国语言学的固有项目，现当代延续了这一历史传统，但格局发生了重大的调整，即《说文解字》和"六书说"已不再居于研究的中心，古文字学和现代汉字学则异军突起，令人瞩目。

此期推进汉字研究的因素主要有三个：一是新材料的发现，尤以1900年前后甲骨文的出土最为引人注目，其他如金文、玺印文、简帛文也时有问世，而新材料的每一次重见天日都会引发一场学术竞赛；二是新观念的萌生，文字学完全从小学的束缚中挣脱出来，搭起了自身的理论框架，赢得了一个独立的学科地位；三是新技术的发展。科学技术的革命尤其信息技术的飞速发展对汉字研究提出了新要求，研制和开发汉字信息处理系统成为汉字研究中迫切需要解决的问题。

理论上的不断进步是现当代文字研究给人留下的一个深刻印象。此期先后出现了一些颇具影响力的通论性著作。这些著作大致可分为两类：一类是关于汉字学的，如顾实的《中国文字学》(1925)、唐兰的《中国文字学》(1949)、蒋善国的《汉字学》(1987)、裘锡圭的《文字学概要》(1988)等。另一类是关于古文字学的，如唐兰的《古文字学导论》(1935)、姜亮夫的《古文字学》(1984)、李学勤的《古文字学初阶》(1985)、高明的《中国古文字学通论》(1987)等。这些著作或系统介绍文字学的基础知识，或回顾总结文字学的历史进程，或刻意传授文字学的研究方法,创获时见,历来被视为培养学者、引领门径的必读书。例如,裘锡圭在《文字学概要》中称汉字为语素－音节文字,并提出了新的"三书(会意字、形声字、假借字)说",这些观点均为前人之所未发。

(一) 古文字研究

古文字研究是此期文字研究中最富活力的一块,恰好印证了王国维所说的那句"古来新学问大都由于新发现"的名言。按照李学勤的分法,古文字研究有四个分支:甲骨文研究、金文研究、战国文字研究和简帛文字研究。[①] 甲骨文研究在整个古文字研究中号称大国,人才济济,气象盛隆,前期有王国维、罗振玉等人,中期有郭沫若、董作宾、孙海波、杨树达、唐兰、于省吾、商承祚等人,后期则有胡厚宣、姚孝遂、李孝定、徐中舒、李圃、赵诚等人。其中王、罗、郭、董四人以"四堂(观堂、雪堂、鼎堂、彦堂)"之名而驰誉学界。他们的功绩主要体现在三个方面:一是搜集、汇编甲骨材料,如罗振玉的《殷虚书契》(1913)、孙海波的《甲骨文编》(1934)、郭沫若的《殷契粹编》(1937)和《甲骨文合集》(1979—1983)等。二是考释文字,如罗振玉的《殷虚书契考释》(1914)、郭沫若的《卜辞通纂》(1933)、于省吾的《甲骨文字释林》(1979)等。三是相关的延伸研究,如王国维的《殷卜辞中所见先公先王考》(1917)和《殷卜辞中所见先公先王续考》(1917)、温少峰等人的《殷墟卜辞研究——科学技术篇》(1983)等。金文研究是古文字研究中历史最为悠久的一个项目,此期依然保持了不衰的势头。虽研究力量逊于甲骨学,但依旧名家辈出,如王国维、郭沫若、杨树达、唐兰、于省吾、容庚、周法高等,其中不少人兼跨两个领域。其研究成果主要表现在汇编材料和考释文字两个方面。汇编类的名著有罗振玉的《三代吉金文存》(1937)、容庚的《金文编》(1925)和《续金文编》(1935)、王世民等七人的《殷周金文集成》(1984—1994)等;考释类的名著有郭沫若的《两周金文辞大系图录考释》(1957)、杨树达的《积微居金文说》(1959)、周法高的《金文诂林》(1974)等。战国文字是指春秋末年至秦统一之前齐、楚、燕、韩、赵、魏等国曾使用过的古文字,材料包括金文、古玺文、货币

[①]　李学勤著:《古文字学初阶》,中华书局 1985 年版,第6—7页。

文、陶文、石刻文等，这些文字上承商周金文，下启秦汉篆隶，在汉字发展史上具有独特的价值。有关战国文字通论方面的著述则有何琳仪的《战国文字通论》（1989）。古玺研究几为罗福颐一人所专，相关著述有《古玺汇编》（1981）、《古玺文编》（1981）、《古玺印概论》（1981）等。石刻文研究则有郭沫若的《石鼓文研究》（1939）和《诅楚文考释》（1947），古币文研究则有张颔的《古币文编》（1986）、商承祚等人的《先秦货币文编》（1983）等，陶文研究则有金祥恒的《陶文编》（1964）和高明的《古陶文汇编》（1990）等。简帛文字研究是古文字学领域的新兴分支，成果相对较少，著名的有曾宪通的《长沙楚帛书文字编》（1983）、李零的《长沙子弹库战国楚帛书研究》（1985）和《郭店楚简校读记》（2007）、骈宇骞的《银雀山汉简文字编》（2001）等。日新月异的古文字研究不仅深化了学界对汉字性质和特点的认识，同时也大大推动了对古代历史和文献的研究，因而往往具有引发学术革命的意义。于省吾的《双剑誃尚书新证》（1934）、《双剑誃诸子新证》（1940）、《泽螺居诗经新证》（1982）、《泽螺居楚辞新证》（1982）等主要就是借助甲骨文、金文、战国文字等出土文献来解决《尚书》《诗经》和楚辞、诸子中的相关问题，开辟了古籍校勘、注释的新领域，被誉为"新证派"的代表之作。

（二）《说文解字》研究

与古文字研究密切相关的是《说文解字》研究。和清代相比，此期《说文解字》研究的最大亮色就是运用古文字材料来对《说文解字》和"六书说"进行补正。丁佛言的《说文古籀补补》（1924）和强开运的《说文古籀三补》（1976）均是吴大澂的《说文古籀补》的续作，另有舒连景的《说文古文疏证》（1937），这些书中都大量利用了新材料。于省吾则通过对甲骨文的字形分析，发现了两类构造与"六书"不合的古汉字，对"六书说"有所修补。另外，此期也是对前代《说文解字》研究进行全面清理和总结的阶段。丁福保的《说文解字诂林》（1928）和张舜徽的《说文解字约注》（1983）都是集大成著作，二书将有关《说文解字》的著述汇集一处，有时加以点评或断语，于研究极其有便。马叙伦的《说文解字研究法》（1933）和陆宗达的《说文解字通论》（1981）则是纯通论性质的著作，内中既有文字理论的说明，又有学术源流的介绍，更有研究方法的归结。陆书还详尽论证了古文字研究与《说文解字》研究之间的互动关系。另外,还有人对《说文解字》中的所引材料作了发掘,如马宗霍的《说文解字引方言考》(1959)、《说文解字引群书考》(1959)、《说文解字引通人说考》(1959)。应该说,《说文解字》研究在现当代已显露出行将收山的迹象。

(三) 现代文字研究

和古文字研究相比,始于 20 世纪初的现代汉字研究堪称后起之秀。在这短短的百年之中,现代汉字研究在诸多方面取得了可观的实绩。特别是 20 世纪 50 年代以来,人们对现代汉字进行了多方面的考察和研究,涉及现代汉字的性质、特点、范围、字形、字音、字义、字量、信息处理、教学等诸多问题,最终建立了一门新的学科分支——现代汉字学。孙钧锡的《汉字和汉字规范化》(1990)、张静贤的《现代汉字教程》(1992)、高家莺等的《现代汉字学》(1993)、苏培成的《现代汉字学纲要》(1994)、李禄兴《现代汉字学要略》(1998)、杨润陆《现代汉字学通论》(2000)堪称本学科的代表之作。就其大端而言,以下几个方面的进展实属非凡。

其一,审视汉字的性质。关注汉字性质主要是新中国之后特别是改革开放以来的事情,不少学术名家如赵元任、吕叔湘、吴玉章、周有光、裘锡圭等都参与了其中的探讨。学界曾先后出现过语素文字说、表意文字说、意音文字说、象形文字说、表音文字说、音节文字说和形音文字说等。目前以语素文字说占上风。

其二,简化并整理汉字的形体。汉字的形体问题与生俱来,笔画繁和字形乱困扰了汉字数千年,也困扰了中华民族数千年。因此,自民国开始,汉字的简化和整理工作一直受到政府的重视,甚至一度成为国家文教工作的中心任务。《简化字总表》和《第一批异体字整理表》的推行可以视为这方面的标志性成果。

其三,强化汉字的使用规范。汉字分布广泛,使用人口众多,因此加强规范十分必要。新中国成立以来,汉字的规范化主要围绕定形、定音、定量和定序等四个方面来展开,具体成果有《印刷通用汉字字形表》《现代汉语常用字表》《现代汉语通用字表》《普通话异读词审音表》《汉字统一部首表(草案)》等。

其四,剖析汉字的形体结构。鉴于传统的"六书说"不适用于现代汉字,此期创立了新型的汉字字形分析学,既注重对汉字内部结构的研究,又注重对汉字外部结构的研究。伴随着字符理论的出现,有关现代汉字构字法的研究日盛一日,并成为此期开拓的一个新领域,现代汉字的分类法也应运而生,半记号字、独体记号字、合体记号字等名称的出现正揭示出汉字在结构方面出现的新特点。

其五,拓展汉字的社会功用。古老的汉字如何跟上信息时代的步伐,是现代汉字学所面临的挑战。经过信息学家和汉字学家的通力合作,中文信息处理系统得以诞生,汉字由此获得了新的生命。冯志伟的《现代汉字和计算机》(1989)、张普的《汉语信息处理研究》(1992)和《汉字编码键盘输入文集》(1997)、陈一凡和胡宣华的《汉字键盘输入技术与理论基础》(1994)等专著是近二十年问世的研究成果。而北京图书馆的《汉字属性字典》(1988)、李公宜和刘如水的《汉字信息字典》(1988)、傅永和的《汉字属性字典》(1989)则是三部专供信息处理用的现代汉字字典。

(四) 俗文字研究

俗字研究同样是近现代文字研究的一个新兴分支。俗字是汉字发展过程中的衍生品,历代绵延不绝,累积下来,数量十分庞大。对于俗字,古人往往只注重采录,很少进行专门的研究,如《一切经音义》《龙龛手镜》《五音篇海》等。即使有研究,也多以匡正为目的,《匡谬正俗》《干禄字书》等即是。20世纪之后,随着敦煌文献的问世,俗字研究始真正起步。目前影响较大的著作有刘复等人的《宋元以来俗字谱》(1930)、潘重规的《敦煌俗字谱》(1978)和《龙龛手鉴新编》(1980)、张涌泉的《汉语俗字研究》(1995)和《汉语俗字丛考》(2000)。上述研究成果不仅对校理、阅读古籍大为有益,而且对大型字典(如《汉语大字典》《中华字海》)的编撰和修订极具参考价值。

可以说,现当代文字研究是此期语言研究中一个全面开花、处处结果的领域,其达到的广度和深度非前代所能比。

思考题

1. 新中国成立以后,方言研究在哪些方面取得了跨越式的进展?

2. 中国新旧音韵学的分野在哪里？新音韵学在哪些方面取得了重大突破？

3. 百年以来，现代汉字学与传统的汉字研究有哪些不同？二者之间应当如何实现互动？

4. 王国维有句名言："古来新学问大都由于新发现。"请结合新中国成立以来古文字研究的进展状况加以说明。

第四节　中西方现当代语言学的共性与个性

如前所述，中古和近代是中西方语言学积蓄个性、弘扬个性的时期，由此中西方语言研究逐渐走上了不同的发展轨道。进入现代之后，由于语言研究国际化的进程不断加剧，中西方现当代语言学出现了新的发展动向，趋同成为主流。因此，现当代阶段是中西方语言研究消融个性、凸显共性的阶段。必须指出，这种共性在很大程度上不是中西方语言学各自传统的融汇和重组，而是一方压倒另一方的结果。一个有点触目惊心的事实是，在这两种语言学传统交锋的过程中，中国语言学的传统除了一部分得到传承与发展外，相当部分被削弱或中止。因此，现当代语言学上演的是一场同化与被同化的剧情，由此形成的共性显然是同化的结果。

■ 一、中西方现当代语言学的共性表现

西方现当代语言学对中国现当代语言学的影响几乎是全方位的，涉及研究模式、研究理论、研究方法、研究材料和研究内容等若干方面。

中国语言学接受西方语言学的影响首先是从研究模式起步的，这一点在早期的语法研究领域甚为突出。《马氏文通》着重模仿的是拉丁语法的研究模式。龚千炎一一析出了《马氏文通》中所蕴藏的外来痕迹，对我们考索马氏学说的源流极有帮助。例如，在创建汉语词类系统方面，《马氏文通》的模仿之迹尤多："名词和动词的再分类的细目是因袭西方语法书的，接读代词（其、所、者）套的是西方语法的关系代词（whose、who、that），受动词也是仿照西方语法的动词的被动形式而设立的。此外，还有所谓的'散动'和'坐动'等说法，'散动'是硬套印

欧语言的不定式动词和动词分词,相当于英语的 infinite verbs 和 partciple,'坐动'则是硬套印欧语言的定式动词,相当于英语的 finite verbs。"[①] 又如,在构筑句子成分系统时,马氏所谓的"表词"显然对应的是印欧语中系动词后接名词、代词、形容词的情形,他所谓的"象静司词"则是源自拉丁语中有的形容词后带属格宾语或与格宾语的情形。马氏提出的位次说更是一种对拉丁语法的刻意模仿,龚千炎也给予了揭示:"马建忠为了不让字词随意转类,便模仿西方语法名词、代词的'格'(case)而为汉语设立了'次'。例如拉丁语的名词有'主格''属格''与格''受格''夺格''呼格'等 6 个格,马氏也便为汉语设立了'主次''偏次''宾次''同次''正次''前次'等 6 个次。"[②]《新著国语文法》的语法体系主要来自英语语法:词类系统以纳氏菲尔德(Nesfield)的《纳氏英文法》所确立的八类词(名词、代词、动词、形容词、副词、介词、连词和叹词)为基础,只增加了"助词"一类;句本位思想则出自瑞德(Reed)等人的《高级英文法》。其他如《高等国文法》和《中等国文典》也脱胎于英语语法,后者似乎更接近于英语语法的原貌。

模式一般只能搬用,这样极可能产生削足适履之苦。在逐渐意识到因袭西方研究模式的弊端之后,中国学者开始转向对西方研究理论的借鉴与吸收。理论可以取舍,可以修正,可以视己所需。因此,理论的借鉴与吸收具有较大的自由度,能更多地照顾到自身的实际。文法革新讨论之后是西方语法研究理论在中国的畅销时期。索绪尔的学说最先涉足国内学界,之后房德里耶斯、叶斯泊森、布龙菲尔德、马伯乐的理论纷纷跟进,其中影响较为深远者有语言与言语二分说、形态学说、三品说、向心结构说等。在上述理论的主导下,《中国文法要略》《中国现代语法》《汉语语法论》等名著相继问世。这些著作旨在实现外来学说与汉语事实的结合,这种尝试尽管难免矛盾和不协调之处,但总体上是成功的。因此,相关的成果自然值得首肯。西方语言理论的引进在一定程度上扭转了汉语研究的模仿之风,同时也使汉语研究逐步摆脱了纯微观之路。

西方研究方法对中国语言学的影响更多体现在汉语音韵学和方言学领域。

---

① 龚千炎著:《中国语法学史》,语文出版社 1997 年版,第 37 页。
② 龚千炎著:《中国语法学史》,语文出版社 1997 年版,第 40 页。

众所周知,中国音韵学在现代有老派和新派之分。而新音韵学的崛起就是以研究方法的革新为旗帜的,可以说,没有新的方法就没有新音韵学。这里所谓的新方法就是西方学者发明的历史比较法和内部拟测法,它们一经引入即成为新音韵学家们酷爱的利器。中国学者频频运用此法来构拟中古音系和上古音系,大大增进了研究的系统性和科学性,从而把传统音韵学推向了现代化的阶段。何九盈坦言:"历史比较法、内部拟测法的运用为汉语音韵学开辟了广阔的前景。"① 汉语方言学的新生也是采用新方法的结果,美国语言学擅长的共时描写手段几乎成为中国方言学者们必备的技能之一,而历史比较法也在方言史的研究中发挥了明显的效用。另外,新方法对语法研究领域的触动也是显而易见的。吕叔湘曾在20世纪40年代对以近代汉语为主的历史语法作过深入的专题研究,历史比较法的运用无疑是他取得成功的关键。

　　研究材料的调整也是中国现当代语言学接受西化的成果之一。同样以音韵学为例,在欧洲现代语言学传入之前,汉语音韵学主要是以韵书、韵图、韵文作为资料来源,学者们基本是埋头在故纸堆中搞学问。在接触了历史比较语言学之后,方言材料、少数民族语言材料和域外对音材料始进入中国学者的眼帘。现当代文字学的兴盛同样得益于材料的出新,而材料的出新离不开考古学的发展。20世纪初,在西方考古学的影响和推动下,中国诞生了以发掘工作为基础的现代考古学。此后,大批量的出土文献始成为中国语言学者的盘中之餐。

　　中国现代语言学的研究内容同样在很大程度上受到西方语言学的左右。汉语语法学在此期的兴盛就是一个富有说服力的例子。在漫长的古代阶段,汉语语法研究尽管绵延不绝,但一直未能跳出训诂语法和修辞语法的窠臼,自身的独立性、系统性都成问题,当然不可能成为研究的重点。在西方科学、发达的语法观的刺激下,汉语语法学不仅在汉语研究中确立了自身的地位,而且一跃成为研究的大热门,一直引领着中国现代语言学的潮流。中国现代语言学的任何一次理论与方法的变革几乎总是发端于语法学,然后再由语法学向其他领域蔓延或推广的。中国现代语法学的兴盛还表现为研究队伍的壮大和研究成果的丰硕。

---

① 何九盈著:《中国现代语言学史》,广东教育出版社2000年版,第238页。

以队伍而论,语法学界聚集了中国语言学者的最强精英阵容,从马建忠、黎锦熙、赵元任、陆志韦,到吕叔湘、王力、高名凯、朱德熙,可谓名家辈出。以成果而论,语法学著作的数量也极为可观。据周定一统计,从1898年到1949年的50年间,正式出版的汉语语法专著(内含少量修辞著作)有90部上下。[①]语法学这种强劲的发展势头一直持续不衰,至今仍蹲居语言学的龙头地位。龚千炎对此毫不讳言:"新时期的汉语语法研究空前活跃,空前繁荣,空前深入。它在语言学科的各个部门中,发展最快,成就最大,为世人所瞩目。"[②]在具体的研究内容上,汉语语法学也一直尽量与西方语法学保持着同步,从结构主义理论到转换生成理论与管约理论,从"格"语法到"动词中心说",从系统功能语法到从属关系语法,从韵律语法到构式语法,其每一次推进都会使我们强烈感受到那阵来自西方语法学的脉动。

另外,中国语言学的一些新兴分支如普通语言学和实验语音学更是整体移植自西方语言学。以实验语音学为例,最早的实验仪器和实验方法都直接源于西方。美国学者斯克里普契尔(Edward Wheeler Scripture)的《实验语音学研究》和法国学者卢赛洛(Jean-Pierre Rousselot)的《实验语音学原理》被公认为现代实验语音学的启蒙著作,内中均提供了大量的生理实验方法和研究成果。而较早应用声谱仪来分析语音的则是美国的语音学家朱斯(M. Jussi)。中国第一代实验语音学者刘复和王力都是在法国接受训练并完成实验报告的,直到20世纪30年代以后,赵元任和罗常培始在国内创立了第一所语音实验室。有关实验所使用的浪纹计、频闪声带照相机、肌电测试仪器等起初均出自西方学者之手。尽管后来刘复创制了声调推断尺、罗常培创制了电子管的音调计,但在很长一个时期内国内语音实验室的主要设备仍然是依赖进口。用计算机来进行语音分析和语音合成的现代化实验手段也是肇始于西方学者。

■■二、中西方现当代语言学的个性表现

种种迹象表明:和语言学史上的任何一个时期相比,中西方现当代语言学所

①　周定一:《语言科学在党的领导下向前迈进》,《中国语文》1957年第9期。
②　龚千炎著:《中国语法学史》,语文出版社1997年版,第329页。

显示出的共性面都绝对称得上是最为广泛而系统的。不过,基于本体之间的客观差异,这种共性面上还附着了一些个性点。这些个性点有时反映出中西方语言研究的各自传统,有时则显示了中西方语言研究的现状,因而同样值得我们的关注。

首先,从研究重点看,中西方现当代语言学就颇有参差。如前所述,语法学一直是中国现当代语言学的重中之重。而在西方,现当代语言研究的重点则似乎落在了语音学的身上,许多新理论和新方法往往肇始于语音研究。语音学的成果有时甚至会成为一个学派的品牌或一种学说的内核,例如布拉格学派就是以音位学理论而著称于世的,伦敦学派也以韵律研究见长,结构主义的另一重要派别——美国的描写主义也是发迹于语音学。就此,罗宾斯指出:"在布龙菲尔德时代,语音学是描写理论和方法的开路先锋。语音的观察和音位的分析,是促使理论以及有关概念不断完善的最大动力。布拉格学派以及更早的弗斯派学者,实际上把大部分精力放在语言的语音学层次;琼斯完全致力于语音学和音位学的研究;美国的音位理论,在既定方向比语法理论更为先进,而那时的语法理论强调语素分析,也是在步音位理论发展的后尘。"[1]另外,语义学也是此期西方语言学的一方重镇。随着1897年法国学者布雷尔(Michel Jules Alfred Bréal)《语义学:意义的科学研究》一书的问世,现当代语义学从传统词汇学中脱颖而出,成为语言学的一个独立分支。从词汇语义学到句法语义学再到语用语义学,从结构语义学到解释语义学再到生成语义学,西方的语义学在外延和内涵方面都经历了一次又一次的蜕变,而每一次蜕变都意味着西方语言学的一次跃进。

其次,就研究思路而言,中西方语言学则继承了古代的传统,各呈异彩。西方语言学仍然突出宏观研究思路,微观研究处于整个研究的底层,始终为宏观研究服务。西方学者一心专注于新理论的开发,每一个学派都是在一种新理论的召唤下形成的。美国语言学尽管一度十分盛行微观的描写研究,但最终还是被唯理主义占据了上风。与之相反,中国语言学几乎完全以微观研究为重,描写事实、分析事实、说明事实成为各科研究的套路。所有的现行理论则来自西方,其

---

[1]　[英]R.H.罗宾斯原著:《简明语言学史》,许德宝、冯建明、胡明亮译,中国社会科学出版社1997年版,第229页。

价值只有一个:指导微观研究。轰动一时的文法革新讨论以及词类问题、主宾语问题、形式与意义关系问题的讨论看起来研究的是宏观问题,其实很多地方拘泥于细节,人们争论的焦点莫外乎形态、词类、句子成分等,以致未在宏观方面形成什么有意义的共识。正是由于这一点,后来的学者又都把研究的目光再次投向了汉语事实。即使是在普通语言学领域,中国学者奉献最多的依然是鲜活的事实而非原创的理论。

与研究思路相关的是研究方法,这里所说的研究方法是最高层次意义上的。在这个层次上,归纳法和演绎法构成了中西方现代语言研究的一种对立。不过,与前期相比,此期研究方法的对立性已有所缓解,开始出现了融合的趋势。西方学界虽然仍以演绎法为主,但归纳法也有一定的用武之地,例如美国描写语言学就十分推崇归纳法的功用。中国学界虽然以归纳法为主,但并非完全排斥演绎法,像方光焘提出的"广义形态说"就有很强的演绎意味,可以进行适度的类推。但从大面看,描写还是解释仍是分别悬挂在中西方语言学大厦上的两块招牌。

总之,现当代是中西方语言学共性膨胀而个性萎缩的时期。这种情形是语言学史的必然还是偶然,值得认真探究一番。

思考题

1. 请结合中西方现当代语言学的发展状况谈谈你对"学术无国界"的理解。

2. 造成中西方现当代语言学诸多共性的原因何在?

3. 在现当代语言学史上,新理论和新方法往往相伴而生。试谈谈你对二者关系的认识。

延伸阅读

余论

　　1816 年,黑格尔(Georg Wilhelm Friedrich Hegel)在其著名的《哲学史讲演录》中指出:思想的自由是哲学和哲学史起始的条件,而东方民族的思想是不自由的,意志也是有限的,因此"东方及东方的哲学之不属于哲学史",真正的哲学开始于希腊。[①] 黑格尔的这一观点几乎一笔抹杀了以印度、中国为代表的东方哲学的研究成果和研究传统。应该说,过去的西方世界对东方的思想、文化与学术的贬低是全方位的,其中就包含语言学。因此,在西方学者(包括苏联学者)的眼中,中国语言学不值一提。在他们编就的一部又一部通论性的语言学史著作中,中国语言学的成就与传统往往被有意无意地忽略了。中西方语言学史的比较告诉我们:中国具有与西方一样悠久、灿烂的语言学传统,这种传统所散发出的魅力是独特的、诱人的,与西方积久形成的传统共同构成了世界语言学园林中多姿多彩的奇景。从理智性和包容性出发,人们现在越来越意识到,中西方语言学之间的差异是客观的,无法用同一个尺度来加以衡量,世界的语言学应该是不同的理论体系和研究框架的总和。罗宾斯的《简明语言学史》就是上述认识主导下的产物,在此书的后几版里,有关中国语言学发展状况的叙述就得到了一定的强化,尽管我们觉得这种强化的力度犹嫌不足。

　　在本书的第一、二、三、四章里,我们在叙述语言学历史进程的前提下,对中西方语言学进行了分段比较。这种分段比较因缺乏充足完善的连贯性和系统性,尚不足以清晰地显示中西方语言学的整体异同。另外,前文所作的比较大体就事论事,缺少规律的揭示,更无成因的探索,因而显得支离破碎、苍白无力。为此,本书不避烦琐,试图站在一个高远的平台来纵观中西方语言学所走过的道路,以利人们更好地把握中西方语言学的发展大局。把握历史发展大局的目的在于推

[①] 　[德]黑格尔著:《哲学史讲演录》(第一卷),贺麟、王太庆等译,商务印书馆 2017 年版,第 101—108 页。

进未来的研究。未来世界语言学特别是中国语言学如何向前迈进,值得深思,值得谋划。结合近年来中国语言学的风云,我们也不妨在此抒发己见。

第一节　世界语言学的总体观照

如前所述,我们在论述中西方各个历史时期的语言研究概况时,曾经对彼此的异同作过初步的比较,从中归纳出了一些共性倾向和个性差异。这些共性倾向和个性差异突出的是断代性,不一定具有全程性,因而并不能代表世界语言学在整个历史长河里所表现出的总体异同。为了便于人们对世界语言学共性与个性的全面和全程的把握,此处不妨再作一番系统的归结。

一、世界语言学的共性

基于人类思维和人类语言的共性,世界语言学之间的共性应是一种不争的客观事实。倘若没有共性,各国语言学之间的相互借鉴与吸收便会成为不可能。必须指出,世界语言学之间的共性主要表现在宏观方面。这种宏观意义上的共性大致表现为以下三个层面。

世界语言学最高层面的共性是整个学科在世界各地都经历了大致相同的进化阶段,即萌芽阶段、奠基阶段、创新阶段和升华阶段。这些阶段之间具有大致的对应关系,从而使中西方语言学之间的对比研究成为可能。在上述四个阶段中,萌芽阶段和升华阶段尤显示出较多的共性。萌芽阶段的语言研究属于非本体研究,探讨的主要对象是语言的外部环境和外部关系,这是所有语言研究面临的共同问题。因此,萌芽时期的中西方语言学具有相当多的共同话题,如名实问题、语源问题,双方学者围绕这些问题所发表的见解也十分近似。在升华时期,由于学术交流活动的频繁,中国语言学不断受到域外语言学的同化,双方也因此显示出较多的共性。开头阶段是自然的相同,晚近阶段是人为的趋同,这是世界语言学留给我们的一个耐人寻味的议题。

世界语言学中间层面的共性是学科体系经历了大致相同的进化与完善过程:由非本体研究转到本体研究,由单一分支发展出多个分支。西方语言学率先发展出语法学,然后渐次发展出语源学、语音学和方言学,历史比较语言学和普通语言学则最后告成。中国语言学则最先发展出语义学,接着是文字学、方言学和语源学,之后是音韵学和语法学,历史比较语言学和普通语言学同样是最后的产物。学科体系的完备标志着语言学科学性的强化和提升。

世界语言学最低层面的共性是不少学科分支经历了大致相同的演进路径。以语法学为例,西方是先有形态学而后有句法学,中国是先有词法学而后有句法学,基本如出一辙。再看语音学,中西方几乎都是从发音学入手,然后逐渐过渡到音系学乃至音位学的。学科分支的演进路径在很大程度上代表着语言研究的一种套路,并不涉及多少具体的研究方式和产出结果。

■二、世界语言学的个性

较之所谓的共性,世界语言学的个性是鲜明而重要的存在,分布的范围极其广泛,既涉及宏观领域,又涉及微观领域。寻求个性无疑是开展语言学史比较研究的侧重点,理应引起我们特别的关注。为了表述明晰,此处特地采取条分缕析的叙述方式。

(1)语言研究门类的不同。中西方语言学的各分支学科在各个时期都是不对应的,具体门类不一,带有一定的时代特征。若完全从自发性角度出发,排除继发性和传导性因素,那么可以说,中西方语言学在学科门类方面的差异是十分显著的:从一级分支看,西方无文字学,中国无普通语言学;从二级分支看,西方无等韵学,中国无音位学。

(2)语言研究进程的不同。从整体发展看,中西方语言研究进程的不对应主要体现在现代化步伐的早晚方面:西方在19世纪初即迈入现代化阶段,而中国则在20世纪始跨进现代化的门槛,前后相差有一百年。在学科分支方面,中西方研究进程的不一致可谓比比皆是:西方语法学和语音学早出,中国语义学和方言学早出。在具体研究项目方面,中西方的进程也有参差:西方语法学以范畴研究居前,汉语语法学则以虚词训释领先。

(3)语言研究视域的不同。从研究视域看,西方学者属于开放型的,他们绝不将自己禁锢在本民族与本土范围之内,即使是在唯拉丁语独尊的中世纪。文艺复兴时期以后,他们更是借殖民运动的东风,放眼全球,将众多的异域语言视为自己的研究资源。相比之下,中国的学者基本属于专一型的,长期以来,他们只把关注的目光投向汉语这一主导语言。平心而论,中国国内及周边地区有数百种异族和异类语言,中国学者完全可以一施身手,大展宏图。但是由于汉语言文化优越感在作怪,这些被称作"蛮夷之语"的异族语言在相当长的历史中遭到了忽略或摈弃,包括一度升格为强势语言的鲜卑语、蒙古语和满语,而得到充分研究的非汉语言更是微乎其微。

(4) 语言研究思路的不同。西方语言学以宏观为主导,面向理论,面向体系,试图借助理论和体系的建立来解释各种语言现象。西方学者也从事微观研究,但微观不是他们的根本目的,他们的终极目标是由微观上升到宏观。美国语言学尽管一度以微观研究为重,但最终还是让位于宏观研究。中国语言学则一向以微观研究为主导,学者们惯于洞幽察微,缺乏理论意识。所以,中国语言学多的是务实派,少的是务虚派。当然,中国语言学也有宏观研究的一面,但目的似乎不在于酝酿什么理论和学说,而是为了给微观研究提供便利,清儒的做法就正是如此。

(5) 语言研究方法的不同。受研究思路的影响,中西方语言研究的方法也各具特点。中国语言学以描写语言现象为重,借描写来总结规律,因此归纳法大行其道;西方语言学以解释语言现象为能事,借解释来揭示原因,因此演绎法最受器重。当然,这两种方法不是对立的,在实际运用过程中有相辅相成的一面。因此,恰当的表述应是:中国语言学重在归纳,同时辅以必要的演绎;西方语言学重在演绎,同时辅以必要的归纳。

(6) 语言研究内涵的不同。对中西方语言学来说,同样的研究项目有时并不意味着同样的内涵。拿传统语法研究来说,"西方传统语法学突出词法的形态性、句法的逻辑性和表达的规范性,汉语传统语法学集中于语义的阐释性、虚字的功能性和表达的语用性。"[1]同样,中西方语义学的内涵也颇异其趣:中国的语义学主要研究语词的意义及其变化,而西方语义学则覆盖语音、词汇、语法和语用各

---

[1] 李葆嘉等著:《语义语法学导论——基于汉语个性和语言共性的建构》,中华书局 2007 年版,第 85 页。

个层面,几乎贯穿语言研究的全过程。

(7)语言研究重点的不同。中西方语言学在各个时期都有各自的研究重点,这些重点会随着语言学的发展进程而进行调整。从长远来看,西方语言学重点发展的是语法学和语音学,中国语言学重点发展的是所谓的小学,即训诂学(语义学)、文字学和音韵学。其中也曾发生了一些微妙的变化:西方语言学前期以语法学为主,后期则转向语音学;中国语言学前期以语义学为主,后期以音韵学为主,进入现代期后则转向了语法学。

(8)语言研究影响的不同。语言研究的影响可分为施放型与接受型。西方语言学属于施放型,从古印度、古希腊直到现代的欧美,它们一直不断地向外界施加影响,极大地改变了域外语言学的进程与格局。古印度语言学改造了中国语言学和欧洲语言学,欧美语言学改造了含中国语言学在内的世界语言学。就此而言,中国语言学属于接受影响型。不过,中国语言学也有被西方学界吸收的成果。如18世纪初,西方传教士普雷马赫(Prémate)在其编写的汉语语法书中首次将中国学者提出的"实词"和"虚词"说向欧洲学界作了介绍,这两个概念后来被语言学界普遍采用。

(9)语言研究气象的不同。西方新说纷呈、学派林立,中国墨守成规,各自为政;西方历来崇尚变化和创新,多变且善变,中国则更多地强调师承。造成上述不同气象的根由在于学人的观念和学说的状况。学说依赖于学人的观念。观念越新,则学说越多;学说越多,则人气越旺;人气越旺,则学者的聚合——学派就不可避免地诞生了。以学派而论,西方从斯多噶学派、摩迪斯泰学派到波尔 - 罗瓦雅尔学派一直绵延不绝。这些学派尽管不是纯语言学派,但同样对语言研究起到了推动作用。到了近现代,西方的纯语言学派更是层出不穷,如新语法学派、自然主义学派、社会心理学派等。光一个结构主义语言学就可分出三大派:哥本哈根学派、布拉格学派、描写语言学派。中国从春秋战国到清代,与语言研究相关的学派只有稷下学派、乾嘉学派、章黄学派,纯粹的语言学派似乎闻所未闻。

(10)语言研究态度的不同。这里所说的态度指的是本土学者对待外来语言学说的评判标准和处理方式。纵览中西方语言学史特别是近百年来的演进史实,我们认为,中西方在此方面存在较大的反差:西方学者对待外来学说比较理性,取舍自如,不失自我;而中国学者对待外来学说则比较教条,容易处置过当,迷失本性。这种态度上的差异有时会对语言学产生不可估量的影响。众所周知,中国和美国现代语言学的起点相同,周期相似,但发展路径迥异。徐通锵道出了个中的原因:"比较中、美两国现代语言学的创建和发展,不难发现它们实始于同一起跑线,但由于对印欧语理论的'西学'采取了不同的态度,因而以后它们就向不同的方向发展。"[①]马建忠和鲍阿斯这两位先驱对印欧语的研究模式一取一舍,由此铺就了中美不同的语言学之路。

需要补充说明的是,以上所列举的"十不同"是就中西方语言学的总体情况而言的,其中有些表现得典型而充分,有些则表现得暗淡而含蓄。特别要提请注意的是,这些个性不会在每一历史阶段都有始终如一的表现,或强或弱当亦在情理之中。

第二节　影响世界语言学的内外因素

语言研究不是一项单一的、孤立的学术活动,势必受到诸多因素的制约。影响中西方语言学的因素堪称多元化组合,有的来自外部,有的发于内部,有的显而易见,有的藏而不露。它们交互作用,成就了中西方语言学之间的客观差异。

■ 一、外部影响因素

外部因素属于非语言因素,由社会观念、文化传统、思维方式、国家实力等元素构成。这些元素往往隐身于学术研究的背后或存在于学者的潜意识中,以一种不显山、不露水的方式左右或控制着人们的学术活动。在中西方语言学的外部环境中,以下几方面的对立是客观而长久存在的。

(1) 科学氛围的差异。西方崇尚理论,追求创新,科学活动中的理智性和思辨性较强。在学术活动中,西方学者关注的焦点不是"是什么",而是"为什么"。他们怀疑一切的态度和追根问底的作风促进了西方自然科学的发展。不断将自

---

① 鲁国尧:《"徐通锵难题"之"徐解"和"鲁解"》,《湖北大学学报(哲学社会科学版)》2008 年第 2 期,第 58 页。

然科学的理念引入社会科学,也是西方学术界的真功夫之一。西方现代语言学的崛起和每一次变革几乎都和科学技术的进步息息相关。而在中国,自然科学历来以实用为最高境界,实用主义观念一直是禁锢自然科学发展的巨大障碍。纵观中国科学史,我们会惊讶地发现,中国只有实用性的技术传统。无论是四大发明,还是祖冲之的圆周率、李时珍的《本草纲目》,都只是技术的成果或经验的产物。因此,中国的科学史在很大程度上属于技术史。由于这一原因,中国古代几乎没有出现系统的逻辑学、几何学和天文学。另外,自然科学与社会科学互相分割、互不渗透也是妨碍中国学术活动的因素。以上两点导致了中国的学术研究在原创性和边缘性方面的双重匮乏。不可否认,中西方语言学皆因实用而生,但西方在文艺复兴时期以后很快实现了由实用到非实用的超越,而中国则至现代始走出实用性阶段。

(2)民族心态的差异。民族心态是一个民族对待自身与看待他人的基本立场,它对社会发展的影响是全方位的。自古以来,西方社会就是一个多民族的聚合,并且基本没有发展成“一强众弱”的格局。这种多元共存的民族格局决定了西方的民族心态总体上是开放的。开放的心态通常具有扩张性和包容性,因此,西方人积极地开拓外部世界,了解外部世界,容纳外部世界。在占有外部世界的过程中,西方学者也毫不费力地占有了大量的异域语言材料。对异域语言,西方学者尽管不乏偏见,但并没有从根本上加以排斥,而是尽可能地纳入了自己的研究领域。中国的民族心态曾经一度开放过,如六朝与隋唐时期,但后来渐趋封闭。封闭心态在语言文化方面的主要表现就是拒绝外来文化,鄙夷外来语言。“汉文化中心论”和“汉语言中心论”长期盘踞在汉族学者的头脑里,根深蒂固。由此导致了他们对非汉语言的熟视无睹和贬低排斥。

(3)思维方式的差异。西方学者擅长宏观思维和文化思维,因此他们很容易跳出具体、琐碎的事务,采取大而化之的做法,寻找出不同事物之间的共性。例如,从不同语言里某些词词形的相似性,他们就能联想到这些语言之间的同源关系。又比如,根据词形变化的特点,他们就能将全球的语言归为有限的几大类型。从文化大背景着眼来探讨学术问题也是西方学者的特长之一。例如,在探讨欧洲语言与方言之间的关系时,欧洲学者就密切联系历史上的人口迁移活动来进行解释,并描绘出十分清晰的移民路线图。相比之下,中国学者以微观思维或感性思维见长,在学术活动中比较善于抓住细节,但往往就事论事,谨慎有余而大胆不足。清代的考据学可谓材料翔实,方法缜密,但解决的都是具体问题,很少有人去做由点及面式的抽象工作。

(4)综合国力的差异。学术的竞争在某种程度上就是综合国力的竞争,国家之昌盛必然带来其学术文化的强势,国家之衰落必然造成其学术文化的弱态,这就是所谓的"国力学术相应律"①。语言学作为学术的一支,显然也要受到这一规律的支配。自近代以来,欧美先后成为执掌世界之牛耳的强国。国力的强盛不仅为语言研究提供了雄厚的物质基础,同时也极大地改善了语言研究者的心态。欧美的学者放眼宇内,环行四海,在厚积各种语言材料的同时也培植起了超凡的学术自信心。他们纵横捭阖,著书立说,标新立异,一次次引领了世界语言学的潮流。相反,中国的近现代是国家和民族深陷危机的年代,一切学术活动均虚弱不振,语言学当然不会例外,当然其中不排除短暂的旺期(如乾嘉时期)。

■ 二、内部影响因素

内部因素是指与语言和语言研究者相关的因素,一般涉及语言自身性质、语言研究传统、语言研究者的素质和语言学科的地位等元素。这些元素以直接干预的方式存在着,对语言研究往往具有决定性的作用,几乎在一开始就奠定了中西方语言学的基本格局和走向。

(1)语言性质和类型的差异。语言性质的差异是一种先天的差异,对语言研究的规约作用最为明显。中西方语法学的反差就证实了这一点。梵语和古希腊语属于屈折语,词形变化频繁而多样,这种分明的语法关系极易引起学者的注意。与之相反,汉语属于典型的孤立语,其"字—词"一体化的模式使词失去了内部变化的可能性,加之早期汉语中的虚词又极其有限,由此导致了其语法关系的相对简单(即语法关系等于词序关系),这样语法学就不显得十分必要,以致出道迟迟。后来的汉语语法学之所以热衷于实词、虚词的区别,也与汉语的特点有

---

① 鲁国尧:《"徐通锵难题"之"徐解"和"鲁解"》,《湖北大学学报(哲学社会科学版)》2008 年第 2 期,第 61 页。

关。罗宾斯指出:"由于汉语几乎没有形态变化,所以早期除了稍微研究小品词以外,对汉语语法的研究并不重视。这些研究对汉语的'实词'和'虚词'加以区分:实词能够单独使用,并具有自身的词汇意义,而虚词只是在含有实词的句子里起语法作用,单用时几乎没有稳定的语义。"①

（2）语言研究传统的差异。语言研究传统的差异属于学术传统的差异。研究传统是一种从古到今的积习,一旦形成即具有强大的惯性作用。古印度人注重经典的唱赞,推崇语音学修养,所以语音学十分发达;古希腊人注重辩难,对读写技巧孜孜以求,所以语法学优先得到发展;中国的先秦两汉注重对六艺的培养,"六书"作为"六艺"之一备受重视,文字学自然应运而生。不重理论建树而重事实求证也是中国语言学的传统之一,因此各分支学科普遍缺少科学的术语,即有术语也往往不加解释,不求统一,让初学者不辨就里。在描写语言现象的过程中,中国学者也大多偏爱形象化而非理性化的语言,结果越想形象就越叫人模糊,例如"平声如击钟鼓,仄声如击木石"。喜欢把学术研究神秘化也是中国古人的一大嗜好,这在音韵学里尤为突出,例如用五方、五行、五脏来讲五音,用天地阴阳来讲辅音的清浊。

（3）语言研究者素质的差异。学术活动是一项主观倾向十分突出的能动过程。研究者的个人素质在这个能动过程中常常起着主导性的作用。比如,西方学者善于概括、抽象,中国学者精于考证、分析,这些差异显然会助长或加剧中西方语言学的个性。比利时汉学家贺登崧（Willem A. Grootaers）在谈到中西方现代语言学的差距时曾经指出:"现代中国语言学者,多数都具有传统的历史观点,这是他们的长处,但是遇到实际的问题时,他们就不能够全面顾到,只能够注意到语言的一方面。他们很容易成为传统的等韵学家。其中只有很少的学者,对于语言学的理论发生兴趣。老实说,中国的比较语言学者的成绩,并不亚于西方学者,但是可惜的是:中国缺少像巴利（Bally）和燕母斯来夫（即叶尔姆斯列夫——引者注）一类的人物。"②

---

① ［英］R.H. 罗宾斯原著:《简明语言学史》,许德宝、冯建明、胡明亮译,中国社会科学出版社 1997 年版,第120 页。
② 贺登崧:《中国语言学及民俗学之地理的研究》,《燕京学报》1948 年第 35 卷。

（4）语言研究地位的差异。学科的地位对学科的前途至有影响。学科地位突出，则自然为社会所重，也自然会精英云集，后劲无穷；若学科地位不显，则自然空间局促，关隘重重，难逃人才稀疏、气象式微的困境。在西方学术史上，语言学长期处于中心地位，哪怕是在学术停滞的中世纪。进入近现代后，历史比较语言学和普通语言学更是一飞冲天，大大提升了整个学科的地位。而在中国学术史上，语言学长期被冠以"小学"之名，充当着经学的附庸，不断遭遇边缘化，有时甚至濒于岌岌可危的地步。清代语言学的地位虽一度崛起，但未能持久。当然，学科地位是和学科作为相辅相成的。一个无所作为的学科是不可能谋到一流的学科地位的，这一点已为中西方语言学史所证实。

第三节　未来世界语言学的思考与展望

罗宾斯指出："如果对语言学史有所了解和评估，那么就可以更同情、宽容和明智地研究今后的动向和论争。"[1]中西方语言学都有一个面向未来的问题。现在是过去的产物，未来也一定是现在的产物。回顾过去在很大程度上是为了把握现在，把握未来。面对未来，中西方语言学家都会有自己独到的思考和筹划，仁者见仁，智者见智。

作为世界语言学的主导者，西方语言学在经历了长久的辉煌之后会是一个怎样的走向自然备受关注。在这一问题上，不仅西方语言学者要高谈阔论，连中国学者也会抒发己见。赵世开在回顾了美国语言学史的历程之后指出了美国语言学今后的发展趋势："在微观研究方面……从句子的结构分析扩大到句子的话语结构分析，由结构的形式分析深入到结构形式所包含的语义的分析，从结构本身的研究扩大到结构运用的研究。在宏观研究方面，除了社会语言学和数理语言学外，对语言心理特性的研究特别引人注目。"[2]他进一步论述道："综观全局，当代美国语言学已不限于一种模式。描写语言学依然存在，转换生成语法继续

---

[1]　［英］R.H.罗宾斯原著：《简明语言学史》，许德宝、冯建明、胡明亮译，中国社会科学出版社1997年版，第262页。

[2]　赵世开编著：《美国语言学简史》，上海外语教育出版社1989年版，第179页。

发展,新的学说不断涌现。各派中还有派,打破了过去某一派占据舞台的中心,呈现出多元化的局面。在可以预见的未来的一段时期内,这种局面可能会继续维持下去。多种模式的并存很可能是历史发展的趋向。"① 未来的西方语言学是否到底如赵氏所言,我们不妨拭目以待。

对中国学者而言,如何筹划中国语言学的未来似乎更为直接。因此,我们权将关注的目光更多投向自身。从历史和现状出发,未来的中国语言学不管如何前行,其终极目标只有一个:提升自身层次,树立自身形象,奠定自身地位。北京大学陈晓明教授在谈到中国文化产品的发展状况时曾经说过:"一个民族没有独创性的高水平的文化产品,它就不能说在文化上是一个值得骄傲的民族。"② 顺着这句话,我们可以这么说:一个民族如果没有独创性的高水平的语言研究成果,它就不能说在语言学上是一个有成就的、值得骄傲的民族。现在,中国语言学在世界上的地位是附属的、非主流的、非中心的,没有原创性是主要原因之一。所谓原创就是开宗立祖,就是标新立异。原创是一切科学研究的生命力,也是一切科学的出发点与归结点。没有原创,中国语言学就始终摆脱不了边缘的地位,就始终只能唯西方语言学的马首是瞻,就始终无法获得与西方语言学界的平等对话权。说到底,原创是中国语言学的一切力量之源。因此,未来中国语言学界需要证明的是:理论与方法的原创绝不是西方学者的专利。以前在封闭的状态下,我们的先贤曾发展出不少值得一提的原创的东西。不过,由于缺乏与外界的沟通与交融,更由于缺乏理论的包装,这些原创的东西往往具有很大的局限性,难以形成强盛的扩张力与竞争力。与过去相比,现代语言研究的环境与气候已蓦然变幻,原有的学术壁垒已被打破,理论的渗透、方法的借鉴、材料的共享蔚然成风,语言研究一体化的格局和机制正在全球范围内酝酿成形。对中国语言学而言,这不仅是一个任意拿来的时机,更是一个展示自我、推销自我的时机。不过,推销靠的是质量和特色。而质量和特色的铸就则完全依赖于原创。无疑,创新研究应该是中国语言学今后的主攻方向和长期任务。而现在的状况依然是:中国语言学偏重事实,西方语言学长于理论。要扭转这一局面,根本出路在于以下

① 赵世开编著:《美国语言学简史》,上海外语教育出版社 1989 年版,第 179 页。
② 陈晓明:《中国社会科学报》2003 年 8 月 7 日第 6 版。

几个方面。

第一，树立哲学视野。哲学自古以来就是语言研究的渊薮，与语言研究息息相关，因而是语言研究者必须占据的命门。罗宾斯曾经指出："最广义的哲学，是语言学和古希腊对语言问题最初进行研究的摇篮。"①古今中外，一切的语言学巨匠都具有哲学的背景或本身就是哲学家。西方大师级的语言学家如洪堡特、索绪尔都是在特定的哲学氛围中成长起来的。近现代的德国既是个哲学大国，也是一个语言学强国，诞生过许多响当当的语言学家如葆朴、格里姆等。清代小学的领军人物戴震首先就是一个大哲学家，梁启超即称："戴东原先生为前清学者第一人，其考证学集一代大成，其哲学发二千年所未发"，"东原学术，虽有多方面，然足以不朽的全在他的哲学。"②

第二，培养科学素养。语言学在本质上最接近自然科学，其基本理论和研究方法与自然科学往往是共有或互通的。通观近现代中西方语言学史，我们就会发现，语言学的每一次跨越或飞升都跟自然科学的进展密不可分。例如，西方关于语言的谱系分类学说就深受达尔文生物进化论的浸润，而结构主义语言学则直接导源于原子物理学。清代的语言学之所以大盛则当归功于实证科学的迅猛发展。因此，一个杰出的语言学家必须具有科学的头脑。戴震是清儒中最具科学精神的人物，曾著有《原象》《历问》《古历考》《勾股割圆记》《续天文略》《策算》等多种自然科学著作，这种极其深厚的科学素养注定了其语言学成就无人堪比。当代的语言研究大家如乔姆斯基、朱德熙等也都是从自然科学领域起步的。

第三，开启宏观思路。语言研究既需要挖掘事实，也需要创建理论。挖掘事实，就是立足语言材料，反映语言面貌，此属微观研究；创建理论，就是从具体研究中提取或抽象出普遍规律及原理，此属宏观研究。与西方语言学相比，中国语言学在微观研究方面毫不逊色，有的甚至还占有不小的优势，但宏观研究却举步维艰，无所作为。多少年来，中国语言学人一直面临着这一尴尬事实：自己不断奉献具体研究成果却默默无闻，外国学者借此提炼出普遍理论而声名大噪。例

① ［英］R.H.罗宾斯原著：《简明语言学史》，许德宝、冯建明、胡明亮译，中国社会科学出版社 1997 年版，第 103 页。
② ［清］梁启超著：《梁启超全集》（第七册），北京出版社 1999 年版，第 4217、4188 页。

如,汉语的声、韵、调我们分析了 1 000 多年,但仅仅就事论事,而西方语言学家则由此提出了韵律单位层级说,并进而促成了生成音系学和非线性音系学。宏观研究是一种能力,但首先是一种思路。对中国学者而言,宏观思路的欠缺恐怕是根本性的。徐通锵、王洪君两位在提到中西方在理论语言学方面的差距时就一语中的地指出:"这种差距主要不是表现在具体领域的研究水平的差异……而是思路上有差距。语言理论不是空洞的说教,不是介绍和述评,而是要在具体语言现象的研究中提炼出其中隐含的普遍理论原则,因而在富有'个性'的语言现象的研究中必须具有'共性'的眼光,这样才能总结出有价值的语言理论。……我们欠缺的主要就是这种从'个性'中悟察'共性'的思路和精神。"①

第四,调整研究心态。研究心态是一个学者情商和智商的综合体现,也是一个学者的治学之本。进入现代社会以来,中国语言学界长期笼罩在崇洋媚外的氛围之中,部分学人的自卑心态有增无减,亟须加以调整。这种心理障碍一日不除,中国语言学要想实现真正的腾飞就永远只能是痴人说梦。面对纷繁多变的国外理论,现在的关键不是借鉴与否的问题,而是如何保持清醒头脑、不丧失自我、不盲目跟风的问题。鲁国尧一再郑重指出:"中国语言学人都应该坚持'不崇洋、不排外'的原则,以我国语言学的优良传统为根源","坚定地走自主创新之路,为建设创新型的中国语言学而奋斗!"②须知,跟进是永远不可能实现超越的。乔姆斯基学说的多变就向中国的学人提出了警示,假如现在还有人亦步亦趋地跟着乔氏往前走,最后的结局必然是找不着归途。显然,对应接不暇的国外理论,我们不能一味地拿来,要学会选择、学会批判、学会拒绝。

第五,加强基础研究。语言的基础研究和应用研究构成了语言研究的全部内容,但二者的地位并不等同。在任何条件下,基础研究都是第一性的,应用研究都是第二性的。针对目前应用研究过热的现象,有识之士呼吁:"只抓应用的研究是不行的,那将使语言学成为无本之木、无源之水,因此也要加强基础研究。"③因此,强化基础研究是语言研究的首要之举。中国语言学历来注重基础研

---

① 许嘉璐、王福祥、刘润清主编:《中国语言学现状与展望》,外语教学与研究出版社 1996 年版,第 33 页。
② 鲁国尧:《"徐通锵难题"之"徐解"和"鲁解"》,《湖北大学学报(哲学社会科学版)》2008 年第 2 期,第 63 页。
③ 许嘉璐、王福祥、刘润清主编:《中国语言学现状与展望》,外语教学与研究出版社 1996 年版,《编者的话》第 1 页。

究,并在这方面有丰厚的积蓄。但是,必须看到,中国语言学的基础研究是不平衡的。例如,汉语研究与境内少数民族语言的研究状况就不可同日而语。据最新调查,我国境内尚存各种语言约 120 种。① 除了汉语,绝大部分民族语言在古代阶段的研究几乎是一片空白。进入 20 世纪以后,经过几代学者的共同努力,有关这些语言的分布状况、谱系归属和结构特点的研究不断深入,取得了令人瞩目的成绩。"但是与国内汉语研究和国外语言学研究成就相比,总体研究水平还存在明显差距,少数民族语言自身许多深层次的结构特征和规则、发生发展机制和演变规律都还缺乏全面深入的研究。"② 非汉语研究的薄弱既不利于汉语研究的深入,同时也对中国语言学研究进程的加快和层次的提升带来了负面效应。

第六,挖掘历史资源。历史资源是中国语言学的重要宝藏。此处所谓的历史资源包含两个方面:其一是历史语料资源,其二是历史研究资源。历史语料反映了汉语的历史面貌,但这些资料大多文白夹杂、讹误频生,需要进行精心的甄别和校订,否则汉语史的研究就难以取得信实的成果。历史研究资源代表了古代语言学家的智慧结晶,但这些结晶散布于各类经注、笔记、杂著性的文献之中,需要进行系统的钩沉与整理,否则古人的真知灼见就会湮没无闻。挖掘历史资源的根本目的就是充分利用资源,以理清线索,寻求规律,激活思路,推进本国特色的语言研究。特色研究是中国语言学的价值所在,也是中国语言学的突破口所在。

第七,重视事实阐释。从描写到阐释是语言学的一条必由之途。面对繁复的语言事实,中国语言学一直忽视阐释和疏于阐释,由此造成了理论研究的空洞乏力。阐释既是一个由理论到事实的过程,也是一个由事实到理论的过程。对语言事实所作的任何形式和程度的阐释都离不开理论,可以说,阐释既是运用理论的王国,也是激发理论的温床和培植理论的沃土。例如,从思辨语法到唯理语法再到普遍语法,西方学者遵循的就是一条解释之路。沿着这条解释之路,西方语言学的理论如春天之花常开不败。应该说,在西方语言学理论之风的强劲吹拂下,中国语言学者逐渐养成了由理论到事实的思维惯性,但这仅仅实现了阐释

---

① 许嘉璐、王福祥、刘润清主编:《中国语言学现状与展望》,外语教学与研究出版社 1996 年版,第 190 页。
② 许嘉璐、王福祥、刘润清主编:《中国语言学现状与展望》,外语教学与研究出版社 1996 年版,第 190 页。

工作的一半。阐释工作的另一半——由事实到理论似乎仍在困扰着绝大部分的中国学者,并日益成为阻塞中国语言学发展的瓶颈。此瓶颈消除之日,可能也就是中国语言学腾飞之时。

第八,注重积累特色。上述七点旨在发展和壮大中国语言学,而发展和壮大中国语言学的最高境界就是建立真正具有自主知识产权的中国语言学。这是自《马氏文通》以来就一直燃烧在中国语言学人心中的希望之火。要达到这一境界,唯一的途径就是要不断寻找并彰显中国语言学的特色。中国语言学的特色不可能一蹴而就,需要日积月累,这样才能由微而著,浑然天成。提炼和积累特色要抓大放小。我们以为,普通语言学和汉语语法学是两个需要"抓大"的领域,最缺乏特色,也最难出特色,一旦这两个领域取得突破,则诸多症结问题当可迎刃而解。

综上,中国语言学的现状是不容乐观的,但是在这沉重的现状后面也蕴藏着巨大的发展契机。自改革开放以来,经过几十年的探索与积累,中国已经驶入了平稳、快速的发展轨道,综合国力和核心竞争力大为增强,这些可喜的状况一方面为中国语言学提供了一个优良的外部环境,一方面也极大地提升了中国语言学者自信心和创造力。只要中国语言学者认清形势,明确职责,把握方向,矢志努力,中国语言学的真正春天就有可能尽早来临。

第四节　语言学史研究启示录

就功能而言,语言本质上属于交际工具、认知工具和文化工具。与之相应,语言学的发展也离不开交际需要、认知行为、文化传播这三驾马车的牵引。交际的进化涉及时间和空间两个维度,认知的拓展涉及深度与广度两个维度,文化的协同涉及中国和世界两个维度。考察比较中西方语言学史,无疑需要对这三组维度有一个透彻的分析与精准的把握。

■ 一、语言学史的交际维度:时间与空间

自古以来,世界各个民族都有与古代经典对话的强烈需要,这种对话体现了

文明的代际传承，与人们的信仰理念息息相关，维系着民族的思想，延续着民族的精神。纵观中西方语言学史，语言学诞生与发展一个原动力就是持续推动后人与前代经典之间的对话：中国古代的小学始终以解经为根本任务；古印度人对于梵语的描写肇始于对于《吠陀经》的阐释；而欧洲中世纪的语法研究直接是为了解决《圣经》语言——拉丁语的读写问题。假如我们把阿拉伯语言学纳入讨论范围的话，情况也不外如此。

除了历时层面的思想交流，人类的交际活动更多发生在共时层面，这就势必牵涉到交际的空间维度。随着社会化程度的日益加深，人们的交际范围逐渐从狭隘的人际交流，推演到民族与民族、国家与国家、宗教与宗教之间的交流。这就必然促发人们对语言关系的思考，必然引起语言学的联动。人们交际占据的空间有多大，语言的研究空间就有多大。中国居于大陆东端，东部和南部是太平洋，西部则有号称"世界屋脊"的天然屏障青藏高原。从秦统一六国直到地理大发现之前，历代王朝尽管疆域有大有小，但基本没有改变中国固有的"天下观"。加上小农经济的长期主导，中国社会的流动性极低，语言的互动与接触受到抑制。在正统意识形态的主导之下，汉语长期一家独大，境内的其他民族语言基本被忽略，除了同化与被同化，事实上很难形成稳定的语言联盟。因此，空间维度在中国古代语言学史中的张力是十分有限的，这有限的成果大都集中在与佛教有关的梵汉对比研究领域。不过，在先秦和现当代的历史进程中，空间因素在语言学中的作用却不容忽视：在秦统一六国之前，先秦各朝缺乏中央集权的政治体制，也没有形成统一的思想意识，诸子百家在周游列国、尽情游说的过程中涌现了不少围绕语言本身的哲学思辨；明清以来，西方文化的强劲渗透不仅打碎了"天朝上国"的民族优越感，更给中国学者带来了思维方式上的变革，由此奠定了中国近现代语言学的基调。

与中国相比，欧洲的地理环境天然暴露，四周缺乏屏障，南方和西方分别被地中海和大西洋环绕，这一切使得西方文明产生之初就具有鲜明的开放性。自古以来，西方就与地中海沿岸的其他地区（包括西亚和北非）保持着密切的文化沟通，从而造就了东西方文明的共生互动局面。强烈的跨文化交际的需要，使得西方语言学一直处于一个比较核心的位置：古希腊时代就有重视雄辩与修辞的传统,中世纪依然给语法学以显赫的地位,后来地理大发现、文艺复兴及殖民扩张运动,都给西方语言学带来了更广阔的发展空间。

需要特别说明的是,在语言学的历史进程中,时间和空间两个维度始终是相互交织、无法割裂的两个变量。在科技水平低下的古代,秦岭或者阿尔卑斯山都是难以翻越的屏障,长江和地中海则无异于天堑,当时的人际交流只能在非常有限的时空单元里进行,对于语言的讨论自然也局促于狭小的时空范围:柏拉图和亚里士多德不可能了解到公孙龙说了什么;潘尼尼撰写语法著作时也丝毫不会考虑汉语的状况。随着时间的不断推进和科技力量的持续壮大,语言交际工具的全天候特征越发鲜明,语言研究的空间阻隔性自然也就日趋式微。语言学在当代世界学术体系中的同步性和同构性早已不言自明。

不可否认,由于时空因素的干扰,看似清晰可辨的语言学史有时也存在着一些挥之难去的迷雾。比如,西方学界长期以来一直把威廉·琼斯奉为历史比较语言学的奠基人和开路先锋,并最终演绎成为"琼斯神话"。近几年,经过李葆嘉等一批学者的正本清源,荷兰学派中坚人物伯克斯洪在历史比较语言学本体论和方法论方面的创建之功正不断露出峥嵘,历史比较语言学史由此得以改写。为此,李葆嘉教授大声疾呼:"基于互联网资源,采用中国传统古法,重建西方近现代语言学史,乃至若干学术领域的历史,成为 21 世纪的使命!"[①]

■二、语言学史的认知维度:深度与广度

人类对于外部世界的认识是一个分阶段的理性化过程。最初,人们只能认识到真实存在的具体事物,之后逐渐建立起初步的时空观念,转入对抽象范畴(如名词范畴、动词范畴等)的认知,而后又拓展到情感和思想层面,最终上升到逻辑化阶段。伴随着这个过程,人们对语言本身的认识也在不断深化。对于印欧语来说,充满形态变化的词汇是语言中最自然、最易感的单位,古印度和古希腊罗马的语言研究无不围绕着词类和构词法打转;而对汉语来说,最现成、最直观的单位是汉字,近代之前的汉语研究几乎都是以汉字为中心来展开的。正是基于对各自语言特征的根本认知,早期的中西方语言学才走上各自不同的发展

---

① 李葆嘉、王晓斌、邱雪玫著:《尘封的比较语言学史:终结琼斯神话》,科学出版社 2020 年版,《自序》第 V 页。

道路,并逐渐深入到语音、语义、语法以及语用层面,并体现出明显的倾偏特征。当然,随着人们对语言本质的认知越来越深入,具体的形式层面的研究逐渐让位于抽象的意义、功能和关系层面的研究。从外显研究到内隐研究,正说明了人们对语言本体认识的不断深化。因此,古典时期的语言学与近现代语言学呈现出两种截然不同的态势:古典语言学一般着眼于具体现象的讨论,几乎没有科学的研究框架和专门的理论体系;而近代语言学理论则聚焦于普遍规则的归结和生成机制的探寻,因而会在一些根本问题上出现了理论对立和学派之争,这恰恰是人们有关语言的认知不断深化的结果。

在自身不断走向深入的同时,语言学同其他知识体系间的联系也日趋紧密,学科的界限正变得越来越模糊。这种自觉性的模糊性与古典语言学的混沌状态并非一回事:古典语言学几乎没有独立的学科地位,长期消融于经学、宗教学、文学之中,沦为附庸而不察;近现代语言学则是科学阵营中的重要板块,既有超然的独立性,又同数学、逻辑学、物理学、生物学、人类学、心理学、脑科学等学科有着千丝万缕的联系。一方面,这些学科的实证方法为语言学的计量化和科学化提供了可能;另一方面,这些学科本身需要依赖一套科学语言来构建,因此语言也是推动科学发展的工具。在当今的计算机科学、网络通信技术和人工智能研究中,这种相辅相成的双向互动关系几乎体现到了极致:任何非硬件层面的进步都依赖于程序的改编,而程序的改编必须由本质上也是一种语言的计算机语言写就;语言的理解和输出早已成为人工智能开发中的核心环节,如何让计算机具有同人类一样的语言能力并实现自由等值的人机对话,正成为当下人工智能研究的重要目标。

纵观语言学史,我们看到,语言学不仅在深度上持续累积,而且在广度上不断延伸。时至今日,语言学已经不可能完全从其他学科的知识体系中剥离出来。语言学边界的模糊—清晰—再模糊正体现了人类认知水平的螺旋式上升的轨迹,而这势必对未来的语言学史产生革命性的影响。

三、语言学史的文化维度:中国和世界

尽管人们一再声称"科学无国界""学术无国界",其实并不尽然。哲学社

会科学作为人们认识世界、改造世界的重要工具，作为推动历史发展和社会进步的重要力量，深受文化背景的熏染和意识形态的左右，其发展水平不仅反映了一个民族的思维能力、精神风貌、文明素养，也体现了一个国家的综合国力和国际张力。语言学自然也不例外。一个国家语言学的发展水平，既取决于该国的自然科学发展水平，也取决于该国的哲学社会科学发展水平。这就注定了中国语言学与世界语言学不可能完全做到均质化和同步性。

2018 年 9 月，联合国教科文组织在首个保护和促进世界语言多样性的《岳麓宣言》中提出"语言是一种宝贵的、不可再生的社会文化资源"，鼓励各国政府制定健全的语言政策和语言资源管理运营机制，在保护和促进本国语言多样性方面发挥主导作用，并且强调要充分依赖本国的专业技术和方法传统。这实际上表明，在科学技术与人文精神发展依旧不平衡的当下，语言保护和语言研究不可能采用一种模式。

值得注意的是，近几十年特别是进入新世纪以来，西方的学术话语体系在我国不断膨胀，已经在多个学术领域形成了执牛耳之势，正如张亮所言："新世纪以来，洋教条主义有蔓延之势。不少哲学社会科学工作者在研究本土问题时，自觉不自觉地照搬西方哲学社会科学理论，屡屡得出一些受到西方追捧的'新观点'，其实缺乏真正的学术价值。"[①] 应该承认，"挟洋自重""食洋不化"一直是中国现当代语言学顽症。对此，《中国语文》编辑部进行了深刻的反省："反思这一现象，主要是因为西方语言学理论和方法尽管注意到世界语言的多样性，但他们看待人类语言的视角大多还是站在西方语言立场的，这种所谓'世界眼光'未必能够帮助我们揭示汉语自身的深刻理据。"[②]

在对中西方语言学史进行观照的过程中，同样存在"世界眼光"和"中国视角"的如何协同与融通的问题。要解决这个根本性的问题，必须处理好以下两个重要环节：

其一，做好双方的对接。中国语言学和西方语言学是在不同的语言环境、文化背景和学术框架中诞生的，有着各自的学科体系和话语体系，如何对接值得深

---

① 张亮：《正确对待西方哲学社会科学资源》，《中国社会科学报》2017 年 6 月 6 日第 8 版。
② 《中国语文》编辑部：《中国语言学的体系建设和时代使命》，《中国语文》2021 年第 3 期，第 260 页。

思。比如,中西方在语法观上差异惊人,如何将西方的普遍语法观、生成语法观、功能语法观、认知语法观和我国的糅合语法观、语义语法观、韵律语法观、语体语法观进行对接就显得十分紧要。又如,同样是实词和虚词,西方学界和中国学界的认知是不同的。在考察中西方词类研究史的过程中,我们就应该求同存异,寻找其各自的合理性,不应该厚此薄彼或舍此取彼。沈家煊指出,"我国古代学者基于哲学传统的虚实观在语言中区别了实词和虚词,而目前中国学者用到这一对概念的时候,使用的却是西方学者定义的标准,忘了它本来的含义,这是最值得我们反思的。"①

其二,做好彼此的转化。在注意对接的同时,做好不同理论和观点的转化就显得尤为重要。众所周知,语言和思维之间是相互影响的,有什么样的语言,就有什么样的思维。沈家煊认为,西方语言学重演绎推理,中国语言学重类比推理,根本原因是:"思维方式受语言影响,演绎推理是受语言以主谓结构为主干的影响,类比推理是受语言以对言格式为主干的影响。"②有鉴于此,我们就不应该将中国语言学和西方语言学置于同一价值体系下加以考量,而应对双方的学科体系和话语体系进行科学的解读,寻找恰当的评价标准。有人一方面倡导要建立具有中国特色的语言学学科体系,一方面又声称:"二十世纪初,在西学东渐的风潮影响下,尤其是新文化运动的直接影响,一批受过西方语言学系统训练的学者建立起了现代学术意义上的中国语言研究专门机构,语言学也自此成为中国现代学术拼图中最具有现代科学意义的一个独立门类。"③这种把中国古代语言研究挡在语言学大门之外的做派其实还是"唯西方马首是瞻"心态在作祟。

关于如何开展新世纪的汉语语法研究,季羡林当年曾在《二十世纪现代汉语语法"八大家"选集》之序中指出:"第一点是,要从思维模式东西方不同的高度来把握汉语的特点;第二点是,按照陈寅恪先生的意见,要在对汉语和与汉语同一语系的诸语言对比研究的基础上,来抽绎出汉语真正的特点。"④这一理念同样

① 《中国语文》编辑部:《中国语言学的体系建设和时代使命》,《中国语文》2021年第3期,第260页。
② 沈家煊:《有关思维模式的英汉差异》,《现代外语》2020年第1期,第12页。
③ 《中国语文》编辑部:《中国语言学的体系建设和时代使命》,《中国语文》2021年第3期,第259页。
④ 季羡林:《21世纪汉语语法学家继续探求的方向——序〈20世纪现代汉语语法"八大家"选集〉》,邢福义、萧国政主编,《汉语学报》编委会:《汉语学报 第2期 2000年下卷》,湖北教育出版社2002年版,第5页。

适用于当下及未来的中西方语言学史研究。毋庸置疑,21世纪人类的交际模式、认知水准和研究成果正在以前所未有的态势向前推进,已经将语言学从一门古老的学科推到了新时代学术研究的风口浪尖。可以预见,未来语言学的发展节奏势必越来越快,影响范围势必越来越广,世界语言学史也必将随之呈现出更加多姿多彩的风貌。

延伸阅读

后记

　　2019 年 9 月 20 日至 22 日,由全国高等师范院校中文专业联盟理事会和高等教育出版社主办、宁夏师范学院文学院承办的"第十五届全国高等师范院校文学院长·中文系主任联席会议"在宁夏师范学院顺利召开。来自国内众多高等师范院校的文学院院长、中文系主任及专业负责人共 125 位专家学者齐聚六盘山麓的美丽丝路重镇——固原,共同探讨中文师范专业的现状、前景及发展问题。本人有幸躬逢此次盛会,并在会上交流分享了《成语的文化价值及其呈现方式》一文。

　　会前,我专门向高等教育出版社提交了一份《高等师范院校中文专业教材、数字资源拟建项目申报表》,提出了联合学界同道共同编写一本新版《语言学史》教材的规划,此举获得了高等教育出版社的大力支持。高等教育出版社中文分社分社长梅咏特地在会上进行了宣讲与动员,帮助招募合作者。会议期间,陆续有学者跟我联系,或向我表达加盟的意向,或给我推荐本校的合适人选。会后,经过多方联络与反复沟通,最终形成了包括刘永华(西北大学)、孙道功(南京师范大学)、李建平(山东师范大学)、王虎(辽宁师范大学)、张秀松(江苏师范大学)、许卫东(河南大学)、安俊丽(江苏海洋大学)、张怡春(盐城师范学院)、李迅(淮阴师范学院)、张榴琳(苏州大学)、齐圣轩(西交利物浦大学)和本人(苏州大学)在内的编写团队。团队成员秉性纯良、素养深厚、学缘广泛、梯次分明,显示了较强的互补性与可持续性。经过协商,大家进行了如下具体分工:绪论和余论(王建军 / 张榴琳)、第一章(王虎 / 李建平)、第二章(安俊丽 / 张怡春)、第三章(刘永华 / 孙道功)、第四章(许卫东 / 张秀松)、课件制作和技术开发(李迅 / 齐圣轩),全书由王建军负责统稿。另外,我指导的博士生高梓琦、王维佳和硕士生刘双双、袁也为书稿的排版打印付出了不少的努力。

　　本教材的前身是由我独立编著的《中西方语言学史之比较》一书。该书系由我在原先教学讲义的基础上扩充提炼而成的，于 2003 年由安徽黄山书社推出初版。2009 年，在经过较大幅度的修改与充实之后，又推出了修订版。此番交由高等教育出版社出版，实属幸事。为了让幸事变美事，我们主要做了以下三个方面的修订工作：一是听从责任编辑和编者的意见，在保持既有框架不变的前提下，将教材更名为《语言学史》，实现与课程的对接；二是增加"本章导读""思维导图""思考题"等要素，适度注入科技含量，进一步凸显新型教材的主体功能；三是纠正讹误、更新知识、完善内存，在转型升级的同时，积极追踪学科动态，促进教材内容的与时俱进。

为了更好地统领教材的整体架构和组织模式，我们在编写过程中特别注重把握好以下三个关键节点：一是坚持辩证唯物史观，在充分挖掘历史事实的基础上，分析梳理中国语言学的发展脉络和基本理念，力图彰显其中的中国气象、中国特色和中国智慧，以打破原先将中西方语言学史置于同一模式加以对照的二分格局，力主从中国视角看待中国语言学与西方语言学之间的差异。二是确立科学的学术发展史观，力图用马克思主义语言学的基本原理和主流观点来解释语言学史上的种种现象，着力探寻中国语言学史的内在规律。例如，现代语文改革运动之所以风起云涌、气象万千，很大程度上就得益于马克思主义理论和科学社会主义在中国的传播与发展。三是创建具有中国特色的学术话语体系。例如，教材的行文并未过多沾染西方语言学惯用的那套哲学话语，而是时时处处注意弘扬富有中国风格的学术语言，帮助读者体认蕴含其中的文化底蕴和精神内核，让他们从中更好地感受中国语言学的灵动性、可读性和时代性，进而养成独具中国特色的话语逻辑。

鉴于语言学专业性强、受众有限，为了拥有最广大的受众群，本教材在内容组织、框架安排、语言表述、课件呈现等方面作了精心的构思和独到的设计。因此，本教材具有较宽泛的适用面，既可用于中国语言文学专业，又可用于外国语言文学专业；既可用于汉语言文字学专业，也可用于语言学及应用语言学专业、国际中文教育专业；既可用于专业的本科生，也可用于专业的研究生。我们相信，无论是施教者还是学习者，都可以从中找到适合自己的教学内容和训练方式。

南京师范大学的李葆嘉教授不仅是我一向尊敬、素来景仰的学长，也是语言学史研究领域德高望重、成就非凡的大家。近年来,他在中西方语言学史领域深耕细作、披沙拣金,对不少似是而非的历史谜案重加审视,取得了廓清迷雾、正本清源的成效。作为本教材编写团队的特聘顾问,他不仅仔细审阅了全书内容,贡献了诸多真知灼见,而且还提供了许多稀缺难觅的研究资料(如林枞敔《语言学史》等)。尤其需要感谢的是,他还于百忙之中拨冗赐序,热情为教材鼓与呼,令我们备受鼓舞。

本教材的诞生得到了高等教育出版社文科事业部(包括原文科事业部副主任于晓宁)的特别关心和大力支持。责任编辑吴军更是为之倾注了全力。作为高等教育出版社的资深出版人,她同时身兼著名的黄廖本《现代汉语》教材的责任编辑,可谓重任在肩。在推进本教材编写的过程中,她所体现的敬业精神、合作态度和专业水准尤为令人称道。从选题的申报到项目的实施,从内容的审定到体例的把关,从人员的分工到书稿的统筹,可谓事无巨细、事必躬亲,她全身心的投入和创造性的劳动是本教材重要的质量保障。对她表示再多的谢意和敬意都不为过。

鉴于编者的学识和能力所限,本教材还存在一些不尽如人意之处,诚恳希望读者诸君法眼指正并不吝赐教,以便我们今后不断改进质量、提升水平。

2021 年 10 月于太湖之滨

思维导图
(付费获取)

郑重声明

　　高等教育出版社依法对本书享有专有出版权。任何未经许可的复制、销售行为均违反《中华人民共和国著作权法》，其行为人将承担相应的民事责任和行政责任；构成犯罪的，将被依法追究刑事责任。为了维护市场秩序，保护读者的合法权益，避免读者误用盗版书造成不良后果，我社将配合行政执法部门和司法机关对违法犯罪的单位和个人进行严厉打击。社会各界人士如发现上述侵权行为，希望及时举报，我社将奖励举报有功人员。

反盗版举报电话　　（010）58581999　　58582371
反盗版举报邮箱　　dd@hep.com.cn
通信地址　北京市西城区德外大街4号　高等教育出版社法律事务部
邮政编码　　100120

防伪查询说明

　　用户购书后刮开封底防伪涂层，使用手机微信等软件扫描二维码，会跳转至防伪查询网页，获得所购图书详细信息。

防伪客服电话　　（010）58582300